赣州统计年鉴

2023

GANZHOU
STATISTICAL
YEARBOOK

赣州市统计局　国家统计局赣州调查队　编

中国统计出版社
China Statistics Press

图书在版编目（CIP）数据

赣州统计年鉴. 2023 = Ganzhou Statistical Yearbook 2023 / 赣州市统计局，国家统计局赣州调查队编. -- 北京 : 中国统计出版社, 2023.10
ISBN 978-7-5230-0240-7

Ⅰ. ①赣… Ⅱ. ①赣… ②国… Ⅲ. ①统计资料－赣州－2023－年鉴 Ⅳ. ①C832.563-54

中国国家版本馆 CIP 数据核字(2023)第 175019 号

赣州统计年鉴 2023

作　　者/ 赣州市统计局　国家统计局赣州调查队
责任编辑/ 徐 颖
装帧设计/ 王 芳
出版发行/ 中国统计出版社有限公司
通信地址/ 北京市丰台区西三环南路甲 6 号　邮政编码/100073
发行电话/ 邮购（010）63376909　书店（010）68783171
网　　址/ http://www.zgtjcbs.com/
印　　刷/ 河北鑫兆源印刷有限公司
经　　销/ 新华书店
开　　本/ 880mm×1230mm　1/16
字　　数/ 650 千字
印　　张/ 21 1 彩页
版　　别/ 2023 年 10 月第 1 版
版　　次/ 2023 年 10 月第 1 次印刷
定　　价/ 360.00 元

《赣州统计年鉴 2023》编辑部

GANZHOU STATISTICAL YEARBOOK 2023

编者说明

一、《赣州统计年鉴 2023》系统收录了全市和各县（市、区）2022 年经济、社会各方面的统计数据，以及多个重要历史年份的主要统计数据，是一部全面反映赣州市经济和社会发展情况的资料性年刊。

二、本年鉴正文内容分为 14 个篇章，即：综合，人口，就业人员和职工工资，农业，工业，交通运输、邮电通讯业，固定资产投资、房地产、建筑业，国内贸易、对外贸易和旅游，服务业，能源、环境保护，价格指数，财政、金融、保险，人民生活，科教、文卫、体育。每篇末附有主要统计指标解释，对主要统计指标的含义、统计范围和统计方法以及历史上的变动情况，作了简要说明。

三、本年鉴对以前发表的统计资料重新予以审核，凡与本年鉴资料有出入的，均以本年鉴为准。

四、本年鉴所使用的度量衡单位，均采用国际统一标准计量单位。

五，本年鉴中部分数据合计数或相对数由于单位取舍不同而产生的计算误差，均未作机械调整。

六、本年鉴各表中的空格表示该项统计指标数据不足本表最小单位数、数据不详或无该项数据；“＃”表示其中的主要项。

七、为使本年鉴不断改进和完善，更好地满足社会各界的需要，敬希广大读者提出宝贵意见。

经济总量

地区生产总值

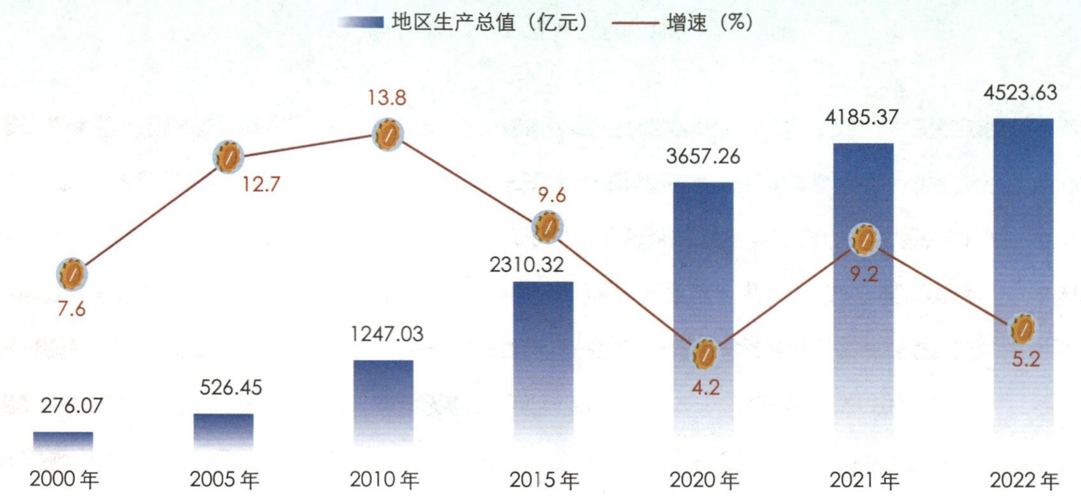

一般公共预算收入

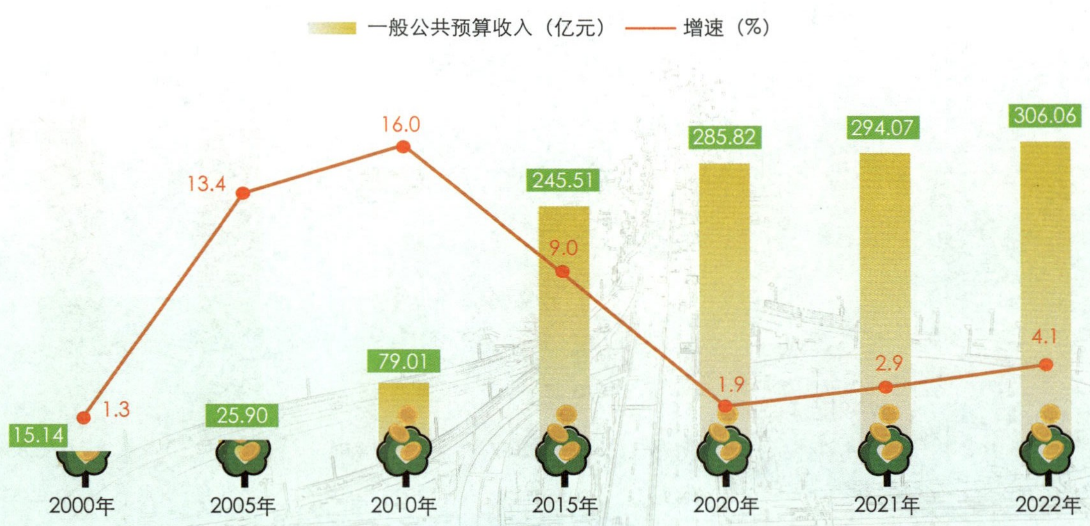

产业结构

三次产业结构

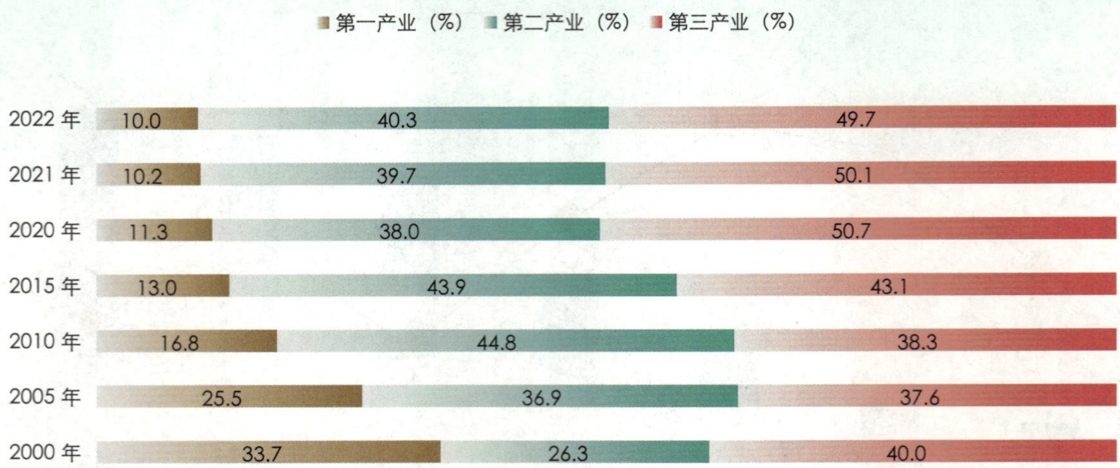

三次产业增加值

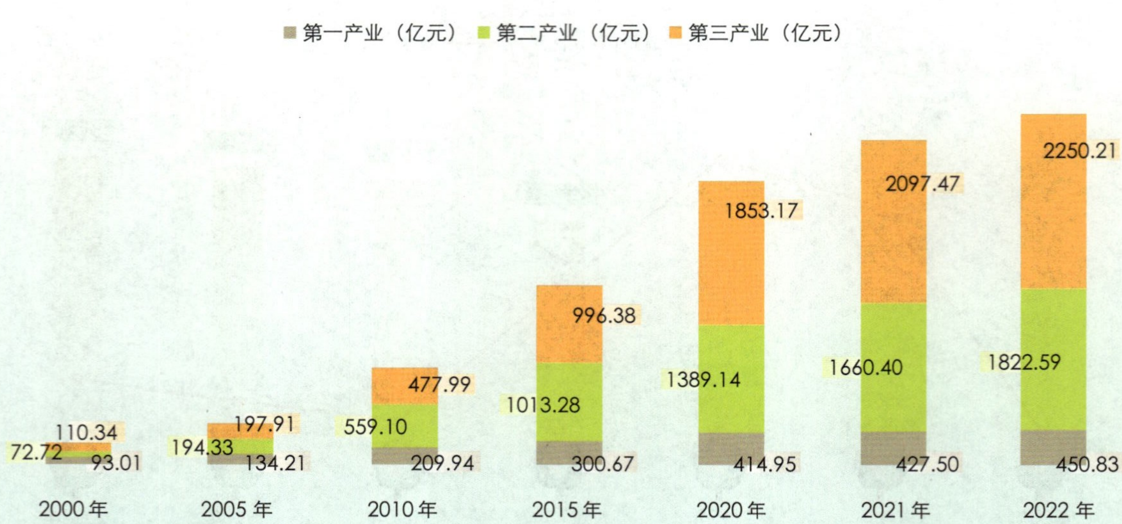

人口状况

人口发展

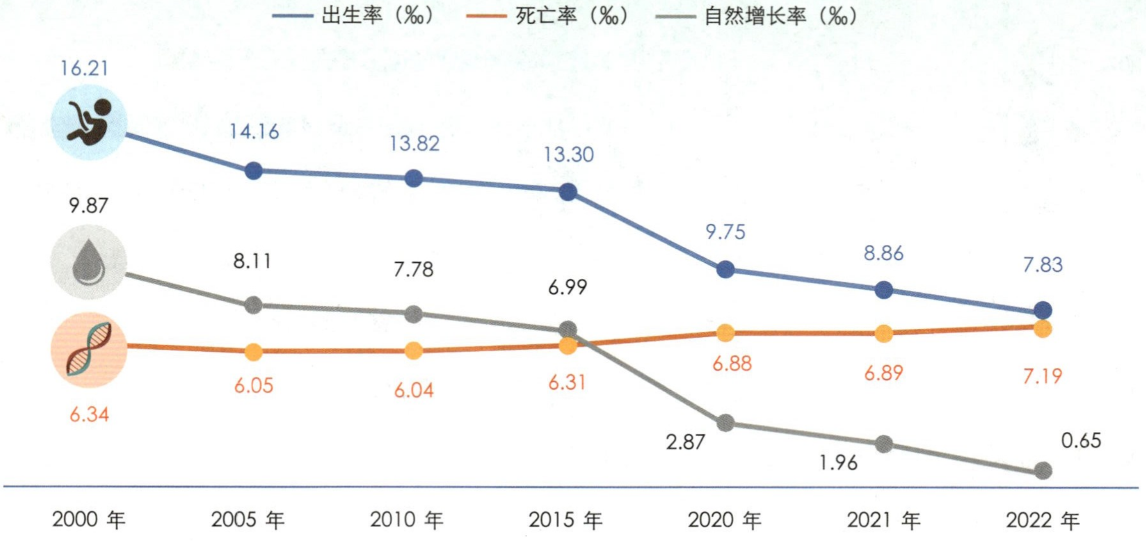

常住人口城镇化

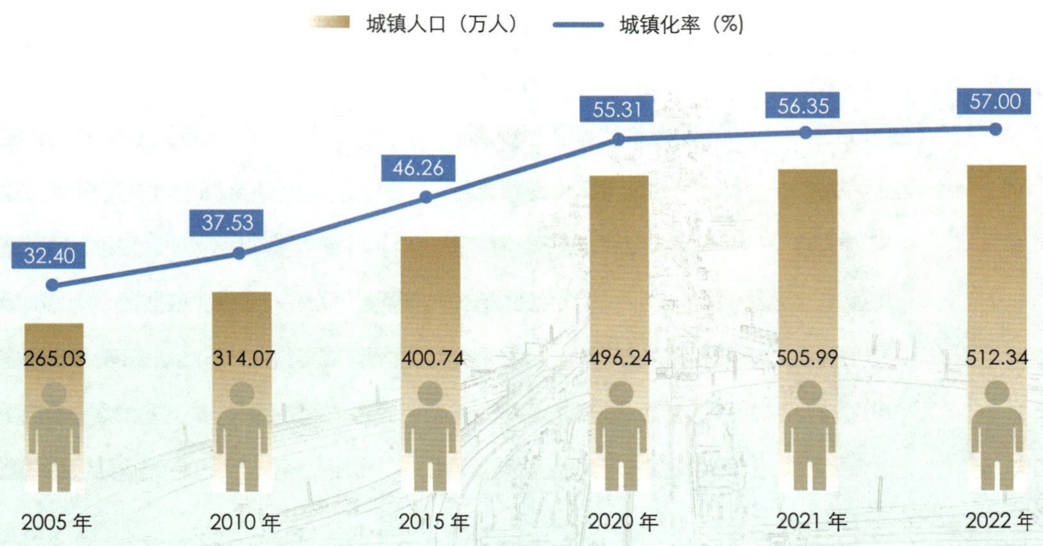

劳动就业

全社会就业人员数（万人）

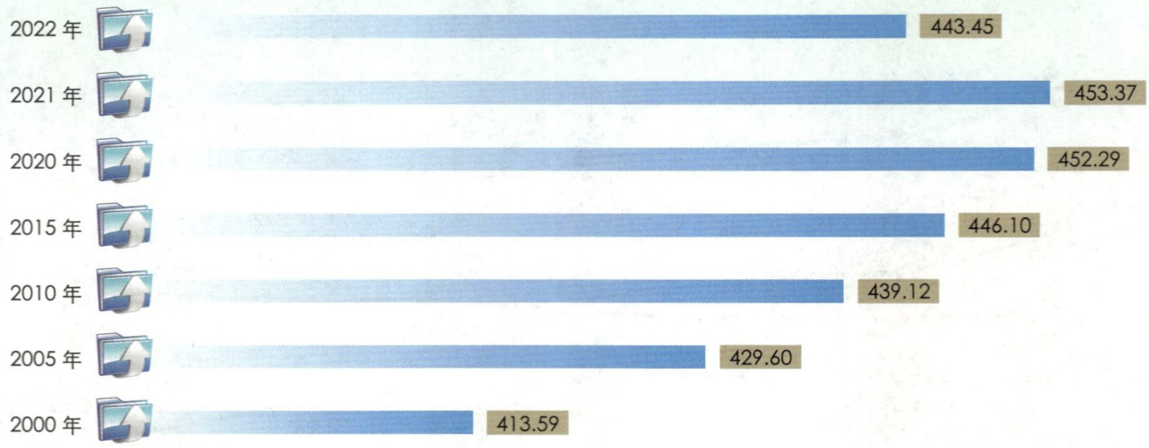

三次产业就业人员结构

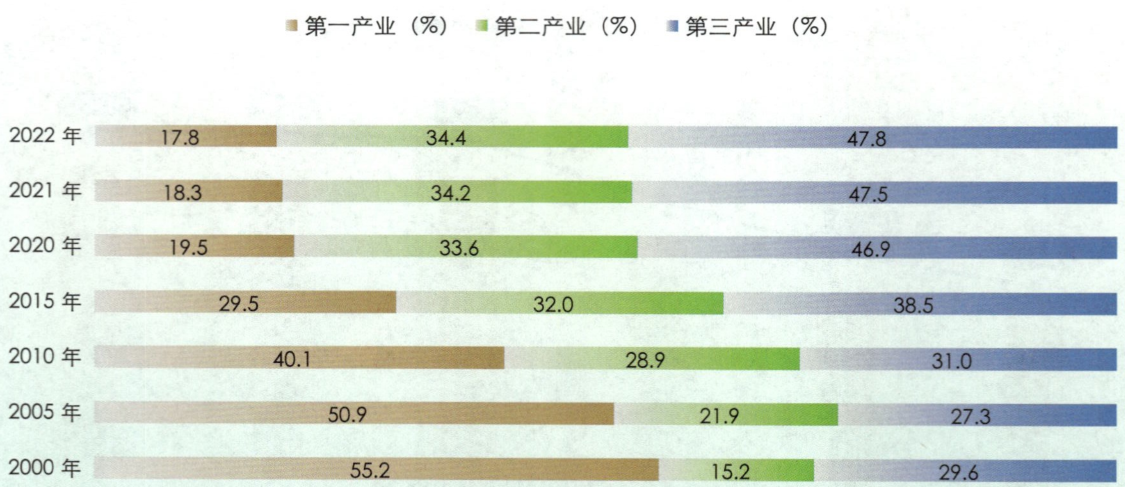

农业生产

农业总产值（亿元）

主要农产品产量

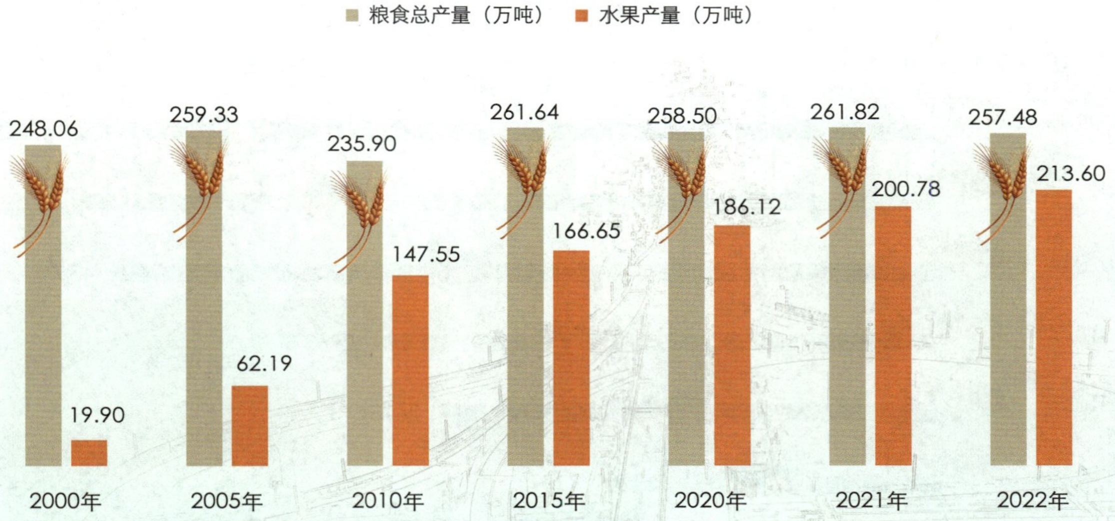

基础设施

固定资产投资增速（%）

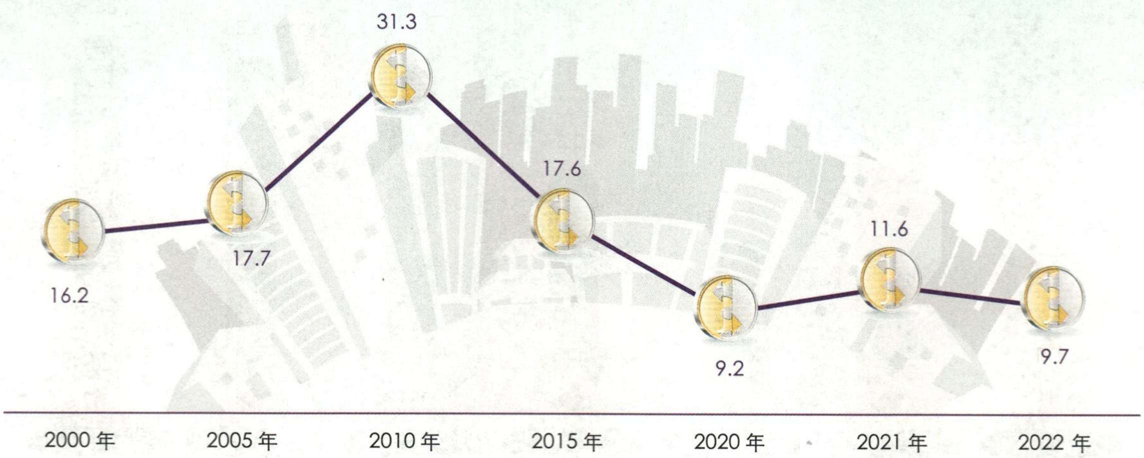

公路通车里程和铁路营业里程

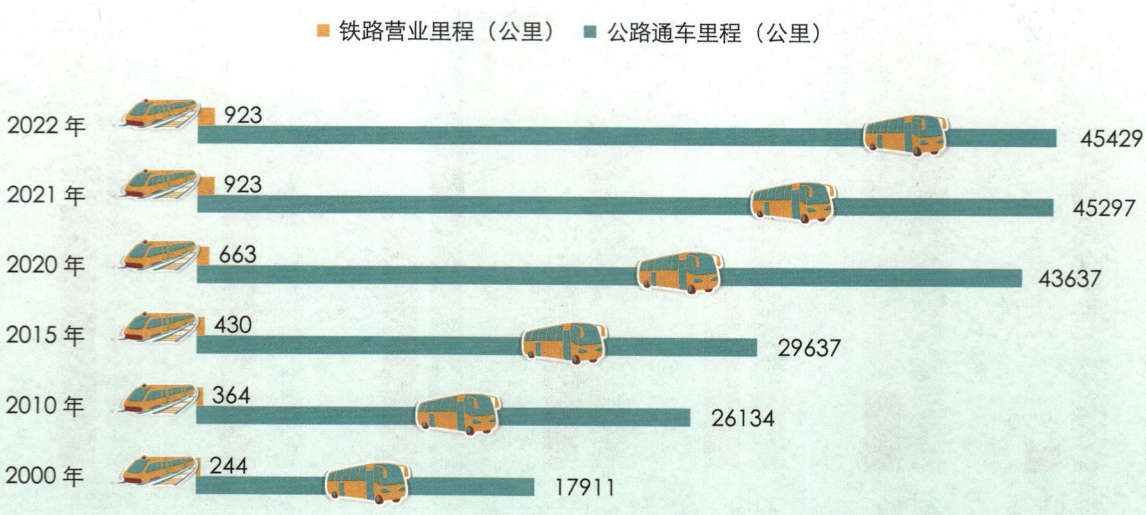

内外贸易

社会消费品零售总额

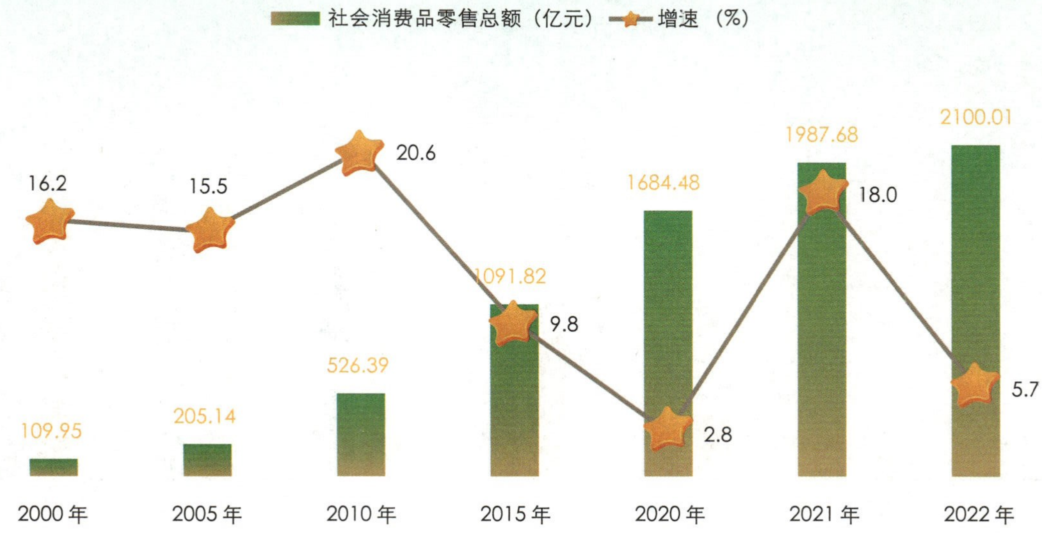

进出口贸易总额

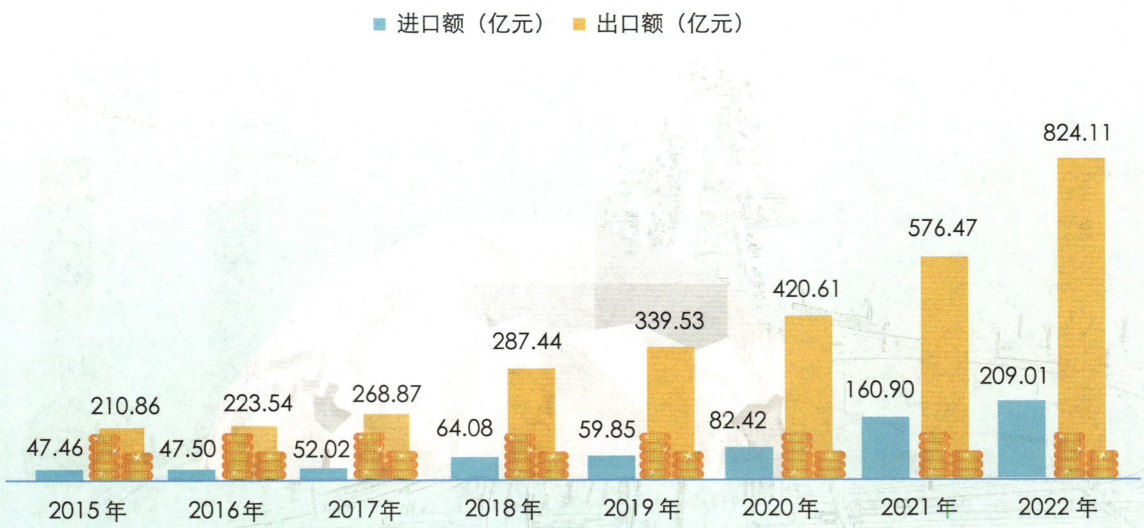

金融信贷

金融机构存、贷款余额

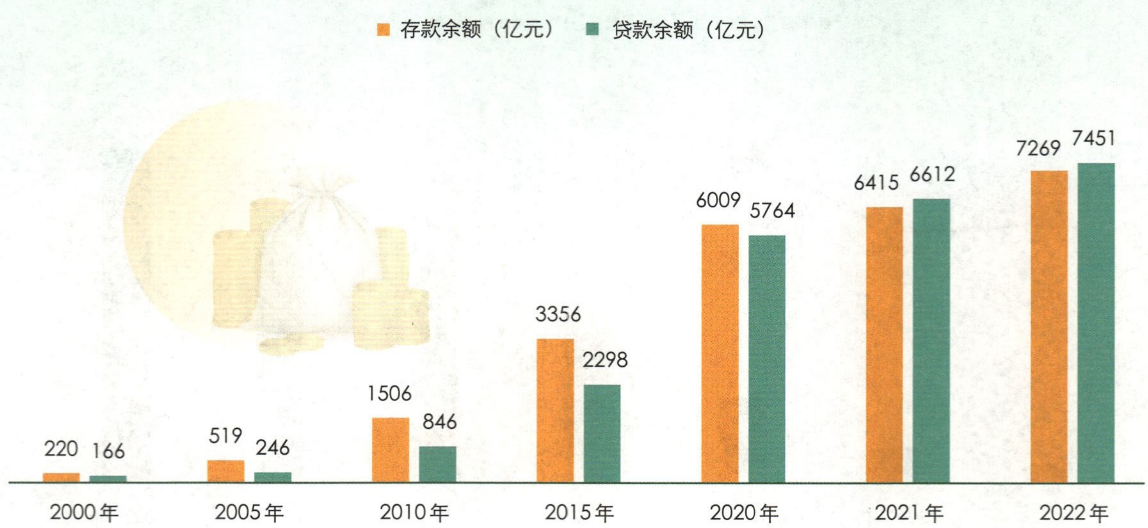

住户存款余额

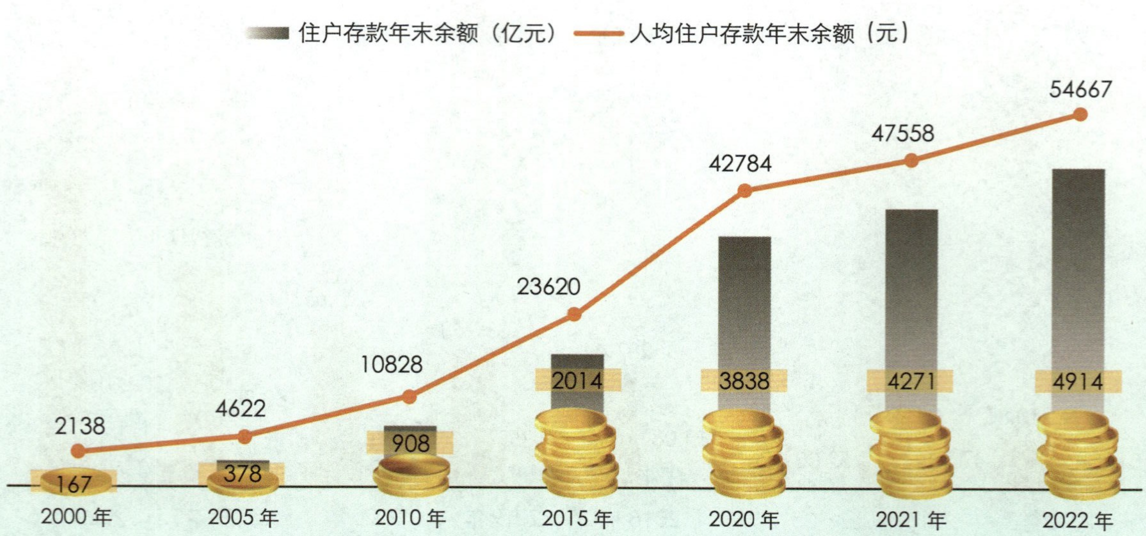

人民生活

城乡居民人均可支配收入

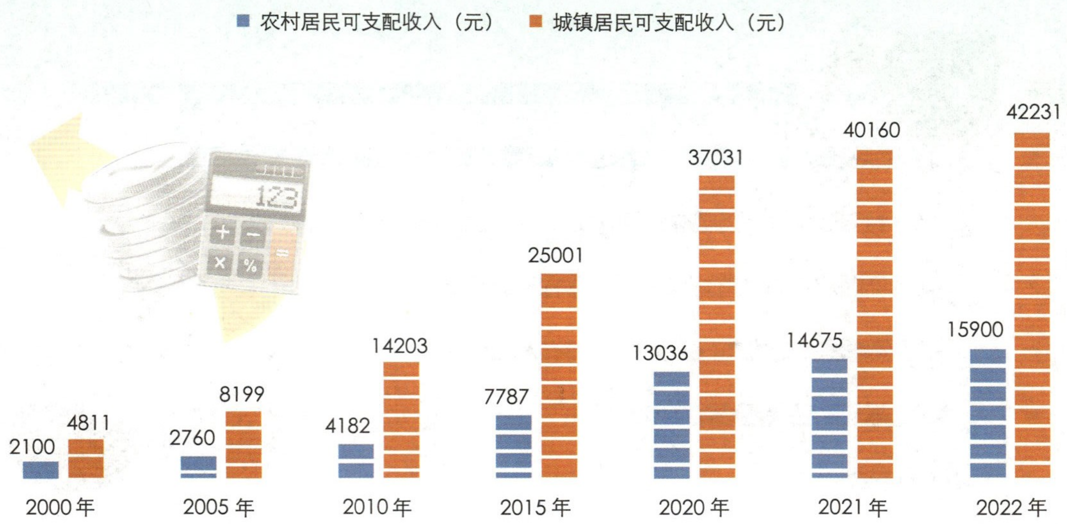

在岗职工平均工资（元）

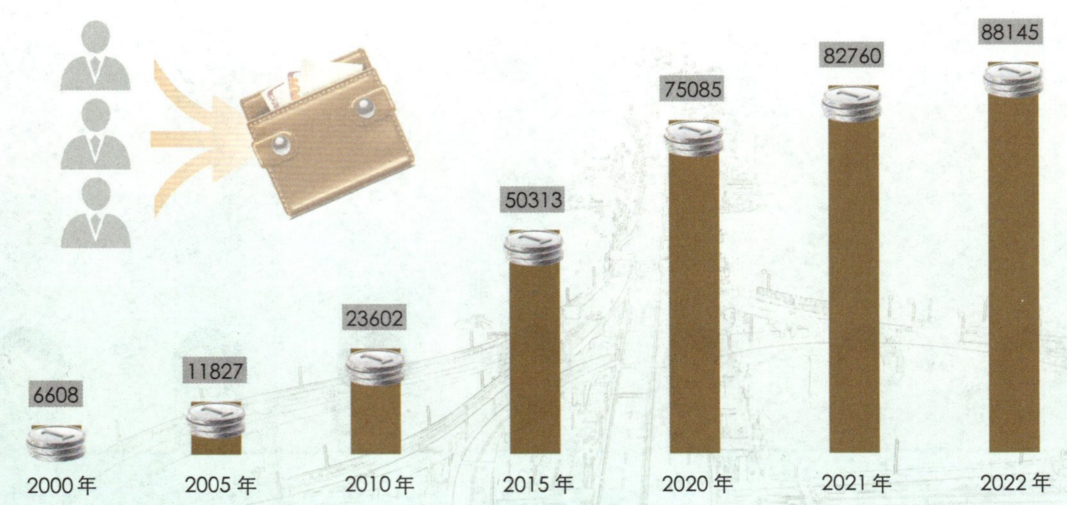

社会事业

普通高等学校全日制在校学生数（万人）

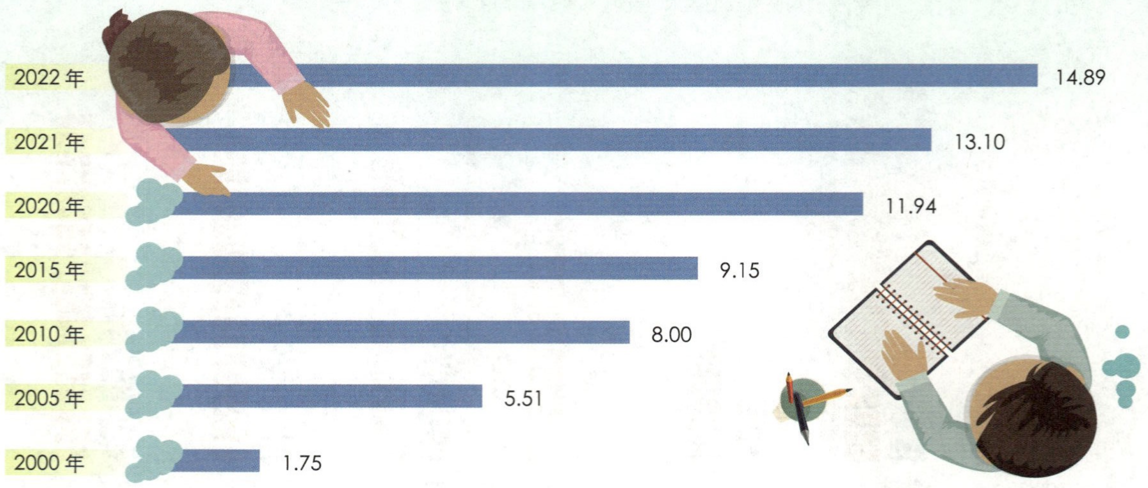

卫生技术人员(万人)

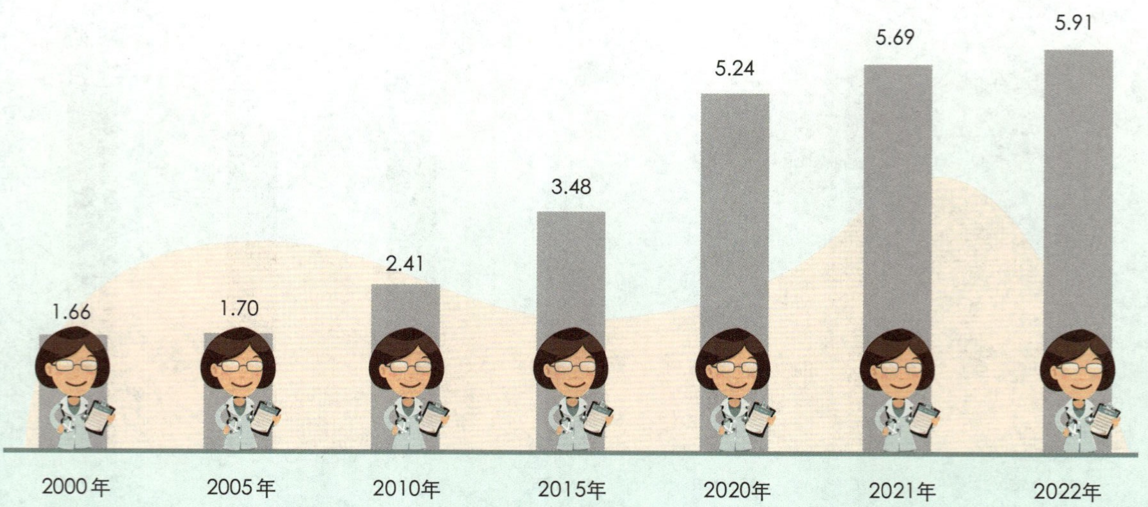

目 录

四、农业

五、工业

六、交通运输、邮电通信业

七、固定资产投资、房地产、建筑业

八、国内贸易、对外贸易和旅游

九、服务业

十四、科教、文卫、体育

赣州市 2022 年国民经济和社会发展统计公报

2022 年，面对复杂严峻的外部环境和多重超预期因素的冲击影响，全市上下坚持以习近平新时代中国特色社会主义思想为指导，深入贯彻落实习近平总书记视察江西和赣州重要讲话精神，深入实施“三大战略、八大行动”，加快建设革命老区高质量发展示范区，奋力谱写全面建设社会主义现代化赣州新篇章，全市经济社会发展迈上新台阶，实现新跨越。

一、综合

初步核算，全年地区生产总值 4523.63 亿元，比上年增长 5.2%。其中，第一产业增加值 450.83 亿元，增长 3.8%；第二产业增加值 1822.59 亿元，增长 6.6%；第三产业增加值 2250.21 亿元，增长 4.5%。三次产业结构 10.0∶40.3∶49.7。非公有制经济增加值 2892.57 亿元，增长 5.8%。

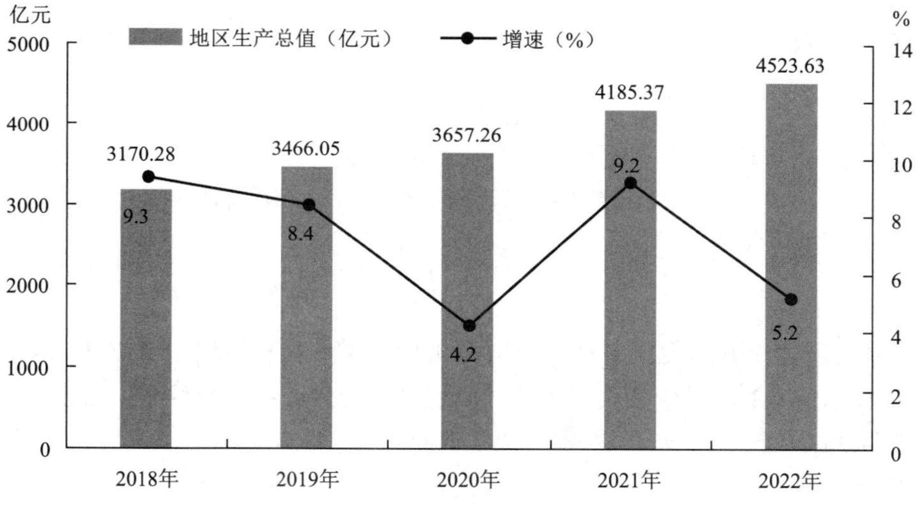

图 1　2018-2022 年地区生产总值及其增长速度

年末常住人口 898.81 万人，比上年末增加 0.81 万人。其中，城镇常住人口 512.34 万人，占全部常住人口的比重（常住人口城镇化率）为 57.0%，比上年末提高 0.65 个百分点。年末全市户籍总人口为 986.23 万人，其中城镇人口 348.84 万人，乡村人口 637.39 万人。

表 1　2022 年末常住人口数及构成情况

指　　标	年末数（万人）	比重（%）	指　　标	年末数（万人）	比重（%）
全市常住人口总量	898.81	100.0	16-59 岁	547.17	60.9
男	462.59	51.5	60 周岁及以上	148.09	16.5
女	436.22	48.5	# 65 周岁及以上	108.46	12.1
0-15 岁	203.54	22.6			

全年居民消费价格比上年上涨2.3%，其中食品烟酒价格上涨2.0%。在食品烟酒价格中，粮食价格上涨1.0%，鲜菜价格上涨8.9%，畜肉价格下跌8.5%。商品零售价格上涨3.9%。

表2　2022年居民消费价格分类别涨跌幅度

指　　标	比上年涨跌（%）	指　　标	比上年涨跌（%）
居民消费价格	2.3	交通和通信	5.5
食品烟酒	2.0	教育文化和娱乐	5.1
衣着	-0.8	医疗保健	0.5
居住	0.9	其他用品和服务	1.3
生活用品及服务	1.7		

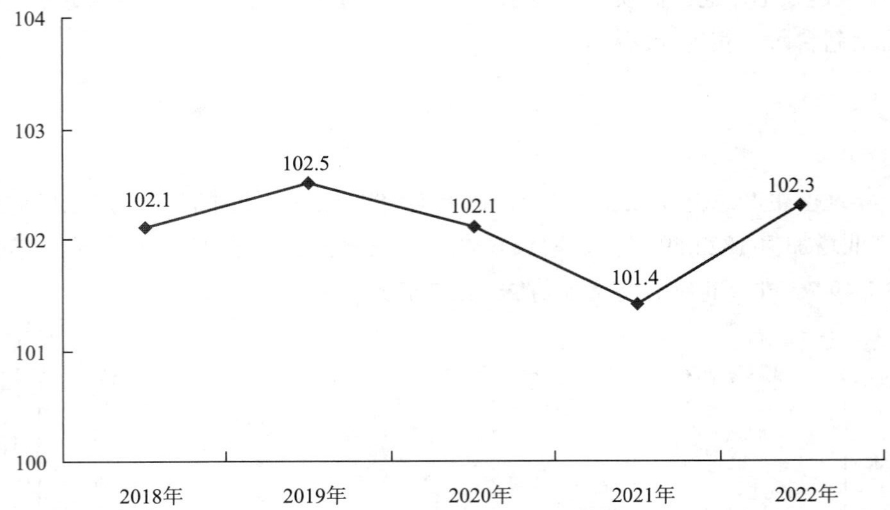

图2　2018-2022年居民消费价格总指数（以上年同期为100）

二、农业

全年农林牧渔业总产值736.85亿元，比上年增长4.2%。粮食播种面积755.77万亩，增长0.2%。油料播种面积92.13万亩，增长0.3%。其中油菜籽30.35万亩，下降0.7%。蔬菜播种面积222.76万亩，增长1.5%。

全年粮食总产量257.48万吨，比上年下降1.7%。油料产量15.10万吨，增长2.2%。其中油菜籽2.6万吨，增长2.3%。蔬菜产量429.28万吨，增长3.5%。烟叶产量1.36万吨，增长1.4%。茶叶产量0.54万吨，增长7.3%。水果产量213.60万吨，增长6.4%。

表3　2022年主要畜牧、水产品产量及其增长速度

产品名称	单位	产量	比上年增长（%）
肉类总产量	万吨	87.93	2.4
# 猪肉	万吨	57.91	1.4
# 牛肉	万吨	4.02	6.7
# 禽肉	万吨	25.74	4.0
牛奶	万吨	5.57	14.0
禽蛋	万吨	7.38	11.9
出栏肉猪	万头	700.01	1.1
家禽出笼	万只	17112.32	2.4
水产品产量	万吨	32.90	5.5

全年肉类总产量 87.93 万吨，比上年增长 2.4%。其中猪肉产量 57.91 万吨，增长 1.4%；牛肉产量 4.02 万吨，增长 6.7%。禽蛋产量 7.38 万吨，增长 11.9%。牛奶产量 5.57 万吨，增长 14.0%。年末生猪存栏 386.02 万头，比上年末增长 3.6%；生猪出栏 700.01 万头，增长 1.1%。

全年水产品产量 32.90 万吨，比上年增长 5.5%。其中养殖水产品产量 32.57 万吨，捕捞水产品产量 0.33 万吨。

三、工业与建筑业

全年规模以上工业增加值增长 8.8%。分轻重工业看，轻工业下降 8.2%，重工业增长 17.2%。分经济类型看，国有企业增长 13.5%，集体企业下降 63.4%，股份制企业增长 9.8%，外商及港澳台商投资企业增长 1.9%，其他经济类型企业增长 6.4%。分行业看，35 个行业大类中 16 个行业实现增长，其中化学原料和化学制品制造业增长 76.5%，废弃资源综合利用业增长 29.3%，有色金属冶炼和压延加工业增长 25.0%，电气机械和器材制造业增长 22.4%，医药制造业增长 18.6%，计算机、通信和其他电子设备制造业增长 17.7%，仪器仪表制造业增长 11.0%。新产业加速发展，高技术制造业增加值增长 22.6%，快于规模以上工业 13.8 个百分点，占全市比重为 24.2%；装备制造业增加值增长 19.7%，快于规模以上工业 10.9 个百分点，占全市比重为 32.0%。

表 4　2022 年规模以上工业主要产品产量及其增长速度

产品名称	计量单位	指标值	同比增长（%）
原盐	万吨	77.83	0.0
精制食用植物油	吨	6371.63	-16.6
饮料酒	千升	34798.28	2.0
# 白酒（折 65 度）	千升	4117.54	-39.2
布	万米	6282.89	-17.5
服装	万件	35817.34	3.0
人造板	万立方米	169.15	-17.1
家具	万件	4077.93	0.4
机制纸及纸板	万吨	49.35	18.2
烧碱（折 100%）	万吨	48.43	49.2
中成药	吨	4701.36	-15.8
化学纤维	吨	19092.77	-43.5
水泥	万吨	1739.37	-9.4
钢材	万吨	117.40	-19.6
十种有色金属	吨	75465.06	36.0
铜材	万吨	30.13	-5.5
锂离子电池	亿只	2.67	55.2
太阳能电池（光伏）	万千瓦	134.01	311.2
灯具及照明装置	亿套（台、个）	2.82	-23.5
显示器	万台	523.07	-18.5
液晶显示屏	亿片	2.24	-5.5
电子元件	亿只	48.57	-3.8
印制电路板	万平方米	3220.66	3.6
发电量	亿千瓦时	258.72	116.2
# 火力发电量	亿千瓦时	188.44	214.3
# 水力发电量	亿千瓦时	15.4	45.2

全年建筑业总产值671.1亿元，增长10.7%。 其中建筑工程产值596.9亿元，增长14.1%，占建筑业总产值的88.9%；安装工程产值44.8亿元，下降15.1%，占6.7%；其他产值29.4亿元，下降3.8%，占4.4%。资质以上总、专包建筑业企业共1040家，比上年增加197家。其中特级和一级总、专包企业37家，增加6家；二级企业194家，增加32家；三级及其他企业809家，增加159家。

四、服务业

全年服务业增加值2250.21亿元，增长4.5%。其中批发和零售业增加值365.98亿元，比上年增长5.1%；住宿和餐饮业增加值133.60亿元，增长2.6%；金融保险业增加值317.79亿元，增长5.1%；房地产业增加值352.97亿元，增长1.1%。全年规模以上服务业企业营业收入增长15.1%。

全年交通运输、仓储及邮政业增加值180.90亿元，增长2.0%。铁路货物运输量561.1万吨，增长19.9%；铁路旅客运输量1246.38万人次，下降23.1%。公路通车里程45465公里。其中高速公路（赣州境内）通车里程1729公里。公路货物运输量22618万吨，比上年下降1.47%；货物运输周转量165.35亿吨公里，增长3.2%；旅客运输量1605万人，下降35.0%；旅客运输周转量13.07亿人公里，下降37.3%。

表5 2022年公路运输量及周转量

指　标	单位	指标值	比上年增长（%）
货物运输量	万吨	22618	-1.47
旅客运输量	万人	1605	-35.0
货物运输周转量	亿吨公里	165.35	3.2
旅客运输周转量	亿人公里	13.07	-37.3

全年共接待旅游总人数9500.2万人次，增长2.8%，旅游总收入1045.5亿元人民币，增长2.9%。

年末民用汽车保有量 137.2万辆，增长7.2%。年末私人汽车保有量 129.48万辆，增长 7.4%。

全年完成电信业务收入69.07亿元。年末固定及移动电话用户总数1010.5万户，其中移动电话用户930.90万户，固定电话用户79.56万户。固定互联网宽带接入用户330.47万户，比上年末增加36.33万户。

全年邮政行业业务总量33.55亿元，增长11.5%，邮政行业业务收入37.24亿元，增长16.0%。邮政业全年完成邮政函件业务34.68万件，包裹业务4.62万件，快递业务量22797.83万件；快递业务收入24.50亿元。

五、固定资产投资

全年固定资产投资增长9.7%。分产业投资看，第一产业投资下降7.8%，第二产业投资下降0.3%，第

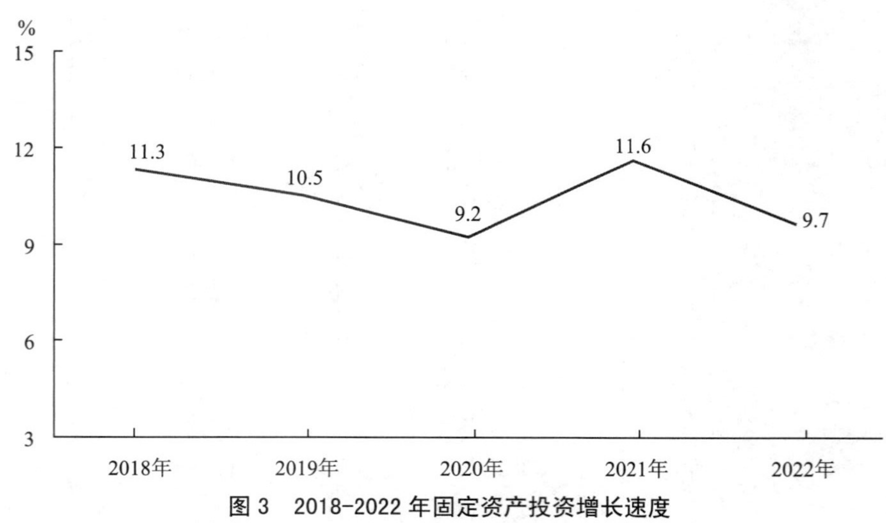

图3 2018-2022年固定资产投资增长速度

三产业投资增长20.4%。分企业类型看，国有企业投资增长33.8%，有限责任公司投资增长17.7%，股份有限公司投资下降15.0%，私营企业投资下降3.0%，港澳台商企业投资增长2.5%，外商投资增长19.9%。分领域看，工业投资下降0.3%，基础设施投资增长41.7%，房地产开发投资下降3.6%。其中民间投资下降1%。

表6　2022年分行业固定资产投资增长速度

行　　业	比上年增长（%）	行　　业	比上年增长（%）
总　　计	9.7	水的生产和供应业	-24.3
农、林、牧、渔业	-6.9	批发和零售业	-37.2
农、林、牧、渔专业及辅助性活动	18.4	交通运输、仓储和邮政业	27.6
采矿业	20.7	住宿和餐饮业	132.0
有色金属矿采选业	265.6	信息传输、软件和信息技术服务业	-21.3
制造业	0.3	金融业	-92.7
农副食品加工业	39.8	房地产业	-3.5
纺织服装和服饰业	2.3	租赁和商务服务业	58.0
家具制造业	-36.4	科学研究和技术服务业	67.4
化学原料及化学制品制造业	-8.5	水利、环境和公共设施管理业	49.9
非金属矿物制品业	-4.5	居民服务、修理和其他服务业	15.5
有色金属冶炼及压延加工业	80.6	教育	22.2
电气机械及器材制造业	9.8	卫生和社会工作	79.0
计算机、通信和其他电子设备制造业	-5.7	文化、体育和娱乐业	-23.1
电力、热力、燃气及水的生产和供应业	-7.9	公共管理和社会组织	128.8
电力、热力的生产和供应业	-3.2		

全年房屋施工面积4317.49万平方米，下降6.6%；房屋竣工面积315.80万平方米，增长33.9%；商品房销售面积1328.15万平方米，下降6%；商品房待售面积101.32万平方米，增长13.4%。商品房销售额894.93亿元，下降10%。

六、国内贸易

全年社会消费品零售总额2100.01亿元，增长5.7%。限额以上单位实现消费品零售额626.29亿元，增

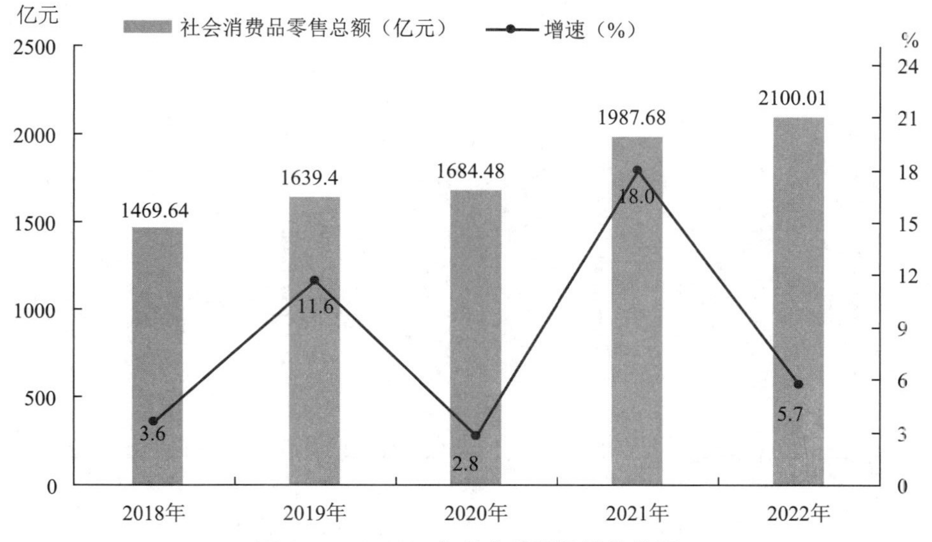

图4　2018-2022年社会消费品零售总额

长14.2%。其中商品零售额583.2亿元，增长12.6%；餐饮收入43.1亿元，增长40.9%。通过公共网络平台实现的商品销售额48.08亿元，增长64%。限额以上单位商品零售额分类中，粮油、食品类增长41.7%，服装、鞋帽、针纺织品类增长26.5%，日用品类增长18.4%，石油及制品类增长17.8%，家用电器和音像器材类增长16.9%，汽车类下降10.7%，化妆品类、中西药品类、建筑及装潢材料类分别增长30.1%、17.6%和4.7%。

七、对外经济

全年货物进出口总额1033.1亿元，增长39.9%；其中进口额209.01亿元，增长29.0%；出口额824.11亿元，增长43.0%。一般贸易出口638.88亿元，增长40.46%；民营企业出口677.44亿元，增长56.31%，占全部出口额比重分别达77.53%、82.2%。机电产品出口406.51亿元，增长46.65%；高新技术产品出口210.23亿元，增长81.08%，占全部出口额比重分别达49.33%、25.51%。全年实际利用外资3.73亿美元，增长4.3%。利用省外2000万元以上项目资金1200.42亿元，增长9.8%。

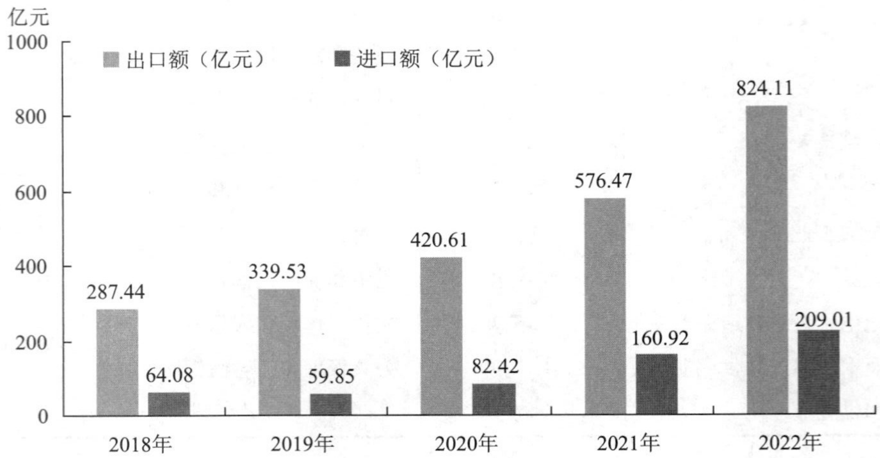

图5　2018-2022年进出口情况

八、财政金融

全年一般公共预算收入306.06亿元，增长4.1%。其中税收收入174.52亿元，下降12.8%，占一般公共预算收入的比重为57.0%。一般公共预算支出1027.66亿元，增长6.9%。民生支出849.08亿元，占一般公共预算支出的比重为82.6%。其中教育、农林水、卫生健康、住房保障、科学技术、交通运输支出分别达

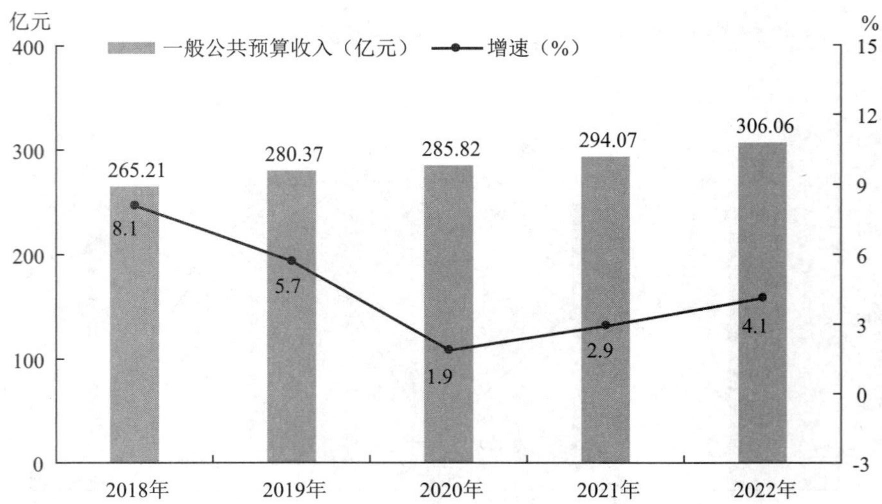

图6　2018-2022年一般公共预算收入及增速

225.53 亿元、134.03 亿元、124.86 亿元、34.56 亿元、33.01 亿元、28.24 亿元，分别增长 3.4%、2.5%、6.9%、37.2%、7.5%、2.7%。

年末金融机构本外币各项存款余额 7306.15 亿元，比年初增加 870.59 亿元，比上年增长 13.5%。其中住户存款 4918.87 亿元，比年初增加 642.71 亿元。各项贷款余额 7456.17 亿元，比年初增加 833.70 亿元，比上年增长 12.6%。其中短期贷款 943.73 亿元，比年初减少 16.60 亿元；中长期贷款 2787.03 亿元，比年初增加 253.62 亿元。

全年保费收入 141.20 亿元，增长 3.3%。其中财产险保费收入 56.71 亿元，增长 9.7%；人身险保费收入 84.49 亿元，下降 0.6%。

九、人民生活与社会保障

全年城镇居民人均可支配收入 42231 元，增长 5.2%；农村居民人均可支配收入 15900 元，增长 8.3%。城镇居民人均消费支出 25824 元，增长 6.0%；农村居民人均消费支出 14880 元，增长 9.4%。城镇居民家庭恩格尔系数 31.0%，比上年下降 0.8 个百分点；农村居民家庭恩格尔系数 33.1%，下降 1.6 个百分点。

表 7　2018-2022 年城乡居民生活改善情况

指　　标	单位	2018 年	2019 年	2020 年	2021 年	2022 年
城镇居民人均可支配收入	元	32163	34826	37031	40160	42231
农村居民人均可支配收入	元	10782	11941	13036	14675	15900
城镇居民家庭恩格尔系数	%	31.9	30.8	32.2	31.8	31.0
农村居民家庭恩格尔系数	%	34.0	33.4	35.5	34.7	33.1

全年社会保险基金筹集总额 290.5 亿元，比上年增加 16.3 亿元。城乡居民养老保险基金筹集总额 35.32 亿元，增加 2.68 亿元；城镇职工养老保险基金筹集总额 192.37 亿元，增加 8.75 亿元；机关事业养老保险基金筹集总额 46.5 亿元，增加 4.32 亿元；工伤保险基金筹集总额 2.09 亿元，减少 0.44 亿元；失业保险基金筹集总额 2.57 亿元，增加 0.58 亿元。

年末参加城镇职工基本养老保险人数 185.12 万人，比上年末增加 19.48 万人；参加城乡居民社会养老保险人数 437.54 万人，减少 0.57 万人。参加基本医疗保险人数 940.55 万人，减少 8.46 万人，其中参加城镇职工医保人数 84.85 万人，增加 7.5 万人；参加城乡居民医保人数 819.7 万人，减少 15.96 万人。参加工伤保险人数 77.17 万人，增加 5.77 万人。参加失业保险人数 46.5 万人，增加 6.35 万人。参加生育保险人数 61.31 万人，增加 6.94 万人。

全年共有 3.46 万城镇居民和 33.03 万农村居民得到政府最低

生活保障。共有综合福利院、敬老院和光荣院 274 个。其中综合福利院 12 个、敬老院 249 个、光荣院 13 个。共有民办养老服务机构 68 个。

十、教育和科学技术

全年研究生教育招生 2950 人，在校研究生 8104 人，毕业生 1690 人。普通高等教育（不含研究生）招生 4.84 万人，在校学生 14.08 万人，毕业生 3.50 万人。各类中等职业教育（包括中等专业和中等职业学校）招生 4.34 万人，在校学生 12.36 万人，毕业生 3.24 万人。普通高中招生 8.82 万人，在校学生 25.24 万人，毕业生 7.58 万人。普通初中招生 14.01 万人，在校学生 43.61 万人，毕业生 16.70 万人。普通小学招生 12.07 万人，在校学生 80.12 万人，毕业生 13.92 万人。特殊教育（含送教上门及随班就读学生）招生 1840 人，在校学生 9652 人，毕业生 2151 人。学前教育在园幼儿 32.4 万人。九年义务教育巩固率为 99.75%，高中阶段毛入学率为93.51%。

全年境内授予专利权1.57万件，PCT专利申请受理量27件。境内有效发明专利0.48万件，每万人口发明专利拥有量5.33件。

全年国家重点研发计划共安排31个重点专项，33个科技项目，国家科技重大专项共安排1个课题。全年共签订技术合同1874项，技术合同成交金额117.09亿元，增长68.0%。

十一、文化、卫生和体育

年末电视人口覆盖率99.97%，广播人口覆盖率99.98%。

共有文化馆19个，组织文艺活动2189次；乡镇文化站310个，组织文艺活动11292次；专业艺术表演团体19个，演出场次3106次；公共图书馆19个，有藏书548.41万册，图书流通439.25万册次；博物馆21个，文物藏品7.94万件（套），参观人数694.40万人次。

共有卫生机构8169个。其中医院178个，社区卫生服务中心（站）56个，卫生院326个，村卫生室6194个，诊所、卫生所、医务室共1279个，疾病预防控制中心21个，专科疾病防治院（所、站）27个，妇幼保健院19个。卫生技术人员5.91万人。其中执业（助理）医师2.09万人，注册护士2.67万人。卫生机构床位6.2万张。

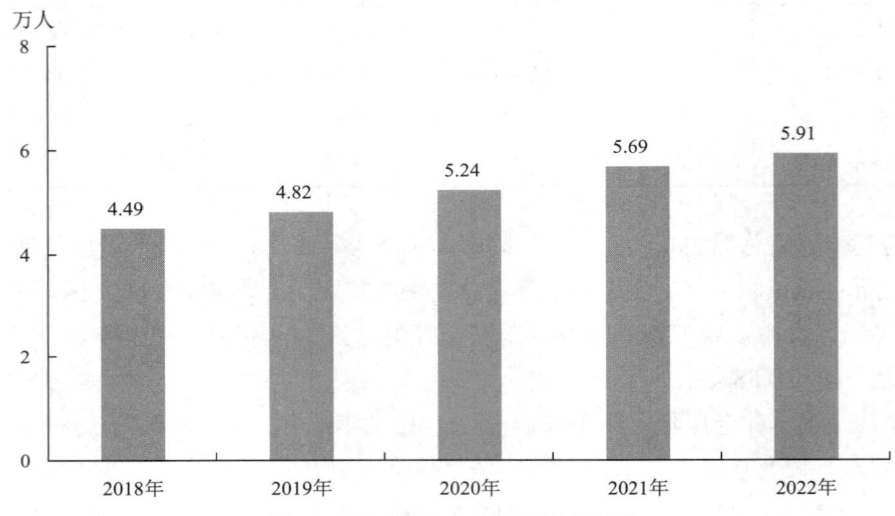

图7　2018-2022年卫生技术人员数

全年共组织有影响的各类群众健身活动511次，参与人数超1000万人次；市级青少年俱乐部23个，市级体育社会组织71个（其中市级协会54个，市级俱乐部17个）；二级裁判员发展人数300个，二级运动员发展人数252个；公共体育场地（市本级管理使用）9个，其中田径场3个，体育馆1个，全民健身广场1个，游泳馆（池）3个。共有少儿体育学校18个，在训学生8653人，专职教练员150人。

十二、资源、环境和安全生产

年末有森林公园31个，面积为14.93万公顷。其中，国家森林公园10个，面积为12.10万公顷；省级森林公园 21 个，面积2.83万公顷。

年末有自然保护区51处，总面积23.70万公顷，占全市国土面积的6.0%；其中国家级自然保护区3处，面积4.6617万公顷；省级面积5.7529万公顷；市县级13.281万公顷。全市森林覆盖率76.2%。

全年环境空气质量优良338天，未出现中度污染和重度污染天气，优良率为92.6%。全市地表水Ⅰ-Ⅲ类水质断面比例为97.3%。有空气自动监测站40个，环境监测站17个，污水处理厂54座（其中生活污水处理厂 25 座、工业污水处理厂 29 座）。

全年发生安全生产事故 45 起、死亡 51 人，分别下降 56.7%、53.2%。工矿商贸企业就业人员每 10 万人生产安全事故死亡人数 0.297 人，下降 42.1%；道路交通事故每万车死亡人数 0.71 人，下降 12.3%。

注释：

1. 部分数据因四舍五入的原因，存在着分项与合计不等的情况。

2. 地区生产总值，一、二、三产增加值，规模以上工业增加值，批发和零售业增加值，住宿和餐饮业增加值，金融保险业增加值，房地产业增加值，交通运输、仓储及邮政业增加值绝对数按现价计算，增长速度按可比价计算。

3. 上年部分数据进行了修订。

4. 全年实际利用外资为商务部统计口径数据，较往年有所变化。

一、综合

本篇章

质量负责：张媛媛
资料整理：彭长生

1-1 行政区划和土地面积

县(市、区)	县市级(个)			乡镇级(个)				村(居)委会(个)		土地面积(平方公里)
	县级市	县	市辖区	街道办事处	乡镇	镇	乡	居民委员会	村民委员会	
总 计	**2**	**13**	**3**	**9**	**284**	**147**	**137**	**614**	**3458**	**39363**
章贡区				7	8	8		115	112	592
南康区				2	18	7	11	82	278	1742
赣县区					19	12	7	36	276	2988
信丰县					16	13	3	49	263	2866
大余县					11	8	3	15	105	1344
上犹县					14	6	8	16	131	1543
崇义县					16	6	10	11	124	2208
安远县					18	8	10	24	152	2350
定南县					7	7		20	120	1321
全南县					9	6	3	11	86	1535
宁都县					24	12	12	47	299	4049
于都县					23	9	14	49	353	2892
兴国县					25	9	16	22	303	3215
会昌县					19	6	13	33	243	2712
寻乌县					15	7	8	15	173	2352
石城县					11	6	5	25	131	1567
瑞金市					17	8	9	27	219	2441
龙南市					14	9	5	17	90	1646

1-2 主要年份国民经济和社会发展总量指标(一)

指　　标	单位	1978年	1985年	1990年	1995年	1996年	1997年	1998年
年末总人口	万人	604.20	655.33	710.52	746.81	755.62	764.90	773.36
#城镇人口	万人	57.33	81.92	91.81	114.28	118.12	122.73	126.20
年末社会从业人数	万人	223.73	289.49	340.50	410.16	417.14	427.52	423.68
#职工人数	万人	33.99	39.07	43.52	46.98	47.06	47.01	46.08
收入总值	亿元	11.59	25.84	63.25	175.48	212.18	241.22	253.66
地区生产总值	亿元	11.59	25.84	62.65	161.82	195.96	222.64	239.70
第一产业	亿元	7.08	14.03	30.58	71.74	84.57	91.65	92.78
第二产业	亿元	2.88	6.96	16.84	48.84	53.69	61.02	67.88
第三产业	亿元	1.63	4.85	15.23	41.23	57.70	69.96	79.04
人均生产总值	元/人	194	396	886	2127	2545	2860	3047
固定资产投资								
固定资产投资额	万元		34338	71334	348086	360549	380000	501893
#城镇以上	万元		21039	48274	274464	261129	273500	402427
#国有经济(控股)	万元	5991	18624	43095	128640	134899	143504	201503
#地方投资	万元	5502	15123	34429	111166	112538	120489	167624
财政								
财政总收入	万元	12555	23294	51696	143164	167526	182739	200345
人均财政总收入	元/人	21	36	73	188	218	235	255
一般公共预算收入	万元				89186	109829	132809	148434
一般公共预算支出	万元	12103	27867	60401	133608	167272	198896	215957
物价指数(以上年价格为100)								
居民消费价格总指数			107.0	102.7	115.8	108.6	104.2	100.5
商品零售价格总指数			107.0	102.0	115.4	106.1	100.5	99.1
农业生产资料价格总指数			103.7	104.7	121.7	105.8	98.2	95.0
人民生活								
在岗职工平均工资	元/人	561	925	1717	3775	4225	4568	4690
城镇居民人均可支配收入	元/人		564	1187	3083	3496	3729	3922
城镇居民人均消费性支出	元/人		554	1097	2854	3076	2964	3213
农村居民人均可支配收入	元/人	111	322	602	1478	1803	2034	2045
农村居民人均消费性支出	元/人		266	504	1202	1357	1417	1402
住户存款年末余额	亿元	0.50	3.88	17.26	75.12	95.48	111.48	132.06
人均住户存款年末余额	元/人	8	59	243	981	1233	1424	1670
农业								
农林牧渔业总产值	亿元	8.12	18.96	41.92	115.56	133.46	140.22	139.53
主要农产品产量								
粮食	万吨	172.84	207.80	237.16	255.50	265.09	258.85	266.20
油料折油	万吨	1.31	2.05	3.03	5.22	5.74	5.25	4.73
油料	万吨	3.42	4.43	8.36	16.13	17.28	15.57	14.44
甘蔗	万吨	44.75	117.6	122.23	92.94	76.51	88.22	81.30
烟叶	吨	3155	4917	13369	8955	10722	23427	12470
茶叶	吨	956	1103	1469	2277	2268	2143	1985
蚕茧	吨	6	20	475	3022	1337	887	785
水果	万吨	0.96	2.00	5.90	24.48	27.27	33.80	23.89
水产品	万吨	0.73	2.27	3.63	8.07	9.73	12.00	13.60
肉类总产量	万吨	6.12	11.47	19.57	40.41	39.89	41.05	41.68
#猪肉产量	万吨	6.08	10.61	15.95	30.01	28.72	29.30	28.15
生猪年末存栏	万头	131.55	168.41	201.65	290.26	286.73	303.15	302.84
当年出栏肉猪	万头	93.53	142.71	195.68	379.91	373.42	392.84	378.30
年末耕地面积	公顷	364994	358116	355388	349116	347110	346848	345813

1-2 续表 1

指　　标	单位	1999年	2000年	2001年	2002年	2003年	2004年	2005年	2006年
年末总人口	万人	782.32	794.16	807.73	818.49	831.20	845.65	845.69	861.15
#城镇人口	万人	126.96	134.06	140.82	148.86	159.22	168.09	169.35	175.11
年末社会从业人数	万人	416.09	413.59	418.31	416.60	419.55	422.65	429.60	435.40
#职工人数	万人	45.44	33.19	32.90	32.66	32.57	33.81	35.57	37.71
收入总值	亿元	266.46	283.94	308.38	340.60	386.21	447.23	523.04	607.52
地区生产总值	亿元	250.52	276.07	297.91	332.70	377.06	450.57	526.45	629.14
第一产业	亿元	92.10	93.01	97.13	103.17	105.79	126.36	134.21	144.26
第二产业	亿元	71.58	72.72	79.81	94.37	120.79	147.90	194.33	252.16
第三产业	亿元	86.85	110.34	120.98	135.16	150.48	176.30	197.91	232.72
人均生产总值	元/人	3152	3486	3775	4176	4691	5564	6457	7663
固定资产投资									
固定资产投资额	万元	529247	614896	729165	1092123	1554900	1580000	1860000	2230240
#城镇以上	万元	442810	466425	586627	946302	1445400	1419896	1488340	1849028
#国有经济(控股)	万元	207151	221799	251440	460958	838008	609328	532239	759245
#地方投资	万元	163951	163164	177677	400948				
财政									
财政总收入	万元	200109	203797	233464	260358	313950	383539	467070	566485
人均财政总收入	元/人	252	261	296	327	391	474	573	690
一般公共预算收入	万元	149467	151444	164951	173351	196765	228358	259012	304625
一般公共预算支出	万元	240239	272503	346349	422538	475415	564957	682319	866353
物价指数(以上年价格为100)									
居民消费价格总指数		98.5	99.0	100.2	100.7	100.9	102.8	101.4	100.7
商品零售价格总指数		96.9	98.2	97.8	100.2	99.5	102.3	99.8	100.2
农业生产资料价格总指数		96.6	96.9	103.8	99.1	110.9	113.7	108.4	102.2
人民生活									
在岗职工平均工资	元/人	5664	6608	7570	8552	9312	10323	11827	13122
城镇居民人均可支配收入	元/人	4599	4811	5304	6175	6723	7388	8199	9147
城镇居民人均消费性支出	元/人	3636	3484	4022	4784	5091	5509	5995	6882
农村居民人均可支配收入	元/人	2095	2100	2113	2191	2240	2553	2760	3000
农村居民人均消费性支出	元/人	1644	1422	1496	1640	1673	1837	2081	2176
住户存款年末余额	亿元	152.51	167.07	191.94	227.05	268.59	314.35	378.01	448.56
人均住户存款年末余额	元/人	1909	2138	2421	2836	3328	3868	4622	5443
农业									
农林牧渔业总产值	亿元	139.44	138.36	142.06	146.67	154.32	189.76	199.99	212.83
主要农产品产量									
粮食	万吨	265.15	248.06	243.09	225.30	199.07	257.39	259.33	260.53
油料折油	万吨	4.58	4.84	4.75	4.18				
油料	万吨	13.94	15.23	15.56	13.79	12.72	8.36	8.58	8.33
甘蔗	万吨	64.97	36.06	27.24	32.16				
烟叶	吨	9982	10388	11677	12650	11002	9677	12463	16291
茶叶	吨	2022	1803	1674	1581	1500	1456	1596	1708
蚕茧	吨	802	781	1073	1642	1688	1757	1770	1904
水果	万吨	34.30	19.90	20.75	28.36	34.56	45.50	62.19	78.93
水产品	万吨	13.99	14.81	15.60	15.93	17.50	18.58	20.03	21.59
肉类总产量	万吨	41.99	42.84	45.39	46.40	47.47	52.62	62.54	59.29
#猪肉产量	万吨	27.11	26.10	26.69	26.78	27.00	30.43	37.11	35.52
生猪年末存栏	万头	266.14	258.98	233.35	210.51	220.90	237.99	243.06	227.43
当年出栏肉猪	万头	355.29	353.25	353.91	354.98	360.00	404.05	477.46	455.03
年末耕地面积	公顷	348863	344825	342331	310982	295709	293486	292919	294438

1-2 续表 2

指　标	单位	2007年	2008年	2009年	2010年	2011年	2012年	2013年	2014年
年末总人口	万人	877.04	888.95	896.99	907.27	918.26	926.70	928.52	954.21
#城镇人口	万人	181.01	185.30	187.46	187.93	188.67	189.10	194.30	193.24
年末社会从业人数	万人	441.45	449.67	458.02	439.1	440.6	441.9	443.3	444.90
#职工人数	万人	38.26	39.84	40.01	41.21	45.01	48.75	54.33	55.31
收入总值	亿元	729.54	871.51	975.33	1159.08	1379.56	1554.24	1729.36	1891.33
地区生产总值	亿元	792.92	942.56	1041.91	1247.03	1519.51	1700.86	1917.00	2123.37
第一产业	亿元	164.83	185.11	197.33	209.94	234.55	253.38	272.29	287.67
第二产业	亿元	329.71	397.35	438.59	559.10	701.13	783.35	892.02	983.79
第三产业	亿元	298.38	360.09	406.00	477.99	583.82	664.13	752.69	851.91
人均生产总值	元/人	9587	11310	12407	14848	18053	20057	22473	24751
固定资产投资									
固定资产投资额	万元	3003219	4060021	5947000	7810000	8196111	10359054	13308676	16087125
#城镇以上	万元	2430648	3464221	4955557	6500695	7967113	9275177	11741044	14253351
#国有经济	万元	1155836	1632040	2366770	2577549	3908405	3847337	4500735	5108079
财政									
财政总收入	万元	745215	1001314	1112939	1283245	1803154	2308055	2802013	3285327
人均财政总收入	元/人	901	1201	1325	1535	2145	2722	3285	3829
一般公共预算收入	万元	389331	554652	680858	790079	1100508	1412773	1843666	2253118
一般公共预算支出	万元	1111894	1571326	2083492	2396873	3118366	4041635	4808080	5362745
物价指数(以上年价格为100)									
居民消费价格总指数		104.2	106.2	100.1	103.1	104.9	102.8	102.4	102.1
商品零售价格总指数		104.1	106.2	98.8	102.7	104.1	102.6	101.2	100.7
农业生产资料价格总指数		103.3	120.3	98.2	104.1	118.3	110.3	105.3	103.4
人民生活									
在岗职工平均工资	元/人	16228	18421	20732	23602	27775	32869	40922	45127
城镇居民人均可支配收入	元/人	10540	11834	12901	14203	16058	18704	20797	22935
城镇居民人均消费性支出	元/人	8088	8842	9882	10662	11609	12708	13353	14661
农村居民人均可支配收入	元/人	3271	3570	3856	4182	4684	5301	6224	6946
农村居民人均消费性支出	元/人	2473	2771	2933	3197	3788	3945	5267	5868
住户存款年末余额	亿元	500.64	609.41	735.70	907.63	769.812498	1327.76	1527.33	1728.00
人均住户存款年末余额	元/人	6031	7284	8728	10828	13092	15710	18015	20311
农业									
农林牧渔业总产值	亿元	244.74	280.55	305.39	337.79	375.09	405.36	435.90	460.79
主要农产品产量									
粮食	万吨	242.05	244.41	251.68	235.9	253.17	252.99	256.49	258.67
油料	万吨	8.49	9.08	9.33	9.73	9.97	10.43	9.53	9.87
烟叶	吨	18273	21611	18952	16862	18541	20388	20352	22779
茶叶	吨	1744	1902	1988	2267	2623	3600	4060	4140
蚕茧	吨	1977	1302	834	820	396	590	268	225
水果	万吨	108.48	132.95	154.62	147.55	176.14	169.02	195.28	163.20
水产品	万吨	24.14	24.53	24.60	24.99	25.33	24.52	25.47	26.52
肉类总产量	万吨	57.59	59.61	58.04	60.69	61.41	65.08	67.85	70.48
#猪肉产量	万吨	35.92	38.02	42.25	43.33	44.31	47.44	49.86	51.85
生猪年末存栏	万头	229.87	269.44	311.05	319.02	331.73	349.30	366.22	366.32
当年出栏肉猪	万头	460.07	488.53	525.25	539.29	550.07	588.17	617.16	642.53
年末耕地面积	公顷	304094	328580						

注：地方财政收入、财政支出从2012年起分别更名为一般公共预算收入、一般公共预算支出。

1-2 续表 3

指　　标	单位	2015年	2016年	2017年	2018年	2019年	2020年	2021年	2022年
年末总人口	万人	960.63	970.78	974.25	981.46	983.07	982.10	984.02	986.23
#城镇人口	万人	228.24	253.63	276.92	289.16	302.09	319.61	327.21	348.84
年末社会从业人数	万人	446.10	447.40	448.60	449.90	451.20	452.29	453.37	443.45
#职工人数	万人	57.88	57.12	56.57	54.29	56.60	56.22	58.12	59.28
收入总值	亿元	2023.75	2261.22	2559.56					
地区生产总值	亿元	2310.32	2541.21	2805.93	3170.28	3466.05	3645.20	4185.37	4523.63
第一产业	亿元	300.67	317.33	333.26	340.30	376.34	414.64	427.50	450.83
第二产业	亿元	1013.28	1069.29	1176.25	1257.87	1354.61	1389.19	1660.40	1822.59
第三产业	亿元	996.38	1154.59	1296.42	1572.11	1735.11	1841.37	2097.47	2250.21
人均生产总值	元/人	26758	29219	31987	35874	38988	40888	46631	50352
固定资产投资									
固定资产投资额	万元	18922071	22055101	25104751					
#城镇以上	万元								
#国有经济	万元	7761237	8970536	10760253					
财政									
财政总收入	万元	3533192	3663205	4083231	4595130	4855254	4910379		
人均财政总收入	元/人	4092	4212	4654	5160	5461	5490		
一般公共预算收入	万元	2455127	2431808	2453663	2652152	2803678	2858188	2940683	3060643
一般公共预算支出	万元	6150812	6768244	7763343	8575883	10074419	9767563	9610938	10276606
物价指数(以上年价格为100)									
居民消费价格总指数		102.1	102.0	102.1	102.1	102.5	102.1	101.4	102.3
商品零售价格总指数		100.5	100.9	101.5	100.3	101.2	101.1	102.5	103.9
农业生产资料价格总指数		102.8	104.8						
人民生活									
在岗职工平均工资	元/人	50313	55253	60337	66875	70640	75085	82760	88145
城镇居民人均可支配收入	元/人	25001	27086	29567	32163	34826	37031	40160	42231
城镇居民人均消费性支出	元/人	16080	16915	18547	20247	22292	21975	24357	25824
农村居民人均可支配收入	元/人	7787	8729	9717	10782	11941	13036	14675	15900
农村居民人均消费性支出	元/人	6725	7412	8214	9127	10609	11676	13604	14880
住户存款年末余额	亿元	2014.14	2342.27	2733.46	3048.79	3379.54	3838.22	4270.68	4913.58
人均住户存款年末余额	元/人	23620	27272	31653	35134	38810	42784	47558	54667
农业									
农林牧渔业总产值	亿元	480.59	518.17	535.51	545.80	608.06	674.40	696.58	736.85
主要农产品产量									
粮食	万吨	261.64	262.79	262.75	267.95	269.64	258.50	261.82	257.48
油料	万吨	10.10	10.21	10.39	10.36	10.41	12.92	14.78	15.10
烟叶	吨	19881	22075	21474	15204	9720	13100	13444	13629
茶叶	吨	4539	4856	5143	5291	5184	5025	5045	5415
蚕茧	吨	222	222						
水果	万吨	166.65	142.78	158.10	164.19	170.71	186.12	200.78	213.60
水产品	万吨	27.39	27.98	29.29	29.30	29.74	30.11	31.20	32.90
肉类总产量	万吨	71.33	71.14	65.04	67.72	66.65	74.61	85.84	87.93
#猪肉产量	万吨	52.19	50.81	48.04	49.67	45.84	48.71	57.11	57.91
生猪年末存栏	万头	361.33	347.01	325.65	333.01	258.00	328.84	327.49	386.02
当年出栏肉猪	万头	633.54	611.67	617.24	632.77	577.93	609.11	692.36	700.01

注：1.因统计调查制度改变，农民人均纯收入2014年调整为农村居民人均可支配收入。
2.2015年公安年报年末总人口中非农业人口更名为城镇人口。
3.从2018年起，全省不公布固定资产投资额总量。

1-3 主要年份国民经济和社会发展总量指标(二)

指　标	单位	1978年	1985年	1990年	1995年	1996年	1997年	1998年
农作物播种面积	公顷	762880	670620	830460	910784	904723	886910	884446
农业机械总动力	万瓦特	231270	51230	78491	80192	80912	91149	102865
化肥施用折纯量	吨	20445	81600	113800	153452	163700	180900	162758
农村用电量	万千瓦时	3349	12598	18872	35257	38186	42348	42707
工业								
主要工业产品产量								
纱	吨	1670	2368	2495	3476	3565	2721	1058
布	万米	1115	1578	1611	1484	1806	1961	1195
机制纸及纸板	万吨	1.45	2.90	3.46	4.87	4.20	3.22	2.59
机制糖	万吨	3.28	10.02	7.85	5.98	5.67	6.03	6.04
原煤	万吨	76.96	75.29	81.05	187.57	145.62	160.68	125.05
发电量	亿千瓦时	4.69	7.45	7.26	9.69	10.44	12.26	11.60
水泥	万吨	12.35	31.09	39.06	110.08	109.97	121.08	145.09
木材	万立方米	63.05	88.75	41.24	38.45	42.35	38.78	34.45
松香	万吨	2.34	1.72	1.64	0.98	0.96	1.29	0.65
卷烟	万箱	6.00	8.60	18.53	16.69	11.45	8.37	7.76
独立核算工业企业								
年末固定资产原值	亿元	8.94	15.82	24.72	56.77	74.95	82.79	87.99
工业总产值	亿元	8.49	14.44	31.26	75.24	76.18	86.12	83.97
工业增加值	亿元		5.61		20.48	21.82	23.82	23.99
产品销售收入(主营业务收入)	亿元	7.44	14.55	28.32	71.08	71.37	78.79	71.81
利润和税金总额	亿元	1.49	2.44	3.81	6.98	5.42	4.42	3.37
运输、邮电								
公路通车里程	公里	10653	12945	14530	16082	16278	16538	16986
客运量	万人	859	2218	2909	4823	5030	4720	4168
客运周转量(公路、水运)	万人公里	31871	94113	147270	268531	279635	276504	320387
货运量	万吨	292	144	1532	2880	2976	2826	3008
货运周转量(公路、水运)	万吨公里	27071	43443	163539	163701	176474	167429	231847
邮电业务总量	万元	1121	1839	3113	15011	21388	30923	46029
年末固定电话用户	万户	1.64	1.78	2.68	10.47	13.75	18.68	25.38
内外贸易								
社会消费品零售总额	亿元	5.11	12.50	20.39	55.92	67.12	76.60	86.80
出口贸易总额	万美元			72	12014	12680	16333	16705
实际利用外资额	万美元			171	6478	9003	14620	11706
教育								
高等学校在校学生	人	3646	5143	6102	8950	9339	10268	10827
中等专业学校在校学生	人	2874	6260	7732	12222	14294	15073	15873
普通中学在校学生	万人	29.47	25.34	28.86	31.61	35.61	38.09	39.10
职业中学在校学生	万人	0.70	1.48	2.13	2.59	2.65	2.78	3.31
小学在校学生	万人	87.45	108.4	76.16	73.41	76.41	79.53	80.71
小学毕业升学率	%	82.3	57.9	57.5	94.9	97.9	99.1	96.3
学龄儿童入学率	%	95.0	97.4	98.5	99.4	99.8	99.6	99.6
卫生								
卫生机构数	个	884	911	910	833	1115	1192	1223
#医院、卫生院	个	393	422	430	431	424	424	424
卫生技术人员	人	10156	14940	16673	16948	15929	16360	16596
#医生	人	4654	6812	7356	7425	6614	6918	7034
病床数	张	9675	11248	12586	12347	11540	11830	11847

1-3 续表 1

指　　标	单位	1999年	2000年	2001年	2002年	2003年	2004年	2005年	2006年
农作物播种面积	公顷	866716	856577	848982	800429	722677	755635	752555	755760
农业机械总动力	千瓦特	1135083	1200543	1324764	1433972	1550434	1952378	2362962	2876319
化肥施用折纯量	吨	162500	170900	174300	182100	185700	209000	216600	219200
农村用电量	万千瓦时	42826	46710	49292	51943	59549	61601	68703	72072
工业									
主要工业产品产量									
纱	吨	1381	1518	1404	1758	2417	2415	2712	3109
布	万米	442	412	117	72	80	1457	435	502
机制纸及纸板	万吨	2.17	0.97	0.94	3.57	6.31	6.56	8.12	8.54
机制糖	万吨	6.15	0.33	0.60	1.17				
原煤	万吨	84.22	86.13	92.18	63.25	103.55	49.82	71.51	67.38
发电量	亿千瓦时	9.98	11.84	12.96	14.33	12.29	5.12	7.62	12.19
水泥	万吨	151.71	152.6	162.5	200.8	213.17	308.57	452.44	516.85
木材	万立方米	29.20	31.91	29.37	20.06				
松香	万吨	0.30	0.12	0.06	0.06				
卷烟	万箱	11.66	17.15	15.89	16.30	14.88	16.28	22.68	14.04
独立核算工业企业									
年末固定资产原值	亿元	91.71	83.17	74.82	81.11	85.83	93.81	109.58	110.63
工业总产值	亿元	78.32	79.44	79.58	93.35	115.41	184.89	270.87	381.53
工业增加值	亿元	23.97	21.69	21.86	26.01	30.67	53.11	85.51	123.37
产品销售收入(主营业务收入)	亿元	70.96	75.34	76.65	88.42	111.46	177.13	266.89	380.41
利润和税金总额	亿元	3.96	7.24	7.78	9.47	13.62	26.07	31.57	45.32
运输、邮电									
公路通车里程	公里	17588	17911	11513	11514	11551	11731	11748	23472
客运量	万人	4223	4741	4892	5159	5087	5301	5922	6334
客运周转量(公路、水运)	万人公里	315895	363429	369150	386783	390701	402341	396335	409082
货运量	万吨	2716	2841	2841	3270	3556	3859	4316	4858
货运周转量(公路、水运)	万吨公里	206914	262902	271728	279721	293767	304981	373710	396968
邮电业务总量	万元	70597	91276	139550	154360				
年末固定电话用户	万户	35.11	51.06	65.43	83.51	103.12	107.91	128.40	137.43
内外贸易									
社会消费品零售总额	亿元	94.64	109.95	123.67	138.82	155.18	177.56	205.14	240.14
出口贸易总额	万美元	15414	6009	5709	8550	13085	28950	38229	49918
实际利用外资额	万美元	9341	9411	10645	23478	47626	53900	61600	67639
教育									
高等学校在校学生	人	13582	17523	24185	28188	35913	42796	55695	63376
中等专业学校在校学生	人	16862	16946	14277	12252	12322	19262	22141	31426
普通中学在校学生	万人	40.63	42.95	46.50	51.14	56.12	58.21	57.28	51.62
职业中学在校学生	万人	3.39	2.62	2.63	3.16	3.22	3.22	4.15	5.21
小学在校学生	万人	80.2	79.98	79.99	80.65	79.82	78.69	78.06	84.24
小学毕业升学率	%	95.5	95.2	97.1	99.6	97.9	99.5	99.3	97.9
学龄儿童入学率	%	99.9	99.9	98.1	96.7	97.8	97.5	97.7	98.7
卫生									
卫生机构数	个	1222	1204	1201	2374	2258	2273	2260	2221
#医院、卫生院	个	423	421	417	399	393	387	385	377
卫生技术人员	人	16678	16616	16534	15142	15088	17669	17006	17665
#医生	人	7140	7296	7344	6092	8498	9953	9579	9697
病床数	张	12285	12120	12187	12924	12530	11928	12467	12713

1-3 续表 2

指　标	单位	2007年	2008年	2009年	2010年	2011年	2012年	2013年	2014年
农作物播种面积	公顷	736641	740042	732215	727928	752223	753449	749127	756137
农业机械总动力	千瓦特	3405788	4027003	4741943	5482821	6085291	6674417	2897280	3051752
化肥施用折纯量	吨	218792	221100	224100	224109	226426	229679	238905	236385
农村用电量	万千瓦时	77193	78852	84164	88129	93972	101217	107109	116062
工业									
主要工业产品产量									
纱	吨	2933	2209	1985	2408		9561	16515	22384
布	万米	430	414	1142	1301	905	1030	2226	2325
机制纸及纸板	万吨	9.68	10.50	15.43	22.24	21.27	23.87	25.03	15.46
原煤	万吨	72.04	60.45	63.53	76.67	52.68	37.28	38.43	31.06
发电量	亿千瓦时	13.52	13.03	45.26	50.15	47.22	43.04	53.33	53.73
水泥	万吨	653.09	783.55	1004.81	1130.30	1067.04	1229.58	1744.72	1846.10
卷烟	万箱	22.58	21.53	23.76	24.10	25.70			
独立核算工业企业									
年末固定资产原值	亿元	158.86	379.05	275.30	314.06	366.33	463.70	570.18	703.89
工业总产值	亿元	582.09	758.01	886.08	1287.16	1882.76	2178.54	2606.45	2998.38
工业增加值	亿元	188.56	233.15	250.49	290.93	430.35	566.97	635.78	751.94
产品销售收入(主营业务收入)	亿元	570.50	750.21	871.28	1275.47	1850.36	2132.84	2607.14	3030.29
利润和税金总额	亿元	67.18	75.79	82.88	151.06	236.62	248.17	303.05	344.69
运输、邮电									
公路通车里程	公里	23899	25126	25526	26135	27120	28171	28805	29369
客运量	万人	6558	9643	10183	10225	8870	9972	8944	9278
客运周转量(公路、水运)	万人公里	429567	554330	550447	645538	631945	790470	519043	533873
货运量	万吨	5131	13681	13881	15650	17249	18736	16714	18828
货运周转量(公路、水运)	万吨公里	414802	1363337	1381637	1757120	1811438	2328090	1693427	1832865
年末固定电话用户	万户	135.65	131.52	116.19	107.25	111.77	94.21	104.4	90.84
内外贸易									
社会消费品零售总额	亿元	286.63	360.56	436.47	526.39	622.67	720.76	835.42	982.16
出口贸易总额	万美元	67108	97310	97385	131042	252267	283945	291573	320265
实际利用外资额	万美元	74810	83000	87999	83560	92862	102445	110714	122204
教育									
高等学校在校学生	人	73336	74223	77055	80029	83317	85479	84800	87434
中等专业学校在校学生	人	33384	30734	26856	26427	24520	27572	28272	28869
普通中学在校学生	万人	45.91	44.90	48.74	52.77	54.91	56.35	57.77	58.94
职业中学在校学生	万人	5.90	6.03	7.04	10.32	10.24	10.82	8.61	8.37
小学在校学生	万人	91.40	93.36	92.33	92.44	93.04	92.83	90.92	90.31
小学毕业升学率	%	100.1	100.6	100.21	100.70	100.70	99.92	107.55	100.45
学龄儿童入学率	%	99.5	99.8	99.87	99.90	99.90	110.18	104.67	102.21
卫生									
卫生机构数	个	1954	1641	1630	1645	1393	9023	8948	8935
#医院、卫生院	个	376	368	375	378	378	378	359	378
卫生技术人员	人	19196	20785	22361	24102	25355	27707	29766	31767
#医生	人	10287	10913	11466	12586	8866	9414	10140	10852
病床数	张	14242	15977	18507	19900	22874	27532	30945	33832

注：1.2010年、2011年、2012年“职业中学在校学生”数据为“中等职业学校在校学生”。
2.2011年“医生”是指执业(助理)医师。3、2012年卫生机构数含村卫生室。

1-3 续表 3

指　　标	单位	2015年	2016年	2017年	2018年	2019年	2020年	2021年	2022年
农作物播种面积	公顷	763233	775347	774783	773484	772202	769154	788495	790864
农业机械总动力	千瓦特	3218077	2977030	3095496	3182548	3311200	3454099	3572936	3765821
化肥施用折纯量	吨	241122	238533	229977	179083	167079	154035	154191	152680
农村用电量	万千瓦时	123638	128531	138052	154977	145997	191570	341543	395697
工业									
主要工业产品产量									
纱	吨	45336	52277	46370	18193	46314	18747	13832	38899
布	万米	2319	2680	4632	2847	9793	6944	7620	6283
机制纸及纸板	万吨	26.42	15.52	23.29	27.31	31.68	35.08	33.72	49.35
原煤	万吨	33.77	29.91	4.41					
发电量	亿千瓦时	55.66	61.68	76.51	78.96	86.41	84.74	116.70	258.72
水泥	万吨	1751	1762	1907	1977	2007	1973	1907	1739
独立核算工业企业									
年末固定资产原值	亿元	778.30	839.95	904.73	938.92	1071.46	1162.36	1411.37	1606.65
工业总产值	亿元	3199.82	3541.14	3540.90	2972.82	2920.27	3361.04	4261.40	4275.50
工业增加值	亿元	753.26	847.90						
产品销售收入(主营业务收入)	亿元	3196.70	3583.55	3521.67	2968.64	2993.49	3475.74	4504.09	4817.51
利润和税金总额	亿元	339.86	360.70	371.62	312.19	292.75	375.17	509.24	418.28
运输、邮电									
公路通车里程	公里	29637	30641	31147	31055	44022	45197	45296	45429
客运量	万人	9571	10131	10735	10307	9805	7050	4280	2573
客运周转量(公路、水运)	万人公里	543055	603120	592108	557194	520894	380174	208344	130731
货运量	万吨	20114	12242	13821	15378	14243	15079	24664	24462
货运周转量(公路、水运)	万吨公里	1904309	2343924	2556585	2810580	3001278	3312412	1678239	1734781
年末固定电话用户	万户	113.14	87.37	98.20	102.30	87.81	93.19	79.50	79.26
内外贸易									
社会消费品零售总额	亿元	1091.82	1240.46	1418.83	1469.64	1639.40	1684.48	1987.68	2100.01
出口贸易总额	万美元	339225	339080	396608	435820	491459	4206140	5764687	8241148
实际利用外资额	万美元	137013	151543	166738	184420	201182	216577	235099	37287
教育									
高等学校在校学生(全日制)	人	91497	97777	98968	102454	110045	119399	130965	148947
中等专业学校在校学生	人	35640							
普通中学在校学生	万人	59.45	61.12	63.69	67.66	70.71	71.00	70.33	68.85
中等职业学校在校学生	万人	8.51	7.39	7.74	8.07	8.85	10.20	11.87	12.36
小学在校学生	万人	91.59	90.93	89.98	88.46	85.63	84.18	82.07	80.12
小学毕业升学率	%	100.45	100.45	100.00	100.75	100.76	100.49	106.00	100.00
学龄儿童入学率	%	106.27							
卫生									
卫生机构数	个	8839	8876	8846	8632	8519	8640	8688	8169
#医院、卫生院	个	381	386	408	423	426	124		504
卫生技术人员	人	34767	37695	41709	44902	48233	52428	56946	59123
#医生	人	11685	12495	14048	15051	16652	18852	20476	20911
病床数	张	36171	38687	44965	48001	48743	54077	56765	62013

注：1.根据省农机局要求，2013年我市对已经无法使用的农机进行了统一报废，2013年和2014年农业机械总动力为报废后的数据。
2.从2017年9月起全省不公布规模以上工业增加值总量。3.2022年实际利用外资为商务部统计口径数据，较往年有所变化，后同。

1-4 主要指标占全省的比重

项　　目	单位	全省	赣州市	赣州市占全省比重(%)
土地面积	万平方公里	16.69	3.94	23.58
年末总人口(常住人口)	万人	4527.98	898.81	19.85
生产总值	亿元	32074.70	4523.63	14.10
一般公共预算收入	亿元	2948.30	306.06	10.38
社会消费品零售总额	亿元	12853.50	2100.01	16.34
进出口总额	亿元	6713.00	1033.10	15.39
#出口总额	亿元	5088.40	824.11	16.20
实际使用外资	亿美元	21.70	3.73	17.19
实际利用省外2000万元以上项目资金	亿元	10425.40	1200.42	11.51
金融机构本外币存款余额	亿元	53162.40	7306.15	13.74
金融机构本外币贷款余额	亿元	52775.60	7456.17	14.13
城镇居民人均可支配收入	元	43697	42231	96.65
农村居民人均可支配收入	元	19936	15900	79.76
全社会用电量	亿千瓦时	1983.00	277.77	14.01
#工业用电量	亿千瓦时	1215.05	145.57	11.98
农业总产值	亿元	4223.80	736.85	17.45
主要农产品产量				
粮食	万吨	602.32	257.48	42.75
园林水果	万吨	538.88	213.60	39.64
肉类总产量	万吨	359.89	87.93	24.43
水产品	万吨	283.24	32.90	11.62
主要工业产品产量				
机制纸及纸板	万吨	390.77	49.35	12.63
白酒	万千升	4.18	0.41	6.35
啤酒	万千升	59.70	3.04	5.09
发电量	亿千瓦时	1568.60	258.72	16.49
水泥	万吨	8786.60	1739.37	19.80
普通高等学校在校学生(全日制)	万人	146.44	12.36	8.44
中等职业学校在校学生	万人	55.71	12.36	22.19
卫生技术人员	万人	31.40	5.91	18.83
#医生	万人	11.33	2.09	18.45
病床数	万张	31.44	6.20	19.72

1-5　主要指标每人年平均水平

项　　目	单位	1949年	1952年	1978年	1990年	2000年	2001年	2002年
收入总值	元	73	124	194	894	3634	3908	4275
生产总值	元	73	124	194	886	3486	3775	4176
农业总产值	元	229	303	150	593	1771	1800	1841
主要农产品产量								
粮食	公斤	259	290	289	335	318	308	283
油料折油	公斤	3.32	3.63	2.18	4.28	6.20	6.02	
甘蔗	公斤	25.76	35.62	74.82	173.00	46.16	34.52	40.36
水果	公斤	0.53	1.19	1.60	8.35	25.47	26.29	35.60
肉类总产量	公斤	4.0	5.4	10.2	27.7	54.8	57.5	58.2
水产品产量	公斤	0.8	1.7	1.2	5.1	19.0	19.8	20.0
主要工业产品产量								
机制纸及纸板	公斤		0.53	2.42	4.89	1.24	1.19	4.48
机制糖	公斤	0.08	0.22	5.48	11.1			
饮料酒	公斤/升	0.15	0.16	1.49	5.02	13.76	13.49	10.73
发电量	千瓦小时	0.59	1.48	78.00	103.00	151.61	164.20	179.79
松香	公斤		0.07	3.92	2.32	1.54	0.08	
社会消费品零售总额	元	19	33	85	288	1407	1567	1742
财政总收入	元		9	21	73	261	296	327
人民生活								
在岗职工平均工资	元			561	1717	6608	7570	8552
城镇居民人均可支配收入	元		126	356	1187	4811	5304	6175
农村居民人均可支配收入	元			111	602	2100	2113	2191
住户存款年末余额	元		0.45	8.22	243	2138	2421	2836

注：饮料酒的计量单位2004年以前为公斤，2004年起为升。

1-5　续表 1

项　　目	单位	2003年	2004年	2005年	2006年	2007年	2008年
收入总值	元	4805	5523	6416	7400	8821	10457
生产总值	元	4691	5564	6457	7663	9587	11310
农业总产值	元	1920	2343	2453	2592	2959	3366
主要农产品产量							
粮食	公斤	248	318	318	317	293	293
油料折油	公斤						
甘蔗	公斤	31.71	11.14	2.62	2.25	2.58	2.28
水果	公斤	43.00	56.18	76.28	96.15	131.16	159.5
肉类总产量	公斤	59.1	64.98	76.70	72.2	69.6	71.5
水产品产量	公斤	21.8	22.9	24.6	26.3	29.2	29.4
主要工业产品产量							
机制纸及纸板	公斤	7.85	8.10	9.99	10.4	11.7	12.60
机制糖	公斤						
饮料酒	公斤/升	8.08	6.43	7.96	8.30	8.57	5.47
发电量	千瓦小时	152.93	63.18	93.48	148.48	163.52	156.33
松香	公斤						
社会消费品零售总额	元	1931	2193	2516	2925	3466	4326
财政总收入	元	391	474	573	690	901	1201
人民生活							
在岗职工平均工资	元	9312	10323	11827	13122	16228	18421
城镇居民人均可支配收入	元	6723	7388	8199	9147	10540	11834
农村居民人均可支配收入	元	2240	2553	2760	3000	3271	3570
住户存款年末余额	元	3328	3868	4622	5443	6031	7284

1-5 续表 2

项　　目	单位	2009年	2010年	2011年	2012年	2013年	2014年	2015年
收入总值	元	11614	13867	16414	18416	20430	22270	23853
生产总值	元	12407	14848	18053	20057	22473	24751	26758
农业总产值	元	3637	4041	4463	4803	5150	5426	5636
主要农产品产量								
粮食	公斤	300	282	301	300	303	305	307
甘蔗	公斤	1.96	1.81	1.64	1.55	1.36	1.19	1.37
水果	公斤	184.1	176.5	209.6	200.3	230.7	192.2	195.4
肉类总产量	公斤	69.1	72.6	73.1	77.1	80.2	83.0	83.7
水产品产量	公斤	29.3	29.9	30.1	29.0	30.1	31.2	32.1
主要工业产品产量								
机制纸及纸板	公斤	18.38	26.61	25.31	28.28	29.57	18.20	30.98
饮料酒	升	5.25	7.50	8.37	9.79	9.44	10.28	9.77
发电量	千瓦小时	539	600	562	510	630	633	653
社会消费品零售总额	元	5198	6298	7408	8540	9869	11565	12804
财政总收入	元	1325	1535	2145	2735	3310	3868	4143
人民生活								
在岗职工平均工资	元	20732	23602	27775	32869	40922	45127	50313
城镇居民人均可支配收入	元	12901	14203	16058	18704	20797	22935	25001
农村居民人均可支配收入	元	3856	4182	4684	5301	6224	6946	7787
住户存款年末余额	元	8728	10828	13057	15710	18015	20312	23620

1-5 续表 3

项　　目	单位	2016年	2017年	2018年	2019年	2020年	2021年	2022
收入总值	元	26392	29720					
生产总值	元	29219	31987	35874	38988	40754	46631	50352
农业总产值	元	6048	6218	6305	6995	7540	7761	8202
主要农产品产量								
粮食	公斤	307	305	310	310	301	292	287
甘蔗	公斤	1.15	1.03	1.32	1.30	1.20	1.40	1.48
水果	公斤	166.7	183.6	189.7	196.4	208.1	223.7	237.7
肉类总产量	公斤	83.0	75.5	78.2	76.7	83.4	95.6	97.9
水产品产量	公斤	32.7	34.0	33.9	34.2	33.7	34.8	36.6
主要工业产品产量								
机制纸及纸板	公斤	18.12	27.04	31.54	36.44	39.22	37.57	54.93
饮料酒	升	9.05	7.98	2.41	1.97	2.01	3.80	3.87
发电量	千瓦小时	720	888	912	994	947	1300	2902
社会消费品零售总额	元	14478	16475	16977	18859	18833	22145	23375
财政总收入	元	4276	4741	5308	5585	5490		
人民生活								
在岗职工平均工资	元	55253	60337	66875	70640	75085	82760	88145
城镇居民人均可支配收入	元	27086	29567	32163	34826	37031	40160	42231
农村居民人均可支配收入	元	8729	9717	10782	11941	13036	14675	15900
住户存款年末余额	元	27272	31653	35134	38810	42911	47558	54751

1-6 历年生产总值及构成

(按当年价格计算)

年份	生产总值(万元)	第一产业	第二产业	第三产业	人均生产总值(元/人)	生产总值构成(以地区生产总值为100) 第一产业	第二产业	第三产业
1949	22200	16682	1537	3981	73	75.2	6.9	17.9
1950	31300	22878	3503	4919	101	73.1	11.2	15.7
1951	34800	25249	4444	5107	108	72.5	12.8	14.7
1952	40800	29325	5810	5665	124	71.9	14.2	13.9
1953	43700	30313	7107	6280	131	69.4	16.2	14.4
1954	46500	31892	8246	6362	137	68.6	17.7	13.7
1955	47500	32122	8910	6468	137	67.6	18.8	13.6
1956	48500	32605	9225	6670	136	67.2	19.0	13.8
1957	59900	39642	12106	8152	164	66.2	20.2	13.6
1958	66100	41931	15378	8791	177	63.4	23.3	13.3
1959	67700	38424	17227	12049	179	56.8	25.4	17.8
1960	68500	36624	19440	12436	180	53.5	28.4	18.1
1961	63400	33681	20019	9700	167	53.1	31.6	15.3
1962	61800	33125	20271	8404	161	53.6	32.8	13.6
1963	57900	34659	15656	7585	147	59.9	27.0	13.1
1964	66100	39052	18455	8593	164	59.1	27.9	13.0
1965	76600	44436	22283	9881	185	58.0	29.1	12.9
1966	80700	43777	25867	11056	189	54.2	32.1	13.7
1967	84800	46135	27471	11194	193	54.4	32.4	13.2
1968	80500	45257	24778	10465	178	56.2	30.8	13.0
1969	88200	50962	25507	11731	189	57.8	28.9	13.3
1970	92700	51857	28885	11958	193	55.9	31.2	12.9
1971	97000	54150	30531	12319	197	55.8	31.5	12.7
1972	98000	53582	31286	13132	194	54.7	31.9	13.4
1973	99600	55730	30922	12948	191	56.0	31.0	13.0
1974	100100	58925	27161	14014	186	58.9	27.1	14.0
1975	101300	60120	26795	14385	183	59.3	26.5	14.2
1976	96100	58060	24105	13935	169	60.4	25.1	14.5
1977	101700	62473	24277	14950	174	61.4	23.9	14.7
1978	115900	70777	28781	16342	194	61.1	24.8	14.1
1979	129100	79660	30591	18849	212	61.7	23.7	14.6
1980	131500	80662	31113	19725	214	61.3	23.7	15.0
1981	152500	90001	38861	23638	245	59.0	25.5	15.5
1982	176900	101903	45066	29931	280	57.6	25.5	16.9

1-6 续表

(按当年价格计算)

年份	生产总值(万元)	第一产业	第二产业	第三产业	人均生产总值(元/人)	生产总值构成(以地区生产总值为100) 第一产业	第二产业	第三产业
1983	208903	121282	53682	33939	327	58.1	25.7	16.2
1984	227228	131777	56925	38526	352	58.0	25.0	17.0
1985	258425	140260	69613	48552	396	54.3	26.9	18.8
1986	273061	134428	81787	56846	414	49.2	30.0	20.8
1987	333628	160743	97875	75010	499	48.2	29.3	22.5
1988	451478	209613	142321	99544	664	46.4	31.5	22.1
1989	494107	216675	159940	117492	712	43.8	32.4	23.8
1990	626539	305829	168399	152311	886	48.8	26.9	24.3
1991	682240	324044	179716	178480	947	47.5	26.3	26.2
1992	785691	359979	210592	215120	1076	45.8	26.8	27.4
1993	963066	402931	295753	264382	1301	41.8	30.7	27.5
1994	1342233	580602	436097	325534	1788	43.3	32.5	24.2
1995	1618154	717445	488399	412310	2127	44.3	30.2	25.5
1996	1959645	845686	536950	577009	2545	43.2	27.4	29.4
1997	2226367	916537	610205	699625	2860	41.2	27.4	31.4
1998	2397016	927771	678837	790408	3047	38.7	28.3	33.0
1999	2505231	920970	715763	868498	3152	36.7	28.6	34.7
2000	2760724	930099	727220	1103405	3486	33.7	26.3	40.0
2001	2979142	971254	798085	1209803	3775	32.6	26.8	40.6
2002	3327009	1031740	943687	1351582	4176	31.0	28.4	40.6
2003	3770640	1057869	1207942	1504829	4691	28.1	32.0	39.9
2004	4505656	1263639	1479005	1763013	5564	28.0	32.8	39.1
2005	5264549	1342138	1943312	1979098	6457	25.5	36.9	37.6
2006	6291423	1442566	2521639	2327218	7663	22.9	40.1	37.0
2007	7929202	1648343	3297065	2983794	9587	20.8	41.6	37.6
2008	9425561	1851124	3973524	3600912	11310	19.6	42.2	38.2
2009	10419117	1973264	4385884	4059969	12407	18.9	42.1	39.0
2010	12470320	2099417	5591028	4779875	14848	16.8	44.8	38.3
2011	15195070	2345531	7011331	5838208	18053	15.4	46.1	38.4
2012	17008559	2533750	7833497	6641311	20057	14.9	46.1	39.0
2013	19170017	2722932	8920209	7526876	22473	14.2	46.5	39.3
2014	21233694	2876682	9837941	8519071	24751	13.5	46.3	40.1
2015	23103228	3006677	10132793	9963758	26758	13.0	43.9	43.1
2016	25412121	3173291	10692947	11545883	29219	12.5	42.1	45.4
2017	28059308	3332620	11762482	12964206	31987	11.9	41.9	46.2
2018	31702758	3402990	12578715	15721053	35874	10.7	39.7	49.6
2019	34660537	3763369	13546110	17351058	38988	10.9	39.1	50.1
2020	36572630	4149496	13891393	18531741	40888	11.3	38.0	50.7
2021	41853703	4275009	16604027	20974667	46631	10.2	39.7	50.1
2022	45236269	4508316	18225888	22502065	50352	10.0	40.3	49.7

1-7 历年生产总值指数

年份	以1952年为100					以上年为100				
	生产总值	第一产业	第二产业	第三产业	人均生产总值	生产总值	第一产业	第二产业	第三产业	人均生产总值
1949	58.0	57.8	27.7	76.7	62.5					
1950	81.3				86.0	140.1				137.5
1951	85.5				87.4	105.2				101.7
1952	100.0	100.0	100.0	100.0	100.0	117.0	114.2	139.9	108.0	114.4
1953	105.4				104.3	105.4				104.3
1954	109.0				105.8	103.4				101.4
1955	111.3				105.2	102.1				99.4
1956	113.5				105.0	102.0				99.8
1957	124.3	118.8	200.2	146.9	112.0	109.5	109.3	111.1	108.2	106.7
1958	136.9				120.8	110.2				107.9
1959	139.7				121.5	102.0				100.6
1960	141.0				122.0	101.0				100.5
1961	129.8				112.6	92.1				92.3
1962	125.9				107.8	97.0				95.8
1963	117.1				97.8	93.1				90.7
1964	131.3				107.2	112.1				109.6
1965	145.8	109.2	301.5	134.1	115.9	111.0	111.4	112.0	106.5	108.1
1966	150.5				116.1	103.3				100.1
1967	156.6				117.4	104.1				101.1
1968	147.0				107.0	93.8				91.1
1969	155.4				109.6	105.8				102.5
1970	162.8	125.3	354.8	212.9	111.5	104.7	102.2	110.4	102.1	101.8
1971	169.1				112.9	103.9				101.3
1972	169.4				110.3	100.2				97.7
1973	171.2				108.2	101.0				98.1
1974	171.5				105.0	100.2				97.1
1975	173.6				103.2	101.2				98.2
1976	163.2				94.2	94.0				91.4
1977	170.8				96.1	104.7				102.0
1978	192.4	151.1	361.1	249.0	105.8	112.6	107.0	118.0	106.6	110.1
1979	212.7	167.3	372.6	279.6	115.2	110.6	110.7	103.2	112.3	108.8
1980	220.2	168.9	387.7	287.1	117.8	103.5	101.0	104.1	102.7	102.2
1981	243.8	173.6	461.2	341.3	128.8	110.8	102.8	119.0	118.9	109.4
1982	268.4	181.0	515.2	412.1	140.0	110.1	104.2	111.7	120.7	108.7

1-7 续表

年份	以1952年为100					以上年为100				
	生产总值	第一产业	第二产业	第三产业	人均生产总值	生产总值	第一产业	第二产业	第三产业	人均生产总值
1983	300.1	203.5	603.1	453.2	154.8	111.8	112.5	117.1	110.0	110.5
1984	319.9	214.7	635.9	506.0	163.2	106.6	105.5	105.5	111.7	105.4
1985	349.0	227.5	764.3	583.6	176.1	109.1	106.0	120.2	115.3	107.9
1986	363.2	223.9	890.2	660.3	181.1	104.1	98.4	116.5	113.2	102.9
1987	410.0	252.0	985.6	822.3	201.9	112.9	112.6	110.7	124.5	111.4
1988	471.5	269.2	1286.5	940.7	228.0	115.0	106.8	130.5	114.4	113.0
1989	494.6	274.3	1383.5	983.0	234.6	104.9	101.9	107.5	104.5	102.9
1990	526.3	294.3	1501.2	1000.3	244.8	106.4	107.3	108.5	101.8	104.4
1991	563.5	301.2	1614.7	1190.2	257.4	107.1	102.3	107.6	119.0	105.2
1992	631.3	326.7	1828.0	1413.6	284.3	112.0	108.5	113.2	118.8	110.5
1993	723.0	347.9	2342.6	1627.5	321.2	114.5	106.5	128.2	115.1	113.0
1994	846.5	369.3	3274.4	1781.3	371.0	117.1	106.2	139.8	109.5	115.5
1995	974.1	410.3	3988.9	2032.0	421.4	115.1	111.1	121.8	114.1	113.6
1996	1117.9	449.7	4556.1	2513.1	477.8	114.8	109.6	114.2	123.7	113.4
1997	1250.0	479.0	5209.4	2929.0	528.2	111.8	106.5	114.3	116.6	110.6
1998	1360.0	495.6	5854.4	3276.1	568.7	108.8	103.5	112.4	111.9	107.7
1999	1461.7	513.2	6372.5	3626.7	605.1	107.5	103.6	108.9	110.7	106.4
2000	1572.7	525.5	6990.6	4025.6	662.1	107.6	102.4	109.7	111.0	109.4
2001	1698.5	537.1	7738.6	4516.7	707.8	108.0	101.8	110.3	111.8	108.4
2002	1878.6	554.8	8992.3	5135.5	775.1	110.6	102.8	115.7	113.2	109.5
2003	2113.4	571.4	10916.6	5869.9	864.0	112.5	102.5	120.4	114.3	111.5
2004	2369.1	595.4	12586.9	6803.2	961.1	112.1	103.7	114.8	115.4	111.2
2005	2670.0	621.0	15280.5	7612.8	1075.5	112.7	104.1	121.2	111.7	112.0
2006	3011.8	645.2	17954.6	8716.6	1204.8	112.8	103.9	117.5	114.4	112.0
2007	3418.4	671.0	21599.3	9814.9	1357.8	113.5	104.0	120.3	112.6	112.7
2008	3869.6	701.9	25789.6	10963.3	1524.8	113.2	104.6	119.3	111.6	112.4
2009	4384.2	737.0	30431.7	12322.7	1713.8	113.3	105.0	118.0	112.4	112.4
2010	4989.3	768.7	35392.1	14245.1	1938.3	113.8	104.3	116.3	115.6	113.8
2011	5612.9	799.4	41090.2	16011.5	2168.0	112.5	104.0	116.1	112.2	112.3
2012	6280.9	837.8	46719.6	18125.0	2417.0	111.9	104.7	113.6	112.9	111.1
2013	6940.4	880.5	52793.2	19883.1	2661.1	110.5	105.2	113.0	109.5	109.9
2014	7634.4	924.6	59233.9	21692.5	2916.5	110.0	105.1	112.2	109.0	109.4
2015	8367.3	962.5	65038.9	24165.4	3181.9	109.6	104.2	109.8	111.3	108.9
2016	9162.2	1002.9	70827.3	27089.4	3468.3	109.5	104.2	108.9	112.1	108.7
2017	10032.6	1051.0	76847.6	30421.4	3777.0	109.5	104.7	108.3	112.1	108.6
2018	10965.6	1087.8	83533.4	33859.1	4098.0	109.3	103.5	108.7	111.3	108.5
2019	11886.7	1123.7	89798.4	37414.3	4417.7	108.4	103.3	107.5	110.5	107.8
2020	12386.0	1152.9	93569.9	39135.3	4576.7	104.2	102.6	104.2	104.6	103.6
2021	13526.1	1210.5	103458.6	42706.4	4979.5	109.2	105.0	110.6	109.1	108.8
2022	14229.4	1256.5	110286.9	44628.2	5233.4	105.2	103.8	106.6	104.5	105.1

1-8 生产总值

项　　目	按当年价格计算(亿元)			按可比价格计算2022年比2021年增长(%)
	2022年	2021年	2022比2021年增减额	
生产总值	4523.63	4185.37	338.26	5.2
按产业分				
第一产业	450.83	427.50	23.33	3.8
第二产业	1822.59	1660.40	162.19	6.6
工　业	1526.50	1388.04	138.46	7.0
建筑业	296.85	273.21	23.64	4.2
第三产业	2250.21	2097.47	152.74	4.5
#交通运输、仓储及邮政业	180.90	170.56	10.34	2.0
#批发和零售业	365.98	333.81	32.17	5.1
#金融业	317.79	299.87	17.91	5.1
#房地产业	352.97	346.81	6.16	1.1

1-9 全市及县(市、区)生产总值

(按当年价格计算)　　单位：万元

县(市、区)	生产总值	第一产业	第二产业			第三产业					人均生产总值(元)
				工业	建筑业		#批发和零售业	#交通运输、仓储及邮政业	#金融业	#房地产业	
赣州市	45236269	4508316	18225888	15265024	2968542	22502065	3659795	1808986	3177859	3529682	50352
章贡区	6610172	41964	2469174	1853758	616286	4099034	818483	274268	501920	540761	93541
南康区	4439018	281662	1931709	1667730	264821	2225647	538839	182683	436214	264839	53547
赣县区	2631890	262740	857128	745729	111862	1512022	159691	117363	341666	192461	45621
信丰县	3000105	454009	1196456	1010139	186806	1349640	234967	138262	177572	204959	44488
大余县	1361150	154656	600628	507090	93785	605866	101119	66600	79574	53756	51444
上犹县	1124434	165607	451763	375440	76506	507064	59912	36494	87044	101105	41824
崇义县	1108577	120991	474132	398427	75899	513454	80095	37367	67896	73529	62371
安远县	1109626	235194	300634	237944	62805	573798	89083	42975	78881	89786	31997
定南县	1085291	137082	392297	318483	73970	555912	85940	49931	72926	64132	51586
全南县	1069410	172121	450514	386169	64533	446775	88087	35912	65640	18106	63126
宁都县	2658776	494658	778566	626581	152291	1385552	238199	100069	165038	245019	37908
于都县	3430017	349209	1407801	1173547	234833	1673007	225305	147286	209333	316660	37841
兴国县	2410356	379288	804662	676803	128190	1226406	134386	114997	159233	244992	33682
会昌县	1640835	280527	628423	557301	71396	731885	107971	72860	94322	106692	36325
寻乌县	1250467	267201	411314	318976	92495	571952	85404	45905	59307	95673	44631
石城县	1042331	196262	316312	263105	53336	529757	63044	38463	61676	85743	36787
瑞金市	2084074	298144	837094	717666	119781	948836	126983	99784	147699	163518	33933
龙南市	2243757	168964	1075555	968820	107624	999238	194854	94797	107921	171966	70179
赣州经开区	4312645	40244	2744760	2441999	303663	1527641	203324	82958	200506	332634	142006
赣州蓉江新区	623335	7793	96963	19317	77660	518579	24108	30011	63491	163349	34048

1-10 全市及县(市、区)生产总值指数

(可比价格，以上年为100)

县(市、区)	生产总值	第一产业	第二产业	工业	建筑业	第三产业	#批发和零售业	#交通运输、仓储及邮政业	#金融业	#房地产业	人均生产总值
赣州市	105.2	103.8	106.6	107.0	104.2	104.5	105.1	102.0	105.1	101.1	105.1
章贡区	105.8	102.3	107.3	107.9	105.3	105.1	105.4	101.5	104.3	105.1	105.3
南康区	105.7	104.3	107.0	106.9	107.0	104.8	105.4	103.1	104.9	102.8	105.5
赣县区	105.4	103.9	108.0	108.3	105.7	104.3	104.3	102.6	106.6	94.4	105.4
信丰县	105.5	104.1	106.8	106.7	107.4	105.0	110.4	101.5	104.2	95.3	105.4
大余县	105.3	103.8	107.2	107.9	103.4	104.0	104.1	101.9	103.2	99.5	105.4
上犹县	104.8	103.7	106.5	107.1	103.4	103.9	101.8	102.0	105.7	102.3	104.8
崇义县	104.9	103.3	107.1	107.0	108.1	103.4	101.8	101.9	104.3	100.1	105.0
安远县	104.8	103.1	106.9	107.1	106.3	104.4	104.9	101.6	105.4	98.2	104.7
定南县	106.0	103.0	108.1	108.3	107.5	105.3	109.4	101.7	104.2	103.3	105.8
全南县	105.9	104.2	108.2	107.5	112.9	104.5	106.1	101.7	106.1	95.7	106.0
宁都县	104.9	104.5	107.1	106.9	107.9	104.0	102.6	101.8	105.2	103.2	105.0
于都县	105.3	103.6	106.5	106.5	106.4	104.8	103.8	102.0	106.9	101.3	105.3
兴国县	105.1	104.3	106.4	107.0	103.2	104.6	103.6	102.1	105.3	102.9	105.1
会昌县	105.2	103.5	106.9	106.9	107.3	104.6	102.2	102.0	105.2	102.3	105.2
寻乌县	105.4	104.5	108.5	106.8	114.7	103.8	104.5	102.0	104.7	102.6	105.4
石城县	104.7	102.9	106.9	107.3	105.0	104.1	103.2	102.2	105.5	100.4	104.6
瑞金市	105.0	103.6	106.4	106.8	104.4	104.4	105.8	102.0	103.0	102.3	105.0
龙南市	105.6	103.2	106.4	107.0	100.8	105.2	109.5	103.3	107.3	102.9	105.5
赣州经开区	103.7	102.8	104.3	106.2	90.7	102.8	102.0	101.6	104.2	95.0	103.4
赣州蓉江新区	104.7	102.6	102.3	106.9	101.2	105.2	104.5	101.6	104.1	107.1	104.7

主要统计指标解释

行政区划　指国家对行政区域的划分。根据有关法规规定，我国的行政区域划分如下：(1)全国分为省、自治区、直辖市；(2)省、自治区分为自治州、县、自治县、市；(3)自治州分为县、自治县、市；(4)县、自治县分为乡、民族乡、镇；(5)直辖市和较大的市分为区、县；(6)国家在必要时设立的特别行政区。

可比价格　指计算各种总量指标所采用的扣除了价格变动因素的价格，可进行不同时期总量指标的对比。按可比价格计算总量指标有两种方法：一种是直接用产品产量乘某一年的不变价格计算；另一种是用价格指数进行缩减。

不变价格　指以同类产品某年的平均价格作为固定价格，用于计算各年的产品价值。按不变价格计算的产品价值消除了价格变动因素，不同时期对比可以反映生产的发展速度。新中国成立后，随着工农业产品价格水平的变化，国家统计局先后五次制定了全国统一的工业产品不变价格和农业产品不变价格。从1952年到1957年使用1952年工（农）业产品不变价格，从1957年到1970年使用1957年不变价格，从1971年到1980年使用1970年不变价格，从1981年到1990年使用1980年不变价格，从1991年开始使用1990年不变价格。

平均增长速度　平均增长速度表明社会经济现象在一个较长的时期内逐期平均增长变化的程度，它不能根据各个环比增长速度直接求得，但与平均发展速度之间存在着一定的数量关系：平均增长速度＝平均发展速度－1。

平均发展速度是一种根据环比发展速度计算的序时平均数，由于各时期对比的基础不同，所以计算平均发展速度不能采用一般的序时平均数的计算方法，计算方法分为水平法和累计法。水平法，又称几何平均法，即将环比发展速度按连乘法用几何平均数公式计算。累计法，也称方程法，根据一段时期内各年发展水平总和与基期水平的关系，列出方程式计算平均发展速度。水平法着重考虑最后一年所达到的发展水平；累计法着重考虑整个时期累计发展水平的总量。

本《年鉴》内所列的平均增长速度，除固定资产投资用“累计法”计算外，其余均用“水平法”计算。从某年到某年平均增长速度的年份，均不包括基期年在内。如建国四十三年以来的平均增长速度是以1949年为基期计算的，则写为1950-1992年平均增长速度，其余类推。

收入总值　指一个国家（或地区）所有常住单位在一定时期内收入初次分配的最终结果。一国（地区）常住单位从事生产活动所创造的增加值在初次分配中主要分配给该国的常住单位，但也有一部分以生产税及进口税（扣除生产和进口补贴）、劳动者报酬和财产收入等形式分配给非常住单位；同时，国（地区）外生产所创造的增加值也有一部分以生产税及进口税（扣除生产和进口补贴）、劳动者报酬和财产收入等形式分配给该国（地区）的常住单位，从而产生了地区收入总值的概念。它等于地区生产总值加上来自国（区）外的净要素收入。与地区生产总值不同，地区收总值是个收入概念，而国内生产总值是个生产概念。

生产总值　指按市场价格计算的一个国家（或地区）所有常住单位在一定时期内生产活动的最终成果。地区生产总值有三种表现形态，价值形态、收入形态和产品形态。从价值形态看，它是所有常住单位在一定时期内所生产的全部货物和服务价值超过同期投入的全部非固定资产货物和服务价值的差额，即所有常住单位的增加值之和；从产品形态看，它是最终使用的货物和服务减去进口货物和服务。在实际核算中，国内（或地区）生产总值有三种计算方法，即生产法，收入法和支出法。三种方法分别从不同的方面反映国内（或地区）生产总值及其构成。

三次产业　三次产业的划分是世界上较为常用的产业结构分类，但各国的划分不尽一致。根据《国民经济行业分类》（GB/T4754-2017）,我国的三次产业划分是：

第一产业是指农、林、牧、渔业（不含农、林、牧、渔专业及辅助性活动）。

第二产业是指采矿业（不含开采专业及辅助性活动），制造业（不含金属制品、机械和设备修理业），电力、热力、燃气及水生产和供应业，建筑业。

第三产业即服务业，是指除第一产业、第二产业以外的其他行业。包括：批发和零售业，交通运输、仓储和邮政业，住宿和餐饮业，信息传输、软件和信息技术服务业，金融业，房地产业，租赁和商务服务业，科学研究和技术服务业，水利、环境和公共设施管理业，居民服务、修理和其他服务业，教育，卫生和社会工作，文化、体育和娱乐业，公共管理、社会保障和社会组织，国际组织，以及农、林、牧、渔业中的农、林、牧、渔专业及辅助性活动，采矿业中的开采专业及辅助性活动，制造业中的金属制品、机械和设备修理业。

二、人口

本篇章

质量负责：张媛媛 何书君
资料整理：曾栋材 林晓霞

2-1 历年户数及人口数

年份	年末总户数(户)	年末总人口(人)	男	女	平均人数(人)	人口密度(人/平方公里)
1982	1157040	6348296	3226320	3121976	6307969	161
1983	1183105	6413502	3263162	3150340	6380899	163
1984	1207252	6484903	3302135	3182768	6449203	165
1985	1238359	6553290	3341866	3211424	6519097	166
1986	1272739	6641873	3386657	3255216	6597582	169
1987	1321491	6724620	3435945	3288675	6683247	171
1988	1349702	6881935	3510509	3371426	6803278	175
1989	1423389	6994242	3569302	3424940	6938088	178
1990	1493474	7105217	3637570	3467647	7049730	180
1991	1531353	7196780	3692470	3504310	7150999	183
1992	1554379	7244337	3719452	3524885	7220559	184
1993	1589945	7287637	3738780	3548857	7265987	185
1994	1621168	7352945	3791991	3560954	7320291	187
1995	1659878	7468126	3845324	3622802	7410536	190
1996	1696861	7556171	3884429	3671742	7512148	192
1997	1732796	7648959	3936598	3712361	7602565	194
1998	1806878	7733634	3975286	3758348	7691297	196
1999	1875326	7823205	4024683	3798522	7778420	199
2000	1994489	7941569	4092857	3848712	7882387	202
2001	2054606	8077290	4159050	3918240	8009430	205
2002	2115719	8184850	4204532	3980318	8131070	208
2003	2206247	8311991	4285047	4026944	8248450	211
2004	2257165	8456471	4356137	4100334	8384231	215
2005	2342874	8456939	4383679	4073260	8456705	215
2006	2402628	8611512	4471132	4140380	8534226	219
2007	2480795	8770399	4554342	4216057	8690956	223
2008	2557243	8889521	4623547	4265974	8829960	226
2009	2607758	8969895	4658311	4311584	8929708	228
2010	2686887	9072674	4714715	4357959	9021285	230
2011	2751820	9182605	4769151	4413454	9127640	233
2012	2773952	9267014	4821640	4445374	9224810	235
2013	2768824	9285202	4835256	4449946	9276108	236
2014	2778181	9542050	4960641	4581589	9413626	242
2015	2762889	9606332	4993143	4613189	9574191	244
2016	2787932	9707752	5031901	4675851	9657042	247
2017	2775601	9742532	5055234	4687298	9725142	248
2018	2767283	9814586	5090891	4723695	9778559	249
2019	2755396	9830704	5101479	4729225	9822645	250
2020	2705162	9821044	5094569	4726475	9825874	249
2021	2762868	9840211	5104554	4735657	9830628	250
2022	2777609	9862310	5120134	4742176	9851260	251

注：此表为公安户籍人口年报数。

2-2 历年城乡人口数

单位：人

年份	按城乡分		年份	按城乡分	
	城镇人口	乡村人口		城镇人口	乡村人口
1949	253650	2797287	1986	826269	5815604
1950	290656	2875535	1987	852759	5871861
1951	332479	2933522	1988	876646	6005289
1952	364888	2949260	1989	900169	6094073
1953	385484	2946269	1990	918090	6187127
1954	416339	3028234	1991	935200	6261580
1955	420822	3092326	1992	973753	6270584
1956	449989	3150456	1993	1005054	6282583
1957	473053	3227677	1994	1047564	6305381
1958	516885	3236360	1995	1142789	6325337
1959	552869	3257205	1996	1181241	6374930
1960	582411	3209473	1997	1227293	6421666
1961	530337	3261188	1998	1261978	6471656
1962	470953	3418066	1999	1269608	6553597
1963	459181	3530718	2000	1340643	6600926
1964	479500	3590289	2001	1408248	6669042
1965	488117	3713482	2002	1488570	6696280
1966	494191	3835007	2003	1592168	6719823
1967	480800	3969241	2004	1680865	6775606
1968	413258	4179093	2005	1693530	6763409
1969	430454	4309404	2006	1751076	6860436
1970	493781	4373155	2007	1810057	6960342
1971	528898	4456678	2008	1853007	7036514
1972	520501	4597719	2009	1874575	7095320
1973	519536	4772433	2010	1879327	7193347
1974	524738	4928708	2011	1886717	7295888
1975	534815	5084396	2012	1891015	7375999
1976	550731	5224361	2013	1942969	7342233
1977	559689	5360703	2014	1932363	7609687
1978	573338	5468700	2015	2282424	7323908
1979	598253	5511656	2016	2536299	7171461
1980	641888	5550432	2017	2769164	6973368
1981	710195	5557447	2018	2891550	6923036
1982	733076	5615220	2019	3020918	6809786
1983	745025	5668477	2020	3196068	6624976
1984	789852	5695051	2021	3272133	6568078
1985	819166	5734124	2022	3488396	6373914

注：此表为公安户籍人口年报数。

2-3 县(市、区)户数和人口数

县(市、区)	年末总户数(户)	年末总人口(人)	年平均人数(人)	平均每户人口数(人)
全 市	**2777609**	**9862310**	**9851261**	**3.55**
章贡区	263935	846695	837489	3.21
南康区	258528	862583	861939	3.34
赣县区	170346	662179	661336	3.89
信丰县	208607	780782	780487	3.74
大余县	110706	301054	301976	2.72
上犹县	96047	321103	321323	3.34
崇义县	63656	214178	214347	3.36
安远县	93008	409176	408791	4.40
定南县	60456	219075	219177	3.62
全南县	56399	192963	193328	3.42
宁都县	274475	831024	831990	3.03
于都县	273397	1119651	1118722	4.10
兴国县	233702	860200	859477	3.68
会昌县	142514	535457	534534	3.76
寻乌县	94463	328722	328877	3.48
石城县	95402	333188	333233	3.49
瑞金市	173237	707230	707209	4.08
龙南市	108731	337050	337030	3.10

注：此表为公安户籍人口年报数。

2-4 县(市、区)年末总人口分组情况

单位：人

县(市、区)	年末总人口	按城乡分		按性别分		按年龄分			
		城镇人口	乡村人口	男	女	0-17岁	18-34岁	35-59岁	60岁及以上
全 市	**9862310**	**3488396**	**6373914**	**5120134**	**4742176**	**2399854**	**2348563**	**3550363**	**1563630**
章贡区	846695	774718	71977	414201	432494	220696	169685	302792	153522
南康区	862583	293128	569455	444991	417592	203363	210840	307540	140840
赣县区	662179	167777	494402	346592	315587	159304	160291	235796	106788
信丰县	780782	225421	555361	404772	376010	185634	183469	289356	122323
大余县	301054	149993	151061	155371	145683	67270	61566	117109	55109
上犹县	321103	73125	247978	167997	153106	75717	64316	124121	56949
崇义县	214178	52327	161851	111845	102333	48712	41580	85742	38144
安远县	409176	105707	303469	214319	194857	103968	102156	146507	56545
定南县	219075	79797	139278	113819	105256	54997	45681	84485	33912
全南县	192963	70469	122494	100488	92475	45656	36486	76125	34696
宁都县	831024	252664	578360	441333	389691	209246	189492	298419	133867
于都县	1119651	275419	844232	581193	538458	276340	317333	371016	154962
兴国县	860200	235064	625136	452428	407772	224967	202112	300653	132468
会昌县	535457	176156	359301	278782	256675	125120	150097	185274	74966
寻乌县	328722	82031	246691	173698	155024	75674	80385	122088	50575
石城县	333188	86458	246730	176813	156375	75846	83471	119881	53990
瑞金市	707230	223347	483883	368472	338758	169395	176444	254602	106789
龙南市	337050	164795	172255	173020	164030	77949	73159	128757	57185

注：此表为公安户籍人口年报数。

2-5 县(市、区)出生、死亡人口

单位：人

县(市、区)	出生人口	死亡人口	县(市、区)	出生人口	死亡人口
总　计	**80566**	**31034**	全南县	1323	745
章贡区	7923	1873	宁都县	6068	1892
南康区	6985	4163	于都县	10404	3196
赣县区	5261	2095	兴国县	7644	3048
信丰县	5671	2606	会昌县	4771	1103
大余县	1883	1690	寻乌县	2652	1140
上犹县	2157	1001	石城县	2716	661
崇义县	1436	723	瑞金市	5824	1904
安远县	3537	1306	龙南市	2620	1176
定南县	1691	712			

注：此表为公安户籍人口年报数。

2-6 人口变动抽样调查人口情况

(抽样调查推算数)

年份	总人口(人)	城镇人口(人)	乡村人口(人)	年平均人口(人)	出生人口(人)	人口出生率(‰)	死亡人口(人)	人口死亡率(‰)	自然增加人数(人)	人口自然增长率(‰)
1996	7742740			7698929	145125	18.85	55124	7.16	90001	11.69
1997	7828068			7785404	139903	17.97	54575	7.01	95328	10.96
1998	7906751			7867410	138230	17.57	56645	7.20	81585	10.37
1999	7987571			7947161	135817	17.09	54994	6.92	80823	10.17
2000	7852053			7812496	126641	16.21	50385	6.34	78359	9.87
2001	7929620			7890837	126017	15.97	48450	6.14	77567	9.83
2002	8005812			7967716	126766	15.91	50754	6.37	78323	9.54
2003	8069491			8037651	120002	14.93	51602	6.42	68400	8.51
2004	8126433			8097962	117082	14.45	50884	6.28	66198	8.17
2005	8179221	2650300	5528921	8152827	115444	14.16	49325	6.05	66119	8.11
2006	8240465	2783800	5456665	8209843	115841	14.11	49237	6.00	66604	8.11
2007	8301348	2905057	5396291	8270907	115710	13.99	49295	5.96	66415	8.03
2008	8366609	3074729	5291880	8333978	116842	14.02	50087	6.01	66755	8.01
2009	8428813	3222335	5206478	8397711	117316	13.97	50386	6.00	66930	7.97
2010	8368428	3140671	5227757	8357925	115507	13.82	50482	6.04	65025	7.78
2011	8452071	3322392	5129679	8410250	113719	13.53	50514	6.01	63205	7.52
2012	8507974	3483871	5024103	8480023	114106	13.52	52158	6.18	61948	7.34
2013	8552508	3651928	4900580	8530241	112245	13.26	53547	6.33	58698	6.93
2014	8605681	3813023	4792658	8579095	113148	13.32	53844	6.34	59304	6.98
2015	8662308	4007424	4654884	8633995	113413	13.30	53807	6.31	59606	6.99
2016	8731696	4203729	4527967	8697002	116176	13.56	53896	6.29	62880	7.27
2017	8812317	4405315	4407002	8772007	119649	13.89	53336	6.19	66313	7.70
2018	8862422	4596148	4266274	8837370	119201	13.77	53238	6.15	65963	7.62
2019	8917837	4802829	4115008	8890130	112637	12.96	53342	6.14	59295	6.82
2020	8971171	4962359	4008812	8944504	87349	9.75	61530	6.88	25819	2.87
2021	8980002	5059931	3920071	8975587	79480	8.86	61860	6.89	17620	1.96
2022	8988068	5123369	3864699	8984035	70380	7.83	64580	7.19	5800	0.65

注：此表为年末常住人口数；2011-2019年的总人口、城镇人口、乡村人口和年平均人口为修订后数据；部分数据因四舍五入原因，存在计算不等的情况。

2-7 县(市、区)人口自然变动情况

(2022年末)

县(市、区)	出生率(‰)	死亡率(‰)	自然增长率(‰)
全　市	**7.83**	**7.19**	**0.65**
章贡区	6.68	6.59	0.09
南康区	6.80	6.65	0.15
赣县区	7.41	7.31	0.10
信丰县	8.12	8.11	0.01
大余县	7.74	7.72	0.02
上犹县	7.10	5.49	1.61
崇义县	7.73	6.81	0.92
安远县	8.89	8.10	0.79
定南县	8.98	8.36	0.62
全南县	8.61	8.25	0.36
宁都县	7.08	6.87	0.21
于都县	8.50	7.19	1.31
兴国县	8.75	8.02	0.73
会昌县	8.45	7.20	1.25
寻乌县	8.46	8.06	0.40
石城县	8.71	6.84	1.87
瑞金市	8.49	6.98	1.51
龙南市	7.61	7.47	0.14
赣州经开区	7.06	6.23	0.83
赣州蓉江新区	6.16	5.13	1.03

注：此表为年末常住人口数。

2-8 县(市、区)常住人口数

(2022年末)

县(市、区)	常住总人口(万人)	男	女	常住人口城镇化率(%)	年平均人口(万人)
全　市	**898.81**	**462.59**	**436.22**	**57.00**	**898.40**
章贡区	70.83	36.14	34.68	90.20	70.67
南康区	82.96	43.15	39.81	60.89	82.90
赣县区	57.71	30.10	27.61	55.26	57.69
信丰县	67.44	34.65	32.79	54.06	67.44
大余县	26.44	13.43	13.01	55.35	26.46
上犹县	26.89	13.74	13.16	49.90	26.88
崇义县	17.77	9.10	8.67	48.56	17.77
安远县	34.70	17.83	16.87	47.82	34.68
定南县	21.04	10.90	10.13	64.84	21.04
全南县	16.94	8.71	8.23	56.25	16.94
宁都县	70.13	36.56	33.57	50.76	70.14
于都县	90.66	45.96	44.69	45.42	90.64
兴国县	71.60	36.78	34.82	46.68	71.56
会昌县	45.19	23.08	22.11	55.94	45.17
寻乌县	28.02	14.58	13.44	52.35	28.02
石城县	28.34	14.83	13.52	49.94	28.33
瑞金市	61.44	31.53	29.91	51.80	61.42
龙南市	31.98	16.50	15.49	65.96	31.97
赣州经开区	30.41	16.33	14.08	73.93	30.37
赣州蓉江新区	18.31	8.69	9.63	73.39	18.31

注：此表为年末常住人口数。

主要统计指标解释

人口数 指一定时点、一定地区范围内的有生命的个人的总和。年度统计的年末人口数指每年 12 月 31 日 24 时的人口数。

城镇人口和乡村人口 城镇人口是指居住在城镇范围内的全部常住人口；乡村人口是除上述人口以外的全部人口。

出生率（又称粗出生率） 指在一定时期内（通常为一年）平均每千人所出生的人数的比率，一般用千分率表示。计算公式为：

出生率＝年出生人数÷年平均人数×1000‰

式中：出生人数指活产婴儿，即胎儿脱离母体时（不管怀孕月数），有过呼吸或其他生命现象。年平均人数指年初、年底人口数的平均数，也可用年中人口数代替。

死亡率（又称粗死亡率） 指在一定时期内（通常为一年）一定地区的死亡人数与同期平均人数（或期中人数）之比，一般用千分率表示。计算公式为：

死亡率＝年死亡人数÷年平均人数×1000‰

人口自然增长率 指在一定时期内（通常为一年）人口自然增加数（出生人数减死亡人数）与该时期内平均人数（或期中人数）之比，一般用千分率表示。计算公式为：

人口自然增长率＝（本年出生人数－本年死亡人数）÷年平均人数×1000‰

＝人口出生率－人口死亡率

GANZHOU STATISTICAL YEARBOOK 2023

三、就业人员和职工工资

本篇章

质量负责：何书君
资料整理：林晓霞

3-1 历年按三次产业分的社会就业人员数

（年末数） 单位：万人

年份	社会就业人员数			构成(以合计数为100)		
		第一产业	第二产业	第三产业	第一产业	第二产业	第三产业
1957	163.89	144.58	9.80	9.51	88.22	5.98	5.80
1962	168.26	145.06	11.95	11.25	86.21	7.10	6.69
1965	171.68	147.42	12.65	11.61	85.87	7.37	6.76
1970	192.73	164.92	14.69	13.12	85.57	7.62	6.81
1978	223.73	187.82	18.11	17.80	83.95	8.09	7.96
1980	233.59	195.43	18.97	19.19	83.66	8.12	8.22
1981	237.47	198.14	19.43	19.90	83.44	8.18	8.38
1982	244.20	202.76	20.05	21.39	83.03	8.21	8.76
1983	251.02	208.20	20.70	22.12	82.94	8.25	8.81
1984	260.78	209.28	24.70	26.80	80.25	9.47	10.28
1985	289.49	223.00	32.87	33.62	77.03	11.36	11.61
1986	297.53	227.64	33.38	36.51	76.51	11.22	12.27
1987	304.86	233.22	36.06	35.58	76.50	11.83	11.67
1988	327.01	249.18	38.18	39.65	76.20	11.68	12.13
1989	331.00	249.90	39.53	41.56	75.50	11.94	12.56
1990	340.50	257.14	40.70	42.66	75.52	11.95	12.53
1991	345.59	261.13	42.35	42.10	75.56	12.26	12.18
1992	346.58	247.73	43.66	55.19	71.48	12.60	15.92
1993	356.90	226.50	45.66	84.74	63.46	12.80	23.74
1994	400.10	246.37	55.34	98.39	61.58	13.83	24.59
1995	410.16	251.70	59.38	99.08	61.36	14.48	24.16
1996	417.14	260.25	56.20	100.69	62.39	13.47	24.14
1997	427.57	261.58	54.53	111.46	61.18	12.75	26.07
1998	423.68	255.05	52.58	116.05	60.20	12.41	27.39
1999	416.09	250.50	54.44	111.15	60.20	13.09	26.71
2000	413.59	228.46	62.82	122.31	55.24	15.19	29.57
2001	418.31	228.08	57.19	133.04	54.52	13.67	31.80
2002	416.60	214.14	60.65	141.81	51.40	14.56	34.04
2003	419.55	216.82	69.93	132.80	51.68	16.67	31.65
2004	422.65	218.68	81.21	122.76	51.74	19.21	29.05
2005	429.60	218.45	94.05	117.10	50.85	21.89	27.26
2006	435.40	205.30	107.10	123.00	47.15	24.60	28.25
2007	441.45	200.08	116.74	124.63	45.32	26.45	28.23
2008	449.67	194.30	129.57	125.80	43.21	28.81	27.98
2009	458.02	191.88	137.41	128.73	41.89	30.00	28.11
2010	439.12	176.09	126.91	136.13	40.10	28.90	31.00
2011	440.60	166.99	129.10	144.52	37.90	29.30	32.80
2012	441.90	158.05	131.83	152.01	35.77	29.83	34.40
2013	443.30	149.69	135.36	158.26	33.77	30.53	35.70
2014	444.90	139.99	139.40	165.50	31.47	31.33	37.20
2015	446.10	131.60	142.75	171.75	29.50	32.00	38.50
2016	447.40	122.59	144.96	179.85	27.40	32.40	40.20
2017	448.60	114.84	147.14	186.62	25.60	32.80	41.60
2018	449.90	105.28	149.37	195.26	23.40	33.20	43.40
2019	451.20	97.46	149.80	203.94	21.60	33.20	45.20
2020	452.29	88.20	151.97	212.12	19.50	33.60	46.90
2021	453.37	83.16	155.05	215.16	18.34	34.20	47.46
2022	443.45	78.72	152.59	212.14	17.75	34.41	47.84

备注：2010-2019年全社会就业人员数和三次产业就业人员数为修订后数据。

3-2 城镇失业人员情况

单位：人

项　目	2001年	2002年	2003年	2004年	2005年	2006年	2007年	2008年
上期末结转登记失业人数	7983	20326	16664	28382	26834	24364	27029	22919
本期新登记的失业人数	48489	24419	46801	63196	73776	90395	84518	95319
#女性	7766	12387	17549	30166	32079	40219	41464	82084
#就业转失业	4768	5359	8501	12191	9016	15063	10502	9243
本期登记失业人员就业人数	22373	28081	35083	64744	76246	87730	88628	86480
#女性	13386	13786	14443	27192	32148	46349	42264	44010
期末实有登记失业人数	20326	16664	28382	26834	24364	27029	22919	31758
#女性	15487	8510	8555	7795	11976	13592	11414	14317
长期失业者	9874	2702	2382	3384	1646	1615	1317	2065
登记失业率	3.70	3.10	3.70	3.40	3.00	3.30	2.72	3.73

3-2 续表 1

单位：人

项　目	2009年	2010年	2011年	2012年	2013年	2014年	2015年
上期末结转登记失业人数	31758	32655	34409	33243	29720	38764	37112
本期新登记的失业人数	76844	71851	72086	65133	48002	44435	26553
#女性	41593	32279	29070	25580	22331	18994	15223
#就业转失业	6607	7581	8531	7634	7776	3863	4914
本期登记失业人员就业人数	75947	70097	73252	62540	34352	46087	36405
#女性	39028	33145	32595	30992	15037	17798	17698
期末实有登记失业人数	32655	34409	33243	29720	38764	37112	27260
#女性	12890	18404	18225	11200	19062	18528	12589
长期失业者	1523	3103	1985	3118	3027	2088	2009
登记失业率	3.20	3.20	3.20	3.23	3.32	3.30	3.07

3-2 续表 2

单位：人

项　目	2016年	2017年	2018年	2019年	2020年	2021年	2022年
上期末结转登记失业人数	27260	27748	29247	39515	41325	42710	39402
本期新登记的失业人数	30828	59749	37471	34051	29077	28929	35989
#女性	15301	27532	23981	13304	14146	15014	18621
#就业转失业	4677	6560	13799	6629	10122	10577	18241
本期登记失业人员就业人数	30340	57762	27203	28066	22237	11966	5523
#女性	14823	23422	21514	13090	10923	5568	3006
期末实有登记失业人数	27748	29247	39515	41325	42710	39402	48137
#女性	11933	12846	18233	17480	18457	20724	25275
长期失业者	2771	4509	1739	2129	1518	4222	2233
登记失业率	3.04	3.04	3.16	3.19	3.10	2.78	-

3-3 城镇非私营单位就业人员数

单位：人

项 目	就业人员	在岗职工	#劳务派遣人员	其他就业人员
总 计	**592799**	**569829**	**28267**	**22971**
(一)农、林、牧、渔业	1803	1603	11	199
(二)采矿业	3937	3876	76	61
(三)制造业	149043	147776	4964	1267
(四)电力、热力、燃气及水生产和供应业	3821	3590	211	231
(五)建筑业	32058	28065	3409	3993
(六)批发和零售业	14896	14776	328	120
(七)交通运输、仓储和邮政业	11573	10956	641	617
(八)住宿和餐饮业	7598	7472	1193	126
(九)信息传输、软件和信息技术服务业	5371	4355	218	1015
(十)金融业	16330	14801	534	1528
(十一)房地产业	12998	12824	1028	174
(十二)租赁和商务服务业	10294	10258	995	36
(十三)科学研究和技术服务业	6242	6181	225	61
(十四)水利、环境和公共设施管理业	18599	15320	5910	3279
(十五)居民服务、修理和其他服务业	1429	1413	8	17
(十六)教育	120372	118012	2001	2360
(十七)卫生和社会工作	56639	56013	507	627
(十八)文化、体育和娱乐业	3512	3377	354	135
(十九)公共管理、社会保障和社会组织	116286	109159	5653	7126

3-4 城镇非私营单位女性就业人员数

单位：人

分 组	女性从业人员合计	分 组	女性从业人员合计
合 计	**283114**	(十)金融业	7735
(一)农、林、牧、渔业	467	(十一)房地产业	5463
(二)采矿业	756	(十二)租赁和商务服务业	2948
(三)制造业	73983	(十三)科学研究和技术服务业	1807
(四)电力、热力、燃气及水生产和供应业	1268	(十四)水利、环境和公共设施管理业	10632
(五)建筑业	6788	(十五)居民服务、修理和其他服务业	838
(六)批发和零售业	8046	(十六)教育	75938
(七)交通运输、仓储和邮政业	3688	(十七)卫生和社会工作	38232
(八)住宿和餐饮业	5069	(十八)文化、体育和娱乐业	1726
(九)信息传输、软件和信息技术服务业	2334	(十九)公共管理、社会保障和社会组织	35396

3-5 历年职工工资总额和平均工资

年份	在岗职工工资总额(万元)	国有经济单位	城镇集体经济单位	其他各种经济单位	在岗职工平均工资(元/人)	国有经济单位	城镇集体经济单位	其他各种经济单位
1957		6960				571		
1962		8876				520		
1970		9949				526		
1978	19029	16476	2553		561	572	499	
1980	24613	21658	2955		711	733	585	
1981	25644	22438	3206		725	749	589	
1982	26937	23795	3142		743	767	600	
1983	26455	23349	3106		739	768	576	
1984	30141	25825	4316		828	873	632	
1985	34914	29695	5219		925	977	708	
1986	42322	35902	6405	15	1075	1137	822	1060
1987	46249	39337	6879	33	1134	1195	879	1076
1988	58438	50134	8254	50	1402	1473	1083	1497
1989	65380	56799	8515	66	1539	1620	1147	1514
1990	73212	63631	9468	113	1717	1802	1302	1836
1991	79992	68948	10846	198	1811	1890	1429	1829
1992	93136	80862	11791	483	2049	2153	1549	1744
1993	107239	91684	14528	1027	2328	2397	1980	2190
1994	149993	132210	16885	898	3284	3472	2332	2507
1995	174530	152481	20257	1792	3775	3949	2865	3297
1996	191681	166246	21092	4343	4225	4284	3165	4328
1997	194676	168274	20561	5841	4568	4702	3626	5033
1998	182776	158003	17436	7737	4690	4820	3707	5022
1999	204722	176990	18142	9590	5664	5799	4551	5983
2000	221128	194650	15554	10924	6608	6782	5133	6306
2001	250829	212360	15208	23261	7570	7816	5840	6922
2002	280850	230626	13964	36260	8552	8833	6681	7812
2003	309935	244330	14795	50810	9312	9712	8026	8086
2004	349910	260826	14826	74259	10323	10906	8683	8975
2005	403223	296573	15190	91460	11827	12708	9777	9939
2006	481716	335229	16175	130312	13122	14069	11841	11315
2007	611982	434794	21657	155530	16228	17998	14652	12882
2008	724902	501419	21170	202313	18421	20602	17560	14651
2009	822479	561927	24829	235723	20732	22962	19994	16889
2010	962667	640607	28779	293281	23602	25875	22698	19867
2011	1166951	754427	38298	374226	27775	29786	29354	24329
2012	1517057	901609	50316	565132	32869	35854	34915	28882
2013	2084249	1068063	57106	959080	40922	43536	41477	38328
2014	2368784	1228177	60398	1080209	45127	48350	48103	41684
2015	2764329	1532473	82087	1149768	50313	56128	56189	43945
2016	3003326	1701725	61079	1240522	55253	62211	59197	47790
2017	3207201	1919267	64269	1223666	60337	69474	63669	49782
2018	3452155	2214322	75481	1162352	66875	77163	69478	53227
2019	3735381	2159063	59742	1516576	70640	80473	71300	60155
2020	4000787	—	—	—	75085	—	—	—
2021	4570659	—	—	—	82760	—	—	—
2022	4926173	—	—	—	88145	—	—	—

3-6 城镇非私营单位分行业就业人员工资总额

单位：千元

项目	就业人员工资总额	在岗职工工资总额	#劳务派遣人员工资总额	其他就业人员工资总额
合计	**50181450**	**49261730**	**1223120**	**919720**
(一)农、林、牧、渔业	97051	93135	390	3916
(二)采矿业	345187	338625	3663	6562
(三)制造业	9886997	9822564	335317	64433
(四)电力、热力、燃气及水生产和供应业	374699	363839	15965	10859
(五)建筑业	1633297	1463904	188872	169393
(六)批发和零售业	1176300	1172595	33455	3705
(七)交通运输、仓储和邮政业	987573	937611	57751	49962
(八)住宿和餐饮业	312702	306918	43340	5784
(九)信息传输、软件和信息技术服务业	609978	512098	22895	97879
(十)金融业	1970414	1870672	42944	99742
(十一)房地产业	982333	972354	49277	9979
(十二)租赁和商务服务业	555553	554779	35719	774
(十三)科学研究和技术服务业	558429	555975	10641	2454
(十四)水利、环境和公共设施管理业	471257	428521	51828	42736
(十五)居民服务、修理和其他服务业	72195	71720	2039	474
(十六)教育	12079790	12005918	63453	73872
(十七)卫生和社会工作	6769361	6743224	27166	26137
(十八)文化、体育和娱乐业	250562	247544	14543	3017
(十九)公共管理、社会保障和社会组织	11047773	10799733	223861	248040

3-7 城镇非私营单位分行业就业人员年平均工资

单位：元/人

项目	就业人员平均工资	在岗职工平均工资	#劳务派遣人员工资总额	其他就业人员平均工资
总计	**86297**	**88145**	**46733**	**40658**
(一)农、林、牧、渔业	53101	57449	36798	18964
(二)采矿业	83953	84061	51809	78732
(三)制造业	67176	67185	56510	65780
(四)电力、热力、燃气及水生产和供应业	98162	101219	60182	48789
(五)建筑业	53958	55278	54151	44728
(六)批发和零售业	79993	80442	110396	28903
(七)交通运输、仓储和邮政业	84896	85072	89793	81728
(八)住宿和餐饮业	41847	41792	37992	45024
(九)信息传输、软件和信息技术服务业	114494	118870	103332	96004
(十)金融业	115701	126650	84338	44138
(十一)房地产业	73761	74005	49730	55806
(十二)租赁和商务服务业	57571	57714	38077	20753
(十三)科学研究和技术服务业	95917	96635	48762	35754
(十四)水利、环境和公共设施管理业	32937	36365	17371	16933
(十五)居民服务、修理和其他服务业	51169	51300	53256	36890
(十六)教育	100989	102391	32053	31311
(十七)卫生和社会工作	121240	122136	56249	41930
(十八)文化、体育和娱乐业	72754	75035	37765	20820
(十九)公共管理、社会保障和社会组织	96304	100488	40191	34233

3-8 县(市、区)在岗职工年平均工资

单位：元/人

县(市、区)	在岗职工年平均工资
赣州市	88145
章贡区	113004
南康区	89320
赣县区	91313
信丰县	77434
大余县	87469
上犹县	84474
崇义县	80045
安远县	70880
定南县	73264
全南县	79716
宁都县	68547
于都县	77312
兴国县	79551
会昌县	78301
寻乌县	81918
石城县	81909
瑞金市	72142
龙南市	67238
赣州经开区	99954
赣州蓉江新区	95257

主要统计指标解释

就业人员　指一定年龄以上，有劳动能力，为取得劳动报酬或经营收入而从事一定社会劳动的人员。具体指年满 16 周岁，为取得报酬或经营利润，在调查周内从事了 1 小时（含 1 小时）以上劳动的人员；或由于学习、休假等原因在调查周内暂时处于未工作状态，但有工作单位或场所的人员；或由于临时停工放假、单位不景气放假等原因在调查周内暂时处于未工作状态，但不满三个月的人员。

单位就业人员　指报告期末最后一日在本单位工作，并取得工资或其他形式劳动报酬的人员数。该指标为时点指标，不包括最后一日当天及以前已经与单位解除劳动合同关系的人员，是在岗职工、劳务派遣人员及其他就业人员之和。就业人员不包括：

(1)离开本单位仍保留劳动关系，并定期领取生活费的人员；

(2)在本单位实习的各类在校学生；

(3)本单位以劳务外包形式使用的人员，如：建筑业整建制使用的人员。

城镇私营就业人员　指在工商管理部门注册登记，其经营地址设在县城关镇(含城关镇)以上的私营企业从业人员；包括私营企业投资者和雇工。

城镇登记失业人员　指有非农业户口，在一定的劳动年龄内(16 周岁至退休年龄)，有劳动能力，无业而要求就业，并在当地劳动保障部门进行失业登记的人员。

城镇登记失业率　城镇登记失业人员与城镇单位就业人员(扣除使用的农村劳动力、聘用的离退休人员、港澳台及外方人员)、城镇单位中的不在岗职工、城镇私营业主、个体户主、城镇私营企业和个体就业人员、城镇登记失业人员之和的比。计算公式为：

城镇登记失业率=城镇登记失业人数÷（城镇从业人数+城镇登记失业人数）×100%

职工　指在国有经济、城镇集体经济、联营经济、股份制经济、外商和港、澳、台投资经济、其他经济单位及其附属机构工作，并由其支付工资的各类人员，不包括返聘的离退休人员、民办教师、在国有经济单位工作的外方人员和港、澳、台人员（1998 年以后的数据均为在岗职工数据，其他相关指标如职工工资总额，职工平均工资等指标也从 1998 年按此口径进行了相应调整）。

国有单位职工　指在国有经济单位及其附属机构工作，并由其支付工资的各类人员。

城镇集体单位职工　指在城镇集体经济单位及其管理部门工作，并由其支付工资的各类人员。

其他单位职工　指在联营经济、股份制经济、外商投资经济、港、澳、台投资经济单位工作，并由其支付工资的各类人员。

在岗职工　指在本单位工作且与本单位签订劳动合同，并由单位支付各项工资和社会保险、住房公积金的人员，以及上述人员中由于学习、病伤、产假等原因暂未工作仍由单位支付工资的人员。在岗职工还包括：

(1)应订立劳动合同而未订立劳动合同人员；

(2)处于试用期人员；

(3)编制外招用的人员，如临时人员；

(4)派往外单位工作，但工资仍由本单位发放的人员(如挂职锻炼、外派工作等情况)。

职工工资总额　指根据《关于工资总额组成的规定》(1990 年 1 月 1 日国家统计局发布的一号令)进行修订，本单位在报告期内(季度或年度)直接支付给本单位全部就业人员的劳动报酬总额。包括计时工资、计件工资、奖金、津贴和补贴、加班加点工资、特殊情况下支付的工资，是在岗职工工资总额、劳务派遣人员工资总额和其他就业人员工资总额之和。

职工工资总额是税前工资，包括单位从个人工资中直接为其代扣或代缴的个人所得税、社会保险基金和住房公积金等个人缴纳部分，以及房费、水电费等，不包括从单位工会经费或工会账户中发放的现金或实物。

职工工资总额不论是计入成本的还是不计入成本的，不论是以货币形式支付的还是以实物形式支付的，均应列入工资总额的计算范围。

奖金　指支付给职工的超额劳动报酬和增收节支的劳动报酬。

职工平均工资　指企业、事业、机关单位的职工在一定时期内平均每人所得的货币工资额。它表明一定时期职工工资收入的高低程度，是反映职工工资水平的主要指标。计算公式为：

职工平均工资＝报告期实际支付的全部职工工资总额÷报告期全部职工平均人数。

四、农业

本篇章

质量负责：陈　佳 王　晶
资料整理：范小芳 王　晶

4-1 历年农林牧渔业总产值及构成

(按当年价格计算)

年份	农林牧渔业总产值(万元)						构成(以农林牧渔业总产值为100)				
		农业产值	林业产值	牧业产值	渔业产值	农林牧渔专业及辅助性活动产值	农业产值	林业产值	牧业产值	渔业产值	农林牧渔专业及辅助性活动产值
1949	27571	21858	2385	3105	223		79.28	8.65	11.26	0.81	
1952	37486	28482	4453	4326	225		75.98	11.88	11.54	0.60	
1957	47714	35485	5201	6599	429		74.37	10.90	13.83	0.90	
1965	67235	53589	4747	8256	643		79.70	7.06	12.28	0.96	
1970	75193	57405	6083	10557	1148		76.34	8.09	14.04	1.53	
1978	81189	60399	7968	11438	1384		74.39	9.81	14.09	1.71	
1980	92999	69416	7224	15099	1260		74.64	7.77	16.24	1.35	
1981	111282	80308	12192	16905	1877		72.17	10.95	15.19	1.69	
1982	133663	98518	11990	20471	2684		73.71	8.97	15.31	2.01	
1983	159270	115249	13841	27127	3053		72.36	8.69	17.03	1.92	
1984	174951	122265	17537	31451	3698		69.89	10.02	17.98	2.11	
1985	189641	123772	20073	40299	5497		65.27	10.58	21.25	2.90	
1986	186737	115879	19758	45155	5945		62.06	10.58	24.18	3.18	
1987	227955	142466	25207	51923	8359		62.50	11.06	22.78	3.66	
1988	300318	166500	29861	92789	11168		55.44	9.94	30.90	3.72	
1989	317647	171635	28352	104711	12949		54.03	8.93	32.96	4.08	
1990	419154	251085	36401	116026	15642		59.90	8.69	27.68	3.73	
1991	455301	261754	55671	121323	16553		57.49	12.23	26.65	3.63	
1992	504575	277872	63324	145046	18333		55.07	12.55	28.75	3.63	
1993	573131	299264	57820	192564	23483		52.21	10.09	33.60	4.10	
1994	924337	400604	66441	410313	46979		43.34	7.19	44.39	5.08	
1995	1155367	586243	64345	431341	73438		50.74	5.57	37.33	6.36	
1996	1334631	645689	69769	499602	119571		48.38	5.23	37.43	8.96	
1997	1402237	658254	72766	525530	145687		46.94	5.19	37.48	10.39	
1998	1395317	641306	74689	526772	152550		45.96	5.35	37.76	10.93	
1999	1394442	670936	72418	508558	142530		48.12	5.19	36.47	10.22	
2000	1383585	642827	80090	515723	144945		46.46	5.79	37.27	10.48	
2001	1420592	655654	80776	525843	158319		46.15	5.69	37.02	11.14	
2002	1466745	674860	84213	533881	173791		46.01	5.74	36.40	11.85	
2003	1543196	657094	96554	571602	185402	32544	42.58	6.26	37.04	12.01	2.11
2004	1897587	822424	129497	714928	200347	30391	43.34	6.83	37.67	10.56	1.60
2005	1999934	880632	131954	735993	220135	31220	44.03	6.60	36.80	11.01	1.56
2006	2128342	973753	136103	753108	229671	35707	45.75	6.39	35.38	10.79	1.69
2007	2447378	1136312	148880	865299	259477	37410	46.43	6.08	35.36	10.60	1.53
2008	2805547	1284503	183553	1010987	289483	37021	45.78	6.54	36.04	10.32	1.32
2009	3053856	1404894	196073	1097697	301659	53533	46.00	6.42	35.94	9.88	1.76
2010	3377855	1560450	211299	1208367	334517	62952	46.20	6.26	35.77	9.90	1.87
2011	3750930	1737458	228697	1355635	357619	71521	46.32	6.10	36.14	9.53	1.91
2012	4053589	1897601	254279	1399876	427094	74739	46.81	6.27	34.53	10.55	1.84
2013	4359037	2053886	280872	1466797	477885	79597	47.12	6.44	33.65	10.96	1.83
2014	4607883	2178400	309378	1515803	518501	85801	47.28	6.71	32.90	11.25	1.86
2015	4805892	2357525	335665	1481978	539087	91637	49.05	6.98	30.84	11.22	1.91
2016	5181724	2647962	462540	1425822	474406	170994	51.10	8.93	27.52	9.15	3.30
2017	5355116	2806915	518332	1312156	531613	186100	52.42	9.68	24.50	9.93	3.47
2018	5457965	2892930	571583	1240701	550163	202588	53.01	10.47	22.73	10.08	3.71
2019	6080643	3037100	612244	1657071	557075	217153	49.96	10.07	27.25	9.16	3.57
2020	6743981	3162756	675911	2121033	555076	229205	46.90	10.02	31.45	8.23	3.40
2021	6965761	3403547	743718	1884411	653318	280767	48.86	10.68	27.05	9.38	4.03
2022	7368540	3690181	778103	1912070	652815	335371	50.08	10.56	25.95	8.86	4.55

4-2 历年农林牧渔业总产值指数

(按可比价格计算)

年份	以1952年为100					以上年为100					
	农林牧渔业总产值	农业产值	林业产值	牧业产值	渔业产值	农林牧渔业总产值	农业产值	林业产值	牧业产值	渔业产值	农林牧渔专业及辅助性活动产值
1949	70.0	69.1	70.0	73.7	79.7						
1952	100.0	100.0	100.0	100.0	100.0	116.9	117.1	119.2	113.9	115.8	
1957	133.5	126.7	149.0	155.1	138.9	111.9	109.4	117.6	119.2	109.2	
1965	155.7	156.1	147.8	164.4	133.4	113.3	111.3	123.3	115.7	117.9	
1970	197.1	194.3	181.3	221.5	238.3	110.7	109.2	130.3	104.4	114.5	
1978	215.3	206.7	240.4	236.9	222.8	102.6	100.6	108.1	109.1	92.6	
1980	241.3	236.5	239.1	281.5	169.7	101.3	102.2	97.3	107.3	60.8	
1981	245.7	236.2	262.7	284.2	226.0	101.8	99.9	109.9	101.0	133.2	
1982	271.6	271.3	232.5	313.8	259.5	110.6	114.9	88.5	110.4	114.8	
1983	305.8	296.7	271.8	391.2	294.0	112.6	109.4	116.9	124.7	113.3	
1984	326.2	303.4	334.9	439.5	346.0	106.6	102.3	123.2	112.3	117.7	
1985	355.1	317.2	368.8	534.5	449.5	108.9	104.6	110.1	121.6	129.9	
1986	349.3	300.0	344.5	603.9	483.7	98.4	94.6	93.4	113.0	107.6	
1987	394.9	347.3	392.0	634.0	552.0	113.0	115.8	113.8	105.0	114.1	
1988	426.1	365.8	405.6	746.7	622.5	107.9	105.3	103.5	117.8	112.8	
1989	444.3	382.6	393.2	795.1	682.9	104.3	104.6	96.9	106.5	109.7	
1990	470.9	406.8	408.6	842.3	736.0	106.0	106.3	103.9	105.9	107.8	
1991	494.1	411.6	505.5	896.6	743.3	104.9	101.2	123.7	106.4	101.0	
1992	534.6	434.1	564.7	1013.1	814.1	108.2	105.5	111.7	113.0	109.5	
1993	567.4	430.7	533.0	1285.3	986.0	106.1	99.2	94.4	126.9	121.1	
1994	613.4	410.1	599.0	1596.1	1553.7	108.1	95.2	112.4	124.2	157.6	
1995	675.4	452.0	541.2	1750.5	2472.7	110.1	110.2	90.4	109.7	159.2	
1996	736.1	457.6	546.1	1966.1	3819.3	109.0	101.2	100.9	112.3	154.5	
1997	787.8	475.4	550.9	2069.0	5022.7	107.0	103.9	100.9	105.2	131.5	
1998	810.6	471.7	535.0	2162.9	5761.5	102.9	99.2	97.1	104.5	114.7	
1999	826.5	516.6	515.2	2104.7	5456.3	102.0	109.5	96.3	97.3	94.7	
2000	839.7	517.6	549.2	2155.2	5510.8	101.6	100.2	106.6	102.4	101.0	
2001	856.5	523.8	531.1	2200.5	5946.2	102.0	101.2	96.7	102.1	107.9	
2002	883.1	536.9	549.7	2253.3	6323.8	103.1	102.5	103.5	102.4	106.4	
2003	910.5	528.3	592.0	2338.9	6611.5	103.1	98.3	107.7	103.8	104.5	149.2
2004	950.4	544.8	608.4	2485.8	7231.0	104.4	103.1	102.8	106.3	109.4	81.3
2005	992.3	565.6	608.9	2613.1	7402.4	104.4	103.8	100.1	105.1	105.3	102.4
2006	1031.7	601.4	622.1	2593.2	8345.2	103.9	106.3	102.2	99.2	109.6	106.8
2007	1073.1	648.3	635.2	2543.9	9079.6	104.0	107.8	102.1	98.1	108.8	100.3
2008	1123.5	684.6	719.0	2615.1	9460.9	104.7	105.6	113.2	102.8	104.2	91.9
2009	1181.9	718.1	721.2	2785.1	9583.9	105.2	104.9	100.3	106.5	101.3	135.7
2010	1235.1	749.0	740.7	2910.4	10139.8	104.5	104.3	102.7	104.5	105.8	109.7
2011	1284.5	790.2	748.1	3003.5	10373.0	104.0	105.5	101.0	103.2	102.3	101.4
2012	1346.2	813.1	796.7	3183.7	11265.1	104.8	102.9	106.5	106.0	108.6	104.5
2013	1414.9	866.0	844.5	3288.8	11681.9	105.1	106.5	106.0	103.3	103.7	106.5
2014	1485.6	895.4	914.6	3499.3	12242.6	105.0	103.4	108.3	106.4	104.8	107.4
2015	1546.5	962.6	990.5	3450.3	12646.6	104.1	107.5	108.3	98.6	103.3	106.4
2016	1611.5	1011.7	1076.7	3529.7	12924.8	104.2	105.1	108.7	102.3	102.2	108.7
2017	1687.2	1070.4	1168.2	3579.1	13519.3	104.7	105.8	108.5	101.4	104.6	106.7
2018	1749.6	1114.3	1267.5	3622.0	13668.0	103.7	104.1	108.5	101.2	101.1	109.1
2019	1807.3	1161.1	1328.3	3651.0	13873.0	103.3	104.2	104.8	100.8	101.5	104.7
2020	1863.3	1207.5	1426.6	3662.0	13914.6	103.1	104.0	107.4	100.3	100.3	105.6
2021	2031.0	1266.7	1509.3	4280.9	14930.4	109.0	104.9	105.8	116.9	107.3	105.6
2022	2116.3	1321.2	1611.9	4375.1	15438.0	104.2	104.3	106.8	102.2	103.4	112

4-3 农林牧渔业总产值

单位：万元

项 目	按当年价格计算		按可比价格计算		
	2021年	2022年	2021年	2022年	比上年增长(%)
农林牧渔业总产值	6965761	7368540	7350260	7258608	-1.25
农业产值	3403547	3690180	3317881	3548198	6.94
谷物及其他作物	1296950	1389429	1267752	1355911	6.95
谷物	941472	1001868	923645	989691	7.15
薯类	30626	33557	29811	31939	7.14
油料	89742	98388	87732	94418	7.62
豆类	26763	29298	25815	27695	7.28
棉花	13	14	13	14	7.69
生麻	123	135	118	129	9.32
糖类	1601	1753	1508	1626	7.82
烟叶	67346	73245	65165	69249	6.27
其他农作物	139264	151171	133945	141150	5.38
蔬菜、食用菌及花卉盆景园艺产品	1132566	1239576	1100442	1180308	7.26
蔬菜(含菜用瓜)	1003376	1098107	974183	1044071	7.17
食用菌	32199	35163	31281	33298	6.45
花卉	56032	61495	54899	59610	8.58
盆景园艺	40959	44811	40079	43329	8.11
水果、坚果、茶、饮料和香料	963081	1049281	939057	1000720	6.57
水果(园林水果)	922191	1004738	899116	958692	6.63
坚果	3277	3586	3250	3509	7.97
茶及饮料原料	37613	40957	36691	38519	4.98
中草药材	10950	11894	10630	11259	5.92
林业产值	743718	778103	715144	794291	11.07
林木的培育和种植	298251	311867	284471	317774	11.71
竹木采运	159391	167131	153366	168824	10.08
林产品	286076	299105	277307	307693	10.96
牧业产值	1884411	1912070	2479568	1925868	-22.33
牲畜饲养	209997	207189	270619	207610	-23.28
猪的饲养	1138944	1131349	1503168	1169271	-22.21
家禽饲养	504101	542578	666769	518855	-22.18
狩猎和捕捉动物	4983	30954	4991	4061	-18.63
其他畜牧业	26386	1178	34021	26071	-23.37
渔业产值	653318	652815	595617	675792	13.46
鱼 类	531819	28824	485277	550679	13.48
虾蟹类	28852	10837	26321	29646	12.63
贝 类	10846	81694	9721	11170	14.91
其 他	81801	335371	74298	84297	13.46
农林牧渔专业及辅助性活动产值	280767	335371	242050	314459	29.91

4-4 县(市、区)农林牧渔业总产值

(按当年价格计算) 单位：万元

县(市、区)	农林牧渔业总产值	农业产值	林业产值	牧业产值	渔业产值	农林牧渔专业及辅助性活动产值
全　市	**7368540**	**3690181**	**778103**	**1912070**	**652815**	**335371**
章贡区	67187	54922	4180	1459	2829	3797
南康区	462275	206568	37394	165282	31548	21483
赣县区	428002	205522	57024	122108	23695	19653
信丰县	747771	382183	42686	216876	73468	32558
大余县	255749	108656	32082	78126	25086	11799
上犹县	263658	112540	59800	40957	38870	11491
崇义县	196592	65587	79143	21151	21174	9537
安远县	376559	211829	28072	105083	14479	17096
定南县	221739	67174	21976	105317	17046	10226
全南县	277011	139876	27950	78764	18142	12279
宁都县	820465	435105	62348	218020	68277	36715
于都县	573038	258828	61811	153645	72508	26246
兴国县	623656	301281	71140	160669	62249	28317
会昌县	449838	227980	52989	120871	27584	20414
寻乌县	441600	323958	25496	53973	17821	20352
石城县	317276	194153	40683	32087	35836	14517
瑞金市	486387	231568	44537	143621	44595	22066
龙南市	283322	132100	21928	91927	24120	13247
赣州经开区	64855	20546	6410	1447	33417	3035
赣州蓉江新区	11560	9805	454	687	71	543

4-5 县(市、区)农林牧渔业总产值

(按可比价格计算) 单位：万元

县(市、区)	农林牧渔业总产值	农业产值	林业产值	牧业产值	渔业产值	农林牧渔专业及辅助性活动产值
全　市	**7258608**	**3548198**	**794291**	**1925868**	**675792**	**314459**
章贡区	66262	54364	4269	1140	2929	3560
南康区	456111	198434	38474	166401	32659	20143
赣县区	422390	197091	58263	124079	24530	18427
信丰县	737807	366639	44075	220316	76249	30528
大余县	251171	103465	32750	77923	25970	11063
上犹县	260100	108103	60446	40838	40039	10674
崇义县	193925	62867	78918	21278	21920	8942
安远县	370732	203966	28657	107091	14989	16029
定南县	218374	64166	22234	104939	17447	9588
全南县	272975	133677	28528	80474	18782	11514
宁都县	803164	418143	63947	215666	70883	34525
于都县	565054	246637	63299	155147	75362	24609
兴国县	614767	289467	72922	161185	64642	26551
会昌县	443542	219293	54093	122459	28556	19141
寻乌县	435599	315973	26533	55561	18449	19083
石城县	312941	188433	42551	31242	37100	13615
瑞金市	479291	222700	45142	144793	45966	20690
龙南市	279257	125546	22385	93936	24969	12421
赣州经开区	63828	19453	6342	909	34278	2846
赣州蓉江新区	11318	9781	463	491	73	510

4-6 县(市、区)农林牧渔业总产值构成及指数

县(市、区)	构成(以农林牧渔业总产值为100)					指数(以上年为100)					
	农业产值	林业产值	牧业产值	渔业产值	农林牧渔专业及辅助性活动产值	农林牧渔业总产值	农业产值	林业产值	牧业产值	渔业产值	农林牧渔专业及辅助性活动产值
全　市	**50.08**	**10.56**	**25.95**	**8.86**	**4.55**	**104.20**	**104.25**	**106.80**	**102.20**	**103.44**	**112.00**
章贡区	81.74	6.22	2.17	4.21	5.65	103.00	102.35	104.35	102.15	103.46	111.98
南康区	44.69	8.09	35.75	6.82	4.65	104.70	104.51	107.64	103.70	103.44	112.00
赣县区	48.02	13.32	28.53	5.54	4.59	104.20	104.23	106.89	102.04	103.44	112.00
信丰县	51.11	5.71	29.00	9.82	4.35	104.40	104.60	108.02	102.65	103.70	112.00
大余县	42.49	12.54	30.55	9.81	4.61	104.30	104.25	106.80	102.64	103.44	112.00
上犹县	42.68	22.68	15.53	14.74	4.36	104.10	103.96	105.75	101.70	102.84	110.96
崇义县	33.36	40.26	10.76	10.77	4.85	103.80	101.49	105.66	101.25	103.44	112.00
安远县	56.25	7.45	27.91	3.85	4.54	103.50	103.74	106.80	101.08	103.44	112.00
定南县	30.29	9.91	47.50	7.69	4.61	103.40	104.10	105.85	101.95	102.27	112.00
全南县	50.49	10.09	28.43	6.55	4.43	104.50	104.50	107.62	102.71	103.44	112.00
宁都县	53.03	7.60	26.57	8.32	4.47	104.80	105.07	107.51	102.76	103.73	112.32
于都县	45.17	10.79	26.81	12.65	4.58	104.00	104.28	107.14	101.28	103.85	112.00
兴国县	48.31	11.41	25.76	9.98	4.54	104.60	104.50	107.24	102.85	103.76	112.00
会昌县	50.68	11.78	26.87	6.13	4.54	103.90	104.22	106.80	101.10	103.44	112.00
寻乌县	73.36	5.77	12.22	4.04	4.61	104.90	104.61	107.61	103.50	103.44	112.00
石城县	61.19	12.82	10.11	11.29	4.58	103.30	102.93	106.80	97.79	103.27	112.00
瑞金市	47.61	9.16	29.53	9.17	4.54	104.00	104.31	106.04	102.20	102.99	112.00
龙南市	46.63	7.74	32.45	8.51	4.68	103.66	104.17	106.80	101.34	103.44	112.00
赣州经开区	31.68	9.88	2.23	51.53	4.68	103.20	102.15	104.90	102.13	102.85	112.00
赣州蓉江新区	84.82	3.93	5.94	0.61	4.70	103.10	102.55	106.68	102.29	102.82	112.09

注：构成按当年价格计算，指数按可比价格计算。

4-7 县(市、区)粮食作物和多种经营产值

(按当年价格计算)

	农林牧渔业总产值(万元)				构成(%)		
		粮食作物	多种经营		粮食作物	多种经营	
				#茶、果			#茶、果
全　市	**7368540**	**1064723**	**6303817**	**1049281**	**14.45**	**85.55**	**14.24**
章贡区	67187	10371	56816	11016	15.44	84.56	16.40
南康区	462275	83381	378894	58862	18.04	81.96	12.73
赣县区	428002	52690	375312	18675	12.31	87.69	4.36
信丰县	747771	113141	634630	79189	15.13	84.87	10.59
大余县	255749	28724	227025	18057	11.23	88.77	7.06
上犹县	263658	36989	226669	31273	14.03	85.97	11.86
崇义县	196592	14060	182532	35113	7.15	92.85	17.86
安远县	376559	35206	341353	103538	9.35	90.65	27.50
定南县	221739	28698	193041	14860	12.94	87.06	6.70
全南县	277011	12382	264629	28615	4.47	95.53	10.33
宁都县	820465	156220	664245	75585	19.04	80.96	9.21
于都县	573038	94109	478929	61096	16.42	83.58	10.66
兴国县	623656	120946	502710	50279	19.39	80.61	8.06
会昌县	449838	57549	392289	106863	12.79	87.21	23.76
寻乌县	441600	46217	395383	233929	10.47	89.53	52.97
石城县	317276	50824	266452	14126	16.02	83.98	4.45
瑞金市	486387	85368	401019	71063	17.55	82.45	14.61
龙南市	283322	21700	261622	30811	7.66	92.34	10.87
赣州经开区	64855	12534	52321	3322	19.33	80.67	5.12
赣州蓉江新区	11560	3614	7946	3009	31.26	68.74	26.03

4-8 县(市、区)粮食作物和多种经营产值

(按可比价格计算)

县(市、区)	农林牧渔业总产值(万元)	粮食作物	多种经营	#茶、果	构成(%) 粮食作物	多种经营	#茶、果
全　市	**7258608**	**1049325**	**6209283**	**1000720**	**14.46**	**85.54**	**13.79**
章贡区	66262	10289	55973	13066	15.53	84.47	19.72
南康区	456111	83510	372601	55205	18.31	81.69	12.10
赣县区	422390	51675	370715	17753	12.23	87.77	4.20
信丰县	737807	110443	627364	75338	14.97	85.03	10.21
大余县	251171	27834	223337	16927	11.08	88.92	6.74
上犹县	260100	35566	224534	28968	13.67	86.33	11.14
崇义县	193925	13588	180337	32773	7.01	92.99	16.90
安远县	370732	35211	335521	100448	9.50	90.50	27.09
定南县	218374	27558	190816	14336	12.62	87.38	6.56
全南县	272975	12316	260659	28080	4.51	95.49	10.29
宁都县	803164	153348	649816	73665	19.09	80.91	9.17
于都县	565054	91395	473659	57601	16.17	83.83	10.19
兴国县	614767	120534	494233	46713	19.61	80.39	7.60
会昌县	443542	56544	386998	102111	12.75	87.25	23.02
寻乌县	435599	46224	389375	228086	10.61	89.39	52.36
石城县	312941	49657	263284	13367	15.87	84.13	4.27
瑞金市	479291	85987	393304	63193	17.94	82.06	13.18
龙南市	279257	21851	257406	27225	7.82	92.18	9.75
赣州经开区	63828	12018	51810	3090	18.83	81.17	4.84
赣州蓉江新区	11318	3777	7541	2775	33.37	66.63	24.52

4-9 农林牧渔业商品产值

(按当年价格计算)

项　目	农林牧渔业商品产值(万元) 2021年	2022年	农林牧渔业商品率(%) 2021年	2022年
农林牧渔业	4776224	5006757	68.57	67.95
农业	2040004	2226323	59.94	60.33
#粮食作物	360620	394922	36.10	37.09
#茶、果(含果用瓜)	876503	100072	91.01	9.54
林业	406429	425271	54.65	54.65
牧业	1555910	1541330	82.57	80.61
渔业	566252	565821	86.67	86.67
农林牧渔专业及辅助性活动	207629	248012	73.95	73.95

4-10 县(市、区)农林牧渔业商品产值

(按当年价格计算)

县(市、区)	农林牧渔业商品产值(万元)	农业	林业	牧业	渔业	农林牧渔专业及辅助性活动	农林牧渔业商品率(%)
全　市	**5006757**	**2226323**	**425271**	**1541330**	**565821**	**248012**	**67.95**
章贡区	53339	45588	1850	899	2420	2582	79.39
南康区	229195	101720	10129	76083	30242	11021	49.58
赣县区	298113	144432	39267	84413	16342	13659	69.65
信丰县	490414	206861	8955	182746	66164	25688	65.58
大余县	168474	54435	24361	58368	22484	8826	65.87
上犹县	164751	67535	32145	32272	28846	3953	62.49
崇义县	126217	37820	55342	13342	13113	6600	64.20
安远县	271193	136117	11257	93234	14378	16207	72.02
定南县	155607	43155	3657	89413	15864	3518	70.18
全南县	223669	100752	27282	70094	16491	9050	80.74
宁都县	592215	256592	26171	205145	67592	36715	72.18
于都县	341858	113213	34989	111411	62377	19868	59.66
兴国县	446775	170088	39427	152108	56835	28317	71.64
会昌县	306152	128546	29152	106137	24679	17638	68.06
寻乌县	355794	262337	12158	49695	15383	16221	80.57
石城县	211522	131451	30883	16759	24793	7636	66.67
瑞金市	320657	131634	23669	117968	39906	7480	65.93
龙南市	197257	75124	10366	80064	21582	10121	69.62
赣州经开区	47091	13348	3970	779	26266	2728	72.61
赣州蓉江新区	6464	5575	241	400	64	184	55.92

4-11 农林牧渔业总产出、中间消耗及增加值

(按当年价格计算)

单位：万元

项　　目	合计	农业	林业	牧业	渔业	农林牧渔专业及辅助性活动
总产出	7368540	3690180	778103	1912070	652815	335371
中间消耗	2697371	1224778	189824	891577	218673	172519
中间物质消耗	2279142	1035658	147648	831452	165303	99081
用种量	366796	183842	41149	141805		
饲料、饲草	758208	35423		607020	115765	
肥料	581495	530029	51466			
燃料	82628	44930	9912	18767	9019	
农药、畜禽用药	133538	88878	9271	35389		
用电	40695	23553	5352	5358	6432	
农用塑料薄膜	36024	36024				
其他	279758	92979	30498	23113	34087	99081
生产服务支出	418229	189120	42176	60125	53370	73438
增加值	4671169	2465402	588279	1020493	434142	162852

4-12 县(市、区)农林牧渔业总产值、中间消耗及增加值

(按当年价格计算) 单位：万元

县(市、区)	农林牧渔业总产值	农林牧渔业中间消耗	农林牧渔业增加值	占农林牧渔业总产值的比重(%)	
				中间消耗	增加值
全　市	**7368540**	**2697371**	**4671169**	**36.61**	**63.39**
章贡区	67187	22997	44190	34.23	65.77
南康区	462275	170304	291971	36.84	63.16
赣县区	428002	156587	271415	36.59	63.41
信丰县	747771	278587	469184	37.26	62.74
大余县	255749	93836	161913	36.69	63.31
上犹县	263658	92373	171285	35.04	64.96
崇义县	196592	70627	125965	35.93	64.07
安远县	376559	132918	243641	35.30	64.70
定南县	221739	79368	142371	35.79	64.21
全南县	277011	99707	177304	35.99	64.01
宁都县	820465	309262	511203	37.69	62.31
于都县	573038	210499	362539	36.73	63.27
兴国县	623656	231144	392512	37.06	62.94
会昌县	449838	159696	290142	35.50	64.50
寻乌县	441600	164085	277515	37.16	62.84
石城县	317276	114135	203141	35.97	64.03
瑞金市	486387	176824	309563	36.35	63.65
龙南市	283322	107812	175510	38.05	61.95
赣州经开区	64855	23171	41684	35.73	64.27
蓉江新区	11560	3439	8121	29.75	70.25

4-13 农林牧渔业中间消耗

(按当年价格计算)

项　　目	绝对数(万元)	构成(%)
中间消耗总计	2697371	100.00
中间物质消耗	2279142	84.49
用种费	366796	13.60
农业用种	183842	6.82
林业用种	41149	1.53
牧业用种	141805	5.26
饲料、饲草费	758208	28.11
肥料费	581495	21.56
燃料费	82628	3.06
农药、畜禽用药费	133538	4.95
用电费	40695	1.51
农用塑料薄膜费	36024	1.34
其他物质消耗	279758	10.37
生产服务支出	418229	15.51

4-14 县(市、区)农林牧渔业中间消耗率

(按当年价格计算)

单位：%

县(市、区)	农业	林业	牧业	渔业	农林牧渔专业及辅助性活动
全　市	**33.20**	**24.40**	**46.60**	**33.50**	**51.40**
章贡区	33.80	22.80	60.10	36.60	41.40
南康区	30.30	24.30	47.10	30.60	52.00
赣县区	31.40	24.10	48.40	34.60	55.90
信丰县	34.20	21.90	45.60	30.20	53.40
大余县	31.70	23.90	48.70	36.60	38.50
上犹县	32.70	25.20	49.40	37.00	50.60
崇义县	38.10	28.60	49.70	37.30	47.80
安远县	29.50	23.70	47.70	34.00	50.60
定南县	29.40	21.10	42.60	30.80	48.30
全南县	31.20	24.40	45.20	36.60	57.80
宁都县	34.30	23.70	48.30	29.10	54.90
于都县	32.80	23.50	47.70	34.20	49.20
兴国县	33.20	24.30	48.30	34.00	53.30
会昌县	32.60	20.50	45.80	30.70	52.90
寻乌县	34.10	25.20	57.40	34.40	49.30
石城县	34.50	24.30	51.10	36.70	52.60
瑞金市	38.60	26.50	35.10	32.90	48.30
龙南市	31.60	26.50	48.80	36.40	50.60
赣州经开区	33.00	25.00	67.80	36.60	52.60
赣州蓉江新区	27.70	22.70	56.00	32.40	39.60

4-15 历年农作物播种面积

年份	农作物总播种面积(公顷)			占总播种面积的比重(%)	
		粮食作物	经济及其它农作物	粮食作物	经济及其它农作物
1949	557933	470940	86993	84.41	15.59
1952	647080	546513	100567	84.46	15.54
1957	754733	606400	148333	80.35	19.65
1965	790120	599707	190413	75.90	24.10
1970	848447	599953	248494	70.71	29.29
1978	762880	585573	177307	76.76	23.24
1980	703207	558193	145014	79.38	20.62
1981	691793	553053	138740	79.94	20.06
1982	695627	554480	141147	79.71	20.29
1983	688333	551207	137126	80.08	19.92
1984	678967	535960	143007	78.94	21.06
1985	670620	518760	151860	77.36	22.64
1986	679500	518307	161193	76.28	23.72
1987	718893	533393	185500	74.20	25.80
1988	729313	525980	203333	72.12	27.88
1989	784227	550120	234107	70.15	29.85
1990	830460	553633	276827	66.67	33.33
1991	841040	541620	299420	64.40	35.60
1992	848180	518953	329227	61.18	38.82
1993	829929	504053	325876	60.73	39.27
1994	844975	524221	320754	62.04	37.96
1995	910784	541836	368948	59.49	40.51
1996	904723	538733	365990	59.55	40.45
1997	886910	530662	356248	59.83	40.17
1998	884446	537255	347191	60.74	39.26
1999	866716	531912	334804	61.37	38.63
2000	856577	505675	350902	59.03	40.97
2001	848982	494333	354649	58.23	41.77
2002	800429	475334	325095	59.38	40.62
2003	722677	417797	304880	57.81	42.19
2004	755635	512101	243534	67.77	32.23
2005	752555	511998	240557	68.03	31.97
2006	755760	513092	242668	67.89	32.11
2007	736641	493000	243641	66.93	33.07
2008	740042	496145	243897	67.04	32.96
2009	732215	486499	245716	66.44	33.56
2010	727928	478823	249105	65.78	34.22
2011	752223	494247	257976	65.70	34.30
2012	753449	493279	260170	65.47	34.53
2013	749127	496192	252935	66.24	33.76
2014	756137	499630	256507	66.08	33.92
2015	763233	505336	257897	66.21	33.79
2016	775347	510219	265128	65.81	34.19
2017	774783	509372	265411	65.74	34.26
2018	773484	509072	264412	65.82	34.18
2019	772202	509203	262999	65.94	34.06
2020	769155	502870	266285	65.38	34.62
2021	788495	503100	285395	63.81	36.19
2022	790864	503845	287019	63.71	36.29

注：从2020年开始粮食数据由国家统计局赣州调查队提供。

4-16 历年主要农产品产量

年份	粮食总产量(万吨)	烤烟(吨)	油料产量(吨)	#花生	#油菜籽	油茶籽(吨)	水果产量(吨)	#脐橙
1949	78.95		24117	21753	2279	19605	1604	
1952	95.39	1.6	29206	24217	4771	21368	3927	
1957	116.23	80.7	34706	30968	3266	43264	6393	
1965	130.37	1525.9	34384	31615	2399	40052	5313	
1970	151.72	1559.4	31586	28181	3052	40923	5166	
1978	172.84	2236.1	34246	29927	4043	20792	9576	
1980	181.77	902	26064	21028	4734	27684	14167	
1981	192.87	2348.5	30472	23069	7103	51452	19393	
1982	209.52	3356.7	35329	26201	8805	20697	17735	
1983	222.34	1997.2	37311	27928	9034	23579	19005	
1984	211.51	2726.3	34813	27206	7284	38709	24025	
1985	207.8	2895	44317	26500	7489	44018	19971	
1986	174.61	1591	50166	41909	8006	22691	34440	
1987	211.67	3421	48986	42938	5705	39439	34243	
1988	216.35	6170	54178	43149	10749	30502	35064	
1989	225.61	7135	59453	41965	17151	44224	52345	
1990	237.16	11597	83624	42355	40939	32278	58986	
1991	233.46	17306	101543	40633	60662	37663	70095	
1992	229.43	21186	103271	56593	46368	38854	77689	
1993	228.17	23544	103810	66505	36850	32832	100687	
1994	237.38	10638	116652	77099	39165	38871	153167	
1995	255.5	7818	161307	84674	76296	32477	244794	
1996	265.09	9560	172784	84069	88440	39798	272735	
1997	258.85	22250	155658	82336	73068	42123	338036	
1998	266.2	11645	144374	87140	56902	35757	238948	
1999	265.15	9286	139419	95413	43680	39322	342978	
2000	248.06	9603	152294	113483	38323	37633	198996	
2001	243.09	11091	155619	122619	32661	31290	207459	39851
2002	225.3	12199	137939	114338	23245	28273	283616	84498
2003	199.07	10554	127187	107455	19451	37739	345643	133901
2004	257.39	9402	83556	65749	17674	32420	454957	222360
2005	259.33	12040	85828	68121	17551	35838	621911	361303
2006	260.53	16020	83253	65653	17444	35258	789344	497768
2007	242.05	18007	84887	68670	16069	26952	1084817	749809
2008	244.41	21340	90834	76495	14157	27734	1329548	991115
2009	251.68	18695	93262	78327	14722	34382	1546170	1168907
2010	235.90	16679	97313	81193	15891	32826	1475546	1106877
2011	253.17	18351	99679	83195	16263	63939	1761358	1334109
2012	252.99	20270	104302	87219	16853	79325	1690161	1250860
2013	256.49	20283	95273	88296	6739	71272	1952762	1500542
2014	258.67	22580	98667	90140	8307	70076	1631976	1222655
2015	261.64	19800	101015	92692	8040	75424	1666461	1275111
2016	262.79	22011	102059	93666	8094	61883	1427838	1079199
2017	262.75	20836	103899	95952	7544	73648	1580957	1235747
2018	267.95	15166	103596	95828	7374	85536	1641866	1166663
2019	269.64	9720	104104	96836	6898	93661	1707135	1251317
2020	258.50	13100	129234	121381	7433	106288	1861247	1378436
2021	261.82	13444	147800	121952	25455	185264	2007787	1504197
2022	257.48	13629	151006	124572	26031	143498	2135953	

注：从2020年开始粮食数据由国家统计局赣州调查队提供。

4-17 主要农作物播种面积

项目	播种面积(公顷)		比重(%)	
	2021年	2022年	2021年	2022年
农作物总播种面积	**788495**	**790864**	**100.00**	**100.00**
粮食作物	503100	503845	63.81	63.71
稻谷	388300	392285	49.25	49.60
其他杂粮	114800	111560	14.56	14.11
油料作物	61225	61419	7.76	7.77
花生	40564	40894	5.14	5.17
油菜籽	20378	20231	2.58	2.56
芝麻	283	293	0.04	0.04
棉花	1	1	0.00	0.00
麻类	2	0	0.00	0.00
黄红麻	2	0	0.00	0.00
甘蔗	276	286	0.04	0.04
烟叶类	7000	7255	0.89	0.92
烤烟	7000	7255	0.89	0.92
药材类	2628	2328	0.33	0.29
蔬菜及食用菌	146307	148508	18.56	18.78
瓜果类	11278	11724	1.43	1.48
西瓜	10528	10739	1.34	1.36
甜瓜	553	765	0.07	0.10
草莓	196	220	0.02	0.03
其他农作物	56678	55498	7.19	7.02
#莲子	13595	13452	1.72	1.70
#青饲料	11882	12623	1.51	1.60

4-18 主要农作物产量和单位面积产量

项目	单位面积产量(公斤/公顷)			总产量(吨)		
	2021年	2022年	比上年增长(%)	2021年	2022年	比上年增长(%)
粮食作物	5204	5110	-1.81	2618201	2574767	-1.66
稻谷	5736	5646	-1.57	2227124	2214671	-0.56
其他杂粮	3407	3228	-5.25	391077	360096	-7.92
油料作物	2414	2459	1.86	147800	151006	2.17
花生	3006	3046	1.33	121952	124572	2.15
油菜籽	1249	1287	3.04	25455	26031	2.26
芝麻	1389	1375	-1.01	393	403	2.54
棉花	4000	2340	-41.50	4	2.34	-41.50
麻类	7000			14	0	-100.00
黄红麻	7000			14	0	-100.00
甘蔗	45558	46542	2.16	12574	13311	5.86
烟叶类	1921	1879	-2.19	13444	13629	1.38
烤烟	1921	1879	-2.19	13444	13629	1.38
蔬菜及食用菌	28357	28906	1.94	4148884	4292829	3.47
瓜果类	27564	28029	1.69	310862	328609	5.71
西瓜	28062	28770	2.52	295435	308958	4.58
甜瓜	20980	20528	-2.15	11602	15704	35.36
草莓	19515	17941	-8.07	3825	3947	3.19
其他农作物						
#莲子	1519	1524	0.33	20648	20501.5	-0.71

4-19 县(市、区)主要农作物播种面积

单位：公顷

项　目	章贡区	南康区	赣县区	信丰县	大余县	上犹县	崇义县
农作物总面积	**8072**	**58638**	**49609**	**78108**	**26292**	**23361**	**10183**
粮食作物	4056	34193	36858	46846	16224	15593	6202
稻谷	3076	29214	29411	37585	11751	14900	5519
其他杂粮	980	4979	7447	9261	4473	693	683
油料作物	425	6491	2788	8654	1800	1251	987
花生	218	5443	1851	7260	1395	764	699
油菜籽	207	1002	922	1373	405	487	286
芝麻		46	14	21			2
棉花							
麻类							
黄红麻							
甘蔗		29	34	10	36	11	8
烟叶类			195	867			
烤烟			195	867			
药材类			24	878	128	31	88
蔬菜及食用菌	3105	11278	8177	16863	6124	5505	2404
瓜果类	84	558	675	1683	340	219	214
西瓜	63	533	673	1661	324	203	150
甜瓜	4			8	14	11	55
草莓	17	26	2	14	1	5	9
其他农作物	402	6089	858	2307	1640	751	280
#莲子	6	26	28	159	53	20	33
#青饲料	214	771	289	1428	381	538	109

4-19 续表 1

单位：公顷

项　目	安远县	定南县	全南县	宁都县	于都县	兴国县	会昌县
农作物总面积	**35700**	**17211**	**22943**	**104955**	**73847**	**84981**	**42272**
粮食作物	24115	10506	11199	71748	48448	55855	29823
稻谷	17309	8194	7294	52645	38009	44414	25829
其他杂粮	6806	2312	3905	19103	10439	11441	3994
油料作物	1728	1184	2173	4739	9835	5092	1649
花生	226	377	1614	3565	5719	3243	766
油菜籽	1502	807	557	1159	4016	1848	882
芝麻			3	15	101	1	
棉花							
麻类							
黄红麻							
甘蔗			2	20	19		27
烟叶类	1047			573		833	1400
烤烟	1047			573		833	1400
药材类		14	71	100	2	74	141
蔬菜及食用菌	7766	4129	7758	13382	11691	13225	7234
瓜果类	977	144	794	1623	616	182	791
西瓜	850	108	757	1355	609	142	692
甜瓜	124	29	34	216		30	87
草莓	3	7	3	53	7	10	12
其他农作物	67	1234	946	12770	3236	9720	1207
#莲子	67	22	38	3791	39	75	151
#青饲料		456	707	1568	2177	1931	195

4-19 续表 2

单位：公顷

项　　目	寻乌县	石城县	瑞金市	龙南市	赣州经开区	赣州蓉江新区
农作物总面积	**22777**	**43960**	**56194**	**23528**	**5884**	**2347**
粮食作物	13371	26328	34903	12156	3520	1902
稻谷	9556	17314	25947	9909	2957	1453
其他杂粮	3815	9014	8956	2247	563	449
油料作物	1812	3232	4057	2307	1057	159
花生	1247	1339	2977	1208	906	78
油菜籽	565	1807	1080	1096	149	81
芝麻		85		3	2	
棉花						
麻类						
黄红麻						
甘蔗		33	40		13	2
烟叶类		1487	853			
烤烟		1487	853			
药材类	131	406	45	194		
蔬菜及食用菌	6399	4032	10617	7291	1258	268
瓜果类	944	928	638	266	36	14
西瓜	903	839	585	258	27	7
甜瓜	23	74	44	4	6	2
草莓	18	15	8	4	3	4
其他农作物	120	7514	5041	1314		2
#莲子		6495	2440	7		2
#青饲料		70	1101	688		

4-20 县(市、区)主要农作物单位面积产量

单位：公斤/公顷

项　　目	章贡区	南康区	赣县区	信丰县	大余县	上犹县	崇义县
粮食作物	5697	5716	4907	4902	5566	6723	6095
稻谷	6186	6185	5271	5350	5986	6834	6386
其他杂粮	4162	2959	3467	3084	4462	4336	3741
油料作物	2101	2941	2384	2903	2616	2345	2487
花生	3018	3274	2880	3225	3065	3009	2964
油菜籽	1135	1201	1413	1222	1067	1304	1315
芝麻		1391	857	1571			3500
棉花							
麻类							
黄红麻							
甘蔗		63897	53647	50500	39611	64727	58000
烟叶类			1415	1627			
烤烟			1415	1627			
蔬菜及食用菌	34222	23241	26005	38722	26121	20219	22799
瓜果类	33345	22962	21092	18840	28753	19991	33893
西瓜	31206	23467	21122	18842	29009	20305	41400
甜瓜	39750			18625	24786	16455	18327
草莓	39765	11731	11000	18643	30000	15000	3889
其他农作物							
#莲子	4833	1077	1321	1874	1113	800	3727

4-20 续表 1

单位：公斤/公顷

项目	安远县	定南县	全南县	宁都县	于都县	兴国县	会昌县
粮食作物	4051	5383	5733	5182	4547	4697	5367
稻谷	4546	6140	6516	5908	5032	5189	5747
其他杂粮	2792	2698	4271	3181	2781	2786	2913
油料作物	1534	1662	2672	2612	1984	2420	1676
花生	3155	2621	3178	3006	2457	3030	2142
油菜籽	1290	1214	1205	1406	1333	1352	1273
芝麻			1667	2000	1109	1000	
棉花							
麻类							
黄红麻							
甘蔗			57000	68800	45263		23963
烟叶类	1925			1974		1868	1828
烤烟	1925			1974		1868	1828
蔬菜及食用菌	27939	21458	30358	38256	38531	34062	21575
瓜果类	18892	54653	30703	35307	8469	28665	3226
西瓜	20166	66481	30630	37942	7197	30866	26526
甜瓜	10355	18103	32765	21639		21000	3253
草莓	10667	23571	25667	23000	29143	20400	1195
其他农作物							
#莲子	2433	2727	4000	1710	5128	2667	186

4-20 续表 2

单位：公斤/公顷

项目	寻乌县	石城县	瑞金市	龙南市	赣州经开区	赣州蓉江新区
粮食作物	5543	4683	5451	4959	5844	5951
稻谷	6255	5477	6098	5343	6267	6443
其他杂粮	3761	3158	3575	3265	3623	4356
油料作物	2531	2282	2880	2202	2616	1673
花生	3121	3797	3440	3026	2850	2372
油菜籽	1230	1198	1335	1293	1208	1000
芝麻		1506		2667	1500	
棉花						
麻类						
黄红麻						
甘蔗		26364	47325		52769	40000
烟叶类		2034	1941			
烤烟		2034	1941			
蔬菜及食用菌	22168	25837	23272	30300	32904	18049
瓜果类	29566	21356	55992	1652	22722	45571
西瓜	30340	21703	58949	44218	20889	67571
甜瓜	20696	17973	25000	717	34333	42500
草莓	2056	18600	17250	24500	16000	20000
其他农作物						
#莲子		1178	1993	24		1750

4-21 县(市、区)主要农作物产量

单位：吨

项目	章贡区	南康区	赣县区	信丰县	大余县	上犹县	崇义县
粮食作物	23106	195434	180857	229649	90305	104828	37802
稻谷	19027	180699	155037	201088	70345	101823	35247
其他杂粮	4079	14735	25820	28561	19960	3005	2555
油料作物	893	19087	6646	25123	4708	2934	2455
花生	658	17820	5331	23412	4276	2299	2072
油菜籽	235	1203	1303	1678	432	635	376
芝麻		64	12	33			7
棉花							2.34
麻类							
黄红麻							
甘蔗		1853	1824	505	1426	712	464
烟叶类			276	1411			
烤烟			276	1411			
蔬菜及食用菌	106258	262114	212646	652962	159968	111306	54808
瓜果类	2801	12813	14237	31707	9776	4378	7253
西瓜	1966	12508	14215	31297	9399	4122	6210
甜瓜	159			149	347	181	1008
草莓	676	305	22	261	30	75	35
其他农作物							
#莲子	29	28	37	298	59	16	123

4-21 续表 1

单位：吨

项目	安远县	定南县	全南县	宁都县	于都县	兴国县	会昌县
粮食作物	97692	56550	64208	371768	220308	262353	160064
稻谷	78691	50312	47530	311003	191278	230484	148428
其他杂粮	19001	6238	16678	60765	29030	31869	11636
油料作物	2650	1968	5806	12377	19513	12325	2764
花生	713	988	5130	10718	14049	9826	1641
油菜籽	1937	980	671	1629	5352	2498	1123
芝麻			5	30	112	1	
棉花							
麻类							
黄红麻							
甘蔗			114	1376	860	1	647
烟叶类	2015			1131		1556	2559
烤烟	2015			1131		1556	2559
蔬菜及食用菌	216976	88600	235521	511937	312926	450470	156076
瓜果类	18457	7870	24378	57304	12129	5217	23337
西瓜	17141	7180	23187	51411	12067	4383	20982
甜瓜	1284	525	1114	4674		630	2251
草莓	32	165	77	1219	62	204	104
其他农作物							
#莲子	163	60	152	6482	78	200	224

4-21 续表 2

单位：吨

项　　目	寻乌县	石城县	瑞金市	龙南市	赣州经开区	赣州蓉江新区
粮食作物	74122	123303	190247	60283	20572	11318
稻谷	59773	94835	158231	52946	18532	9362
其他杂粮	14349	28468	32016	7337	2040	1956
油料作物	4587	7376	11683	5080	2765	266
花生	3892	5084	10241	3655	2582	185
油菜籽	695	2164	1442	1417	180	81
芝麻		128		8	3	
棉花						
麻类						
黄红麻						
甘蔗		870	1893		686	80
烟叶类		3025	1656			
烤烟		3025	1656			
蔬菜及食用菌	141853	104174	247084	220920	41393	4837
瓜果类	27910	19818	35723	12045	818	638
西瓜	27397	18209	34485	11762	564	473
甜瓜	476	1330	1100	185	206	85
草莓	37	279	138	98	48	80
其他农作物						
#莲子		7654	4863	32		3.5

4-22 县(市、区)粮食总产量

县(市、区)	粮食总产量(吨)			粮食单产(公斤/公顷)		
	2021年	2022年	比上年增长(%)	2021年	2022年	比上年增长(%)
全　市	**2618201**	**2574767**	**-1.66**	**5204**	**5110**	**-1.81**
章贡区	23100	23106	0.03	5923	5697	-3.82
南康区	195301	195433	0.07	5865	5716	-2.54
赣县区	180600	180857	0.14	5031	4907	-2.46
信丰县	229500	229649	0.06	5033	4902	-2.60
大余县	90300	90305	0.01	5715	5566	-2.61
上犹县	105800	104828	-0.92	6224	6723	8.02
崇义县	37500	37802	0.81	6250	6095	-2.48
安远县	97600	97692	0.09	4153	4051	-2.46
定南县	56500	56550	0.09	5231	5383	2.91
全南县	64200	64208	0.01	5890	5733	-2.67
宁都县	371500	371768	0.07	5520	5182	-6.12
于都县	220200	220308	0.05	4665	4547	-2.53
兴国县	262000	262353	0.13	4807	4697	-2.29
会昌县	159900	160064	0.10	5495	5367	-2.33
寻乌县	117700	74122	-37.02	4652	5543	19.15
石城县	123300	123302	0.00	4798	4683	-2.40
瑞金市	190000	190247	0.13	5588	5451	-2.45
龙南市	60200	60283	0.14	5059	4959	-1.98
赣州经开区	21500	20572	-4.32	6324	5844	-7.59
赣州蓉江新区	11500	11318	-1.58	6053	5951	-1.69

4-23 县(市、区)花生和蔬菜及食用菌产量

单位：吨

县(市、区)	花生产量			蔬菜及食用菌产量		
	2021年	2022年	比上年增长(%)	2021年	2022年	比上年增长(%)
全　市	**121952**	**124572**	**2.15**	**4148884**	**4292829**	**3.47**
章贡区	641	658	2.65	104167	106258	2.01
南康区	17495	17820	1.86	254733	262114	2.90
赣县区	5321	5331	0.19	205060	212646	3.70
信丰县	22186	23412	5.53	623944	652962	4.65
大余县	4461	4276	-4.15	155482	159968	2.89
上犹县	2980	2299	-22.85	108511	111306	2.58
崇义县	1810	2072	14.48	52907	54808	3.59
安远县	667	713	6.90	212091	216976	2.30
定南县	950	988	4.00	85988	88600	3.04
全南县	5072	5130	1.14	227007	235521	3.75
宁都县	10129	10718	5.81	495883	511937	3.24
于都县	14439	14049	-2.70	302026	312926	3.61
兴国县	9474	9826	3.72	434882	450470	3.58
会昌县	1482	1641	10.73	151110	156076	3.29
寻乌县	3659	3892	6.37	135812	141853	4.45
石城县	5018	5084	1.32	100655	104174	3.50
瑞金市	9895	10241	3.50	239801	247084	3.04
龙南市	3577	3655	2.18	214991	220920	2.76
赣州经开区	2396	2582	7.76	39349	41393	5.19
赣州蓉江新区	300	185	-38.33	4485	4837	7.85

4-24 茶叶、水果及食用坚果生产情况

项　　目	单位	2021年	2022年	比上年增长(%)
茶 叶	吨	5045	5415	7.33
园林水果	吨	2007787	2135953	6.38
柑橘类	吨	1783441	1874765	5.12
#脐橙	吨	1504197	1586101	5.45
#柚子	吨	59407	62833	5.77
梨	吨	17783	18359	3.24
其他水果	吨	206563	242829	17.56
#桃	吨	46588	48308	3.69
#柿子	吨	16686	17389	4.21
食用坚果	吨	3168	3048	-3.79
年末实有茶园面积	公顷	13324	13672	2.61
#当年采摘面积	公顷	10945	11264	2.91
当年新增茶园面积	公顷	7012	358	-94.89
年末实有果园面积	公顷	177137	183687	3.70
#柑桔园(含脐、甜橙)	公顷	150064	156541	4.32
当年新增果园面积	公顷	76171	8133	-89.32

4-25　县(市、区)茶叶、水果及食用坚果产量

单位：吨

县(市、区)	茶叶	园林水果	柑橘类	#橙	#柚子	梨	其它水果	#桃	#柿子	食用坚果
全　市	**5415**	**2135953**	**1874765**	**1586101**	**62833**	**18359**	**242829**	**48308**	**17389**	**3048**
章贡区		2216	1254	950	230		962	127		
南康区	21	79665	62347	19654	40329	2817	14501	671	1007	95
赣县区	12	83202	73642	71983	642	1751	7809	2170	504	19
信丰县	35	157957	154021	145017	483	386	3550	924		85
大余县	11	36456	34259	26538	1268	1145	1052	192		
上犹县	2575	17258	16007	9875	1174	322	929	624	167	
崇义县	401	72349	63333	56617	2031	79	8937	598		78
安远县	26	227495	190171	179475	4802		37324			
定南县	181	29907	24426	19380		1288	4193	1165		85
全南县	32	39737	25616	18307	179	387	13734	496	143	249
宁都县	187	184842	159486	144215	967	2094	23262	1898	1279	488
于都县	520	127601	106626	99110	3780	2170	18805	2320	12646	
兴国县	713	100066	89365	83280	304	2738	7963	3319	161	
会昌县	83	198918	179619	152800	715	2085	17214	7424		
寻乌县	205	504829	461002	341383	890	135	43692	4365	243	
石城县	35	27077	20526	18780	376	791	5760	1883	1222	301
瑞金市	312	143195	135479	130061	333	11	7705	888		1028
龙南市	66	87217	62029	59622	405	160	25028	19164		620
赣州经开区		11098	10790	4745	3467		308	78	17	
赣州蓉江新区		4868	4767	4309	458		101	2		

4-26　县(市、区)年末茶园和果园面积

单位：公顷

县(市、区)	茶园	#当年采摘面积	当年新增茶园面积	年末实有果园面积	#柑橘	当年新增果园面积
全　市	**13672**	**11264**	**358**	**183687**	**156541**	**8133**
章贡区				309	192	2
南康区	15	15		8245	5728	432
赣县区	9	9		9274	8050	338
信丰县	75	75		15158	14903	742
大余县	60	60		4299	3498	45
上犹县	7303	5460	107	5015	3806	
崇义县	503	435	75	4756	4312	197
安远县	33	33		12495	11027	1857
定南县	290	290	-1	4667	3757	239
全南县	47	40	5	3222	2358	272
宁都县	1838	1838	67	16276	14553	852
于都县	901	901		18650	15856	337
兴国县	1207	986	67	16173	12674	1000
会昌县	347	340		16601	14646	274
寻乌县	197	197	7	26995	22170	1099
石城县	39	39		3554	2640	96
瑞金市	497	266		11751	11410	200
龙南市	311	280	31	5508	4255	68
赣州经开区				504	488	75
赣州蓉江新区				235	218	8

4-27 造林面积

项　　目	单位	2021年	2022年	比上年增长(%)
一、人工造林面积	千公顷	13.25		
二、人工更新面积	千公顷	0.50		
三、低产低效林改造面积	千公顷	12.66		
四、当年封山育林面积	千公顷	21.81		
五、森林抚育面积	千公顷	115.33	33.76	-70.73
六、森林覆盖率	%	76.23	76.23	0.00

备注：因为林业制度进行调整，2022年部分指标数据没有进行统计。

4-28 县(市、区)造林面积

单位：公顷

县(市、区)	一、人工造林面积	二、人工更新面积	三、低产低效林改造面积	四、当年封山育林面积	五、森林抚育面积
全　市					**33763**
章贡区					333
南康区					1333
赣县区					2666
信丰县					2333
大余县					1167
上犹县					1000
崇义县					1400
安远县					2000
定南县					1333
全南县					1666
宁都县					3333
于都县					2533
兴国县					2666
会昌县					2333
寻乌县					2333
石城县					1667
瑞金市					2333
龙南市					1334
赣州经开区					

备注：因为林业制度进行调整，2022年部分指标数据没有进行统计。

4-29 主要林产品产量

项　目	单位	2021年	2022年	比上年增长(%)
油茶籽	吨	185264	143498	-22.54
松　香	吨	21774		
竹笋干	吨	4214		
板　栗	吨	3206	3088	-3.69

备注：因为林业制度进行调整，2022年部分指标数据没有进行统计。

4-30 县(市、区)主要林产品产量

单位：吨

县(市、区)	油茶籽	松香	竹笋干	板栗
全　市	**143497.81**			**3087.78**
章贡区	76.73			
南康区	8262			95
赣县区	14466			20
信丰县	5525.3			85
大余县	1857			
上犹县	17813.45			4
崇义县	7042			78
安远县	3444.68			
定南县	5463			85
全南县	2365			249
宁都县	8819.5			488
于都县	14845.4			
兴国县	23722			
会昌县	8311.29			6.3
寻乌县	5487.06			0.48
石城县	6572.4			301
瑞金市	6100			1026
龙南市	3300			650
赣州经开区	25			

备注：因为林业制度进行调整，2022年部分指标数据没有进行统计。

4-31 历年肉类、水产品产量及猪、牛年末头数

年份	肉类总产量(吨)	#猪肉	水产品产量(吨)	#养殖产量	生猪年末存栏数(万头)	当年出栏肉猪(万头)	牛年末存栏头数(万头)
1949	12180	10347	2518	1768	38.18		28.72
1952	17642	15035	5527	3875	49.57	34.10	38.46
1957	25072	22093	7317	5820	73.95	51.38	48.19
1965	40761	37704	7196	6097	103.95	88.03	40.72
1970	31692	29901	7990	6885	122.74	70.53	44.77
1978	61180	60795	7308	7161	131.55	93.53	39.17
1980	75964	75738	8216	7895	141.48	116.52	40.19
1981	76185	75303	11565	10978	138.19	115.85	40.08
1982	77771	77217	13232	12411	140.46	112.06	40.10
1983	77106	76595	14924	14435	150.99	122.56	41.05
1984	85254	84993	17906	17399	150.10	130.69	43.68
1985	114669	106117	22681	22119	168.41	142.71	46.76
1986	130690	117504	23941	23051	187.41	155.90	49.46
1987	145358	125352	27546	26153	191.54	170.27	52.96
1988	177163	149195	30499	28715	200.23	183.54	53.36
1989	188246	154911	33227	31274	199.45	192.92	55.25
1990	195703	159512	36310	34470	201.65	195.68	57.11
1991	206974	167963	36744	34802	204.42	207.39	58.74
1992	230180	184294	40070	38051	216.09	226.56	60.47
1993	276372	221217	45951	43258	238.55	268.98	61.91
1994	348794	272835	62500	57139	268.94	335.80	66.92
1995	404148	300116	80672	72181	290.26	379.91	71.75
1996	398924	287196	97320	89540	286.73	373.42	72.74
1997	410512	293031	120011	110392	303.15	392.84	80.73
1998	416805	281524	136003	126656	302.84	378.30	85.54
1999	419906	271053	139864	130858	266.14	355.29	82.54
2000	428421	260994	148077	139972	258.98	353.25	82.82
2001	453859	266911	156004	148019	233.35	353.91	79.35
2002	463996	267846	159310	151011	210.51	354.98	79.98
2003	474736	269968	175028	166151	220.90	360.00	80.96
2004	526222	304278	185792	173596	237.99	404.05	81.57
2005	625360	371130	200348	187852	243.06	477.46	84.11
2006	592899	355173	215889	203693	227.43	455.03	83.50
2007	575900	359225	241382	227357	229.87	460.07	83.70
2008	596062	380239	245318	230258	269.44	488.53	79.70
2009	580428	422535	246000	229672	311.05	525.25	63.01
2010	606909	433285	249900	225936	319.02	539.29	66.22
2011	614067	443122	253310	241654	331.73	550.07	65.45
2012	650792	474355	245166	233050	349.30	588.17	64.54
2013	678538	498632	254707	243135	366.22	617.16	65.67
2014	704758	518507	265184	253533	366.32	642.53	65.95
2015	713323	521889	273855	262196	361.33	633.54	69.50
2016	711362	508132	279819	268217	347.01	611.67	67.13
2017	650433	480400	292906	281368	325.65	617.24	50.08
2018	677156	496708	293036	283216	333.01	632.77	50.71
2019	666546	458386	297440	289998	258.00	577.93	52.10
2020	746116	487131	301087	297467	328.84	609.11	65.49
2021	858373	571127	311954	308632	372.49	692.36	60.36
2022	879274	579066	328960	325700	386.02	700.01	62.44

注：从2020年开始畜牧业数据由国家统计局赣州调查队提供，从该年开始肉类总产量仅包含猪、牛、羊、禽肉。

4-32 牧业生产情况

项　　目	单位	2021年	2022年	比上年增长(%)
当年出售和自宰肉猪	头	6923595	7000140	1.11
当年出售和自宰肉牛	头	340284	350049	2.87
当年出售和自宰肉羊	只	139562	152982	9.62
当年出售和自宰肉禽	百只	1670807	1711231	2.42
肉类总产量	吨	858373	879274	2.43
猪　肉	吨	571127	579066	1.39
牛　肉	吨	37685	40203	6.68
羊　肉	吨	2136	2576	20.60
禽　肉	吨	247425	257429	4.04
牛奶产量	吨	48890	55730	13.99
家禽产蛋量	吨	65973	73820	11.89
期末大牲畜(牛)存栏	头	603551	624372	3.45
年末生猪存栏	头	3724924	3860218	3.63
#能繁殖母猪	头	337114	354216	5.07
年末羊存栏	只	104651	115012	9.90
年末家禽存栏	百只	542371	584346	7.74

4-33 县(市、区)牧业生产情况

项　　目	单位	章贡区	南康区	赣县区	信丰县	大余县	上犹县	崇义县
当年出售和自宰肉猪	头	1150	836981	443619	871481	202701	110140	72620
当年出售和自宰肉牛	头		27252	21417	40216	10000	10971	6252
当年出售和自宰肉羊	只		410	23800	1388	11657	7128	10686
当年出售和自宰肉禽	百只	1023	60245	32792	74935	74958	23106	6395
肉类总产量	吨	274	82499	45912	87442	28250	14967	8143
猪　肉	吨	94	68728	38043	71433	17035	9388	6201
牛　肉	吨		2914	2647	4572	1022	1232	742
羊　肉	吨		7	397	24	195	118	174
禽　肉	吨	180	10850	4825	11413	9998	4229	1026
牛奶产量	吨							
家禽产蛋量	吨		4844	3470	3748	1194	1593	633
期末大牲畜(牛)存栏	头		50730	30384	65169	17619	18808	11848
年末生猪存栏	头		450240	210327	481831	116155	67947	49524
#能繁殖母猪	头		42480	19078	45656	10640	5186	4431
年末羊存栏	只		270	15205	955	7370	7374	13000
年末家禽存栏	百只	257	16653	11061	26785	28530	11804	2510

4-33 续表 1

项　目	单位	安远县	定南县	全南县	宁都县	于都县	兴国县	会昌县
当年出售和自宰肉猪	头	383959	659437	474443	301052	427338	642090	521768
当年出售和自宰肉牛	头	13597	12833	3138	8207	50444	21169	44534
当年出售和自宰肉羊	只	12591	2201	2200	3275	2875	8327	15176
当年出售和自宰肉禽	百只	60701	14834	25968	541417	363661	114258	53483
肉类总产量	吨	42732	57198	42805	102154	94378	73178	58481
猪　肉	吨	31784	53485	38658	25534	35113	52001	43509
牛　肉	吨	1648	1336	373	985	5498	2375	5079
羊　肉	吨	213	38	38	56	47	144	254
禽　肉	吨	9087	2339	3736	75579	53720	18658	9639
牛奶产量	吨		38		9277	46151		141
家禽产蛋量	吨	1542	2435	539	8336	4481	7275	4112
期末大牲畜(牛)存栏	头	21497	32801	5612	15924	88089	40704	98195
年末生猪存栏	头	208082	392000	277002	150522	226437	388700	270302
#能繁殖母猪	头	14232	37900	25584	13879	20557	37200	25115
年末羊存栏	只	12259	1404	1190	2001	2770	5682	13765
年末家禽存栏	百只	25282	7061	3214	174882	121668	31087	20404

4-33 续表 2

项　目	单位	寻乌县	石城县	瑞金市	龙南市	赣州经开区	赣州蓉江新区
当年出售和自宰肉猪	头	134531	144275	467685	282692	3569	18609
当年出售和自宰肉牛	头	28125	9079	37039	5248	518	10
当年出售和自宰肉羊	只	21618	4702	5635	19165	148	
当年出售和自宰肉禽	百只	77898	17848	94817	62914	8101	1881
肉类总产量	吨	28230	16353	58010	34794	1497	1972
猪　肉	吨	11358	12349	39528	22964	292	1568
牛　肉	吨	3491	1040	4557	622	66	1
羊　肉	吨	367	77	94	330	3	
禽　肉	吨	13014	2887	13831	10878	1136	403
牛奶产量	吨			59	64		
家禽产蛋量	吨	13424	1827	7338	6758	209	62
期末大牲畜(牛)存栏	头	44967	14233	57011	10087	603	91
年末生猪存栏	头	72494	84940	258483	145091	1800	8341
#能繁殖母猪	头	6624	7901	23753	13100	180	720
年末羊存栏	只	14777	2713	4234	9900	143	
年末家禽存栏	百只	44876	3840	19311	31659	2166	1295

4-34 渔业生产情况

项 目	单位	2021年	2022年	比上年增长(%)
渔业村	个	12	13	8.33
渔业户	户	68972	68325	-0.94
渔业人口	万人	40.15	33.20	-17.31
渔业从业人员	万人	26.16	24.13	-7.76
专业从业人员	万人	11.27	11.02	-2.22
捕捞从业人员	万人	0.15	0.19	26.67
养殖从业人员	万人	9.62	9.30	-3.33
其它专业从业	万人	1.50	1.53	2.00
兼业从业人员	万人	13.48	11.70	-13.20
临时从业人员		1.41	1.42	0.71
养殖面积	公顷	42083	42319	0.56
#池 塘	公顷	27381	27268	-0.41
#水 库	公顷	12671	13074	3.18
#河 沟	公顷	803	743	-7.47
水产品总产量	吨	311954	328960	5.45
#养殖产量	吨	308632	325700	5.53
#池 塘	吨	223456	235887	5.56
#水 库	吨	43795	45942	4.90
#河 沟	吨	2935	2673	-8.93
鱼 类	吨	283616	299594	5.63
甲壳类	吨	9908	10535	6.33
贝 类	吨	5121	5414	5.72
藻 类	吨	1025	1059	3.32
其 他	吨	8962	9098	1.52
淡水鱼苗	亿尾	88.0	88.31	0.35
淡水鱼种	吨	35611	36779	3.28

4-35 县(市、区)渔业从业人员及生产情况

县(市、区)	渔业人口(人)	渔业从业人员	捕捞从业人员	养殖从业人员	其它从业人员	兼业从业人员	临时从业人员	养殖面积(公顷)	#池塘	#水库	#河沟
全 市	**331953**	**241331**	**1877**	**92958**	**15258**	**117023**	**14215**	**42319**	**27268**	**13074**	**743**
章贡区	1763	3473	80	1155	63	2175		260	239	20	
南康区	25022	13549	6	8702	51	3360	1430	1367	1024	343	
赣县区	11120	10050	80	3350	200	5320	1100	1944	866	1078	
信丰县	32890	18028	343	11045	210	5590	840	4349	3358	711	277
大余县	14773	6711	20	5879	247	565		1888	779	1103	6
上犹县	11456	15040	80	6038	154	8358	410	2789	461	2328	
崇义县	6530	3690	70	2560	130	880	50	2388	584	1036	373
安远县	6172	10095		2304	556	4568	2667	819	635	180	
定南县	14856	12243		5823		5655	765	1302	939	350	
全南县	16120	14006		3201	922	5333	4550	1443	958	414	
宁都县	30008	1734	41	853	59	720	61	4363	2977	1370	
于都县	14172	10449	600	1395	300	7989	165	3264	2597	668	
兴国县	21930	20185		12070	1423	6281	411	4200	2113	1670	
会昌县	11162	10482	91	6200		3501	690	2454	2321	133	
寻乌县	13406	10910	150	4200	335	6225		1339	702	625	12
石城县	44556	14156		56	9600	4500		2845	2571		
瑞金市	46802	23324	226	1921	17	21160		2817	1781	940	55
龙南市	9215	7043	90	986	261	5546	160	955	830	105	20
赣州经开区		36163		15220	730	19297	916	1533	1533		

4-35 续表

县(市、区)	水产品总产量(吨)	#养殖产量	鱼类	甲壳类	贝类	藻类	其它	淡水鱼苗(亿尾)	淡水鱼种(吨)
全　市	**328960**	**325700**	**299594**	**10535**	**5414**	**1059**	**9098**	**88.31**	**36779**
章贡区	2085	2055	1891	97	39		28		218
南康区	14320	14213	12095	695	485		938	2.00	1389
赣县区	13106	11946	11836	60			50		1350
信丰县	36970	36760	34120	395	1785		460	3.20	5820
大余县	12288	12288	11214	365	145		564	14.50	1236
上犹县	18539	18463	16692	849	536		386	4.00	2248
崇义县	14082	14015	13494	226	205		90	1.50	810
安远县	8958	8958	8641	35			282	0.38	358
定南县	9698	9698	9532	137			29	1.59	785
全南县	12364	12346	11904	176	79		187	0.89	1880
宁都县	37470	37301	32629	2483			2189	53.60	5963
于都县	31971	30821	25825	2029	916		2051	0.98	5115
兴国县	26786	26721	26432	278	4		7		1880
会昌县	18796	18730	17831	813	63	10	13	3.20	755
寻乌县	9853	9817	9050	422	149		196	0.85	1250
石城县	14696	14686	13980	6			700	0.88	
瑞金市	25882	25835	24192	504	488	630	21	0.74	4542
龙南市	10610	10561	9110	195	520	419	317		612
赣州经开区	10486	10486	9126	770			590		568

4-36 主要农业机械年末拥有量和机耕情况

项　　目	单位	2021年	2022年	比上年增长(%)
农业机械总动力	千瓦	3572936	3765821	5.40
耕作机械				
大中型拖拉机	台	3399	4283	26.01
	千瓦	166948	218494	30.88
小型拖拉机	台	13216	13266	0.38
	千瓦	161104	162795	1.05
耕整机	台	1278	1334	4.38
微耕机	台	119776	124962	4.33
农用水泵	台	93742	96760	3.22
节水灌溉类机械	台	112607	112822	0.19
收获机械				
稻麦联合收获机	台	7165	7922	10.57
	千瓦	292290	344579	17.89
机动脱粒机	台	50624	19908	-60.67
机动植保机械	台	32999	33023	0.07
	千瓦	115363	115469	0.09
畜牧机械				
饲料(草)加工机械	台	4354	4371	0.39
农产品初加工动力机械	台	59113	50754	-14.14
	千瓦	496534	366837	-26.12
农产品初加工作业机械	台	46610	0	-100.00
粮食初加工机械	台	34169	34414	0.72
油料初加工机械	台	8896	8955	0.66
农田基本建设机械	台	2643	2668	0.95
	千瓦	175653	176117	0.26

4-37 县(市、区)主要农业机械年末拥有量和机耕情况

县(市、区)	农业机械总动力(千瓦)	大中型拖拉机(台)	小型拖拉机(台)	耕整机(台)	微耕机(台)	稻麦联合收获机(台)
全 市	**3765821**	**4283**	**13266**	**1334**	**124962**	**7922**
章贡区	65179	76	103	14	2699	70
南康区	308850	525	648	42	7329	681
赣县区	271130	399	597	111	18885	740
信丰县	388568	600	1409	44	7137	722
大余县	240272	231	516	8	1307	422
上犹县	138450	127	295	360	3100	309
崇义县	94317	64	539	218	6655	182
安远县	158452	151	472	27	6952	459
定南县	86805	78	602	52	2569	245
全南县	135233	103	521	18	3422	357
宁都县	476301	260	2583	119	18301	1621
于都县	253126	620	546	40	1150	366
兴国县	349352	280	1378	180	24640	533
会昌县	122068	148	757	8	2479	429
寻乌县	182306	34	277	29	5491	109
石城县	181142	139	657	35	5839	339
瑞金市	220362	337	844	20	4794	231
龙南市	93908	111	522	9	2213	107

4-37 续表

县(市、区)	农产品初加工动力机械		农产品初加工作业机械(台)	农用水泵(台)	节水灌溉类机械(台)
	台	千瓦			
全 市	**50754**	**366837**		**96760**	**112822**
章贡区	248	922		3129	771
南康区	2981	67643		10274	412
赣县区	2802	18050		5911	793
信丰县	1283	13844		9740	31575
大余县	1986	11916		1594	11198
上犹县	1625			11328	118
崇义县	864	1758		874	917
安远县	1004	13860		2484	17297
定南县	4341	21829		9536	72
全南县	2293	23782		1363	8366
宁都县	4282	53770		3280	31278
于都县	3620	620		9987	695
兴国县	13469	110925		15002	1284
会昌县	2348	7899		2786	623
寻乌县	2160	130			
石城县	2891	6539		4976	742
瑞金市	1717	4275		2610	
龙南市	840	9075		1886	6681

备注：因为制度进行调整，2022年部分指标数据没有进行统计。

4-38 农村小水电和农业电气化、化学化、水利化情况

项目	单位	2021年	2022年	比上年增长(%)
农村电气化情况				
农村用电量	万千瓦小时	341543	395697	15.86
农用化肥施用量(实物量)	吨	491466	486770	-0.96
氮　肥	吨	163615	160784	-1.73
磷　肥	吨	79639	79150	-0.61
钾　肥	吨	52026	51696	-0.63
复合肥	吨	196186	195140	-0.53
农用化肥施用量(折纯量)	吨	154191	152680	-0.98
氮　肥	吨	41002	40240	-1.86
磷　肥	吨	17997	18046	0.27
钾　肥	吨	22194	21873	-1.45
复合肥	吨	72998	72521	-0.65
农用塑料薄膜使用量	吨	14164	14897	5.18
农药使用量	吨	7611	7539	-0.95
农村水利情况				
耕地灌溉面积	千公顷	291.62	293.73	0.72

4-39 县(市、区)农村小水电和农业电气化、化学化、水利化情况

项目	单位	章贡区	南康区	赣县区	信丰县	大余县	上犹县	崇义县
农业主要物质消耗								
农用化肥施用量(实物量)	吨	4730	34553	32858	45389	16276	13723	10134
氮　肥	吨	1296	15189	9623	15425	5572	1304	2214
磷　肥	吨	500	4915	5506	7220	5895	2721	1491
钾　肥	吨	531	4203	3899	6061	1903	519	1161
复合肥	吨	2403	10246	13830	16683	2906	9179	5268
农用化肥施用量(折纯量)	吨	1772	10215	11070	14387	4685	4935	3009
氮　肥	吨	572	3685	2393	3698	1317	482	453
磷　肥	吨	104	1329	1264	1496	1205	490	274
钾　肥	吨	264	1691	1868	2236	945	275	491
复合肥	吨	832	3510	5545	6957	1218	3688	1791
农用塑料薄膜使用量	吨	106	342	946	1798	198	361	162
农药使用量	吨	58	486	795	572	396	179	369
农村水利情况								
耕地灌溉面积	千公顷	4.73	20.74	20.51	25.99	8.4	8.9	7.8

4-39 续表 1

项目	单位	安远县	定南县	全南县	宁都县	于都县	兴国县	会昌县
农业主要物质消耗								
农用化肥施用量(实物量)	吨	23785	6794	13817	78712	33548	42673	34781
氮肥	吨	7140	3094	4106	22186	12442	15682	9973
磷肥	吨	3857	1415	2789	11431	6435	4873	5567
钾肥	吨	5857	678	2066	1977	3355	3314	3585
复合肥	吨	6931	1607	4856	43118	11316	18804	15656
农用化肥施用量(折纯量)	吨	7092	2172	4347	22474	10114	14656	12290
氮肥	吨	1621	779	955	5521	2565	5290	2313
磷肥	吨	815	290	618	2411	1398	1668	1392
钾肥	吨	2255	336	895	975	1509	1142	1613
复合肥	吨	2401	767	1879	13567	4642	6556	6972
农用塑料薄膜使用量	吨	2351	420	703	2186	2184	1069	774
农药使用量	吨	387	128	262	915	831	552	410
农村水利情况								
耕地灌溉面积	千公顷	11.79	5.68	8.19	43.09	32.51	22.51	17.47

4-39 续表 2

项目	单位	寻乌县	石城县	瑞金市	龙南市	赣州经开区	赣州蓉江新区
农业主要物质消耗							
农用化肥施用量(实物量)	吨	16550	17878	33460	19714	6333	1062
氮肥	吨	3446	5101	14973	9716	1894	408
磷肥	吨	1977	1833	5651	4182	695	197
钾肥	吨	3384	2302	3728	2373	645	155
复合肥	吨	7743	8642	9108	3443	3099	302
农用化肥施用量(折纯量)	吨	5708	5884	9856	5690	2043	281
氮肥	吨	708	1844	3189	2257	500	98
磷肥	吨	407	396	1181	1001	262	45
钾肥	吨	1346	926	1752	1097	216	41
复合肥	吨	3247	2718	3734	1335	1065	97
农用塑料薄膜使用量	吨	229	249	404	338	42	35
农药使用量	吨	313	168	391	214	105	8
农村水利情况							
耕地灌溉面积	千公顷	11.07	17.12	18.99	8.24		

4-40 水利灌溉设施年末建成达到情况

项　　目	单位	2019年	2020年	2021年	2022年
水库	座	1027	1008	1039	1039
大型水库	座	5	5	5	6
中型水库	座	47	47	48	47
小(一)型水库	座	193	194	204	204
小(二)型水库	座	782	762	782	782
塘坝	座	84066	84078	82296	82296
规模以上机电井	眼	565	565	565	565

4-41 县(市、区)水土治理情况

单位：千公顷

县(市、区)	水土流失综合治理面积	新增水土流失综合治理面积	新增小流域综合治理面积	封禁治理保有面积
全　市	**2177.85**	**45.51**	**20.50**	**39.73**
章贡区	43.37	1.02	1.00	0.97
南康区	134.63	2.11		1.92
赣县区	178.72	3.40		2.84
信丰县	151.07	2.78	1.60	2.05
大余县	80.36	1.21	1.00	1.16
上犹县	124.55	5.95	2.50	5.59
崇义县	103.60	1.70	1.50	1.45
安远县	161.41	2.74		2.65
定南县	84.47	1.47	1.20	1.45
全南县	55.19	2.17	1.70	2.02
宁都县	155.49	4.83	4.50	3.65
于都县	190.27	2.87		2.34
兴国县	188.90	3.06		2.49
会昌县	112.66	2.10	1.50	1.45
寻乌县	134.13	1.78		1.68
石城县	63.95	1.66		1.61
瑞金市	114.44	2.06	1.60	1.94
龙南市	100.64	2.60	2.40	2.47

主要统计指标解释

农林牧渔总产值 以货币表现的农林牧渔业的全部产品总量和对农林牧渔业生产活动进行的各种支持性服务活动的价值。它反映一定时期内农林牧渔业生产总规模和总成果，是观察农林牧渔业生产水平和发展速度的重要指标，同时也是计算农林牧渔业劳动生产率和农林牧渔 业增加值的基础资料。

农林牧渔业总产值的计算，一般采用“产品法”，即凡有产品产量的，都按产品价格乘产量的办法求得每种产品产量的产值，然后相加求得各业的产值，最后各业相加求出农林牧渔业总产值。

农林牧渔业增加值指农、林、牧、渔及农林牧渔服务业在一定时期内生产货物或提供服务活动而增加的价值。它反映了农业生产经营活动的最终成果和对社会的贡献

农业增加值的计算方法有两种：（1）生产法，是从生产角度进行计算的一种方法。即用农业总产出减去农业中间消耗求得。（2）分配法，是从分配角度进行计算的一种方法。即通过农业生产单位在生产经营和劳务活动过程中形成的不含中间消耗的各种收入来计算。具体包括农业劳动者收入、福利基金、利税、固定资产折旧及大修理和其他。一般采用生产法计算。

粮食作物产量 指本年度内生产的全部粮食作物数量。其中，谷物产量按脱粒后的原粮计算，豆类按去豆荚后的干豆计算，薯类按鲜薯重量统计上报，统一按 5：1 折算粮食产量。

油料产量 指全部油料作物的生产量。包括花生、油菜籽、芝麻、向日葵籽、胡麻籽（亚麻籽）和其他油料。不包括大豆、木本油料和野生油料。花生以带壳干花生计算。

水产品产量 指渔业（捕捞和养殖）生产活动的最终有效成果，包括全部海水和淡水鱼类、虾蟹类、贝类、头足类、藻类和其它类渔业产品的最终产量。不包括渔业生产过程中的中间成果，如鱼苗、鱼种、亲鱼、转塘鱼、存塘鱼和自用作饵料的产品等。水产品在上岸前已经腐烂变质，不能供人食用或加工成其它制品的，不统计在水产品产量中。

猪、牛、羊肉产量 指调查期内出栏肥猪、肉牛、羊的头数折算出的鲜、冷鲜、冷冻猪、牛、羊肉总量，按胴体重计算。

期初（末）畜禽存栏头（只）数 指调查期初（末）农村各种合作经济组织和国营农场、农民个人、机关、团体、学校、工矿企业、部队等单位以及城镇居民饲养的猪、牛、羊、家禽的存栏数。

农作物播种面积 指实际播种或移植有农作物的面积。凡是实际种植有农作物的面积，不论种植在耕地上还是种植在非耕地上，均包括在农作物播种面积中。在播种季节基本结束后，因遭灾而重新改种和补种的农作物面积，也包括在内。目前，农作物播种面积主要包括粮食、棉花、油料、糖料、麻类、烟叶、蔬菜和瓜类、药材和其他农作物九大类。

有效灌溉面积 指具有一定的水源，地块比较平整，灌溉工程或设备已经配套，在一般年景下当年能够进行正常灌溉的耕地面积。

农用化肥施用量 指本年内实际用于农业生产的化肥数量，包括氮肥、磷肥、钾肥和复合肥。化肥施用量要求按折纯量计算数量。折纯量是指把氮肥、磷肥、钾肥分别按含氮、含五氧化二磷、含氧化钾的百分之一百成份进行折算后的数量。复合肥按其所含主要成分折算。公式为：

折纯量＝实物量×某种化肥有效成份含量的百分比

农业机械总动力 指主要用于农、林、牧、渔业的各种动力机械的动 力总和。包括耕作机械、排灌机械。收获机械、农用运输机械、植物保护机械、牧业机械、林业机械、渔业机械和其他农业机械（内燃机 按引擎马力折成瓦（特）计算、电动机按功率折成瓦（特）计算）。不 包括专门用于乡、镇、村、组办工业、基本建设、非农业运输、科学试验和教学等非农业生产方面用的动力机械与作业机械。

乡村从业人员　指乡村人口中劳动年龄在16周岁以上实际参加生产经营活动并取得实物或货币收入的人员，包括劳动年龄内经常参加劳动的人员，也包括超过劳动年龄但经常参加劳动的人员，但不包括户口在家的在外学生、现役军人和丧失劳动能力的人，也不包括待业人员和家务劳动者。

造林　指在宜林地、无立木林地、疏林地、灌木林地和有林地上通过人工措施形成、恢复或改善森林、林木、灌木林的过程。

森林覆盖率　指一个国家或地区森林面积占土地面积的百分比。在计算森林覆盖率时，森林面积包括郁闭度0．2以上的乔木林地面积和竹林地面积，国家特别规定的灌木林地面积、农田林网以及四旁（村旁、路旁、水旁、宅旁）林木的覆盖面积。森林覆盖率是反映森林资源的丰富程度和生态平衡状况的重要指标。计算公式为：

森林覆盖率（%）=森林面积÷土地总面积×100%

数据来源说明　林业生产情况、县（市、区）适林面积、县（市、区）森林抚育情况、主要林产品产量、县（市、区）主要林产品产量数据取自市林业局；渔业生产情况、县（市、区）渔业从业人员生产情况数据取自市农业农村局；主要农业机械年末拥有量和机耕情况、县（市、区）主要农业机械年末拥有量和机械情况数据取自市农机局；水利灌溉设施年末建成达到情况、县（市、区）水土治理情况数据取自水利局。

五、工业

本篇章

质量负责：陈新林

资料整理：袁雪芳 刘文龙

严 慧 张有伟

5-1 历年全社会工业增加值及指数

(绝对按当年价格计算，指数按可比价格计算)

年份	绝对数 (万元)	指数 (以上年为100)
1983	42486	117.0
1984	46006	107.7
1985	59785	127.8
1986	68761	114.0
1987	84726	114.0
1988	120214	127.4
1989	134803	107.3
1990	144612	110.6
1991	153575	107.1
1992	176352	111.9
1993	222289	119.0
1994	337672	146.0
1995	378451	126.7
1996	413591	117.0
1997	483622	117.8
1998	532468	111.2
1999	552876	108.1
2000	602035	109.4
2001	653117	110.5
2002	716778	112.1
2003	830217	117.3
2004	991538	117.9
2005	1387338	125.1
2006	1762913	118.9
2007	2395610	126.4
2008	3051517	122.5
2009	3353900	118.3
2010	4251400	117.9
2011	5484300	118.0
2012	6034838	114.0
2013	6567121	112.8
2014	7206207	112.2
2015	7359915	109.0
2016	7902738	108.9
2017	8974773	108.9
2018	9981423	109.3
2019	11386087	108.6
2020	11453403	104.1
2021	13738011	109.4
2022	15265024	107.0

5-2 历年主要工业产品产量

年份	原煤(万吨)	发电量(万千瓦小时)	#水电	饮料酒(吨/千升)	布(万米)	机制纸及纸板(吨)	水泥(万吨)	原盐(吨)
1949	1.53	179		461	156			
1952	3.69	488		542	265	1757		
1957	5.69	5567	876	1411	183	3710		
1965	10.56	15786	10974	2590	187	9460		
1970	24.7	41457	32408	4628	472	12276	2	1508
1978	76.96	46911	33882	8919	1115	14482	12	2610
1980	70.04	53242	36474	11303	1455	20188	16	4042
1981	57.95	60412	50793	13304	1808	19806	19	4811
1982	60.49	66117	57060	14106	1884	20067	21	5361
1983	67.07	63901	61227	15122	1717	22142	23	6674
1984	79.04	67473	52079	17365	1178	25165	26	6999
1985	75.29	74516	61863	19120	1578	29007	31	7332
1986	80.43	71994	53761	20618	2080	29856	33	7609
1987	77.74	68525	52533	26805	2015	33365	36	7018
1988	89.74	80490	67233	30678	2395	33250	42	8270
1989	91.79	77441	59884	32480	2400	35107	42	8005
1990	81.05	72637	65128	35488	1611	34589	39	8144
1991	81.68	70564	61051	36078	1571	32180	48	14600
1992	93.33	96135	88976	41357	1889	41361	56	16100
1993	119.29	77600	73700	51300	1556	44000	72	30900
1994	167.84	98479	96157	54495	1866	38877	93	34263
1995	187.57	96945	95176	76573	1484	48700	110	30703
1996	145.62	104437	102878	76607	1806	42044	110	26726
1997	160.68	122620	120980	79719	1961	32219	121	19673
1998	125.05	116030	113874	99310	1195	25879	145	26868
1999	84.22	99779	98566	97212	442	21707	152	26061
2000	86.13	118449	117602	107504	412	9703	153	22591
2001	92.18	129569	129415	106439	117	9384	163	23899
2002	63.25	143253	142994	85520	72	35670	201	28753
2003	103.55	122920	122520	64984	80	63129	213	30358
2004	49.82	51162	51162	52110	1457	65628	309	29550
2005	71.51	76213	76213	64934	435	81163	452	45262
2006	67.38	121896	121896	68133	502	85357	517	91680
2007	72.04	135245	135245	70870	430	96751	653	174142
2008	60.45	130285	130285	45574	414	104992	784	527599
2009	63.53	452594	112008	44097	1142	154315	1005	598891
2010	76.67	501476	260363	62660	1301	222430	1130	428409
2011	52.68	472227	93992	70354	905	212708	1067	20624
2012	37.28	430381	93689.3	82654	1030	238654	1230	244203
2013	38.43	533329	128881	79898	2226	250292	1745	251851
2014	31.06	537303	147875	87274	2325.01	154596	1846	329831
2015	33.77	556568.21	163992.96	83316	2318.89	264170	1751	380541
2016	29.91	616838	216495	77573	2680	155207	1762	358528
2017	4.41	765070.69	244363.3	68705	4631.72	232869.4	1907	298466
2018		789550	153052	20858	2847	273061	1977	500962
2019		864108	222492	17166	9793	316751	2007	739601
2020		847382	155185	17992	6944	350761	1973	734061
2021		1166951	106076	34120	7620	337180	1907	778029
2022		2587177	154024	34798	6283	493512	1739	778274

注：2004年起主要工业产品产量为规模以上工业企业统计口径。饮料酒的计量单位：2004年以前为吨，2004年起为千升。

5-3 规模以上工业产品产量

产品名称	单 位	2022年生产量	与上年同比增长(%)
铁矿石成品矿	吨	2917	-10.2
铜金属含量	吨	127730	80.9
铅金属含量	吨	133340	-19.4
锌金属含量	吨	39168	235.3
锡金属含量	吨	1732	113.8
稀有稀土金属矿	吨	41610	-26.8
#钨精矿折合量(折三氧化钨65%)	吨	32271	-35.5
#钼精矿折合量(折纯钼45%)	吨	3655	18.5
石灰石	吨	1192267	-48.0
建筑用天然石料	立方米	3744965	-3.1
萤石	吨	606415	30.8
高岭土(瓷土)	吨	14802	-82.2
硫铁矿石(折含硫35%)	吨	232185	267.3
原盐	吨	778274	0.0
大米	吨	160682	-43.9
饲料	吨	2584823	-8.0
精制食用植物油	吨	6372	-16.6
鲜、冷藏肉	吨	16722	217.4
冻肉	吨	4289	97.7
冷冻水产品	吨	991	-43.4
乳制品	吨	11897	-7.6
罐头	吨	9942	65.2
食品添加剂	吨	2107	-0.9
饲料添加剂	吨	21349	73.4
饮料酒	千升	34798	2.0
#白酒(折65度，商品量)	千升	4118	-39.2
#啤酒	千升	30407	14.1
饮料	吨	19040	58.5
#包装饮用水	吨	5024	139.4
纱	吨	38899	180.1
布	万米	6283	-17.5
蚕丝	吨	144	-76.9
非织造布(无纺布)	吨	13679	19.9
口罩	万个(只)	15296	-69.8
#医用口罩	万个(只)	11314	-65.7
服装	万件	35817	3.0
梭织服装	万件	23589	-2.0
#羽绒服装	万件	30	-37.0
#西服套装	万件	678	-20.9
针织服装	万件	12228	14.3
轻革	平方米	694435	-12.3
皮革服装	万件	94	-25.4
衣箱、提箱及类似容器	万个	945	26.0
手提包(袋)、背包	万个	2836	-27.1
鞋	万双	7137	-5.9
人造板	立方米	1691542	-17.1
竹地板	平方米	478444	
家具	件	40779264	0.4
#木质家具	件	34658873	-0.4
#金属家具	件	1695192	1124.1
#软体家具	件	3019558	-17.0
纸浆(原生浆及废纸浆)	吨	165512	26.8

注："与上年同比增长"为年末样本企业本期与上年同期数据的比较(下同)。

5-3 续表 1

产品名称	单 位	2022年生产量	与上年同比增长(%)
机制纸及纸板(外购原纸加工除外)	吨	493512	18.2
纸制品	吨	98847	-35.8
硫酸(折100%)	吨	591033	243.8
烧碱(折100%)	吨	484260	49.2
碳化钙(电石，折300升/千克)	吨	10604	3144.7
稀土化合物	千克	1185116	-21.5
甲醛	吨	94556	-14.1
化学农药原药(折有效成分100%)	吨	90	-86.9
涂料	吨	49447	-5.6
初级形态塑料	吨	116132	8.3
稀土磁性材料	吨	6613	-1.3
化学试剂	吨	202429	-34.6
合成洗涤剂	吨	81868	29.8
化学药品原药	吨	188161	6330.2
中成药	吨	4701	-15.8
化学纤维	吨	19093	-43.5
塑料制品	吨	154393	-21.3
硅酸盐水泥熟料	吨	13008353	-15.7
#窑外分解窑水泥熟料	吨	11057949	-17.2
水泥	吨	17393698	-9.4
#强度等级42.5水泥(含R型)	吨	4912412	-12.7
#强度等级52.5水泥(含R型)	吨	312066	-27.9
石灰	吨	153027	12.8
商品混凝土	立方米	16565218	-11.0
水泥混凝土排水管	千米	1402	-59.7
预应力混凝土桩	米	2365918	-26.8
砖	万块	99769	15.2
天然大理石建筑板材	平方米	119176	-18.0
沥青和改性沥青防水卷材	平方米	38273	-49.6
隔热、隔音人造矿物材料及其制品	吨	117873	22.6
钢化玻璃	平方米	3434233	-14.8
夹层玻璃	平方米	283982	-14.4
中空玻璃	平方米	832690	3.4
日用玻璃制品	吨	4743	-50.2
玻璃纤维纱	吨	85260	5.3
玻璃纤维布	米	91020883	-9.5
陶质砖	平方米	11761724	5.2
石墨及碳素制品	吨	7105	59.8
钢材	吨	1173982	-19.6
#棒材	吨	12843	-81.8
#钢筋	吨	213552	-8.9
#特厚板	吨	24571	
用外购钢材再加工生产钢材	吨	182741	6.3
十种有色金属	吨	75465	36.0
#精炼铜(电解铜)	吨	189	-1.1
#锡	吨	75276	36.2
单一稀土金属	千克	13344346	2.8
铜材	吨	301279	-5.5
铝材	吨	64233	860.0
钢结构	吨	130009	-4.2
金属切削机床	套	508	-5.4
泵	台	4997	-52.1

5-3 续表 2

产品名称	单 位	2022年生产量	与上年同比增长(%)
气体压缩机	台	14884	27.1
齿轮	吨	3103	-
气体分离及液化设备	台	138	-36.4
工商用制冷、空调设备	台(套)	116746	-9.4
包装专用设备	台	13129	-17.4
影像投影仪	台	67261	455.6
金属密封件	万件	1248	15.9
矿山专用设备	吨	30314	87.0
混凝土机械	台	1062	-34.5
机械化农业及园艺机具	台	2292	-12.3
医疗仪器设备及器械	台	6078041	23.0
环境污染防治专用设备	台(套)	4904	58.7
汽车	辆	23383	50.2
#载货汽车	辆	23383	59.5
#新能源汽车	辆	21608	127.0
发电机组(发电设备)	千瓦	30077	-6.2
电动机	千瓦	1615762	-35.3
#直流电动机	千瓦	8793	-27.4
#交流电动机	千瓦	1427957	-31.5
变压器	千伏安	632055	12.4
互感器	台	74205	-26.0
通信及电子网络用电缆	对千米	135200	-15.0
电力电缆	千米	1018810	40.1
锂离子电池	只(自然只)	266691519	55.2
铅酸蓄电池	千伏安时	3142877	11.3
太阳能电池(光伏电池)	千瓦	1340085	311.2
房间空气调节器	台	50356	-
电光源	万只	140685	-6.9
灯具及照明装置	套(台、个)	281952529	-23.5
显示器	台	5230662	-18.5
#平板显示器	台	5230662	-18.5
路由器	台	1284095	-0.1
移动通信手持机(手机)	台	560116	-53.9
彩色电视机	台	38888	53.4
组合音响	台	23117847	-12.6
智能音箱	台	11111701	-10.3
集成电路	万块	7732	265.4
光电子器件	万只	192841	-13.5
#发光二极管(LED管)	万只	167047	-13.9
液晶显示屏	万片	22419	-5.5
液晶显示模组	万套	29468	13.7
电子元件	万只	485683	-3.8
#电声器件	万只	764	-82.1
印制电路板	平方米	32206600	3.6
自来水生产量	万立方米	44734	6.9
发电量	万千瓦时	2587177	116.2
火力发电量	万千瓦时	1884438	214.3
水力发电量	万千瓦时	154024	45.2
风力发电量	万千瓦时	509569	12.8
太阳能发电量	万千瓦时	39146	-0.7

5-4 县(市、区)主要工业产品产量

产品名称	单 位	合 计	章贡区	南康区	赣县区	信丰县	大余县	上犹县
铁矿石成品矿	吨	2917						
铜金属含量	吨	127730					15	
铅金属含量	吨	133340						2080
锌金属含量	吨	39168					21	1427
锡金属含量	吨	1732					503	
稀有稀土金属矿	吨	41610		16942			4905	510
#钨精矿折合量(折三氧化钨65%)	吨	32271		11342			4809	510
#钼精矿折合量(折纯钼45%)	吨	3655					96	
石灰石	吨	1192267				15434		
建筑用天然石料	立方米	3744965						
萤石	吨	606415					12656	
高岭土(瓷土)	吨	14802						
硫铁矿石(折含硫35%)	吨	232185						
原盐	吨	778274						
大米	吨	160682	4685	7076	19522			
饲料	吨	2584823	158198		278858	376550		
精制食用植物油	吨	6372				679		
鲜、冷藏肉	吨	16722					13751	
冻肉	吨	4289					2183	
冷冻水产品	吨	991						
乳制品	吨	11897						
罐头	吨	9942				9597		
食品添加剂	吨	2107			2107			
饲料添加剂	吨	21349			6745			
饮料酒	千升	34798			19000	764		
#白酒(折65度，商品量)	千升	4118				749		
#啤酒	千升	30407			19000			
饮料	吨	19040						
#包装饮用水	吨	5024						
纱	吨	38899						
布	万米	6283						
蚕丝	吨	144						
非织造布(无纺布)	吨	13679						
口罩	万个(只)	15296			10089			
#医用口罩	万个(只)	11314			6964			
服装	万件	35817		542	159	321	78	51
梭织服装	万件	23589		542	159	255		51
#羽绒服装	万件	30				1		
#西服套装	万件	678			26			
针织服装	万件	12228				66	78	
轻革	平方米	694435						
皮革服装	万件	94			94			
衣箱、提箱及类似容器	万个	945						
手提包(袋)、背包	万个	2836			91	574		
鞋	万双	7137	176		29	170		
人造板	立方米	1691542		1424495		86370		13411
竹地板	平方米	478444		478444				
家具	件	40779264		34898544	10640		60803	13717
#木质家具	件	34658873		29938105	10640			
#金属家具	件	1695192		1634389			60803	
#软体家具	件	3019558		3008898				10660
纸浆(原生浆及废纸浆)	吨	165512	165512					

5-4 续表 1

产品名称	单 位	合 计	章贡区	南康区	赣县区	信丰县	大余县	上犹县
机制纸及纸板(外购原纸加工除外)	吨	493512	292104	35362				
纸制品	吨	98847		13747			13076	
硫酸(折100%)	吨	591033			12558			
烧碱(折100%)	吨	484260						
碳化钙(电石，折300升/千克)	吨	10604						
稀土化合物	千克	1185116	270168					
甲醛	吨	94556				94556		
化学农药原药(折有效成分100%)	吨	90	90					
涂料	吨	49447		3451		6034	4501	
初级形态塑料	吨	116132				90779		5741
稀土磁性材料	吨	6613		536	4805			
化学试剂	吨	202429		325		58834	3568	
合成洗涤剂	吨	81868			81868			
化学药品原药	吨	188161					186848	
中成药	吨	4701	2422			343		
化学纤维	吨	19093		17275				
塑料制品	吨	154393		210	6698	6908	3058	55776
硅酸盐水泥熟料	吨	13008353				3850842		
#窑外分解窑水泥熟料	吨	11057949				3850842		
水泥	吨	17393698	1336335		702617	4026115	115502	887570
#强度等级42.5水泥(含R型)	吨	4912412	670494		403358	81504		
#强度等级52.5水泥(含R型)	吨	312066						
石灰	吨	153027				86180		
商品混凝土	立方米	16565218	3619493	1499318	788861	1048373	219014	911101
水泥混凝土排水管	千米	1402	676		625			
预应力混凝土桩	米	2365918			994466	1371452		
砖	万块	99769	10305	7810		710		
天然大理石建筑板材	平方米	119176		119176				
沥青和改性沥青防水卷材	平方米	38273		38273				
隔热、隔音人造矿物材料及其制品	吨	117873				50449		
钢化玻璃	平方米	3434233	195000		249241	660307		
夹层玻璃	平方米	283982	283982					
中空玻璃	平方米	832690	220000					
日用玻璃制品	吨	4743				4743		
玻璃纤维纱	吨	85260		17681				67579
玻璃纤维布	米	91020883		34991799				56029084
陶质砖	平方米	11761724						
石墨及碳素制品	吨	7105		29				
钢材	吨	1173982	5744					
#棒材	吨	12843						
#钢筋	吨	213552	5744					
#特厚板	吨	24571						
用外购钢材再加工生产钢材	吨	182741						
十种有色金属	吨	75465	189	56884				
#精炼铜(电解铜)	吨	189	189					
#锡	吨	75276		56884				
单一稀土金属	千克	13344346	2092850	2736011	2586017			474483
铜材	吨	301279	13163					377
铝材	吨	64233			64233			
钢结构	吨	130009	6432			7594		
金属切削机床	套	508						337
泵	台	4997						

5-4 续表 2

产品名称	单 位	合 计	章贡区	南康区	赣县区	信丰县	大余县	上犹县
气体压缩机	台	14884	259					
齿轮	吨	3103			3103			
气体分离及液化设备	台	138			138			
工商用制冷、空调设备	台(套)	116746			18835			
包装专用设备	台	13129						
影像投影仪	台	67261						
金属密封件	万件	1248						
矿山专用设备	吨	30314	26251					
混凝土机械	台	1062						
机械化农业及园艺机具	台	2292						
医疗仪器设备及器械	台	6078041	6073769					
环境污染防治专用设备	台(套)	4904	46		2028			
汽车	辆	23383						
#载货汽车	辆	23383						
#新能源汽车	辆	21608						
发电机组(发电设备)	千瓦	30077	30077					
电动机	千瓦	1615762						
#直流电动机	千瓦	8793						
交流电动机	千瓦	1427957						
变压器	千伏安	632055				592910		
互感器	台	74205				3914		
通信及电子网络用电缆	对千米	135200				42998		
电力电缆	千米	1018810	3118		2359	176115		
锂离子电池	只(自然只	266691519		14289647		504006	38822137	5671833
铅酸蓄电池	千伏安时	3142877				567869		2571795
太阳能电池(光伏电池)	千瓦	1340085		1339258				
房间空气调节器	台	50356		50356				
电光源	万只	140685						140675
灯具及照明装置	套(台、个	281952529				425273		
显示器	台	5230662		5230662				
#平板显示器	台	5230662		5230662				
路由器	台	1284095						
移动通信手持机(手机)	台	560116				10001		
彩色电视机	台	38888						
组合音响	台	23117847		667467				
智能音箱	台	11111701						
集成电路	万块	7732						
光电子器件	万只	192841	5510				167047	
#发光二极管(LED管)	万只	167047					167047	
液晶显示屏	万片	22419	10244					
液晶显示模组	万套	29468	1107					
电子元件	万只	485683		148981	1268	27879	646	
#电声器件	万只	764						
印制电路板	平方米	32206600	4731954			20012524		
自来水生产量	万立方米	44734	13688	4593	2019	3289		
发电量	万千瓦时	2587177	14223	21452	1387692	473634	4836	71433
火力发电量	万千瓦时	1884438	14223		1348192	463406		
水力发电量	万千瓦时	154024		4930	16002	6944	4836	44137
风力发电量	万千瓦时	509569		16522	23497			24159
太阳能发电量	万千瓦时	39146				3283		3137

5-4 续表 3

产品名称	单 位	崇义县	安远县	定南县	全南县	宁都县	于都县	兴国县
铁矿石成品矿	吨	2917						
铜金属含量	吨							
铅金属含量	吨	17479					2437	
锌金属含量	吨	612						
锡金属含量	吨	109			208			
稀有稀土金属矿	吨	11661			2969	652	3971	
#钨精矿折合量(折三氧化钨65%)	吨	8109			2879	652	3971	
#钼精矿折合量(折纯钼45%)	吨	3552			6		1	
石灰石	吨						273	1176560
建筑用天然石料	立方米		330716				3322224	1858
萤石	吨	168595			39447	25913		208067
高岭土(瓷土)	吨							
硫铁矿石(折含硫35%)	吨					232185		
原盐	吨							
大米	吨					75078		42131
饲料	吨			109312		169947		
精制食用植物油	吨							211
鲜、冷藏肉	吨		2788					
冻肉	吨					2105		
冷冻水产品	吨							
乳制品	吨						11897	
罐头	吨							345
食品添加剂	吨							
饲料添加剂	吨							14604
饮料酒	千升	87				172		
#白酒(折65度，商品量)	千升							
#啤酒	千升							
饮料	吨	68						5024
#包装饮用水	吨							5024
纱	吨			3544	6487		27870	
布	万米			2353				
蚕丝	吨					144		
非织造布(无纺布)	吨	549						
口罩	万个(只)	20				837		
#医用口罩	万个(只)							
服装	万件				1468	2785	25379	1424
梭织服装	万件					2785	17330	1292
#羽绒服装	万件						29	
#西服套装	万件					652		
针织服装	万件				1468		8049	131
轻革	平方米					694435		
皮革服装	万件							
衣箱、提箱及类似容器	万个						945	
手提包(袋)、背包	万个					1761	85	
鞋	万双					1037	2151	66
人造板	立方米	31727		84213	19063			
竹地板	平方米							
家具	件				148415			
#木质家具	件				133241			
#金属家具	件							
#软体家具	件							
纸浆(原生浆及废纸浆)	吨							

5-4 续表 4

产品名称	单 位	崇义县	安远县	定南县	全南县	宁都县	于都县	兴国县
机制纸及纸板(外购原纸加工除外)	吨						110151	
纸制品	吨					819	5604	8972
硫酸(折100%)	吨					284418		
烧碱(折100%)	吨							
碳化钙(电石，折300升/千克)	吨	10604						
稀土化合物	千克							
甲醛	吨							
化学农药原药(折有效成分100%)	吨							
涂料	吨				3067			
初级形态塑料	吨			6112				
稀土磁性材料	吨							
化学试剂	吨			37892	13678			
合成洗涤剂	吨							
化学药品原药	吨	95		1165				
中成药	吨			438				
化学纤维	吨			1818				
塑料制品	吨		2098	15922	6959	31764		2673
硅酸盐水泥熟料	吨						2691601	1201233
#窑外分解窑水泥熟料	吨						2691601	1201233
水泥	吨					238660	1811730	1538438
#强度等级42.5水泥(含R型)	吨							1404828
#强度等级52.5水泥(含R型)	吨							
石灰	吨							
商品混凝土	立方米	300831	381834	327928	239303	264367	1352113	1007526
水泥混凝土排水管	千米					101		
预应力混凝土桩	米							
砖	万块		1925			2643		52267
天然大理石建筑板材	平方米							
沥青和改性沥青防水卷材	平方米							
隔热、隔音人造矿物材料及其制品	吨				67424			
钢化玻璃	平方米					305320		
夹层玻璃	平方米							
中空玻璃	平方米					612690		
日用玻璃制品	吨							
玻璃纤维纱	吨							
玻璃纤维布	米							
陶质砖	平方米							
石墨及碳素制品	吨							
钢材	吨				7969	616		
#棒材	吨							
#钢筋	吨					616		
#特厚板	吨							
用外购钢材再加工生产钢材	吨							
十种有色金属	吨	9969						
#精炼铜(电解铜)	吨							
#锡	吨	9969						
单一稀土金属	千克		3800267					
铜材	吨							
铝材	吨							
钢结构	吨							
金属切削机床	套							
泵	台							

5-4 续表 5

产品名称	单 位	崇义县	安远县	定南县	全南县	宁都县	于都县	兴国县
气体压缩机	台							
齿轮	吨							
气体分离及液化设备	台							
工商用制冷、空调设备	台(套)							
包装专用设备	台							
影像投影仪	台							
金属密封件	万件						1238	10
矿山专用设备	吨							
混凝土机械	台					1062		
机械化农业及园艺机具	台							
医疗仪器设备及器械	台				17		4255	
环境污染防治专用设备	台(套)							
汽车	辆							
载货汽车	辆							
#新能源汽车	辆							
发电机组(发电设备)	千瓦							
电动机	千瓦				187805			
#直流电动机	千瓦				8793			
交流电动机	千瓦							
变压器	千伏安						39145	
互感器	台							
通信及电子网络用电缆	对千米							
电力电缆	千米				18070			
锂离子电池	只(自然只	25608730	13485667		1954815			
铅酸蓄电池	千伏安时			3078				
太阳能电池(光伏电池)	千瓦						827	
房间空气调节器	台							
电光源	万只						10	
灯具及照明装置	套(台、个	3926270			1061395	202262	105874967	430
显示器	台							
#平板显示器	台							
路由器	台			1284095				
移动通信手持机(手机)	台							
彩色电视机	台							
组合音响	台			1151586	2765338	35971	16862792	
智能音箱	台		10846490		265211			
集成电路	万块							
光电子器件	万只		349					
#发光二极管(LED管)	万只							
液晶显示屏	万片				1051			596
液晶显示模组	万套				11			
电子元件	万只		118712		4939	764	87945	10478
#电声器件	万只					764		
印制电路板	平方米		1835886	525136	295694		12794	
自来水生产量	万立方米	1639	1210	1240		2734	3117	1391
发电量	万千瓦时	17640	23526	90932	44325	27231	48391	102803
火力发电量	万千瓦时					2683	8719	3727
水力发电量	万千瓦时				1166	1556	24143	
风力发电量	万千瓦时	17640	23526	90932	43159	22992	11714	99076
太阳能发电量	万千瓦时						3814	

5-4 续表 6

产品名称	单 位	会昌县	寻乌县	石城县	瑞金市	龙南市	赣州经开区
铁矿石成品矿	吨						
铜金属含量	吨		32355				95360
铅金属含量	吨						111345
锌金属含量	吨						37109
锡金属含量	吨	912					
稀有稀土金属矿	吨						
#钨精矿折合量(折三氧化钨65%)	吨						
#钼精矿折合量(折纯钼45%)	吨						
石灰石	吨						
建筑用天然石料	立方米		90126	40			
萤石	吨	33038			118700		
高岭土(瓷土)	吨	14802					
硫铁矿石(折含硫35%)	吨						
原盐	吨	778274					
大米	吨				12190		
饲料	吨				177144	60140	1254675
精制食用植物油	吨				5481		
鲜、冷藏肉	吨					183	
冻肉	吨						
冷冻水产品	吨				991		
乳制品	吨						
罐头	吨						
食品添加剂	吨						
饲料添加剂	吨						
饮料酒	千升				11407		3369
#白酒(折65度，商品量)	千升						3369
#啤酒	千升				11407		
饮料	吨		5280	8669			
#包装饮用水	吨						
纱	吨			998			
布	万米				2955	975	
蚕丝	吨						
非织造布(无纺布)	吨		1735		11395		
口罩	万个(只)						4350
#医用口罩	万个(只)						4350
服装	万件	63		2858	594	18	77
梭织服装	万件	63		473	594		45
#羽绒服装	万件						
#西服套装	万件						
针织服装	万件			2385		18	33
轻革	平方米						
皮革服装	万件						
衣箱、提箱及类似容器	万个						
手提包(袋)、背包	万个			252	74		
鞋	万双	1526		1615	367		
人造板	立方米					22489	9774
竹地板	平方米						
家具	件					5613182	33963
#木质家具	件					4542924	33963
#金属家具	件						
#软体家具	件						
纸浆(原生浆及废纸浆)	吨						

5-4 续表 7

产品名称	单 位	会昌县	寻乌县	石城县	瑞金市	龙南市	赣州经开区
机制纸及纸板(外购原纸加工除外)	吨				55895		
纸制品	吨		45282	3260		1988	6099
硫酸(折100%)	吨	294057					
烧碱(折100%)	吨	484260					
碳化钙(电石，折300升/千克)	吨						
稀土化合物	千克		914948				
甲醛	吨						
化学农药原药(折有效成分100%)	吨						
涂料	吨					10168	22226
初级形态塑料	吨						13500
稀土磁性材料	吨						1272
化学试剂	吨	88133					
合成洗涤剂	吨						
化学药品原药	吨						52
中成药	吨	202	391		664	95	146
化学纤维	吨						
塑料制品	吨				10282	2905	9140
硅酸盐水泥熟料	吨	1950404			3314273		
#窑外分解窑水泥熟料	吨				3314273		
水泥	吨	2518563	248872	537852	3235014	196429	
#强度等级42.5水泥(含R型)	吨				2352228		
#强度等级52.5水泥(含R型)	吨				312066		
石灰	吨				66847		
商品混凝土	立方米	623702	274236	518941	1089800	1412592	685889
水泥混凝土排水管	千米						
预应力混凝土桩	米						
砖	万块		6882		16455	772	
天然大理石建筑板材	平方米						
沥青和改性沥青防水卷材	平方米						
隔热、隔音人造矿物材料及其制品	吨						
钢化玻璃	平方米	1652313					372052
夹层玻璃	平方米						
中空玻璃	平方米						
日用玻璃制品	吨						
玻璃纤维纱	吨						
玻璃纤维布	米						
陶质砖	平方米		11761724				
石墨及碳素制品	吨						7076
钢材	吨					907498	252155
#棒材	吨						12843
#钢筋	吨						207192
#特厚板	吨						24571
用外购钢材再加工生产钢材	吨						182741
十种有色金属	吨	1527					6895
#精炼铜(电解铜)	吨						
#锡	吨	1527					6895
单一稀土金属	千克		287459			1367258	
铜材	吨			74908	161330		51501
铝材	吨						
钢结构	吨						115983
金属切削机床	套		171				
泵	台		4997				

5-4 续表 8

产品名称	单 位	会昌县	寻乌县	石城县	瑞金市	龙南市	赣州经开区
气体压缩机	台		14625				
齿轮	吨						
气体分离及液化设备	台						
工商用制冷、空调设备	台(套)		32603				65308
包装专用设备	台		13129				
影像投影仪	台						67261
金属密封件	万件						
矿山专用设备	吨			1482			2581
混凝土机械	台						
机械化农业及园艺机具	台	2292					
医疗仪器设备及器械	台						
环境污染防治专用设备	台(套)		12				2818
汽车	辆						23383
#载货汽车	辆						23383
#新能源汽车	辆						21608
发电机组(发电设备)	千瓦						
电动机	千瓦		1427957				
#直流电动机	千瓦						
交流电动机	千瓦		1427957				
变压器	千伏安						
互感器	台				70291		
通信及电子网络用电缆	对千米						92202
电力电缆	千米				783525		35623
锂离子电池	只(自然只					166354684	
铅酸蓄电池	千伏安时				135		
太阳能电池(光伏电池)	千瓦						
房间空气调节器	台						
电光源	万只						
灯具及照明装置	套(台、个				125377109	45045897	38926
显示器	台						
#平板显示器	台						
路由器	台						
移动通信手持机(手机)	台				57006		493109
彩色电视机	台						38888
组合音响	台					843459	791234
智能音箱	台						
集成电路	万块						7732
光电子器件	万只					1767	18168
#发光二极管(LED管)	万只						
液晶显示屏	万片				1506		9022
液晶显示模组	万套						28350
电子元件	万只						84070
#电声器件	万只						
印制电路板	平方米				610	4792001	
自来水生产量	万立方米	1918	1786	942	2487	2681	
发电量	万千瓦时	44504	89831	51600	34761	38364	
火力发电量	万千瓦时	11103		16441	15944		
水力发电量	万千瓦时	15556	19885		10261	4607	
风力发电量	万千瓦时	13624	66467	22504		33757	
太阳能发电量	万千瓦时	4222	3478	12655	8556		

5-5 规模以上工业企业单位数、工业总产值和年初存货

单位：万元

项目	企业单位数(个)	#亏损企业(个)	工业总产值(当年价格)	年初存货	#产成品
总计	**2831**	**511**	**42755007.4**	**5263475.1**	**2068497.0**
一、按登记注册类型分					
内资企业	2641	473	37552264.2	4628708.4	1850417.8
国有企业	18	1	295118.8	22562.9	1747.7
集体企业	1		5623.3	702.5	482.1
股份合作企业					
有限责任公司	393	89	10877099.8	1619039.4	638400.8
股份有限公司	28	8	1999111.7	361663.4	86652.6
私营企业	2200	375	24375310.6	2624740.2	1123134.6
港、澳、台商投资企业	129	27	1688795.8	222472.8	67713.0
外商投资企业	61	11	3513947.4	412293.9	150366.2
在总计中：亏损企业	511	511	5074072.5	940790.2	445180.7
在总计中：国有控股企业	150	33	5184394.9	1021213.8	419354.2
在总计中：轻工业	1341	189	10494261.1	1437478.7	643719.1
重工业	1490	322	32260746.3	3825996.4	1424777.9
在总计中：大型企业	17	3	4107781.5	609797.4	250365.3
中型企业	207	29	12340465.4	1428154.9	485877.1
小型企业	2124	356	23764098.1	3028582.1	1250948.6
微型企业	483	123	2542662.4	196940.7	81306.0
二、按工业行业大类分					
采矿业	130	31	1875369.9	195091.5	137599.0
黑色金属矿采选业	4	1	31652.8	45.0	45.0
有色金属矿采选业	72	15	1438975.6	167275.8	125501.1
非金属矿采选业	54	15	404741.5	27770.7	12052.9
制造业	2604	467	39440561.1	4942775.3	1922835.7
农副食品加工业	100	14	1679234.5	226666.7	88869.1
食品制造业	39	7	362736.5	57642.4	21134.4
酒、饮料和精制茶制造业	11	1	171861.0	57698.7	17641.5
烟草制品业	1	1	4678.0	3581.5	3251.0

5-5 续表

单位：万元

项目	企业单位数	#亏损企业	工业总产值	年初存货	#产成品
纺织业	44	7	352904.9	33716.1	19405.6
纺织服装、服饰业	210	47	1017881.4	135933.5	77534.4
皮革、毛皮、羽毛及其制品和制鞋业	56	12	369354.7	25238.6	8887.2
木材加工和木、竹、藤、棕、草制品业	61	8	420607.3	44151.1	21334.2
家具制造业	519	10	2335095.4	305723.3	147941.8
造纸和纸制品业	25	4	330424.5	43289.1	14901.7
印刷和记录媒介复制业	27	8	151253.9	28402.6	6225.4
文教、工美、体育和娱乐用品制造业	74	13	626992.8	98508.9	36621.9
石油加工、炼焦和核燃料加工业	17		56852.3	20577.8	10395.8
化学原料和化学制品制造业	106	27	2239223.4	147138.0	52659.3
医药制造业	29	8	364733.3	42969.5	23111.3
化学纤维制造业	3		32583.6	4119.9	1562.5
橡胶和塑料制品业	71	18	424707.9	54744.2	32178.9
非金属矿物制品业	234	32	2159520.5	184035.8	70594.7
黑色金属冶炼和压延加工业	16	4	579397.0	38085.9	21198.9
有色金属冶炼和压延加工业	154	34	9654625.6	1551743.4	626934.0
金属制品业	69	11	519489.5	89853.9	56322.0
通用设备制造业	51	13	286213.4	46668.0	19506.6
专用设备制造业	75	15	770410.5	109348.9	32534.6
汽车制造业	28	12	191470.9	48976.7	27072.5
电气机械和器材制造业	162	38	3747475.6	372673.7	149378.1
计算机、通信和其他电子设备制造业	352	103	8562972.7	997731.7	294592.4
仪器仪表制造业	14	3	69279.6	13828.9	2992.5
其他制造业	15	5	83408.6	14465.1	4307.7
废弃资源综合利用业	41	12	1875171.8	145261.4	33745.7
电力、燃气及水的生产和供应业	97	13	1439076.4	125608.3	8062.3
电力、热力生产和供应业	66	7	1192174.4	103314.4	10.5
燃气生产和供应业	11	2	131628.5	3535.2	1867.3
水的生产和供应业	20	4	115273.5	18758.7	6184.5

5-6 规模以上工业

项目	资产总计	流动资产合计	#应收账款	#存货	#产成品
总 计	**44859163.1**	**26591282.2**	**7476558.2**	**6192754.0**	**2541993.9**
一、按登记注册类型分					
内资企业	39046048.2	22837814.5	6605145.9	5501459.6	2259903.2
国有企业	1016818.7	480568.9	27654.9	46470.8	2006.4
集体企业	2760.4	2455.6	1257.8	702.5	482.1
股份合作企业					
有限责任公司	15346958.6	7738978.5	1977691.7	1798065.1	667534.0
股份有限公司	3154517.1	2071251.3	377431.9	358297.3	147087.8
私营企业	19524993.4	12544560.2	4221109.6	3297923.9	1442792.9
港、澳、台商投资企业	1747135.6	1086613.5	307213.3	227638.1	67031.8
外商投资企业	4065979.3	2666854.2	564199.0	463656.3	215058.9
在总计中：亏损企业	9281283.1	5134326.7	1315580.2	1191325.0	514269.8
在总计中：国有控股企业	9427661.0	4104725.4	745503.6	892087.1	322540.2
在总计中：轻工业	12247586.9	8353992.0	2305002.2	1838720.0	826037.3
重工业	32611576.2	18237290.2	5171556.0	4354034.0	1715956.6
在总计中：大型企业	5265208.9	3395368.4	862672.7	630284.2	357073.9
中型企业	13931626.2	8352670.3	2435956.2	1928183.7	656423.5
小型企业	21808331.6	12946803.6	3581914.4	3397137.0	1405288.1
微型企业	3853996.4	1896439.9	596014.9	237149.1	123208.4
二、按工业行业大类分					
采矿业	3109744.2	1254307.7	198079.7	167994.6	103732.3
黑色金属矿采选业	5489.7	4054.3	1445.9	1160.5	159.0
有色金属矿采选业	1182225.0	784264.1	153946.8	133292.8	85524.8
非金属矿采选业	1922029.5	465989.3	42687.0	33541.3	18048.5
制造业	36179952.1	23728352.3	6930636.3	5949175.9	2418951.2
农副食品加工业	1410279.8	945288.6	163879.6	252900.5	108550.7
食品制造业	432105.2	287657.7	65789.9	76679.8	33632.1
酒、饮料和精制茶制造业	201340.0	119818.1	8075.0	59286.3	21873.5
烟草制品业	80563.3	47419.5	1585.1	3643.5	3361.6

企业年末资产总计

单位：万元

固定资产原价	#房屋和构筑物	#机器设备	累计折旧	#本年折旧	固定资产净额	无形资产
16051753.4	**4782708.7**	**8140518.9**	**4806202.4**	**1175494.3**	**10781107.9**	**2188622.2**
14294435.9	4221175.2	7227890.7	4147363.6	1042625.2	9713195.9	2093923.0
330696.6	51482.9	119753.4	87084.2	46719.8	229173.2	251643.1
733.5	256.4	477.1	429.4	54.0	304.1	
6815042.7	1984717.3	3360405.7	1848754.2	428722.1	4791581.1	1330135.6
626641.3	143216.7	225508.2	199890.3	36856.3	425435.9	93810.7
6521321.8	2041501.9	3521746.3	2011205.5	530273.0	4266701.6	418333.6
858823.8	325634.5	420563.3	315778.3	60577.9	541457.7	27459.5
898493.7	235899.0	492064.9	343060.5	72291.2	526454.3	67239.7
3399550.3	1044274.9	1418350.0	878246.7	211934.9	2466191.1	432630.3
4170468.7	917423.0	1682029.7	1190409.8	285480.5	2887964.1	1488431.8
3805394.7	1398436.2	1906560.2	1283158.7	269664.9	2356835.2	212726.5
12246358.7	3384272.5	6233958.7	3523043.7	905829.4	8424272.7	1975895.7
1267046.7	343300.5	801757.8	462928.4	92705.7	796947.3	76308.8
5460493.1	1734897.0	3031071.9	1652713.6	363709.2	3659127.3	366123.2
7422030.4	2370917.4	3441293.9	2289761.8	552603.8	4974877.2	1566716.1
1902183.2	333593.8	866395.3	400798.6	166475.6	1350156.1	179474.1
574211.3	220156.2	245353.2	205315.2	41697.7	343873.6	1219575.6
3086.8		3086.8	1644.6	1521.5	1442.0	
319601.6	157901.5	94058.6	130571.8	22633.4	169135.9	154233.4
251522.9	62254.7	148207.8	73098.8	17542.8	173295.7	1065342.2
11410766.9	3916743.9	6110619.0	3664606.7	855520.3	7387984.1	760831.9
409872.4	208858.1	166113.5	152252.0	31341.9	250306.1	28593.8
160375.7	69292.5	59645.9	48182.2	10039.9	101845.1	10795.5
105290.1	47670.6	55124.7	38221.9	7486.4	65568.6	3476.9
63836.4	34769.4	23310.4	35853.0	3005.2	27983.3	4434.7

5-6 续表

项 目	资产总计	流动资产合计	#应收账款	#存货	#产成品
纺织业	278799.1	188289.0	50054.1	42167.4	19818.7
纺织服装、服饰业	861855.2	574140.8	202713.6	161083.5	81092.4
皮革、毛皮、羽毛及其制品和制鞋业	265273.8	199242.5	50023.3	38794.1	9594.0
木材加工和木、竹、藤、棕、草制品业	414309.7	295291.3	64251.6	69091.8	26746.2
家具制造业	1819959.2	1304870.3	726269.8	332303.3	167574.9
造纸和纸制品业	431258.6	169662.5	21656.3	49437.2	15952.4
印刷和记录媒介复制业	145396.0	85470.2	26780.7	33458.9	7079.1
文教、工美、体育和娱乐用品制造业	800042.6	635698.3	421470.5	124562.9	59317.7
石油加工、炼焦和核燃料加工业	51127.7	39738.6	10035.0	19429.5	9506.8
化学原料和化学制品制造业	2030127.8	1158127.4	233986.2	290542.2	165270.9
医药制造业	960979.0	715713.0	47677.9	47243.0	24177.8
化学纤维制造业	37730.8	21341.4	3068.2	6446.3	2291.6
橡胶和塑料制品业	399745.8	263409.7	96777.4	65471.8	29510.2
非金属矿物制品业	2769960.9	1647023.6	663572.4	210679.4	83611.6
黑色金属冶炼和压延加工业	327599.4	259658.8	20767.9	32743.3	22210.7
有色金属冶炼和压延加工业	6196173.1	4507287.2	815824.3	1686288.2	680105.9
金属制品业	518617.4	305136.4	96463.0	100772.5	62175.3
通用设备制造业	324894.5	186345.2	69735.2	49796.1	19789.0
专用设备制造业	1115360.7	663715.4	104033.9	173469.3	36112.3
汽车制造业	571993.5	215641.5	48959.1	54754.2	26898.0
电气机械和器材制造业	4877451.9	3393335.7	672128.7	652208.1	253083.8
计算机、通信和其他电子设备制造业	7801829.0	4669041.4	1946607.4	1009187.4	356377.9
仪器仪表制造业	77612.2	52265.4	23898.3	14687.4	2333.9
其他制造业	103067.3	59017.7	24438.0	15363.3	4727.1
废弃资源综合利用业	874498.6	718705.1	250113.9	276684.7	86175.1
电力、燃气及水的生产和供应业	5569466.8	1608622.2	347842.2	75583.5	19310.4
电力、热力生产和供应业	4009249.6	1072554.7	319553.1	40226.6	5.2
燃气生产和供应业	229842.4	76513.8	3842.6	4961.4	1920.1
水的生产和供应业	1330374.8	459553.7	24446.5	30395.5	17385.1

单位：万元

固定资产原价	#房屋和构筑物	#机器设备	累计折旧	#本年折旧	固定资产净额	无形资产
121449.7	55324.6	55649.2	28718.4	8724.2	90265.6	6644.4
318347.9	154993.0	112946.7	128810.6	23458.6	186636.3	18590.1
79591.2	22972.7	26530.7	18860.1	4139.8	33084.8	10938.8
154010.1	29729.0	111189.5	36782.6	13632.5	115176.8	7681.4
506749.6	153840.3	283457.4	152708.3	41123.0	332487.2	7170.3
332313.1	88520.5	202679.8	110651.4	16317.1	220569.4	14006.4
63024.6	27192.3	27584.5	23348.5	4861.4	39518.6	4559.0
236291.1	75534.5	115898.7	107199.5	18154.9	128451.0	10496.4
14230.6	2713.8	9353.5	5953.9	1724.1	7911.4	368.2
853764.5	277693.5	508756.7	179487.5	64824.7	671571.1	25171.8
270257.0	83681.3	86762.3	62035.2	21001.3	128439.6	14878.9
20822.1	3455.1	16089.8	6743.6	2136.8	14078.5	1288.5
95345.4	31209.8	52061.3	27726.3	8563.2	67156.1	8758.6
1443324.7	452434.4	717430.6	583303.9	107864.3	777790.5	146058.6
76949.9	14666.2	56595.2	27026.8	6171.6	49572.6	5731.8
1245403.2	411136.4	697711.1	511565.4	104599.3	683459.9	118466.6
279363.6	75631.6	162951.1	129033.5	20993.5	140573.0	16559.1
113177.5	56935.9	40014.3	31177.2	9189.1	80644.4	14717.8
213519.7	69493.4	124937.7	47722.0	11446.7	165788.5	20955.0
301731.7	107323.8	156168.1	73995.5	17850.9	227135.0	82774.0
1000465.4	403866.6	500037.6	275839.1	67338.0	699378.8	69711.6
2728993.3	888768.0	1636468.8	754733.2	216202.6	1954174.7	93741.2
24859.9	1824.7	14887.8	3753.9	1902.3	15122.3	3741.6
66402.7	19478.5	40930.9	33344.1	4347.6	33058.5	4395.1
111003.8	47733.4	49331.2	29577.1	7079.4	80236.4	6125.8
4066775.2	645808.6	1784546.7	936280.5	278276.3	3049250.2	208214.7
3431646.9	582967.6	1733150.2	775607.8	237843.9	2585554.5	112322.4
135444.6	19056.9	19811.6	34368.1	12102.4	90692.9	1927.7
499683.7	43784.1	31584.9	126304.6	28330.0	373002.8	93964.6

5-7 规模以上工业企业

项目	负债合计	流动负债合计	#应付账款	所有者权益合计
总计	**26430785.1**	**21447533.7**	**7221877.0**	**18428348.3**
一、按登记注册类型分				
内资企业	24108011.2	19532150.0	6313474.6	14938009.7
国有企业	568973.5	271001.1	39530.2	447844.9
集体企业	730.0	730.0		2030.4
股份合作企业				
有限责任公司	9946192.8	7493722.4	2244118.3	5400760.6
股份有限公司	1148872.8	780651.7	139544.8	2005643.8
私营企业	12443242.1	10986044.8	3890281.3	7081730.0
港、澳、台商投资企业	682363.4	573204.1	235729.5	1064771.4
外商投资企业	1640410.5	1342179.6	672672.9	2425567.2
在总计中：亏损企业	6472836.8	5252792.2	1806156.9	2808443.0
在总计中：国有控股企业	5708591.7	3964120.8	785681.8	3719067.5
在总计中：轻工业	6363299.5	5531714.8	1873297.4	5884274.4
重工业	20067485.6	15915818.9	5348579.6	12544073.9
在总计中：大型企业	2291528.2	2018880.2	774446.1	2973680.3
中型企业	8395348.5	6660577.4	2159499.6	5536276.3
小型企业	12960613.2	10899179.9	3639923.1	8847693.6
微型企业	2783295.2	1868896.2	648008.2	1070698.1
二、按工业行业大类分				
采矿业	1363517.6	933577.5	236984.9	1746225.1
黑色金属矿采选业	2952.4	2952.4	1893.1	2537.1
有色金属矿采选业	734488.9	592761.7	169840.2	447735.2
非金属矿采选业	626076.3	337863.4	65251.6	1295952.8
制造业	21208277.8	18457319.3	6578405.5	14971646.9
农副食品加工业	750236.9	664135.4	124572.8	660041.9
食品制造业	219451.3	203659.1	66512.2	212653.9
酒、饮料和精制茶制造业	113697.0	105628.4	22846.9	87643.0
烟草制品业	2000.9	2000.9	318.3	78562.3

负债及所有者权益

单位：万元

#实收资本	国家资本	集体资本	法人资本	个人资本	港、澳、台资本	外商资本
7754816.5	**1009698.6**	**121259.7**	**3765462.4**	**1990005.7**	**648508.2**	**219881.6**
6465510.6	974003.8	119937.7	3422974.0	1928797.7	17589.2	2207.8
93757.9	87007.9			6750.0		
60.0		60.0				
2639222.8	784846.6	66908.7	1566713.6	219253.9		1500.0
265957.5	36924.0	1150.0	78380.2	149503.3		
3466512.4	65225.3	51819.0	1777880.2	1553290.5	17589.2	707.8
658117.0	1906.3	962.0	65567.5	9371.6	552586.0	27723.6
631188.9	33788.5	360.0	276920.9	51836.4	78333.0	189950.2
1791949.2	404685.5	28208.6	769420.4	459025.0	90533.5	40076.0
1508918.9	785470.7	10097.4	687012.3	24838.5		1500.0
2409900.6	81522.0	40942.4	1234146.2	609859.8	325890.8	117539.1
5344915.9	928176.6	80317.3	2531316.2	1380145.9	322617.4	102342.5
627809.6	20457.0		330285.8	188780.3	79998.8	8287.7
2389686.6	221610.4	60969.4	1263306.3	392427.6	364651.1	86721.8
4113313.4	645427.9	59190.3	1844653.0	1271810.6	173929.4	118301.9
624006.9	122203.3	1100.0	327217.3	136987.2	29928.9	6570.2
367229.9	195645.9		92191.2	79392.8		
600.0			500.0	100.0		
218161.7	111751.9		42259.8	64150.0		
148468.2	83894.0		49431.4	15142.8		
6506151.0	432096.0	118629.7	3264880.5	1864508.3	621164.6	204871.6
295995.1	165.0	857.0	181349.2	109681.6	2502.3	1440.0
94733.4	20000.0		21370.5	23831.9	5316.0	24215.0
35157.0			17100.0	18057.0		
85128.7			85128.7			

5-7 续表

项目	负债合计	流动负债合计	#应付账款	所有者权益合计
纺织业	135981.6	102707.6	28332.8	142817
纺织服装、服饰业	401982.0	369345.1	145357.8	459871.5
皮革、毛皮、羽毛及其制品和制鞋业	160989.8	101515.9	42952.5	104283.9
木材加工和木、竹、藤、棕、草制品业	270712.1	204610.0	81842.7	143596.9
家具制造业	920293.4	766009.5	280163.1	899661.6
造纸和纸制品业	235165.1	200796.5	30588.0	196093.5
印刷和记录媒介复制业	77492.2	73259.7	23619.8	67903.4
文教、工美、体育和娱乐用品制造业	551870.5	516957.0	341812.7	248171.5
石油加工、炼焦和核燃料加工业	25265.0	23939.3	5603.1	25862.3
化学原料和化学制品制造业	1496442.1	1274586.9	415944.0	533684.8
医药制造业	594652.5	536114.7	43630.5	366326.2
化学纤维制造业	9484.7	8894.2	1255.7	28246.1
橡胶和塑料制品业	238318.2	213974.3	87276.1	161426.2
非金属矿物制品业	1693965.7	1510292.4	536453.8	1075992.4
黑色金属冶炼和压延加工业	297117.2	288025.5	2231.7	30482.1
有色金属冶炼和压延加工业	3683941.7	3218616.2	870712.6	2512229.8
金属制品业	285715.5	230545.4	89981.6	232900.5
通用设备制造业	216990.1	176524.7	55307.8	107904.3
专用设备制造业	432858.6	364978.9	117379.7	682500.8
汽车制造业	445093.4	287866.4	157266.5	126900.2
电气机械和器材制造业	2461835.8	2143475.9	875322.5	2415614.4
计算机、通信和其他电子设备制造业	4675487.6	4094456.7	1856192.9	3126336.3
仪器仪表制造业	52687.8	41429.6	21053.0	24924.2
其他制造业	50996.8	43550.2	13022.2	52070.5
废弃资源综合利用业	707552.3	689422.9	240852.2	166945.4
电力、燃气及水的生产和供应业	3858989.7	2056636.9	406486.6	1710476.3
电力、热力生产和供应业	2888357.3	1524991.3	294219.0	1120891.7
燃气生产和供应业	147748.5	124909.6	52001.5	82094.0
水的生产和供应业	822883.9	406736.0	60266.1	507490.6

单位：万元

#实收资本	国家资本	集体资本	法人资本	个人资本	港、澳、台资本	外商资本
103690.9			21281	23993.2	48126.4	10290.3
201792.8	6600.0		79089.6	69388.1	36728.6	9986.4
49457.2		300.0	11754.2	8584.3	22705.4	6113.3
72783.6			50320.8	21539.3	923.5	
243364.4			103385.7	139880.5		98.0
98599.6			85700.0	6279.6	6620.0	
60867.3			7362.9	33470.3	20034.1	
218338.5			61469.0	31331.4	99699.6	25838.5
8690.6			3251.0	5439.6		
269307.6	3393.7		130397.6	117342.6	18053.4	120.3
114487.8		10000.0	80999.5	21936.1	1552.2	
22017.1			21241.8	775.3		
96911.6		738.0	47729.2	35190.6	10565.0	2688.8
528863.5	113844.0	3463.3	228035.4	181855.2	1665.6	
61113.6			2500.0	58613.6		
839940.9	147682.8	5341.5	426997.0	218027.5		41892.2
256256.4		5500.0	201022.7	38384.8	1666.7	9682.2
73938.6	8500.5		49556.1	14858.2		1023.8
257948.0	37772.2	1124.2	166058.1	47347.3		5646.2
129356.3	53140.0		60232.1	15984.2		
676536.2	21987.0	45479.0	344245.7	116294.0	123484.2	25046.3
1450510.5	18811.8	45826.7	675782.1	465549.0	211993.7	32547.1
16072.4			8854.4	7218.0		
30849.6			6478.5	6600.0	9527.9	8243.2
113441.8	199.0		86187.7	27055.1		
881435.6	381956.7	2630.0	408390.7	46104.6	27343.6	15010.0
764696.2	292807.5	2630.0	386400.5	43004.6	27343.6	12510.0
16142.0	2848.0		7694.0	3100.0		2500.0
100597.4	86301.2		14296.2			

5-8 规模以上工业企业营业

项 目	营业收入	#主营业务收入	营业成本	税金及附加	销售费用	管理费用
总 计	**48175128.9**	**47303665.1**	**42806494.2**	**220838.3**	**679846.5**	**1159188.5**
一、按登记注册类型分						
内资企业	42832234.3	42161973.7	37948048.7	206216.9	618001.7	1019184.8
国有企业	290364.1	285603.6	222882.4	1982.9	4901.0	9153.0
集体企业	5428.4	5428.4	4886.7	6.0	59.5	151.0
股份合作企业						
有限责任公司	13342467.1	13010708.4	11651383.0	72618.7	182417.8	344553.7
股份有限公司	2130537.9	2085533.0	1870086.6	7070.9	15601.1	40507.8
私营企业	27063436.8	26774700.3	24198810.0	124538.4	415022.3	624819.3
港、澳、台商投资企业	1723926.7	1712478.2	1501500.1	7888.1	23711.2	67468.3
外商投资企业	3618967.9	3429213.2	3356945.4	6733.3	38133.6	72535.4
在总计中：亏损企业	8149182.6	7824495.9	8041318.0	35623.0	72106.2	229177.9
在总计中：国有控股企业	7195068.6	7023583.5	6407200.8	43142.1	49629.8	161373.1
在总计中：轻工业	10772311.4	10453855.3	8957287.5	45135.7	353992.1	425439.1
重工业	37402817.5	36849809.8	33849206.7	175702.6	325854.4	733749.4
在总计中：大型企业	4035611.6	3827831.3	3661782.0	10076.0	34159.9	90713.1
中型企业	12895685.9	12543067.6	11091733.0	81544.7	238144.3	366593.0
小型企业	27104739.9	26864081.8	24148873.5	116772.7	387617.2	648798.7
微型企业	4139091.5	4068684.4	3904105.7	12444.9	19925.1	53083.7
二、按工业行业大类分						
采矿业	2688625.5	2661297.3	2419479.9	34520.0	18481.6	96971.3
黑色金属矿采选业	31852.5	31852.5	29148.7	376.8	152.1	369.1
有色金属矿采选业	2251773.0	2224583.7	2109532.5	24560.1	9552.0	67748.5
非金属矿采选业	405000.0	404861.1	280798.7	9583.1	8777.5	28853.7
制造业	44012236.8	43177321.1	39229670.8	181919.7	648656.3	1033688.4
农副食品加工业	1750003.3	1734642.7	1523929.5	2260.5	36577.1	32721.8
食品制造业	389895.5	385736.3	321104.6	969.8	19188.4	16473.8
酒、饮料和精制茶制造业	183319.9	165586.3	135825.0	5204.9	5581.7	6801.8
烟草制品业	5219.6	4755.8	6161.9	486.0	109.0	3118.1

收入、资产处置收益等

单位：万元

研发费用	财务费用	#利息费用	#利息收入	资产减值损失	其他收益	投资收益	公允价值变动收益	资产处置收益
956928.4	**292031.6**	**639534.7**	**63073.9**	**-94464.5**	**235263.1**	**92723.4**	**-3113.1**	**269.4**
830214.8	283681.2	333754.6	44955.7	-84035.3	216765.2	83410.1	-221.1	462.1
2148.0	14770.1	12365.2	226.3	-786.6	2438.2	226.1		54.3
	48.8	48.8						
255040.5	120328.4	150559.4	24998.3	-55413.6	106982.5	34795.0	-317.6	-935.6
66730.2	-14576.9	21232.1	11644.1	-8017.4	10991.1	3500.6	-1588.4	927.1
506296.1	163110.8	149549.1	8087.0	-19817.7	96353.4	44888.4	1684.9	416.3
35116.7	1945.1	10797.1	3205.4	-3185.0	3637.4	-434.6	27.1	-8.4
91596.9	6405.3	294983.0	14912.8	-7244.2	14860.5	9747.9	-2919.1	-184.3
104426.1	71604.0	84795.1	14144.4	-42825.2	51819.4	4196.9	-2840.0	1187.4
97252.2	94493.5	99239.7	7006.2	-42318.4	85794.3	9979.8	197.4	-302.3
282500.8	42304.2	68794.1	34033.3	-11745.3	59033.7	20363.2	-3455.5	-96.8
674427.6	249727.4	570740.6	29040.6	-82719.2	176229.4	72360.2	342.4	366.2
143835.9	-9174.2	34344.1	17481.4	-15787.0	38559.7	752.5	-3709.6	42.9
321314.9	69244.5	107311.6	31554.4	-47143.3	42165.3	45120.6	373.9	-586.8
478217.1	179682.1	451056.4	11412.2	-28006.8	142634.8	25315.9	219.0	990.6
13560.5	52279.2	46822.6	2625.9	-3527.4	11903.3	21534.4	3.6	-177.3
13059.5	21015.1	18927.0	852.6	-9039.4	5610.2	2023.0		124.8
	7.1	0.2	2.6					
5476.7	9523.7	9474.8	772.3	-8934.4	5350.1	-1166.2		124.1
7582.8	11484.3	9452.0	77.7	-105.0	260.1	3189.2		0.7
930777.1	166330.9	518744.6	58991.4	-84949.7	222283.9	90326.6	-3113.1	144.1
22478.7	10546.3	9584.5	888.6	-315.7	2794.1	-248.7		1.5
9637.4	1695.6	2094.3	295.0	-1057.6	400.4	28.5		
2786.6	1556.3	1501.2	11.0	-131.6	647.8	32.7		0.1
	-1544.8	0.1	-1545.0		52.8			

5-8 续表

项　目	营业收入	#主营业务收入	营业成本	税金及附加	销售费用	管理费用
纺织业	353435.4	346624.6	298611.3	1982.6	23196.6	12678.3
纺织服装、服饰业	1077546.3	1070068.5	910751.9	4821.1	43560.0	63433.8
皮革、毛皮、羽毛及其制品和制鞋业	379767.0	373291.8	316282.1	1444.6	8571.5	25206.3
木材加工和木、竹、藤、棕、草制品业	421323.6	417555.4	373245.9	2140.2	9163.1	10513.0
家具制造业	2295454.4	2264817.2	1916961.9	3581.1	75407.6	79732.6
造纸和纸制品业	347961.2	332211.7	311437.0	1944.6	3018.5	10132.2
印刷和记录媒介复制业	149951.0	148077.8	130790.9	493.2	3570.6	5567.2
文教、工美、体育和娱乐用品制造业	617182.5	606404.5	542702.0	2691.0	9770.1	22046.4
石油加工、炼焦和核燃料加工业	61606.3	60411.8	53379.0	155.6	1523.5	1941.9
化学原料和化学制品制造业	2345418.7	2322142.0	2009177.7	4900.6	45196.2	43579.0
医药制造业	372286.6	368650.5	147159.9	4372.3	73329.3	41237.7
化学纤维制造业	28478.8	27831.9	23165.7	29.3	706.1	2093.0
橡胶和塑料制品业	452260.0	440703.7	400847.3	1362.6	7687.0	14738.0
非金属矿物制品业	2190710.0	2156607.3	1793919.3	11976.5	83306.5	97237.2
黑色金属冶炼和压延加工业	504220.5	504214.2	474829.1	613.3	4042.0	3981.5
有色金属冶炼和压延加工业	12307511.1	12198571.8	11526170.0	59803.3	27997.8	100634.2
金属制品业	543517.9	530627.8	476052.2	2428.4	8137.6	20033.7
通用设备制造业	285031.2	280175.1	220594.8	1044.9	14491.5	19271.5
专用设备制造业	752818.4	744350.5	649269.8	2098.4	13636.3	26064.5
汽车制造业	192110.2	187346.2	172332.9	484.5	3468.2	23183.8
电气机械和器材制造业	4157618.5	3930272.1	3639144.0	27120.4	50702.1	125625.2
计算机、通信和其他电子设备制造业	8984928.4	8714341.1	8104552.6	21215.3	60254.9	203711.1
仪器仪表制造业	70396.2	70036.6	54469.0	206.8	1908.4	4209.6
其他制造业	85597.3	85597.3	70741.1	394.0	4076.2	3866.7
废弃资源综合利用业	2706667.0	2705668.6	2626062.4	15693.9	10478.5	13854.5
电力、燃气及水的生产和供应业	1474266.6	1465046.7	1157343.5	4398.6	12708.6	28528.8
电力、热力生产和供应业	1195825.4	1192492.5	949185.2	2432.4	732.5	12372.7
燃气生产和供应业	136724.1	133309.9	108658.3	762.0	7498.2	1941.3
水的生产和供应业	141717.1	139244.3	99500.0	1204.2	4477.9	14214.8

单位：万元

研发费用	财务费用	#利息费用	#利息收入	资产减值损失	其他收益	投资收益	公允价值变动收益	资产处置收益
8056.4	649.5	1425.6	112.9	-691.7	977.0	-26.0	-0.4	10.6
16180.5	3084.1	2138.2	324.2	-2136.2	1894.9	-121.9	-0.4	-157.0
9725.5	800.3	771.7	22.2	-299.7	103.9	5946.1		0.2
7601.4	3429.5	3233.7	228.0	2.6	352.9	7.4	2.4	
53556.2	21205.2	13960.2	269.6	-21.4	1050.4			0.3
4497.9	5806.4	4422.5	508.8		416.5	19.6		
3282.1	1820.9	1676.7	5.3	-84.8	178.9	13.4		
16692.5	2640.5	3837.8	570.0		376.4	-2068.5	1.2	-27.4
1291.3	634.4	487.3	4.4			32.2		
59833.5	11067.1	8786.2	316.1	-119.1	3743.8	330.0	15.6	-57.0
50277.0	6840.6	4738.7	1745.1	-201.7	30180.9	15354.0		6.2
925.5	166.6	173.7	11.9	-189.9	1001.9			45.9
12714.4	1713.8	2598.0	89.3	10.1	990.0	1251.4		-15.7
44881.9	21447.1	21656.5	914.5	-36.3	6047.0	556.7		113.5
1048.7	3876.2	3909.2	588.8					
180188.2	46072.2	57320.9	13808.4	-23984.7	73455.0	29514.3	1748.6	126.5
10865.8	2759.8	3210.7	383.7	-1388.7	3737.7	130.5	56.2	95.3
13465.6	2580.5	2697.3	227.5	-33.3	577.1			
24051.1	1104.8	3139.8	2497.2	-1152.0	2947.4	3593.9	6.0	504.4
6204.4	2499.0	2091.2	69.9	-606.1	12269.1	194.0		116.3
86591.4	-13877.1	27955.5	26066.7	-7166.1	16994.4	3331.5	-3458.3	31.4
263769.2	20618.5	329550.4	10124.0	-43717.1	51591.6	29402.6	-1492.6	-650.6
3512.0	542.1	368.0	-38.8	-210.8	383.5			
2598.4	-95.6	589.4	15.5		49.3	532.5		
14063.5	6691.1	4825.3	476.6	-1417.9	9069.2	2520.4	8.6	-0.4
13091.8	104685.6	101863.1	3229.9	-475.4	7369.0	373.8		0.5
12434.1	91267.2	88136.9	2588.3	-463.9	6162.5	127.3		0.5
190.2	1577.0	1675.4	228.6		23.3	20.4		
467.5	11841.4	12050.8	413.0	-11.5	1183.2	226.1		

5-9 规模以上工业企业

项目	营业利润	营业外收入	营业外支出	利润总额	所得税费用
总计	**2274828.8**	**322581.3**	**41755.1**	**2555656.2**	**205683.6**
一、按登记注册类型分					
内资企业	2128184.7	302464.6	37983.9	2392667.0	192508.1
国有企业	36382.0	402.4	256.4	36528.1	5947.1
集体企业	276.4	1.8		278.2	11.4
股份合作企业					
有限责任公司	798436.1	61343.9	13026.7	846752.5	84714.7
股份有限公司	149133.2	2143.3	818.0	150458.3	11637.5
私营企业	1143957.0	238573.2	23882.8	1358649.9	90197.4
港、澳、台商投资企业	86144.6	9205.0	1951.8	93398.3	9500.1
外商投资企业	60499.5	10911.7	1819.4	69590.9	3675.4
在总计中：亏损企业	-403536.5	87759.2	7597.5	-323372.1	-11890.3
在总计中：国有控股企业	391600.8	14979.7	8331.4	398249.7	58265.8
在总计中：轻工业	726427.1	56282.1	13003.3	769705.1	56915.5
重工业	1548401.7	266299.2	28751.8	1785951.1	148768.1
在总计中：大型企业	121573.9	7650.3	2041.4	127182.5	3517.7
中型企业	766337.7	102044.2	10537.7	857844.3	72809.4
小型企业	1276485.9	162380.5	24220.6	1414648.0	114087.7
微型企业	110431.3	50506.3	4955.4	155981.4	15268.8
二、按工业行业大类分					
采矿业	82741.0	44635.8	4700.8	122676.0	22078.9
黑色金属矿采选业	1799.3	93.3		1892.6	298.8
有色金属矿采选业	19680.9	43339.8	1666.1	61355.4	11155.0
非金属矿采选业	61260.8	1202.7	3034.7	59428.0	10625.1
制造业	2031378.1	266981.5	34539.2	2263822.1	170721.0
农副食品加工业	122190.5	4104.2	1578.2	124716.0	8996.6
食品制造业	20197.5	1181.5	908.8	20470.1	1744.6
酒、饮料和精制茶制造业	26083.1	848.9	228.4	26703.7	3367.4
烟草制品业	-3057.8	0.1	2.0	-3059.7	1.2

利润总额、应付职工薪酬

单位：万元

应付职工薪酬	应交增值税	平均用工人数（人）	期末用工人数（人）	亏损企业亏损总额	利税总额	应交税金及附加
2558050.0	**1406306.6**	**341201**	**340602**	**323372.1**	**4182801.1**	**1832828.5**
2106940.2	1352072.1	275049	276396	273523.6	3950956.0	1750797.1
16041.3	11123.1	1259	1339	220.8	49634.1	19053.1
302.6	31.1	50	50		315.3	48.5
560161.8	480937.0	58531	60261	128311.9	1400308.2	638270.4
94225.0	20508.6	8532	8905	13904.1	178037.8	39217.0
1436209.5	839472.3	206677	205841	131086.8	2322660.6	1054208.1
248535.2	30672.3	41682	40237	10258.0	131958.7	48060.5
202574.6	23562.2	24470	23969	39590.5	99886.4	33970.9
436789.0	234100.8	59227	57609	323372.1	-53648.3	257833.5
259525.3	229837.4	20068	19892	106345.6	671229.2	331245.3
1060675.7	220220.6	161813	162125	94060.6	1035061.4	322271.8
1497374.3	1186086.0	179388	178477	229311.5	3147739.7	1510556.7
329409.3	30220.2	38518	37994	46687.3	167478.7	43813.9
891479.1	438009.1	111577	112556	61629.4	1377398.1	592363.2
1291519.3	794329.9	181847	184110	180333.2	2325750.6	1025190.3
45642.3	143747.4	9259	5942	34722.2	312173.7	171461.1
128988.3	158090.1	12717	12660	23488.6	315286.1	214689.0
1331.6	3989.7	123	123	84.2	6259.1	4665.3
96424.0	138990.1	8717	8646	14945.8	224905.6	174705.2
31232.7	15110.3	3877	3891	8458.6	84121.4	35318.5
2355947.4	1168099.0	323299	322764	265671.7	3613840.8	1520739.7
64873.2	15724.6	7488	8760	6893.6	142701.1	26981.7
32704.0	4874.5	4809	6053	1699.6	26314.4	7588.9
10170.2	8119.3	1201	1291	251.0	40027.9	16691.6
3195.5	446.3	110	110	3059.7	-2127.4	933.5

5-9 续表

项 目	营业利润	营业外收入	营业外支出	利润总额	所得税费用
纺织业	8366.6	5055.1	645.1	12776.1	1298.6
纺织服装、服饰业	35169.8	9550.4	995.8	43722.8	4749.6
皮革、毛皮、羽毛及其制品和制鞋业	23484.4	2079.5	956.4	24607.0	2557.1
木材加工和木、竹、藤、棕、草制品业	15594.5	6325.8	142.5	21778.4	455.3
家具制造业	146027.5	9302.3	2923.8	152406.0	1481.5
造纸和纸制品业	11541.1	2747.3	238.3	14050.0	1570.1
印刷和记录媒介复制业	4533.8	559.8	-57.9	5151.0	15.8
文教、工美、体育和娱乐用品制造业	18919.2	4190.8	1279.3	21831.9	1148.5
石油加工、炼焦和核燃料加工业	2712.5	757.2	9.1	3460.6	49.2
化学原料和化学制品制造业	175181.5	6955.6	2110.8	180026.9	13052.3
医药制造业	94482.8	1959.2	694.3	95747.7	3615.1
化学纤维制造业	1995.8	23.7	47.1	1972.4	
橡胶和塑料制品业	15056.6	3171.1	321.0	17907.4	1519.8
非金属矿物制品业	144433.0	9919.6	3594.7	150758.7	21658.8
黑色金属冶炼和压延加工业	15829.0	12060.0	154.2	27734.4	46.7
有色金属冶炼和压延加工业	437884.6	72421.5	7993.4	502312.8	46470.5
金属制品业	25336.9	2666.0	738.0	27266.0	2594.5
通用设备制造业	14126.2	3268.0	170.8	17223.7	1357.9
专用设备制造业	41645.7	3344.2	492.8	44499.0	5721.6
汽车制造业	-4132.5	1317.5	1549.5	-4364.3	-918.4
电气机械和器材制造业	251610.2	23461.7	1745.1	273327.2	25063.3
计算机、通信和其他电子设备制造业	346451.4	38107.3	4153.9	380403.2	18420.9
仪器仪表制造业	5500.9	939.1	37.6	6402.4	457.7
其他制造业	4598.0	932.6	53.6	5477.0	1123.4
废弃资源综合利用业	29615.3	39731.5	832.6	68513.7	3101.4
电力、燃气及水的生产和供应业	160709.7	10964.0	2515.1	169158.1	12883.7
电力、热力生产和供应业	133359.9	10291.7	1798.2	141852.9	8886.1
燃气生产和供应业	16106.8	118.2	60.4	16164.6	378.1
水的生产和供应业	11243.0	554.1	656.5	11140.6	3619.5

单位：万元

应付职工薪酬	应交增值税	平均用工人数(人)	期末用工人数(人)	亏损企业亏损总额	利税总额	应交税金及附加
36954.9	9040.3	5273	5609	2626.4	23799.0	12321.5
218886.8	33754.0	36210	35826	6583.6	82297.9	43324.7
74969.1	8382.5	14384	13955	3532.5	34434.1	12384.2
25318.4	6880.0	3953	4011	916.3	30798.6	9475.5
225527.7	21953.7	35356	35021	7042.3	177940.8	27016.3
21401.0	8250.6	2991	3063	239.2	24245.2	11765.3
20547.7	3940.5	3654	3668	918.3	9584.7	4449.5
101545.8	11176.7	17641	16188	3583.0	35699.6	15016.2
4392.2	572.2	601	644		4188.4	777.0
64897.4	54961.7	8035	8377	4815.5	239889.2	72914.6
40178.1	31955.3	3669	3412	3289.5	132075.3	39942.7
3182.0	1313.7	317	341		3315.4	1343.0
40782.3	7508.6	6273	6493	4547.9	26778.6	10391.0
151750.6	55554.7	17069	16986	16882.8	218289.9	89190.0
6517.6	21187.3	959	925	876.3	49535.0	21847.3
174276.5	373336.6	18015	18063	40342.3	935452.7	479610.4
44425.2	22672.6	5234	5125	1923.4	52367.0	27695.5
32913.6	9469.1	4665	4259	2115.5	27737.7	11871.9
60860.1	15587.1	7033	7437	6293.9	62184.5	23407.1
26291.8	12544.4	3347	3405	7824.0	8664.6	12110.5
219981.9	146000.7	29623	29104	49336.9	446448.3	198184.4
612043.6	133675.9	79981	79209	64935.0	535294.4	173312.1
9753.6	1648.3	1120	1083	843.9	8257.5	2312.8
10418.6	1541.2	1824	1821	953.6	7412.2	3058.6
17188.0	146026.6	2464	2525	23345.7	230234.2	164821.9
73114.3	80117.5	5185	5178	34211.8	253674.2	97399.8
41247.6	73632.6	2283	2272	23442.5	217917.9	84951.1
7643.1	1346.1	652	656	1677.2	18272.7	2486.2
24223.6	5138.8	2250	2250	9092.1	17483.6	9962.5

5-10 县(市、区)规模以上

县(市、区)	全 市	章贡区	南康区	赣县区	信丰县	大余县	上犹县	崇义县
总 计	**2831**	**135**	**615**	**146**	**216**	**91**	**77**	**56**
按登记注册类型分								
内资企业	2641	120	610	137	190	88	71	55
国有企业	18	2	2	2				
集体企业	1	1						
股份合作企业	1				1			
有限责任公司	393	37	12	28	25	23	15	6
国有独资公司	13	1		1			1	1
股份有限公司	28	5	1	6	1	2	1	
私营企业	2200	75	595	101	163	63	55	49
私营独资企业	48	2		5	3	2	1	1
私营合伙企业	12	1			3	1	2	
私营有限责任公司	2091	72	592	95	154	57	50	46
私营股份有限公司	49		3	1	3	3	2	2
港、澳、台商投资企业	129	6	3	7	20	2	4	1
合资经营企业(港或澳、台资)	24	4	1	1	2	1		
港澳台商独资经营企业	104	2	2	6	17	1	4	1
港澳台商投资股份有限公司	1				1			
外商投资企业	61	9	2	2	6	1	2	
中外合资经营企业	20	6			3			
中外合作经营企业	1							
外资企业	39	3	2	2	2	1	2	
外商投资股份有限公司	1				1			
按轻重工业分								
轻工业	1341	31	524	41	65	19	31	11
重工业	1490	104	91	105	151	72	46	45
按单位规模分								
大型	17	1			1			2
中型	207	20	15	9	30	5	7	1
小型	2124	96	516	100	162	65	62	34
微型	483	18	84	37	23	21	8	19
按隶属关系分								
中央	15			3			1	
地方	96	19	6	8	1	3	4	1
其他	2720	116	609	135	215	88	72	55

工业企业单位数

单位：个

安远县	定南县	全南县	宁都县	于都县	兴国县	会昌县	寻乌县	石城县	瑞金市	龙南市	赣州经开区
62	**88**	**89**	**94**	**191**	**105**	**80**	**89**	**66**	**109**	**202**	**320**
52	81	80	90	171	95	77	88	64	101	171	300
1			2	3	3				2		1
10	20	14	12	37	12	22	10	9	14	52	35
	2			2		2	1				2
1		1		3	3		1				3
40	61	65	76	128	77	55	77	55	85	119	261
	1	5	2	5	2	6	1	1	1	8	2
										4	1
40	59	59	71	119	72	45	73	54	83	101	249
	1	1	3	4	3	4	3		1	6	9
8	5	6	4	13	7	3	1	2	5	22	10
		1		4	1	1			1	3	4
8	5	5	4	9	6	2	1	2	4	19	6
2	2	3		7	3				3	9	10
1				1					1	4	4
									1		
1	2	3		6	3				1	5	6
25	29	25	63	137	40	26	22	43	54	63	92
37	59	64	31	54	65	54	67	23	55	139	228
			1	1						4	7
7	2	6	7	18	4	7	2	5	14	23	25
48	69	65	74	149	81	52	68	57	93	137	196
7	17	18	12	23	20	21	19	4	2	38	92
1			1	1	2	1	2	2	1		
1	9	2	2	9	3	4	2	2	2	2	16
60	79	87	91	181	100	75	85	62	106	200	304

5-11 县(市、区)规模

县(市、区)	全　市	章贡区	南康区	赣县区	信丰县	大余县	上犹县	崇义县
总　计	**42755007.4**	**3662550.4**	**4728761.5**	**2700012.4**	**2788239.6**	**1791457.5**	**1498085.9**	**1258136.2**
按登记注册类型分								
内资企业	37552264.2	2551258.0	4683045.2	2555213.3	2463085.1	1785356.4	1454572.9	1250507.4
国有企业	295118.8	54649.1	9213.0	21429.4				
集体企业	5623.3	5623.3						
股份合作企业								
有限责任公司	10877099.8	1021528.1	144811.2	999417.6	1129031.7	681811.6	774356.1	49926.7
国有独资公司	85660.5	1884.1		7168.8			12838.3	1261.0
股份有限公司	1999111.7	289686.7	12676.4	654242.7	10270.9	7934.7	127473.6	
私营企业	24375310.6	1179770.8	4516344.6	880123.6	1323782.5	1095610.1	552743.2	1200580.7
私营独资企业	290661.5	9489.4		17131.4	64211.0	6339.0	6617.5	54990.4
私营合伙企业	60025.9	2037.3			7199.9	1695.8	24943.8	
私营有限责任公司	22354325.1	1168244.1	4498704.8	858586.3	1229071.5	860908.1	499454.3	740714.1
私营股份有限公司	1670298.1		17639.8	4405.9	23300.1	226667.2	21727.6	404876.2
港、澳、台商投资企业	1688795.8	165890.1	18339.0	94191.8	279108.0	5532.1	17692.5	7628.8
合资经营企业(港或澳、台资)	701430.0	159428.6	4512.3	34571.5	81680.4	3552.1		
港澳台商独资经营企业	984839.4	6461.5	13826.7	59620.3	194901.2	1980.0	17692.5	7628.8
港澳台商投资股份有限公司	2526.4				2526.4			
外商投资企业	3513947.4	945402.3	27377.3	50607.3	46046.5	569.0	25820.5	
中外合资经营企业	1943335.4	916028.3			20055.3			
中外合作经营企业	35658.7							
外资企业	1526610.4	29374.0	27377.3	50607.3	17648.3	569.0	25820.5	
外商投资股份有限公司	8342.9				8342.9			
按轻重工业分								
轻工业	10494261.1	615932.7	2203739.9	298346.0	720115.2	88972.7	300719.0	57894.1
重工业	32260746.3	3046617.7	2525021.6	2401666.4	2068124.4	1702484.8	1197366.9	1200242.1
按单位规模分								
大型	4107781.5	204239.0			68402.4			404876.2
中型	12340465.4	1758360.5	1732590.7	1147775.2	808913.4	271949.5	811051.4	82242.9
小型	23764098.1	1561094.7	2902832.4	1440600.4	1866188.5	1338171.0	662792.4	611813.5
微型	2542662.4	138856.2	93338.4	111636.8	44735.3	181337.0	24242.1	159203.6
按隶属关系分								
中央	778747.8			652221.7			12838.3	
地方	2229398.4	558452.8	27473.7	392589.3	180845.0	25163.8	19759.4	1261.0
其他	39746861.2	3104097.6	4701287.8	1655201.4	2607394.6	1766293.7	1465488.2	1256875.2

以上工业总产值

单位：万元

安远县	定南县	全南县	宁都县	于都县	兴国县	会昌县	寻乌县	石城县	瑞金市	龙南市	赣州经开区
729560.8	**1469686.7**	**945552.8**	**781230.5**	**1577652.7**	**803072.2**	**1510856.0**	**964323.4**	**966161.2**	**2077361.3**	**4301030.0**	**8201276.3**
608475.4	1404938.0	880754.6	764082.7	1214346.6	748803.4	1471081.2	943602.5	950219.9	1963903.8	3629950.7	6229067.1
6520.1			7913.5	35111.7	21986.1				8474.1		129821.8
305217.2	701987.7	346431.3	114969.5	295746.8	293126.8	645231.4	212360.9	78083.1	451500.4	1680850.9	950710.8
	20954.5			8507.6		7677.2	8055.8				17313.2
11729.4		2221.4		133496.2	38881.8		51411.9				659086.0
285008.7	702950.3	532101.9	641199.7	749991.9	394808.7	825849.8	679829.7	872136.8	1503929.3	1949099.8	4489448.5
	2001.0	27120.8	6604.8	22143.8	10052.1	13608.6	5203.2	2583.0	2032.9	38125.6	2407.0
										21487.3	2661.8
285008.7	682558.3	504399.2	625048.9	693264.3	376323.0	697779.5	541754.4	869553.8	1467925.0	1831394.9	3923631.9
	18391.0	581.9	9546.0	34583.8	8433.6	114461.7	132872.1		33971.4	58092.0	560747.8
78908.2	20071.6	33869.4	17147.8	57373.7	32679.8	39774.8	20720.9	15941.3	64861.6	328255.9	390808.5
		3682.3		6777.7	2320.3	31804.6			20228.8	37761.5	315109.9
78908.2	20071.6	30187.1	17147.8	50596.0	30359.5	7970.2	20720.9	15941.3	44632.8	290494.4	75698.6
42177.2	44677.1	30928.8		305932.4	21589.0				48595.9	342823.4	1581400.7
20669.3				251301.5					10099.6	214404.0	510777.4
									35658.7		
21507.9	44677.1	30928.8		54630.9	21589.0				2837.6	128419.4	1070623.3
158096.5	317509.4	156778.3	587869.4	680095.1	185605.6	319548.4	242249.9	281749.9	687345.7	854144.7	1737548.6
571464.3	1152177.3	788774.5	193361.1	897557.6	617466.6	1191307.6	722073.5	684411.3	1390015.6	3446885.3	6463727.7
			60467.9	61279.1						404795.7	2903721.2
263848.9	47243.8	154616.0	431664.9	372516.6	55220.9	366436.2	60633.6	94519.4	1333272.5	1621114.8	926494.2
445160.6	1309248.0	723481.1	274501.9	1097782.9	715373.4	1091976.9	819125.6	846436.1	738693.1	2169154.3	3149671.3
20551.3	113194.9	67455.7	14595.8	46074.1	32477.9	52442.9	84564.2	25205.7	5395.7	105965.2	1221389.6
12469.0			7546.2	5984.2	48224.7	7072.5	12415.4	17968.0	2007.8		
3379.0	111294.8	7631.1	4722.3	72452.4	16767.1	190244.2	141125.3	13884.4	126560.6	18555.9	317236.3
713712.8	1358391.9	937921.7	768962.0	1499216.1	738080.4	1313539.3	810782.7	934308.8	1948792.9	4282474.1	7884040.0

5-12 县(市、区)规模以上工业企业主要财务指标

单位：万元

县(市、区)	企业单位数	#亏损企业	工业总产值	年初存货	#产成品
全 市	**2831**	**511**	**42755007.4**	**5263475.1**	**2068497.0**
章贡区	135	28	3662550.4	556117.9	183871.3
南康区	615	13	4728761.5	415306.0	203332.1
赣县区	146	42	2700012.4	537487.9	278822.9
信丰县	216	58	2788239.6	439866.2	152230.4
大余县	91	26	1791457.5	130973.4	71733.6
上犹县	77	15	1498085.9	196904.1	78290.7
崇义县	56	11	1258136.2	203130.6	132117.0
安远县	62	1	729560.8	93493.5	57623.4
定南县	88	17	1469686.7	236639.2	43711.7
全南县	89	17	945552.8	183698.7	65914.9
宁都县	94	28	781230.5	83773.8	22187.4
于都县	191	50	1577652.7	167552.5	84753.1
兴国县	105	22	803072.2	44358.6	13993.2
会昌县	80	10	1510856.0	81291.1	33882.6
寻乌县	89	6	964323.4	109744.4	30329.2
石城县	66	3	966161.2	49726.5	21294.7
瑞金市	109	22	2077361.3	212530.1	73523.2
龙南市	202	60	4301030.0	544295.7	154465.4
赣州经开区	320	82	8201276.3	976584.9	366420.2

5-12 续表 1

单位：万元

县(市、区)	资产总计	流动资产合计	#应收账款	#存货	#产成品	固定资产原价
全 市	**44859163.1**	**26591282.2**	**7476558.2**	**6192754.0**	**2541993.9**	**16051753.4**
章贡区	3917719.7	2521539.8	706729.5	626538.9	209872.8	1526754.2
南康区	3506272.6	2200560.3	756341.3	597175.7	276804.0	1183024.6
赣县区	4401782.3	2048297.0	409328.1	532486.4	234879.7	1491650.1
信丰县	3949368.2	2035180.6	730976.4	485388.0	178503.9	1753622.7
大余县	1874736.6	1118946.7	158545.2	296548.3	182163.4	637368.4
上犹县	1408225.5	968709.0	169404.4	294631.7	72238.5	574019.5
崇义县	1492224.1	767374.1	125581.9	227838.1	151114.7	439633.5
安远县	675522.7	466263.7	152462.7	127653.4	75719.2	248257.3
定南县	1214759.1	757666.6	233918.7	249247.0	71924.9	477264.6
全南县	1209230.3	697767.2	186253.6	165747.8	59964.8	455463.6
宁都县	875427.4	488657.7	67386.0	117018.3	26185.5	363046.0
于都县	2176148.7	1213350.3	251094.2	191099.3	93294.5	677717.0
兴国县	1081259.8	454068.2	160433.9	62106.1	19783.5	665678.5
会昌县	1457485.6	554385.8	128820.9	98992.2	50525.7	779072.9
寻乌县	1053818.0	526189.1	145696.6	108825.4	39461.2	482464.0
石城县	469829.1	214417.2	79332.5	39874.8	15948.4	238476.3
瑞金市	1733997.1	1187116.6	371804.1	248160.0	97511.0	562767.2
龙南市	4151852.6	2606434.9	1123648.5	658987.4	220034.6	1461312.1
赣州经开区	8209503.7	5764357.4	1518799.7	1064435.2	466063.6	2034160.9

5-12 续表 2

单位：万元

县(市、区)	累计折旧	#本年折旧	固定资产净额	负债合计	流动负债合计	#应付账款
全　市	**4806202.4**	**1175494.3**	**10781107.9**	**26430785.1**	**21447533.7**	**7221877.0**
章贡区	561289.7	95709.5	881910.4	2214634.7	1859911.1	641499.1
南康区	341164.0	114732.1	810334.6	1970491.3	1627247.1	543177.9
赣县区	393590.4	90227.9	1070165.6	2006549.5	1404689.8	357505.7
信丰县	432055.0	118058.8	1315115.8	2695668.7	2268797.5	725648.0
大余县	155531.1	51628.3	473738.7	1410026.9	1168507.9	372459.1
上犹县	164536.0	50255.2	290028.1	994990.1	830207.4	122916.5
崇义县	175201.2	28218.0	261561.8	852470.5	598299.8	131537.1
安远县	71840.2	21088.9	171950.0	380661.1	332759.6	126850.1
定南县	104493.0	37725.9	372084.4	744311.9	608140.4	333672.3
全南县	131887.4	28005.9	306413.9	679005.5	569144.3	151150.2
宁都县	119142.7	33044.5	241435.1	368383.1	276284.6	81168.1
于都县	263768.9	44570.6	389775.0	1018363.1	726659.0	189383.0
兴国县	146057.5	61796.9	469282.1	689140.2	408110.2	139801.4
会昌县	214768.0	54852.4	555307.1	767514.0	574404.0	175482.1
寻乌县	145525.1	52804.1	329733.1	612335.9	404455.7	90129.9
石城县	56278.4	14640.9	177161.3	312689.4	201348.5	71390.7
瑞金市	218456.1	38270.5	335944.9	1144929.0	990643.2	352271.7
龙南市	404962.1	102351.4	1046369.8	2944472.5	2472152.2	1133573.5
赣州经开区	705655.6	137512.5	1282796.2	4624147.7	4125771.4	1482260.6

5-12 续表 3

单位：万元

县(市、区)	所有者权益合计	#实收资本					
			国家资本	集体资本	法人资本	个人资本	港澳台资本	外商资本
全　市	**18428348.3**	**7754816.5**	**1009698.6**	**121259.7**	**3765462.4**	**1990005.7**	**648508.2**	**219881.6**
章贡区	1703083.3	545892.4	87564.2	23133.8	275359.0	107087.2	7387.7	45360.6
南康区	1535776.6	561450.5	14335.4		311216.0	210541.7	24578.9	778.4
赣县区	2395231.3	624568.3	235368.4	14141.5	235797.2	92358.9	17829.4	29072.9
信丰县	1253697.0	770932.9	130426.0	4080.0	226183.4	147912.6	242058.1	20272.7
大余县	464708.8	282528.8	40399.3	297.0	120818.0	117698.6	1179.6	2136.3
上犹县	413235.0	186430.8	5300.0	1038.0	69198.1	97613.0	8744.7	4537.0
崇义县	639753.1	197228.0	1600.0		123247.3	66318.2	128.6	5933.9
安远县	294860.4	132833.1	6000.0	10000.0	51829.0	38678.1	26326.0	
定南县	470445.2	177626.9	2491.6	141.2	98994.9	55787.5	2619.6	17592.1
全南县	530222.3	270272.2	37751.0	1546.8	157674.5	54467.4	15604.0	3228.5
宁都县	507043.7	190867.7	6602.0	600.0	116557.4	65944.0	1164.3	
于都县	1157783.1	363432.5	60982.5	5600.0	147649.6	87457.3	45753.7	15989.3
兴国县	392118.7	256655.9	54118.3	805.0	130539.4	57590.7	11503.1	2099.4
会昌县	689971.1	306268.5	68182.0	1050.0	150649.2	81212.4	5174.9	
寻乌县	441481.9	229249.1	12844.9	1816.5	127769.4	86818.3		
石城县	157139.4	80679.6	7060.0	300.0	49698.1	20469.3	3152.2	
瑞金市	589066.8	307523.1	28591.0	1161.5	130645.0	115368.9	14742.7	17014.0
龙南市	1207376.3	870042.2	23972.5	4322.0	453817.2	228984.2	132614.3	26332.0
赣州经开区	3585354.3	1400334.0	186109.5	51226.4	787819.7	257697.4	87946.4	29534.5

5-12 续表 4

单位：万元

县(市、区)	营业收入	#主营业务收入	营业成本	税金及附加	销售费用	管理费用	研发费用
全　市	**48175128.9**	**47303665.1**	**42806494.2**	**220838.3**	**679846.5**	**1159188.5**	**956928.4**
章贡区	4013022.3	3914265.5	3413171.0	16076.6	92863.2	132794.2	118705.1
南康区	4615797.2	4558570.2	4070390.4	26359.8	93428.8	124476.6	79491.2
赣县区	3577780.2	3503426.8	3278286.0	19166.0	32589.2	79202.7	56401.1
信丰县	3165181.6	3037649.9	2761097.9	13725.9	45880.1	102868.0	80542.5
大余县	1869141.2	1850675.3	1631818.6	8645.1	21564.8	41374.7	31735.6
上犹县	1596729.9	1578056.7	1359689.8	6827.3	17346.6	31710.8	42669.0
崇义县	1249832.3	1232499.8	1088181.0	7930.8	12366.9	26266.6	23085.9
安远县	701784.8	677511.4	537798.6	2211.3	10891.9	20558.2	22290.7
定南县	1466794.4	1450007.6	1283983.9	6543.9	14363.7	28869.9	31493.1
全南县	1021252.8	1005277.5	862218.0	5760.2	6207.8	32470.1	26919.6
宁都县	756895.6	748726.9	557989.9	4281.3	8417.5	22894.1	9722.9
于都县	1667988.3	1660927.8	1438585.0	9563.6	36548.7	79567.8	28521.5
兴国县	861195.0	858728.3	728013.7	4351.7	18558.9	31224.9	23668.4
会昌县	1498702.1	1457354.6	1229663.4	6924.2	24528.1	38717.6	36467.4
寻乌县	1023926.2	1006926.4	824869.7	3647.4	13686.9	24344.2	26500.2
石城县	1016151.8	1007613.0	843127.0	11548.7	17009.5	24580.5	20248.6
瑞金市	2283388.5	2277827.1	2134621.0	12636.4	17847.7	29586.3	36764.5
龙南市	4164735.9	4116057.0	3702900.7	13534.9	47666.2	93123.5	87532.6
赣州经开区	11624828.8	11361563.3	11060088.6	41103.2	148080.0	194557.8	174168.5

5-12 续表 5

单位：万元

县(市、区)	财务费用	#利息费用	#利息收入	资产减值损失	投资收益	公允价值变动收益	资产处置收益
全　市	**292031.6**	**639534.7**	**63073.9**	**-94464.5**	**92723.4**	**-3113.1**	**269.4**
章贡区	31576.3	39926.3	-1214.9	-9540.8	3539.2	146.6	-189.0
南康区	10661.5	21562.5	20108.1	-1903.0	7812.9	1177.7	62.5
赣县区	33225.3	44791.2	10437.5	-12464.3	2734.9		-659.1
信丰县	30041.2	34118.4	1174.7	-19743.7	205.9	3.6	618.0
大余县	10317.0	10110.5	573.4	-5752.6	389.8	56.2	896.9
上犹县	12386.0	11813.1	2556.9	-487.8	9877.0		-27.1
崇义县	15010.8	15394.1	1203.6	-13.6	1557.1	373.5	0.7
安远县	5843.8	4527.4	151.4	-299.6	64.5		5.8
定南县	11807.1	12117.3	718.6	-1486.9	-59.6	15.6	-23.2
全南县	10307.4	10307.3	-235.2	-2616.4	12203.4	68.7	44.3
宁都县	8469.6	5201.0	376.5	-257.1	11.1		-4.4
于都县	17122.9	21576.3	2352.4	-311.3	3429.5	-543.9	-425.7
兴国县	12962.9	13184.0	398.5	-117.9	306.9		-23.0
会昌县	12935.9	11921.6	1222.2	-6298.4	29445.6	6.0	-187.3
寻乌县	10390.4	11259.5	1958.5	-487.7	-146.0		19.1
石城县	7618.2	6297.2	131.4	-299.7			-4.3
瑞金市	10570.6	11073.8	169.1	-1189.4	16376.3	-539.2	-4.7
龙南市	36020.1	35121.7	3389.2	-12985.6	-641.6	8.6	628.4
赣州经开区	4764.6	319231.5	17602.0	-18208.7	5616.5	-3886.5	-458.5

5-12 续表 6

单位：万元

县(市、区)	营业利润	营业外收入	营业外支出	利润总额	所得税费用	应付职工薪酬
全市	**2274828.8**	**322581.3**	**41755.1**	**2555656.2**	**205683.6**	**2558050.0**
章贡区	218330.4	7598.7	-286.4	226216.5	23174.4	230356.6
南康区	220898.7	25309.7	11680.1	234528.2	10890.8	308691.6
赣县区	73282.9	17062.0	2121.2	88221.9	3509.3	118147.0
信丰县	135047.2	14120.0	2617.4	146549.7	14089.0	253773.5
大余县	123168.1	11402.4	2307.1	132263.2	13621.7	65613.3
上犹县	140147.2	8288.8	1338.3	147097.9	5533.5	70800.2
崇义县	80583.9	2250.2	1949.5	80883.9	7681.9	77933.6
安远县	102927.8	3879.2	648.7	106158.3	7584.2	55748.6
定南县	98140.3	9722.4	1121.4	106741.7	13586.5	54324.2
全南县	92549.2	5134.9	1855.6	95828.5	8719.7	74116.1
宁都县	151919.2	1999.4	1065.5	152852.4	20534.7	68133.4
于都县	67055.8	16073.5	1545.0	81582.6	13468.2	191223.2
兴国县	46229.1	4123.2	1504.0	48850.3	4814.1	73337.9
会昌县	174716.9	4161.2	1912.0	176966.5	16646.4	62342.5
寻乌县	122771.1	3682.4	679.4	125774.0	5528.8	42722.0
石城县	92013.2	1668.6	95.9	93586.6	4469.6	51704.6
瑞金市	84331.2	54355.8	1391.9	137294.7	11372.9	87697.3
龙南市	186808.2	35642.6	3764.9	218686.6	8226.1	234860.2
赣州经开区	63908.4	96106.3	4443.6	155572.7	12231.8	436524.2

5-12 续表 7

单位：万元

县(市、区)	应交增值税	平均用工人数(人)	期末用工人数(人)	亏损企业亏损总额	利税总额	应交税金及附加
全市	**1406306.6**	**341201**	**340602**	**323372.1**	**4182801.1**	**1832828.5**
章贡区	77134.3	22703	23276	23839.4	319427.4	116385.3
南康区	126605.0	46520	46193	8013.6	387493.0	163855.6
赣县区	138001.0	14083	13350	19017.7	245388.9	160676.3
信丰县	53888.5	34457	34819	58317.1	214164.1	81703.4
大余县	67569.9	7942	8362	18228.2	208478.2	89836.7
上犹县	38559.7	9349	8998	1480.0	192484.9	50920.5
崇义县	55823.4	7693	7759	4144.9	144638.1	71436.1
安远县	14514.8	9394	9624	55.1	122884.4	24310.3
定南县	54150.7	7525	7366	7688.3	167436.3	74281.1
全南县	22794.3	9884	9653	3931.8	124383.0	37274.2
宁都县	36152.3	13133	13907	2956.1	193286.0	60968.3
于都县	45140.7	30617	30151	11245.1	136286.9	68172.5
兴国县	18102.5	10724	10934	12728.1	71304.5	27268.3
会昌县	34279.3	7523	7869	3730.2	218170.0	57849.9
寻乌县	35444.2	5957	5826	3983.9	164865.6	44620.4
石城县	82191.5	9159	8839	2754.5	187326.8	98209.8
瑞金市	84790.7	13247	13947	8073.0	234721.8	108800.0
龙南市	128168.6	33714	31771	41083.9	360390.1	149929.6
赣州经开区	292995.2	47577	47958	92101.2	489671.1	346330.2

5-13 规模以上工业企业

项　　目	企　业 亏损面 (%)	每百元固定资产原值实现的			营业收入 利 润 率 (%)
		工　业 总产值 (元)	利润 (元)	利税 (元)	
总　计	**18.05**	**266.36**	**15.92**	**26.06**	**5.30**
一、按登记注册类型分组					
内资企业	17.91	262.71	16.74	27.64	5.59
国有企业	5.56	89.24	11.05	15.01	12.58
集体企业		766.64	37.93	42.99	5.12
股份合作企业					
有限责任公司	22.65	159.60	12.42	20.55	6.35
股份有限公司	28.57	319.02	24.01	28.41	7.06
私营企业	17.05	373.78	20.83	35.62	5.02
港、澳、台商投资企业	20.93	196.64	10.88	15.37	5.42
外商投资企业	18.03	391.09	7.75	11.12	1.92
在总计中：亏损企业	100.00	149.26	-9.51	-1.58	-3.97
在总计中：国有控股企业	22.00	124.31	9.55	16.09	5.54
在总计中：轻工业	14.09	275.77	20.23	27.20	7.15
重工业	21.61	263.43	14.58	25.70	4.77
在总计中：大型企业	17.65	324.20	10.04	13.22	3.15
中型企业	14.01	226.00	15.71	25.22	6.65
小型企业	16.76	320.18	19.06	31.34	5.22
微型企业	25.47	133.67	8.20	16.41	3.77
二、按工业行业大类分					
采矿业	23.85	326.60	21.36	54.91	4.56
黑色金属矿采选业	25.00	1025.42	61.31	202.77	5.94
有色金属矿采选业	20.83	450.24	19.20	70.37	2.72
非金属矿采选业	27.78	160.92	23.63	33.44	14.67
制造业	17.93	345.64	19.84	31.67	5.14
农副食品加工业	14.00	409.70	30.43	34.82	7.13
食品制造业	17.95	226.18	12.76	16.41	5.25
酒、饮料和精制茶制造业	9.09	163.23	25.36	38.02	14.57
烟草制品业	100.00	7.33	-4.79	-3.33	-58.62

主要财务指标分析资料

资　产 负债率 (%)	成本费用 利 润 率 (%)	流动资产 周 转 率 (次)	百元产值占 用流动资产 (元)	产　值 利税率 (%)	营业收入 利 税 率 (%)	流动资产 利 税 率 (%)	平均每一职工	
							占有固定 资产原值 (万元)	实现利税 (万元)
58.92	**5.57**	**1.81**	**62.19**	**9.78**	**8.68**	**15.73**	**47.13**	**12.28**
61.74	5.88	1.88	60.82	10.52	9.22	17.30	51.72	14.29
55.96	14.39	0.60	162.84	16.82	17.09	10.33	246.97	37.07
26.45	5.41	2.21	43.67	5.61	5.81	12.84	14.67	6.31
64.81	6.75	1.72	71.15	12.87	10.50	18.09	113.09	23.24
36.42	7.61	1.03	103.61	8.91	8.36	8.60	70.37	19.99
63.73	5.24	2.16	51.46	9.53	8.58	18.52	31.68	11.28
39.06	5.73	1.59	64.34	7.81	7.65	12.14	21.34	3.28
40.34	1.95	1.36	75.89	2.84	2.76	3.75	37.49	4.17
69.74	-3.80	1.59	101.19	-1.06	-0.66	-1.04	59.01	-0.93
60.55	5.85	1.75	79.17	12.95	9.33	16.35	209.66	33.74
51.96	7.65	1.29	79.61	9.86	9.61	12.39	23.47	6.38
61.53	4.98	2.05	56.53	9.76	8.42	17.26	68.62	17.64
43.52	3.24	1.19	82.66	4.08	4.15	4.93	33.35	4.41
60.26	7.10	1.54	67.69	11.16	10.68	16.49	48.51	12.24
59.43	5.47	2.09	54.48	9.79	8.58	17.96	40.31	12.63
72.22	3.86	2.18	74.58	12.28	7.54	16.46	320.13	52.54
43.85	4.78	2.14	66.88	16.81	11.73	25.14	45.36	24.90
53.78	6.38	7.86	12.81	19.77	19.65	154.38	25.10	50.89
62.13	2.79	2.87	54.50	15.63	9.99	28.68	36.97	26.01
32.57	17.61	0.87	115.13	20.78	20.77	18.05	64.64	21.62
58.62	5.39	1.85	60.16	9.16	8.21	15.23	35.35	11.20
53.20	7.67	1.85	56.29	8.50	8.15	15.10	46.79	16.29
50.79	5.56	1.36	79.30	7.25	6.75	9.15	26.50	4.35
56.47	17.50	1.53	69.72	23.29	21.83	33.41	81.56	31.01
2.48	-39.01	0.11	1013.67	-45.48	-40.76	-4.49	580.33	-19.34

5-13 续表

项目	企业亏损面(%)	每百元固定资产原值实现的			营业收入利润率(%)	资产负债率(%)
		工业总产值(元)	利润(元)	利税(元)		
纺织业	15.91	290.58	10.52	19.60	3.61	48.77
纺织服装、服饰业	22.38	319.74	13.73	25.85	4.06	46.64
皮革、毛皮、羽毛及其制品和制鞋业	21.43	464.06	30.92	43.26	6.48	60.69
木材加工和木、竹、藤、棕、草制品业	13.11	273.10	14.14	20.00	5.17	65.34
家具制造业	1.93	460.80	30.08	35.11	6.64	50.57
造纸和纸制品业	16.00	99.43	4.23	7.30	4.04	54.53
印刷和记录媒介复制业	29.63	239.99	8.17	15.21	3.44	53.30
文教、工美、体育和娱乐用品制造业	17.57	265.35	9.24	15.11	3.54	68.98
石油加工、炼焦和核燃料加工业		399.51	24.32	29.43	5.62	49.42
化学原料和化学制品制造业	25.47	262.28	21.09	28.10	7.68	73.71
医药制造业	27.59	134.96	35.43	48.87	25.72	61.88
化学纤维制造业		156.49	9.47	15.92	6.93	25.14
橡胶和塑料制品业	25.35	445.44	18.78	28.09	3.96	59.62
非金属矿物制品业	13.68	149.62	10.45	15.12	6.88	61.15
黑色金属冶炼和压延加工业	25.00	752.95	36.04	64.37	5.50	90.70
有色金属冶炼和压延加工业	22.08	775.22	40.33	75.11	4.08	59.46
金属制品业	15.94	185.95	9.76	18.75	5.02	55.09
通用设备制造业	25.49	252.89	15.22	24.51	6.04	66.79
专用设备制造业	20.00	360.81	20.84	29.12	5.91	38.81
汽车制造业	42.86	63.46	-1.45	2.87	-2.27	77.81
电气机械和器材制造业	23.46	374.57	27.32	44.62	6.57	50.47
计算机、通信和其他电子设备制造业	29.26	313.78	13.94	19.62	4.23	59.93
仪器仪表制造业	21.43	278.68	25.75	33.22	9.09	67.89
其他制造业	33.33	125.61	8.25	11.16	6.40	49.48
废弃资源综合利用业	29.27	1689.29	61.72	207.41	2.53	80.91
电力、燃气及水的生产和供应业	13.40	35.39	4.16	6.24	11.47	69.29
电力、热力生产和供应业	10.61	34.74	4.13	6.35	11.86	72.04
燃气生产和供应业	18.18	97.18	11.93	13.49	11.82	64.28
水的生产和供应业	20.00	23.07	2.23	3.50	7.86	61.85

成本费用利润率(%)	流动资产周转率(次)	百元产值占用流动资产(元)	产值利税率(%)	营业收入利税率(%)	流动资产利税率(%)	平均每一职工	
						占有固定资产原值(万元)	实现利税(万元)
3.72	1.88	53.35	6.74	6.73	12.64	21.65	4.24
4.22	1.88	56.41	8.09	7.64	14.33	8.89	2.30
6.82	1.91	53.94	9.32	9.07	17.28	5.70	2.47
5.39	1.43	70.21	7.32	7.31	10.43	38.40	7.68
7.10	1.76	55.88	7.62	7.75	13.64	14.47	5.08
4.20	2.05	51.35	7.34	6.97	14.29	108.49	7.92
3.55	1.75	56.51	6.34	6.39	11.21	17.18	2.61
3.68	0.97	101.39	5.69	5.78	5.62	14.60	2.21
5.89	1.55	69.90	7.37	6.80	10.54	22.10	6.50
8.30	2.03	51.72	10.71	10.23	20.71	101.92	28.64
30.03	0.52	196.23	36.21	35.48	18.45	79.21	38.71
7.29	1.33	65.50	10.18	11.64	15.54	61.06	9.72
4.09	1.72	62.02	6.31	5.92	10.17	14.68	4.12
7.39	1.33	76.27	10.11	9.96	13.25	84.97	12.85
5.69	1.94	44.82	8.55	9.82	19.08	83.19	53.55
4.23	2.73	46.69	9.69	7.60	20.75	68.95	51.79
5.27	1.78	58.74	10.08	9.63	17.16	54.51	10.22
6.37	1.53	65.11	9.69	9.73	14.89	26.57	6.51
6.23	1.13	86.15	8.07	8.26	9.37	28.71	8.36
-2.10	0.89	112.62	4.53	4.51	4.02	88.61	2.54
7.03	1.23	90.55	11.91	10.74	13.16	34.38	15.34
4.40	1.92	54.53	6.25	5.96	11.46	34.45	6.76
9.90	1.35	75.44	11.92	11.73	15.80	22.95	7.62
6.75	1.45	70.76	8.89	8.66	12.56	36.46	4.07
2.56	3.77	38.33	12.28	8.51	32.03	43.96	91.18
12.85	0.92	111.78	17.63	17.21	15.77	785.39	48.99
13.31	1.11	89.97	18.28	18.22	20.32	1510.41	95.91
13.49	1.79	58.13	13.88	13.36	23.88	206.47	27.85
8.54	0.31	398.66	15.17	12.34	3.80	222.08	7.77

5-14 县(市、区)规模以上工业企业

项 目	企 业 亏损面 (%)	每百元固定资产原值实现的			营业收入 利润率 (%)	资 产 负债率 (%)	成本费用 利 润 率 (%)
		工 业 总产值 (元)	利润 (元)	利税 (元)			
全 市	**18.05**	**266.36**	**15.92**	**26.06**	**5.30**	**58.92**	**5.57**
章贡区	20.74	239.89	14.82	20.92	5.64	56.53	5.97
南康区	2.11	399.72	19.82	32.75	5.08	56.20	5.36
赣县区	28.77	181.01	5.91	16.45	2.47	45.58	2.54
信丰县	26.85	159.00	8.36	12.21	4.63	68.26	4.85
大余县	28.57	281.07	20.75	32.71	7.08	75.21	7.62
上犹县	19.48	260.98	25.63	33.53	9.21	70.66	10.05
崇义县	19.64	286.18	18.40	32.90	6.47	57.13	6.94
安远县	1.61	293.87	42.76	49.50	15.13	56.35	17.77
定南县	19.32	307.94	22.37	35.08	7.28	61.27	7.79
全南县	19.10	207.60	21.04	27.31	9.38	56.15	10.21
宁都县	29.79	215.19	42.10	53.24	20.19	42.08	25.16
于都县	26.18	232.79	12.04	20.11	4.89	46.80	5.10
兴国县	20.95	120.64	7.34	10.71	5.67	63.73	6.00
会昌县	12.50	193.93	22.72	28.00	11.81	52.66	13.18
寻乌县	6.74	199.87	26.07	34.17	12.28	58.11	13.98
石城县	4.55	405.14	39.24	78.55	9.21	66.55	10.26
瑞金市	20.18	369.13	24.40	41.71	6.01	66.03	6.16
龙南市	29.70	294.33	14.97	24.66	5.25	70.92	5.51
赣州经开区	25.63	403.18	7.65	24.07	1.34	56.33	1.34

主要财务指标分析资料

流动资产周转率(次)	百元产值占用流动资产(元)	产值利税率(%)	营业收入利税率(%)	流动资产利税率(%)	平均每一职工	
					占有固定资产原值(万元)	实现利税(万元)
1.81	**62.19**	**9.78**	**8.68**	**15.73**	**47.13**	**12.28**
1.59	68.85	8.72	7.96	12.67	65.59	13.72
2.10	46.54	8.19	8.39	17.61	25.61	8.39
1.75	75.86	9.09	6.86	11.98	111.73	18.38
1.56	72.99	7.68	6.77	10.52	50.36	6.15
1.67	62.46	11.64	11.15	18.63	76.22	24.93
1.65	64.66	12.85	12.05	19.87	63.79	21.39
1.63	60.99	11.50	11.57	18.85	56.66	18.64
1.51	63.91	16.84	17.51	26.36	25.80	12.77
1.94	51.55	11.39	11.42	22.10	64.79	22.73
1.46	73.79	13.15	12.18	17.83	47.18	12.89
1.55	62.55	24.74	25.54	39.55	26.11	13.90
1.37	76.91	8.64	8.17	11.23	22.48	4.52
1.90	56.54	8.88	8.28	15.70	60.88	6.52
2.70	36.69	14.44	14.56	39.35	99.01	27.73
1.95	54.57	17.10	16.10	31.33	82.81	28.30
4.74	22.19	19.39	18.43	87.37	26.98	21.19
1.92	57.15	11.30	10.28	19.77	40.35	16.83
1.60	60.60	8.38	8.65	13.83	46.00	11.34
2.02	70.29	5.97	4.21	8.49	42.42	10.21

5-15　2022年赣州市开发区(园区)主要经济指标

项　　目	投产工业企业数(个)	营业收入		利润总额		资产总计(万元)		从事工业生产活动的从业人员平均人数		招商实际到位资金	
		绝对数(万元)	比上年增长(%)	绝对数(万元)	比上年增长(%)	绝对数(万元)	比上年增长(%)	绝对数(人)	比上年增长(%)	绝对数(万元)	比上年增长(%)
全　市	**3334**	**52651242**	**17.5**	**3209173**	**13.6**	**40225495**	**19.1**	**369724**	**4.1**	**13010161**	**18.0**
章贡高新技术产业园区	151	4575024	17.3	252691	34.6	3938413	10.9	25296	11.6	821235	23.1
南康经济开发区	508	5305662	10.7	328925	6.3	3042285	10.3	41636	-8.0	1031554	24.0
赣州高新技术产业开发区	251	4529337	24.2	316180	24.7	3674713	16.6	22292	35.0	1588000	43.6
信丰高新技术产业园区	254	2943601	11.2	176147	12.4	3030752	8.7	38579	6.8	1619400	7.8
大余工业园区	134	1809611	53.6	144343	51.0	1709846	89.5	9584	23.5	377921	16.0
上犹工业园区	105	1590565	17.5	134649	13.4	1288000	41.1	9120	-0.8	131480	18.0
崇义产业园	48	979819	5.3	60155	46.7	911128	7.0	5013	4.4	88690	-22.6
龙南经济技术开发区	517	6449346	29.3	419803	43.7	6076687	25.6	53814	-0.9	2042639	18.8
#定南工业园区	101	1284091	57.0	88971	53.5	935447	15.6	7580	0.1	320868	8.2
#全南工业园区	136	1018015	35.1	91926	48.3	1159675	19.7	9715	4.5	357491	14.7
瑞金经济技术开发区	678	9138820	13.0	719620	11.3	5756900	16.2	83044	6.1	2113236	15.2
#宁都工业园区	98	1281656	10.3	170332	47.5	702785	28.7	12812	-0.6	465161	1.4
#于都工业园区	208	3028221	15.0	179783	-5.9	2014552	24.8	31921	-0.8	372722	0.6
#江西兴国经济开发区	102	723419	30.9	41550	-6.5	874025	16.5	11369	14.8	538746	18.1
#石城产业园	124	1015803	22.8	83409	30.8	362236	11.0	11904	14.3	257400	143.6
会昌工业园区	95	1398576	13.8	146874	16.4	1155272	19.6	10880	30.4	275876	34.8
寻乌产业园	89	844934	24.3	94587	23.4	737882	10.0	6418	27.1	241104	20.9
安远工业园区	93	733176	36.5	78314	43.9	620588	24.7	11041	7.3	129546	3.8
赣州经济技术开发区	411	12352772	16.6	336888	-27.7	8283029	19.5	53007	-6.2	2549480	11.8

注：龙南经济技术开发区数据含定南工业园区、全南工业园区数据。瑞金经济技术开发区数据含宁都工业园区、于都工业园区、江西兴国经济开发区、石城产业园数据。

5-16　2022年营业收入前150位工业企业名单

序号	单位名称	所在地	序号	单位名称	所在地
1	赣州江钨新型合金材料有限公司	赣州经开区	39	赣浙国华(信丰)发电有限责任公司	信丰县
2	赣州市开源科技有限公司	南康区	40	江西新南山科技有限公司	南康区
3	赣州市束薪再生资源有限公司	赣州经开区	41	江西和泰新光源材料有限公司	龙南市
4	赣州立德电子有限公司	赣州经开区	42	江西青峰药业有限公司	章贡区
5	赣州晨光稀土新材料有限公司	上犹县	43	汇森家具(龙南)有限公司	龙南市
6	江西金力永磁科技股份有限公司	赣州经开区	44	瑞金市得邦照明有限公司	瑞金市
7	赣州市同兴达电子科技有限公司	赣州经开区	45	大余县福鑫矿业有限公司	大余县
8	赣州汇通铜业有限公司	石城县	46	赣州爱康光电科技有限公司	南康区
9	华能秦煤瑞金发电有限责任公司	赣县区	47	上犹东进稀土金属冶炼工贸有限公司	上犹县
10	赣州海富莱电子有限公司	赣州经开区	48	赣州市威华矿业有限公司	赣州经开区
11	孚能科技(赣州)股份有限公司	赣州经开区	49	赣州海螺水泥有限责任公司	信丰县
12	赣州科力稀土新材料有限公司	章贡区	50	赣州稀土友力科技开发有限公司	赣县区
13	江西盛源新材料有限公司	大余县	51	寻乌县鑫鼎汇矿业有限公司	寻乌县
14	江西惠磊矿业有限公司	赣州经开区	52	赣州美园畜牧有限公司	赣州经开区
15	江西一诺新材料有限公司	信丰县	53	赣州诺威新能源有限公司	龙南市
16	宁都县赣锋锂业有限公司	宁都县	54	赣州市生源矿业有限公司	赣州经开区
17	龙南市福鑫钢铁有限公司	龙南市	55	江西佳纳能源科技有限公司	龙南市
18	赣州腾远钴业新材料股份有限公司	赣县区	56	定南大华新材料资源有限公司	定南县
19	江西南方稀土高技术股份有限公司	赣县区	57	赣州逸豪优美科实业有限公司	章贡区
20	赣州鑫祺科技有限公司	赣州经开区	58	赣州市源升科技有限公司	崇义县
21	信丰县包钢新利稀土有限责任公司	信丰县	59	江西地利铜业有限公司	瑞金市
22	瑞金市振兴铜业有限公司	瑞金市	60	赣州市宝明显示科技有限公司	赣州经开区
23	崇义章源钨业股份有限公司	崇义县	61	赣州稀土矿业有限公司	赣县区
24	全南县新资源稀土有限责任公司	全南县	62	赣州逸豪新材料股份有限公司	章贡区
25	龙南市福昌隆废旧物资回收有限公司	龙南市	63	赣州江钨再生资源回收利用有限公司	赣州经开区
26	虔东稀土集团股份有限公司	章贡区	64	赣州海盛钨业股份有限公司	上犹县
27	江西九丰能源股份有限公司	于都县	65	江西杨氏果业股份有限公司	寻乌县
28	龙南市建控再生资源回收利用有限公司	龙南市	66	兴国兴氟化工有限公司	兴国县
29	赣州集盛科技有限责任公司	南康区	67	江西瑞金万年青水泥有限责任公司	瑞金市
30	赣州步莱铽新资源有限公司	章贡区	68	赣州铝业股份有限公司	赣县区
31	江西金一电缆有限公司	瑞金市	69	江西九二盐业有限责任公司	会昌县
32	江西天奇金泰阁钴业有限公司	龙南市	70	华劲集团赣州纸品有限公司	章贡区
33	江西金纳铜业有限公司	瑞金市	71	江西金拉铜箔有限公司	瑞金市
34	赣州齐飞新材料有限公司	定南县	72	赣州华卓再生资源回收利用有限公司	龙南市
35	江西联茂电子科技有限公司	龙南市	73	龙南县瑞博金属再生资源有限公司	龙南市
36	赣州市深联电路有限公司	章贡区	74	江西志浩电子科技有限公司	龙南市
37	江西云锂材料股份有限公司	大余县	75	赣州雨清信息技术有限公司	赣州经开区
38	赣州市丫山钨业有限公司	大余县	76	赣州迪建新能源有限公司	赣县区

5-16 续表

序号	单位名称	所在地	序号	单位名称	所在地
77	江西大田精密科技有限公司	赣州经开区	114	江西三晶电气有限公司	南康区
78	天键电声股份有限公司	于都县	115	大余县巨森矿业有限公司	大余县
79	宝辉科技(龙南)有限公司	龙南市	116	世泰科江钨特种钨(赣州)有限公司	章贡区
80	赣州得辉达科技有限公司	安远县	117	崇义县银通矿业有限公司	崇义县
81	江西粤磁稀土新材料科技有限公司	赣县区	118	东电化(赣州)稀土新材料有限公司	赣州经开区
82	赣州虹飞钨钼材料有限公司	章贡区	119	赣州市恒源科技股份有限公司	寻乌县
83	赣州中芯源电子有限公司	赣州经开区	120	赣州溪源新材料有限公司	章贡区
84	讯海(赣州)数码科技有限公司	赣州经开区	121	恒吉集团铜材有限公司	瑞金市
85	信丰农夫山泉饮料有限公司	信丰县	122	赣州金信诺电缆技术有限公司	赣州经开区
86	会昌福默斯新材料有限公司	会昌县	123	江西于都南方万年青水泥有限公司	于都县
87	江西省鑫盛钨业有限公司	定南县	124	赣州市海龙钨钼有限公司	赣县区
88	赣州发展金信诺供应链管理有限公司	章贡区	125	龙南骏亚电子科技有限公司	龙南市
89	赣州鸿兆矿产品有限公司	赣州经开区	126	龙南鑫辉功能材料有限公司	龙南市
90	江西石磊氟化工有限责任公司	会昌县	127	江西汇明生态家居科技有限公司	南康区
91	双胞胎饲料有限公司	赣州经开区	128	赣州市智鑫矿业有限公司	赣县区
92	江西石磊氟材料有限责任公司	会昌县	129	赣州市东磁稀土有限公司	赣州经开区
93	赣州市力道新能源有限公司	崇义县	130	江西省凯鑫化工科技有限公司	会昌县
94	江西耀升钨业股份有限公司	崇义县	131	定南捷威新材料资源有限公司	定南县
95	赣州华劲纸业有限公司	章贡区	132	龙南友力稀土科技开发有限公司	龙南市
96	江西荣晖电子有限公司	安远县	133	瑞德电子(信丰)有限公司	信丰县
97	江西省汇凯化工有限责任公司	会昌县	134	信丰福昌发电子有限公司	信丰县
98	全南县瑞隆科技有限公司	全南县	135	赣州市超跃科技有限公司	章贡区
99	龙南市建控资源综合利用有限公司	龙南市	136	瑞金双胞胎饲料有限公司	瑞金市
100	赣州爱格森人造板有限公司	南康区	137	江西曼妮芬服装有限公司	赣州经开区
101	赣州中凯稀土材料有限公司	定南县	138	赣州市江元电子有限公司	赣州经开区
102	会昌红狮水泥有限公司	会昌县	139	江西佰盈体育科技股份有限公司	石城县
103	江西昊宇重工有限公司	瑞金市	140	赣州市南康区康飞矿业有限公司	南康区
104	赣州天奇锂致实业有限公司	定南县	141	赣州深燃天然气有限公司	章贡区
105	江钨世泰科钨品有限公司	章贡区	142	江西团团圆家具有限公司	南康区
106	江西明达功能材料有限责任公司	安远县	143	赣州海大生物科技有限公司	赣州经开区
107	赣州中能实业有限公司	信丰县	144	赣州欧翔电子有限公司	于都县
108	赣州石磊新能源科技有限公司	会昌县	145	江西领丰电子有限公司	宁都县
109	赣州龙凯科技有限公司	定南县	146	佳腾电业(赣州)有限公司	章贡区
110	江西江钨钴业有限公司	章贡区	147	龙南骏亚精密电路有限公司	龙南市
111	江西中氟化学材料科技股份有限公司	会昌县	148	赣州科翔电子科技二厂有限公司	信丰县
112	山东凯马汽车制造有限公司赣州分公司	赣州经开区	149	江西粤工电线电缆有限公司	信丰县
113	赣州市明鼎实业有限公司	赣州经开区	150	赣州华京稀土新材料有限公司	赣州经开区

5-17 2022年利润总额前150位工业企业名单

序号	单位名称	所在地	序号	单位名称	所在地
1	宁都县赣锋锂业有限公司	宁都县	39	赣州中能实业有限公司	信丰县
2	江西金力永磁科技股份有限公司	赣州经开区	40	赣州市丫山钨业有限公司	大余县
3	赣州晨光稀土新材料有限公司	上犹县	41	赣州汇明木业有限公司	南康区
4	江西九华药业有限公司	瑞金市	42	江西云锂材料股份有限公司	大余县
5	赣州汇通铜业有限公司	石城县	43	江西和泰新光源材料有限公司	龙南市
6	赣州步莱铽新资源有限公司	章贡区	44	赣州齐飞新材料有限公司	定南县
7	赣州市深联电路有限公司	章贡区	45	格力电器(赣州)有限公司	南康区
8	定南大华新材料资源有限公司	定南县	46	江西佰盈体育科技股份有限公司	石城县
9	全南县新资源稀土有限责任公司	全南县	47	江西悦安新材料股份有限公司	大余县
10	江西盛源新材料有限公司	大余县	48	江西瑞金万年青水泥有限责任公司	瑞金市
11	江西石磊氟材料有限责任公司	会昌县	49	大余县巨森矿业有限公司	大余县
12	江西青峰药业有限公司	章贡区	50	汇森家具(龙南)有限公司	龙南市
13	江西九二盐业有限责任公司	会昌县	51	江西金拉铜箔有限公司	瑞金市
14	赣州海螺水泥有限责任公司	信丰县	52	江西省会昌金龙锡业有限公司	会昌县
15	江西杨氏果业股份有限公司	寻乌县	53	江西九丰能源股份有限公司	于都县
16	信丰县包钢新利稀土有限责任公司	信丰县	54	信丰农夫山泉果业有限公司	信丰县
17	虔东稀土集团股份有限公司	章贡区	55	国家电投集团江西定南新能源有限公司	定南县
18	龙南市福鑫钢铁有限公司	龙南市	56	中天鸿锂清源股份有限公司	大余县
19	赣州得辉达科技有限公司	安远县	57	赣州诺威新能源有限公司	龙南市
20	崇义章源钨业股份有限公司	崇义县	58	赣州稀土矿业有限公司	赣县区
21	大余县福鑫矿业有限公司	大余县	59	元源新材料有限公司	上犹县
22	信丰农夫山泉饮料有限公司	信丰县	60	双胞胎饲料有限公司	赣州经开区
23	江西天奇金泰阁钴业有限公司	龙南市	61	安远大唐新能源有限公司	安远县
24	寻乌县鑫鼎汇矿业有限公司	寻乌县	62	播恩集团股份有限公司	赣州经开区
25	龙南市建控再生资源回收利用有限公司	龙南市	63	国家电投集团江西赣州新能源有限公司寻乌分公司	寻乌县
26	赣州腾远钴业新材料股份有限公司	赣县区	64	赣州深燃天然气有限公司	章贡区
27	江西金一电缆有限公司	瑞金市	65	赣州稀土友力科技开发有限公司	赣县区
28	瑞金市得邦照明有限公司	瑞金市	66	赣州逸豪优美科实业有限公司	章贡区
29	龙南县瑞博金属再生资源有限公司	龙南市	67	赣州立德电子有限公司	赣州经开区
30	龙南市福昌隆废旧物资回收有限公司	龙南市	68	赣州爱格森人造板有限公司	南康区
31	赣州美园畜牧有限公司	赣州经开区	69	江西省凯鑫化工科技有限公司	会昌县
32	江西明达功能材料有限责任公司	安远县	70	于都振堃建材有限公司	于都县
33	赣州市力道新能源有限公司	崇义县	71	龙南鑫辉功能材料有限公司	龙南市
34	兴国吉电新能源发电有限公司	兴国县	72	龙南市建控资源综合利用有限公司	龙南市
35	赣州海盛钨业股份有限公司	上犹县	73	赣州集盛科技有限责任公司	南康区
36	江西石磊氟化工有限责任公司	会昌县	74	会昌红狮水泥有限公司	会昌县
37	上犹东进稀土金属冶炼工贸有限公司	上犹县	75	江西大唐国际全南风电有限责任公司	全南县
38	江西荣晖电子有限公司	安远县	76	定南盛和新材料有限公司	定南县

5-17 续表

序号	单位名称	所在地	序号	单位名称	所在地
77	江西昊宇重工有限公司	瑞金市	114	安远农夫基地果业有限公司	安远县
78	江西山香药业有限公司	赣州经开区	115	龙南骏亚精密电路有限公司	龙南市
79	赣州科翔电子科技二厂有限公司	信丰县	116	赣州虹飞钨钼材料有限公司	章贡区
80	中广核(赣县)高峰山风力发电有限公司	赣县区	117	江西绿萌科技控股有限公司	信丰县
81	江西省瑞烜新材料有限公司	信丰县	118	江西领丰电子有限公司	宁都县
82	赣州寒锐新能源科技有限公司	赣县区	119	赣州市源升科技有限公司	崇义县
83	全南县瑞隆科技有限公司	全南县	120	赣州市开源科技有限公司	南康区
84	中萤发展有限公司	兴国县	121	赣州石磊新能源科技有限公司	会昌县
85	于都县华强水泥制品有限公司	于都县	122	赣州金信诺电缆技术有限公司	赣州经开区
86	大余福盛矿业有限公司	大余县	123	赣州恒宏新能源科技有限公司	寻乌县
87	会昌县龙晶金属制品有限公司	会昌县	124	华润风电(赣州南康)有限公司	南康区
88	国家电投集团江西赣州新能源有限公司上犹分公司	上犹县	125	赣州爱康光电科技有限公司	南康区
89	赣州市超跃科技有限公司	章贡区	126	江西润鹏矿业股份有限公司	于都县
90	龙南市弘涛生物科技有限公司	龙南市	127	松岩冶金材料(全南)有限公司	全南县
91	龙南县金富盛新能源有限公司	龙南市	128	华劲集团赣州纸品有限公司	章贡区
92	赣州科力稀土新材料有限公司	章贡区	129	泰洋山供应链管理(江西)有限公司	安远县
93	江西三晶电气有限公司	南康区	130	赣州海盛硬质合金有限公司	赣州经开区
94	江西大唐国际石城风电有限责任公司	石城县	131	赣州市东磁稀土有限公司	赣州经开区
95	定南联能风电有限公司	定南县	132	赣州龙凯科技有限公司	定南县
96	赣州逸豪新材料股份有限公司	章贡区	133	江西大唐国际寻乌风电有限责任公司	寻乌县
97	赣州金环磁选科技装备股份有限公司	章贡区	134	江西中氟化学材料科技股份有限公司	会昌县
98	信丰中燃城市燃气发展有限公司	信丰县	135	江西省高新超越精密电子有限公司	赣县区
99	天键电声股份有限公司	于都县	136	江西鼎润科技股份有限公司	会昌县
100	全南包钢晶环稀土有限公司	全南县	137	龙南新涛亚克力科技有限公司	龙南市
101	江西新南山科技有限公司	南康区	138	赣州于都万年青商砼有限公司	于都县
102	江西强达电路科技有限公司	信丰县	139	江西奥沃森新能源有限公司	上犹县
103	国家电投集团江西赣州新能源有限公司兴国分公司	兴国县	140	江西省信丰润泉供水有限公司	信丰县
104	京瓷精密工具(赣州)有限公司	赣州经开区	141	江西省鑫盛钨业有限公司	定南县
105	江西一创新材料有限公司	信丰县	142	龙南友力稀土科技开发有限公司	龙南市
106	江西赣南海欣药业股份有限公司	赣州经开区	143	赣州华劲纸业有限公司	章贡区
107	江西会昌县石磊矿业有限责任公司	会昌县	144	江西于都南方万年青水泥有限公司	于都县
108	江西省汇凯化工有限责任公司	会昌县	145	江西浩金欧博环境科技有限公司	赣县区
109	江西汇明生态家居科技有限公司	南康区	146	江西漂塘钨业有限公司	大余县
110	江西联茂电子科技有限公司	龙南市	147	赣州宏泰钢化玻璃制造有限公司	会昌县
111	华润风电(定南)有限公司	定南县	148	赣州市瑞富特科技有限公司	赣州经开区
112	金进实业(赣州)有限公司	赣州经开区	149	江西岿美山风电有限公司	定南县
113	赣州铭诚矿业有限公司	崇义县	150	江西络鑫科技有限公司	全南县

主要统计指标解释

2010年工业统计调查修订了规模的划分标准，规模以上工业界定为年主营业务收入2000万元及以上的工业企业，其余为规模以下企业。

工业 指从事自然资源的开采，对采掘品和农产品进行加工和再加工的物质生产部门。具体包括：（1）对自然资源的开采，如采矿、晒盐等；（2）对农副产品的加工、再加工，如粮油加工、食品加工、轧花、缫丝、纺织、制革等；（3）对采掘品的加工、再加工，如炼铁、炼钢、化工生产、石油加工、机器制造、木材加工等，以及电力、自来水、煤气的生产和供应等；（4）对工业品的修理、翻新，如机器设备的修理、交通运输工具（包括汽车）的修理等。

工业统计调查单位为法人工业企业。

法人工业企业 是指从事工业生产经营活动的单位。独立核算法人工业企业应同时具备以下条件：依法成立，有自己的名称、组织机构和场所，能够承担民事责任；独立拥有和使用资产，承担负债，有权与其他单位签订合同；独立核算盈亏，并能够编制资产负债表。

本年鉴中涉及的企业登记注册类型：

——**国有及国有控股企业** 指国有企业加上国有控股企业。国有企业（即过去的全民所有制工业或国营工业）是指企业全部资产归国家所有，并按《中华人民共和国企业法人登记管理条例》规定登记注册的非公司制的经济组织。包括国有企业、国有独资公司和国有联营企业。1957年以前的公私合营和私营工业，后均改造为国营工业，1992年改为国有工业，这部分工业的资料不单独分列时，均包括在国有企业内。国有控股企业是对混合所有制经济的企业进行的“国有控股”分类。它是指这些企业的全部资产中国有资产（股份）相对其他所有者中的任何一个所有者占资（股）最多的企业。该分组反映了国有经济控股情况。

——**集体企业** 指企业资产归集体所有，并按《中华人民共和国企业法人登记管理条例》规定登记注册的经济组织。是社会主义公有制经济的组成部分。包括城乡所有使用集体投资举办的企业，以及部分个人通过集资自愿放弃所有权并依法经工商行政管理机关认定为集体所有制的企业。

——**股份有限公司** 指根据《中华人民共和国企业法人登记管理条例》规定登记注册，其全部注册资本由等额股份构成并通过发行股票筹集资本，股东以其认购的股份对公司承担有限责任，公司以其全部资产对其债务承担责任的经济组织。

——**股份合作企业** 指以合作制为基础，由企业职工共同出资入股，吸收一定比例的社会资产投资组建，实行自主经营，自负盈亏，共同劳动，民主管理，按劳分配与按股分红相结合的一种集体经济组织。

——**有限责任公司** 指根据《中华人民共和国公司登记管理条例》规定登记注册，由两个以上，五十个以下的股东共同出资，每个股东以其所缴的出资额对公司承担有限责任，公司以其全部资产对其债务承担责任的经济组织。

——**私营企业** 指由自然人投资设立或由自然人控股，以雇佣劳动为基础的营利性经济组织。包括按规定登记注册的私营有限责任公司、私营股份有限公司、私营合伙企业和私营独资企业。

——**港、澳、台商投资企业** 指企业注册登记类型中的港、澳、台资合资、合作、独资经营企业之和。

——**外商投资企业** 指企业注册登记类型中的中外合资、合作经营企业、外资企业和外商投资股份有限公司之和。

轻工业 指主要提供生活消费品和制作手工工具的工业。按其所使用的原料不同，可分为两大类：（1）以农产品为原料的轻工业，是指直接或间接以农产品为基本原料的轻工业。主要包括食品制造、饮料制造、烟草加工、纺织、缝纫、皮革和毛皮制作、造纸以及印刷等工业；（2）以非农产品为原料的轻工业，是指以工业品为原料的轻工业。主要包括文教体育用品、化学药品制造、合成纤维制造、日用化学制品、日用玻璃制品、日用金属制品、手工工具制造、医疗器械制造、文化和办公用机械制造等工业。

重工业 是指为国民经济各部门提供物质技术基础的主要生产资料的工业。按其生产性质和产品用途，可以分为下列三类：（1）采掘（伐）工业，是指对自然资源的开采，包括石油开采、煤炭开采、金属矿开采、非金属矿开采等工业；（2）原材料工业，指向国民经济各部门提供基本材料、动力和燃料的工业。包括金属冶炼及加工、炼焦及焦炭、化学、化工原料、水泥、人造板以及电力、石油和煤炭加工等工业；（3）加工工业，是指对工业原材料进行再加工制造的工业。包括装备国民经济各部门的机械设备制造工业、金属结构、水泥制品等工业，以及为农业提供的生产资料如化肥、农药等工业。

根据上述划分原则，修理业中以重工业产品为修理作业对象的划为重工业，反之划为轻工业。

工业总产值（当年价格） 指工业企业在报告期内生产的以货币形式表现的工业最终产品和提供工业劳务活动的总价值量。包括三部分：生产的成品价值、对外加工费收入、自制半成品在制品期末期初差额价值。

资产合计 指企业拥有或控制的能以货币计量的经济资源。包括各种财产、债权和其他权利。资产按其流动性划分为流动资产、长期投资、固定资产、无形及递延资产和其他资产。

负债合计 指企业承担的能以货币计量，将以资产或劳务偿付的债务。负债一般按偿还期长短分为流动负债和长期负债、递延税项等。

所有者权益 指企业投资人对企业净资产的所有权。企业净资产等于企业全部资产减去全部负债后的余额，其中包括投资者对企业的最初投入，以及资本公积金、盈余公积金和未分配利润，对股份制企业即为股东权益。

固定资产原价 指企业在建造、购置、安装、改建、扩建、技术改造某项固定资产时所支出的全部货币总额。它一般包括买价、包装费、运杂费和安装费等。

固定资产净值 是指固定资产原价减去历年已提折旧额后的净额。

流动资产 是指可以在一年或者超过一年的一个营业周期内变现或者耗用的资产，包括现金及各种存款、短期投资、应收及预付货款、存货等。

营业收入 指企业从事销售商品、提供劳务和让渡资产使用权等生产经营活动形成的经济利益流入。包括“主营业务收入”和“其他业务收入”。根据会计“利润表”中“营业收入”项目的本年累计数填报。

主营业务收入 指企业经营主要业务所实现的收入。如果会计“利润表”列示“主营业务收入”项目，则根据其本年累计数填报；或者，根据会计“主营业务收入”科目的本年各月贷方余额（结转前）之和填报，如未设置该科目，以“营业收入”代替填报。

营业成本 指企业从事销售商品、提供劳务和让渡资产使用权等生产经营活动发生的实际成本。“营业成本”应当与“营业收入”进行配比。包括“主营业务成本”和“其他业务成本”。根据会计“利润表”中“营业成本”项目的本年累计数填报。

税金及附加 指企业因从事生产经营活动按税法规定应缴纳的消费税、城市维护建设税、资源税、环境保护税、教育费附加、房产税、城镇土地使用税、车船税、印花税等相关税费。根据会计“利润表”中“税金及附加”项目的本年累计数填报。

营业利润 指企业从事生产经营活动所取得的利润。执行企业会计准则或《小企业会计准则》的企业，根据会计“利润表”中“营业利润”项目的本年累计数填报；执行其他企业会计制度的企业，根据会计“损益表”中“营业利润”项目、“投资收益”项目的本年累计数之和填报。

营业外收入 指企业发生的除营业利润以外的收益，主要包括与企业日常活动无关的政府补助、盘盈利得、捐赠利得等。执行企业会计准则或《小企业会计准则》的企业，根据会计“利润表”中“营业外收入”项目的本年累计数填报；执行其他企业会计制度的企业，根据会计“损益表”中“营业外收入”项目、“补贴收入”项目的本年累计数之和填报。

营业外支出 指企业发生的除营业利润以外的支出，主要包括公益性捐赠支出、非常损失、盘亏损失、非流动资产毁损报废损失等。根据会计“利润表”中“营业外支出”项目的本年累计数填报。

利润总额 指企业在一定会计期间的经营成果，是生产经营过程中各种收入扣除各种耗费后的盈余，反映企业在报告期内实现的盈亏总额。利润总额为营业利润加上营业外收入，减去营业外支出后的金额，根据会计“利润表”中“利润总额”项目的本年累计数填报。

应付职工薪酬（本期贷方累计发生额） 指企业为获得职工提供的服务或解除劳动关系而给予的各种形式的报酬或补偿。包括职工工资、奖金、津贴和补贴，职工福利费，医疗保险费、养老保险费、失业保险费、工伤保险费和生育保险费等社会保险费，住房公积金，工会经费和职工教育经费，带薪缺勤，利润分享计划，非货币性福利，辞退福利和其他为获得职工提供的服务而给予的报酬或补偿。其中，社会保险和住房公积金应包括单位和个人负担部分。

本年应交增值税 指企业在报告期内应交纳的增值税额。按权责发生制核算企业本期应负担的增值税，有两种计算方法，可选其一，一旦确定，原则上不得更改。

方法一：根据本期会计科目“销项税额”、“进项税额转出”、“出口退税”、“简易计税”年初至期末贷方累计发生额，“进项税额”、“出口抵减内销产品应纳税额”、“减免税款”年初至期末借方累计发生额，取值后按照下述公式计算填报：

应交增值税（本期累计发生额）=销项税额－（进项税额－进项税额转出）－出口抵减内销产品应纳税额－减免税款+出口退税+简易计税

方法二：根据本期《增值税及附加税费申报表（一般纳税人适用）》（以“国家税务总局公告 2021 年第 20 号”版式为例）主表“销项税额”（第 11 栏）、“进项税额”（第 12 栏）、“进项税额转出”（第 14 栏）、“免、抵、退应退税额”（第 15 栏）、“简易计税办法计算的应纳税额”（第 21 栏）、“按简易计税办法计算的纳税检查应补缴税额”（第 22 栏）、“应纳税额减征额”（第 23 栏）栏目“一般项目”列中“本年累计”列，各期附表 4“税额抵减情况表”（第 6 行第 2 列减第 3 列）“本期发生额”-“本期调减额”的本期累计数（政策有效期内，符合加计抵减条件的企业填报），按照下述公式计算填报：

应交增值税（本期累计发生额）=销项税额－（进项税额－进项税额转出－免、抵、退应退税额）+简易计税办法计算的应纳税额+按简易计税办法计算的纳税检查应补缴税额－应纳税额减征额-加计抵减额

小规模纳税企业直接按全年计税销售额乘以征收率计算取得。

总资产贡献率 反映企业全部资产的获利能力，是企业经营业绩和管理水平的集中体现，是评价和考核企业盈利能力的核心指标。计算公式为：

总资产贡献率（%）＝（利润总额＋税金总额＋利息支出）/ 平均资产总额×100%

资产负债率 该指标既反映企业经营风险的大小，也反映企业利用债权人提供的资金从事经营活动的能力。计算公式为：

资产负债率（%）＝负债总额 / 资产总额×100%

工业成本费用利润率 指在一定时期内实现的利润与成本费用之比，是反映工业生产成本及费用投入的经济效益指标，同时也是反映降低成本的经济效益的指标。计算公式为：

工业成本费用利润率（%）＝利润总额 / 成本费用总额×100%

流动资产周转次数 指在一定时期内流动资产完成的周转次数，反映流动资产的周转速度。计算公式为：

流动资金周转次数＝产品销售收入 / 全部流动资产平均余额

六、交通运输、邮电通信业

本篇章

质量负责：张媛媛

资料整理：彭长生 汪 茜

6-1 运输线路长度

单位：公里

项　目	2012年	2013年	2014年	2015年	2016年	2017年	2018年	2019年	2020年	2021年	2022年
铁路营业里程	364	370	430	430	430	430	555	663	663	923	923
京九线	233	247	247	247	247	247	247	247	247	247	247
赣龙线	131	123	123	123	123	123	131	131	131	131	131
赣瑞龙线							113	113	113	113	64
赣韶线			60	60	60	60	64	64	64	64	113
昌赣高铁								108	108	108	108
兴泉铁路										125	125
赣深高铁										135	135
公路通车里程	28171	28805	29369	29637	30641	31147	31055	44022	43637	45297	45429
按等级分	28171	28805	29369	29637	30641	31147	31055	44022	43637	45297	45429
等级路	22438	23251	24117	24538	25905	26522	26718	41828	44132	44239	44508
高速公路	958.26	949.24	1015	1116.26	1441.00	1441.26	1490.26	1495	1559	1559	1729
大广高速(赣州-定南段)	126.86	126.86	126.86	126.86	126.86	126.86	126.86	126.86	126.86	126.86	126.86
大广高速(泰和-赣州段)	60.2	60.2	60.2	60.2	60.2	60.2	60.2	60.20	60.2	60.2	60.2
赣大高速(三益-梅关段)	56.7	56.7	56.7	56.7	56.7	56.7	56.7	56.70	56.7	56.7	56.7
厦成高速(瑞金-赣州段)	117	117	117	117	117	117	117	117	117	117	117
厦成高速赣州成西线	12	12	12	12	12	12	12	14.76	12	12	12
赣州绕城高速	43.6	43.6	43.6	43.6	44	44	44	43.60	43.6	43.6	43.6
济广高速(鹰潭-瑞金段)	105	95.98	95.98	95.98	95.98	95.00	95.00	95.98	95.98	95.98	95.98
泉南高速(石城-吉安段)	132	132	132	132	132	132	132	132	132	132	132
济广高速(瑞金-寻乌段)	124	124	124	124	124	124	124	124	124	124	124
厦成高速(隘岭-瑞金段)	31.9	31.9	31.9	31.9	31.9	31.9	31.9	31.90	31.9	31.9	31.9
大广高速(龙南-杨村段)	61	61	61	61	61	61	61	61	61	61	61
厦成高速(赣州-崇义段)	88	88	88	88	88	88	88	88	88	88	88
南昌至宁都高速公路				56	56	55	55	56	56	56	56
寻全高速			65.76	112	112	112	112	112	112	112	112
宁定高速					254	254	254	254	254	254	254
兴赣高速					69.76	72	72	72	72	72	72
广吉高速							49	49	52	52	52
兴赣北延高速公路									64	64	64
大广高速(南康-龙南段)											142.7
寻乌至龙川高速S75											26.8
一　级	261	265	321	313	309	470	403	451	518	542	550
二　级	1813	1840	1832	1844	1928	2061	2213	2365	2466	2570	2583
三　级	1239	1288	1447	1630	2231	2492	2918	2969	3240	3358	3557
四　级	18166	18910	19501	19635	19995	20058	19693	34548	36349	36210	36089
等外公路	5733	5553	5252	5099	4737	4625	4337	2194	1064	1058	921
按路面分	28022	28805	29369	29637	30641	31147	31055	44022	43637	45297	45429
有铺装路面	20890	21914	22832	23317	24952	25619	25915	41390	42492	44167	44412
简易铺装路面	562	541	513	482	394	297	233	175	85	78	50
未铺装路面	4701	4633	4421	4306	4079	5231	4907	2457	1061	1052	967
无路面里程	1869	1717	1603	1531	1216						
内河通航里程	834.4	834.4	834.4	834.4	834.4	834.4	827.55	827.55	827.55	1205.10	791.55

6-2 县(市、区)公路通车里程

单位：公里

县(市、区)	公路通车里程合计	普通国省道	县乡公路
合　计	**45429**		
章贡区	812	75	737
南康区	3180	203	2977
赣县区	3180	176	3003
信丰县	3151	275	2876
大余县	1476	97	1378
上犹县	1670	198	1472
崇义县	1841	193	1648
安远县	2290	273	2017
定南县	1267	121	1146
全南县	1195	124	1071
宁都县	4044	410	3633
于都县	4135	293	3842
兴国县	4302	301	4001
会昌县	2655	232	2423
寻乌县	1862	205	1656
石城县	1864	79	1784
瑞金市	3341	232	3109
龙南市	1439	118	1321
高速公路	1729		

6-3 交通运输工具年末实有数

项　　目	单　位	年末实有数	#私　人
一、民用机动车辆合计	辆	3125807	3033972
1.汽车	辆	1373792	1294869
(1)载客汽车	辆	1179925	1140160
大型	辆	4041	11
中型	辆	1540	52
小型	辆	1172020	1138039
微型	辆	2324	2058
(2)载货汽车	辆	180170	148431
重型	辆	21456	8630
中型	辆	4808	3616
轻型	辆	153897	136476
微型	辆	9	9
(3)其他汽车	辆	4388	4086
三轮汽车	辆	572	554
低速货车	辆	3816	3532
2.摩托车	辆	1746599	1737987
普通	辆	1466305	1460277
轻便	辆	280294	277710
3.挂车	辆	5416	1116
二、运输船舶			
机动船	艘	87	33
载客量	客位	1505	
净载重量	吨位	38533	10005
功率	千瓦	17773	4961
1.客轮	艘	27	
载客量	客位	1505	
功率	千瓦	2563	
2.货轮	艘	60	33
净载重量	吨位	38533	10005
功率	千瓦	15210	4961
补充资料:			
机动车驾驶员	人	3580704	–
#汽车驾驶员	人	2515180	–

6-4 全社会货物、旅客运输量及周转量

项　　目	单　位	2012年	2013年	2014年	2015年	2016年	2017年	2018年	2019年	2020年	2021年	2022年
货物运输量	万吨	18736.46	16714.48	18827.75	20114.11	12242.31	13821.35	15377.63	14242.79	15078.63	24664.08	24462.19
民航(货邮)	吨	4566.7	3795.5	5543	6058.8	7306.38	6628.7	5076.8	5178.2	4082.3	4623.3	2920.7
铁路	万吨	164.9	193.4	171.5	170	203.28	425.4	528.7	380.87	250.92	468.42	561.2
水运	万吨	1305.1	1478.7	1566.7	1605.5	2736.3	2910.29	2913.42	958.4	1059.3	1240.2	1282.7
公路	万吨	17266	15042	17089	18338	9302	10485	11935	12903	13768	22955	22618
旅客运输量	万人	9971.87	8943.78	9277.74	9571.41	10131.36	10734.88	10307.32	9804.54	7050.04	4279.83	2572.59
民航	万人	60.17	62.68	78.74	92.51	108.32	127.98	162.52	208.87	146.17	180.85	86.34
铁路	万人	628.9	711.6	792.2	895.8	1088.44	1817.5	1906.4	1997.17	1445.17	1619.68	873.95
水运	万人	129.8	144.5	136.8	129.1	133.6	131.4	109.4	25.5	13.7	10.3	7.3
公路	万人	9153	8025	8270	8454	8801	8658	8129	7573	5445	2469	1605
货物周转量												
#水运货物周转量	万吨公里	49587	54579	52503	50520	80694	88093	106936	78525	74002	75787	81239
#公路货物周转量	万吨公里	2278503	1638848	1780362	1853789	2263230	2468492	2703644	2922753	3238410	1602452	1653542
旅客周转量												
#水运旅客周转量	万人公里	945	1125	1200	1316	1421	1276	1007	332	164	103	76
#公路旅客周转量	万人公里	789525	517918	532673	541739	601699	590832	556187	520562	380010	208241	130655

注：铁路数据为全市铁路站线数据。

6-5 邮政、电信业务主要指标

项　　目	单 位	2012年	2013年	2014年	2015年	2016年	2017年	2018年	2019年	2020年	2021年	2022年
邮政业务总量	万元	39940	42145	44532	53263	70700	179633	230174	292913	393723	300838	335475
电信业务收入(全口径)	万元	451442	422217	440715	435928	466428	479200	554200	562500	594040	652000	725670
函件	万件	1514.00	873.00	643.78	484.01	388.88	384.58	237.69	81.88	52	42	35
包裹	万件	8.70	9.46	8.78	7.90	5.31	4.21	5.16	4.21	4	4	5
报刊期发数	万份	53.25	50.29	63.09	39.85	42.46	59.31	51.08	48.45		249	249.50
报刊累计	万份	6219	6185	6596	10485	12964	10057.8	9068.07	8848.86	8514	5208	5235.89
特快专递	万件	25.31	21.48	14.67	97.72	80.98	21.25	16.41	26.99		321	164.64
邮政储蓄年末余额	亿元	185.20	199.53	221.50	339.30	355.45	353.5	391.84	428.8		521	769.63
集邮	万枚	543	833	741	816	267	467.32	449.78	321.4		218	113.65
固定电话户数(全口径)	户	942120	1044031	908448	1131437	873736	982000	1023000	878100	931900	795000	792555
互联网用户数(全口径)	户	679009	852363	1004883	1496560	1623200	1530100	2125700	2172000	2366800	2939000	6708118
移动电话用户期末数(全口径)	户	5099998	5043160	5672641	6730212	6149528	7210000	8225000	8545500	8685800	9335000	9183566

主要统计指标解释

铁路营业里程 又称营业长度，指办理客货运输业务的铁路正线总长度。凡是全线或部分建成双线及以上的线路，以第一线的实际长度计算；复线、站线、段管线、岔线和特殊用途线以及不计算运费的联络线都不计算营业里程。铁路营业里程是反映铁路运输业基础设施发展水平的重要指标，也是计算客货周转量、运输密度和机车车辆运用效率等指标的基础资料。

公路通车里程 指在一定时期内实际达到《公路工程[WTB2]技术标准 JTJ01-88》规定的等级公路，并经公路主管部门正式验收交付使用的公路里程数。包括大中城市的郊区公路以及通过小城镇街道部分的公路里程，也包括桥梁、渡口的长度，但不包括城市的街道、厂矿、林区和农业生产用道的里程。两条或多条公路共同经由同一路段，只计算一次，不得重复计算里程长度。它是反映公路建设发展规模的重要指标，也是计算运输网密度等指标的基础资料。

内河航道里程 也称“内河通航里程”，是指在枯水季节水深在 0.3 米及以上，能通航运输船舶及排筏的天然河流、湖泊水库、运河及通航渠道的长度。包括全年季节性通航累计三个月以上的航道，但不包括仅供零散流放竹木排的河道。它是反映内河水运网规模、水平和发展情况的主要指标。

民用汽车拥有量 指报告期末，在公安交通管理部门按照《机动车注册登记工作规范》，已注册登记领有民用车辆牌照的全部汽车数量。

货（客）运量 指在一定时期内，各种运输工具实际运送的货物（旅客）数量。它是反映运输业为国民经济和人民生活服务的数量指标，也是制定和检查运输生产计划、研究运输发展规模和速度的重要指标。货运按吨计算，客运按人计算。货物不论运输距离长短、货物类别，均按实际重量统计。旅客不论行程远近或票价多少，均按一人一次客运量统计；半价票、小孩票也按一人统计。

货物（旅客）周转量 指在一定时期内，由各种运输工具运送的货物（旅客）数量与其相应运输距离的乘积之总和。它可以反映运输业生产的总成果，也是编制和检查运输生产计划，计算运输效率、劳动生产率以及核算运输单位成本的主要基础资料。计算货物周转量通常按发出站与到达站之间的最短距离，也就是计费距离计算。计算公式为：

货物（旅客）周转量＝Σ货物（旅客）运输量×运输距离

邮电业务总量 指以货币表现的邮电部门为用户传递信息和提供其他邮电服务的总量。它用各种邮电分类业务量，如函件件数、电报份数、长话张数、市内电话和农村电话的年均户数、订销报刊累计份数等，分别乘以相应的不变单价加总后再加上出租电路和设备的收入、代用户维护电话交换机和线路等设备的收入、其他业务收入求得。邮电业务总量综合反映了一定时期邮电工作的总成果，是研究邮电业务量构成和发展趋势的重要指标。计算公式为：

邮电业务总量＝Σ（各类邮电业务量×不变单价）+出租代维及其他业务收入

＝邮政业务总量＋电信业务总量萏

移动电话用户 指在电信运营企业营业网点办理开户登记手续，通过移动电话交换机进入移动电话网，占用移动 电话号码的各类电话用户。包括各类签约用户、智能网预付费用户、无线上网卡用户。

固定电话用户 指在电信企业营业网点办理开户登记手续并已接入固定电话网上的全部电话用户。

七、固定资产投资、房地产、建筑业

本篇章

质量负责：阳作婷

资料整理：陈亚伦 梁　伟

7-1-1 历年固定资产投资

年份	增长(%)
1986	15.4
1987	22.9
1988	61.7
1989	-11.3
1990	2.1
1991	29.5
1992	40.1
1993	114.2
1994	50.7
1995	-16.7
1996	3.6
1997	5.4
1998	32.1
1999	5.5
2000	16.2
2001	18.6
2002	49.8
2003	42.4
2004	1.6
2005	17.7
2006	19.9
2007	34.7
2008	35.2
2009	46.5
2010	31.3
2011	4.9
2012	26.4
2013	28.5
2014	20.9
2015	17.6
2016	16.6
2017	13.8
2018	11.3
2019	10.5
2020	9.2
2021	11.6
2022	9.7

注：从2012年开始固定资产投资统计口径为500万元以上项目投资。

7-1-2　500万元以上固定资产投资构成

单位：%

指　　标	2021年	2022年
固定资产投资	100.0	100.0
#工业	49.7	45.2
#住宅	12.2	10.9
按登记注册类型分		
内资企业	97.0	97.1
国有企业	14.9	18.1
集体企业		
股份合作企业	0.3	0.1
联营企业	1.2	0.8
有限责任公司	35.7	38.4
股份有限公司	2.6	2.0
私营企业	41.4	36.6
其他企业	1.0	1.2
港、澳、台商投资企业	2.2	2.1
外商投资企业	0.8	0.8
个体经营		
按建设性质分		
#新建	67.6	76.2
扩建	8.7	6.5
改建和技术改造	22.5	16.1
按投资构成分		
建筑安装工程	87.5	86.6
设备工器具购置	8.8	9.2
其他费用	3.7	4.2
按产业分		
第一产业	1.5	1.3
第二产业	49.7	45.1
第三产业	48.8	53.6

7-1-3 分行业固定资产投资构成

单位：%

行　　业	2021年	2022年
总　计	**100.0**	**100.0**
农、林、牧、渔业	1.6	1.3
农业	1.1	0.9
林业		
畜牧业	0.4	0.2
农、林、牧、渔服务业		
采矿业	0.7	0.7
有色金属矿采选业		
非金属矿采选业	0.6	0.5
制造业	44.1	40.3
农副食品加工业	0.8	1.0
食品制造业	0.5	0.6
酒、饮料和精制茶制造业	0.2	0.2
纺织业	0.2	0.4
纺织服装、服饰业	4.3	4.0
皮革、毛皮、羽毛及其制品和制鞋业	0.5	0.5
木材加工及木、竹、藤、棕、草制品业	0.4	0.7
家具制造业	2.6	1.5
造纸和纸制品业	0.3	0.2
印刷业和记录媒介的复制		
文教、美工、体育和娱乐用品制造业	0.5	0.4
石油加工、炼焦和核燃料加工业		
化学原料和化学制品制造业	2.0	1.6
医药制造业	1.2	0.5
化学纤维制造业	0.2	0.1
橡胶和塑料制品业	0.5	0.7
非金属矿制品业	2.4	2.1
黑色金属冶炼和压延加工业		0.1
有色金属冶炼和压延加工业	2.0	2.5
金属制品业	1.3	1.1
通用设备制造业	1.4	1.0
专用设备制造业	5.2	4.7
汽车制造业	1.6	1.4
铁路、船舶、航空航天和其他运输设备制造业		
电气机械及器材制造业	3.6	3.6
计算机、通信和其他电子设备制造业	11.8	10.1
仪器仪表制造业	0.1	0.2
其他制造业		
废弃资源综合利用业	0.5	0.7
电力、热力、燃气及水生产和供应业	4.9	4.1
电力、热力的生产和供应业	3.6	3.1
燃气生产和供应业	0.2	0.2
水的生产和供应业	1.2	0.8

7-1-3 续表

单位：%

行业	2021年	2022年
批发和零售业	0.2	0.1
批发业	0.1	0.1
零售业	0.1	0.1
交通运输、仓储和邮政业	4.9	5.7
铁路运输业	0.2	0.1
道路运输业	4.2	4.9
航空运输业	0.2	0.1
装卸搬运和运输代理业	0.3	0.5
邮政业	0.1	
住宿和餐饮业	0.1	0.3
住宿业	0.1	0.3
信息传输、软件和信息技术服务业	0.9	0.6
电信、广播电视和卫星传输服务业	0.6	0.2
金融业	0.2	
货币金融服务	0.2	
房地产业	21.2	18.6
租赁和商务服务业	0.7	1.0
商务服务业	0.7	1.0
科学研究和技术服务业		0.1
专业技术服务业		
科技交流和推广服务业		
水利、环境和公共设施管理业	14.5	19.8
水利管理业	0.6	1.1
生态保护和环境治理业	0.2	0.5
公共设施管理业	13.6	18.1
居民服务、修理和其他服务业	0.3	0.3
居民服务业	0.2	0.2
其他服务业	0.1	0.1
教育	2.6	2.9
卫生和社会工作	1.7	2.8
卫生	1.4	2.5
社会工作	0.3	0.3
文化、体育和娱乐业	1.3	0.9
广播、电视、电影和影视录音制作业		
文化艺术业	0.3	0.5
体育	0.9	0.2
娱乐业	0.1	0.2
公共管理、社会保障和社会组织	0.2	0.3

7-1-4 固定资产投资建设项目

指标名称	施工项目个数(个)	投产项目个数(个)	指标名称	施工项目个数(个)	投产项目个数(个)
总 计	**2869**	**1061**	交通运输、仓储和邮政业	139	36
农、林、牧、渔业	122	47	铁路运输业	3	1
农业	70	20	道路运输业	107	31
林业	10	8	水上运输业	1	
畜牧业	27	8	航空运输业	2	1
渔业	3		管道运输业		
农、林、牧、渔专业及辅助性活动	12	11	多式联运和运输代理业	1	
采矿业	39	24	装卸搬运和仓储业	24	3
煤炭开采和洗选业			邮政业	1	
黑色金属矿采选业	1	1	住宿和餐饮业	17	4
有色金属矿采选业	12	7	住宿业	17	4
非金属矿采选业	25	16	餐饮业		
开采专业及辅助性活动	1		信息传输、软件和信息技术服务业	16	7
其他采矿业			电信、广播电视和卫星传输服务业	3	1
制造业	1066	366	互联网和相关服务业	9	2
农副食品加工业	27	12	软件和信息技术服务业	4	4
食品制造业	11	2	金融业	1	
酒、饮料和精制茶制造业	9	5	货币金融服务	1	
烟草制品业			资本市场服务		
纺织业	12	5	保险业		
纺织服装和服饰业	71	26	其他金融业		
皮革、毛皮、羽毛(绒)及其制品业	17	9	房地产业	97	22
木材加工及木、竹、藤、棕、草制品业	19	5	租赁和商务服务业	47	17
家具制造业	37	21	租赁业		
造纸及纸制品业	13	6	商务服务业	47	17
印刷业和记录媒介的复制	2		科学研究和技术服务业	4	3
文教体育用品制造业	14	7	研究与试验发展	1	1
石油加工、炼焦及核燃料加工业	1		专业技术服务业	2	2
化学原料及化学制品制造业	70	25	科技交流和推广服务业	1	
医药制造业	25	9	水利、环境和公共设施管理业	854	343
化学纤维制造业	4	2	水利管理业	62	20
橡胶和塑料制品业	31	10	生态保护和环境治理业	45	23
非金属矿物制品业	79	38	公共设施管理业	741	297
黑色金属冶炼及压延加工业	2		土地管理业	6	3
有色金属冶炼及压延加工业	58	17	居民服务、修理和其他服务业	30	19
金属制品业	29	6	居民服务业	22	18
通用设备制造业	39	16	机动车、电子产品和日用产品修理业	1	
专用设备制造业	97	30	其他服务业	7	1
汽车制造业	34	6	教育	170	76
铁路、船舶、航空航天等制造业	2	2	卫生和社会工作	99	31
电气机械及器材制造业	90	31	卫生	76	23
计算机、通信和其他电子设备制造业	239	66	社会工作	23	8
仪器仪表制造业	11	3	文化、体育和娱乐业	33	11
其他制造业	4	1	新闻和出版业		
废弃资源综合利用业	18	6	广播、电视、电影和影视录音制作业		
金属制品、机械和设备修理业	1		文化艺术业	18	9
电力、热力、燃气及水的生产和供应业	87	39	体育	4	
电力、热力的生产和供应业	38	17	娱乐业	11	2
燃气生产和供应业	12	8	公共管理和社会组织	37	8
水的生产和供应业	37	14	中国共产党机关	1	
批发和零售业	11	8	国家机构	34	7
批发业	3	1	人民政协和民主党派		
零售业	8	7	社会保障		
			群众团体、社会团体和其他成员组织	1	1
			基层群众自治组织	1	

7-1-5　按行业登记注册类型分固定资产投资构成

单位：%

指标名称	本年完成投资	内资企业					
			国有企业	集体企业	股份合作企业	联营企业	有限责任公司
合　计	**100**	**97.1**	**18.1**	**0.1**	**0.1**	**0.8**	**38.4**
农、林、牧、渔业	1.3	1.3	0.5	0.0			0.3
采矿业	0.7	0.7	0.0				0.2
制造业	40.3	37.9	0.9	0.0	0.0		12.3
电力、热力、燃气及水的生产和供应业	4.1	3.9	0.9			0.7	1.7
建筑业							
批发和零售业	0.1	0.1	0.1				0.0
交通运输、仓储和邮政业	5.7	5.7	1.3	0.0			3.8
住宿和餐饮业	0.3	0.3	0.1				0.1
信息传输、软件和信息技术服务业	0.6	0.6	0.1				0.3
金融业	0.0	0.0					0.0
房地产业	18.6	18.4	1.8		0.0	0.0	6.6
租赁和商务服务业	1.0	1.0	0.2				0.5
科学研究和技术服务业	0.1	0.1	0.0				
水利、环境和公共设施管理业	19.8	19.8	8.2	0.0			10.2
居民服务、修理和其他服务业	0.3	0.3	0.1				0.0
教育	2.9	2.9	1.4				1.0
卫生和社会工作	2.8	2.8	1.8		0.0	0.0	0.9
文化、体育和娱乐业	0.9	0.9	0.4				0.4
公共管理和社会组织	0.3	0.3	0.2	0.0			0.1

7-1-5　续表

单位：%

指标名称	内资企业			港、澳、台商投资企业	外商投资企业	个体经营
	股份有限公司	私营企业	其他企业			
合　计	**2.0**	**36.6**	**1.2**	**2.1**	**0.8**	**0.0**
农、林、牧、渔业	0.0	0.3	0.2			0.0
采矿业		0.5	0.0			
制造业	1.2	23.1	0.3	1.8	0.7	
电力、热力、燃气及水的生产和供应业		0.5	0.1	0.2		
建筑业						
批发和零售业	0.0	0.0			0.0	
交通运输、仓储和邮政业		0.4	0.1			
住宿和餐饮业		0.1	0.0			
信息传输、软件和信息技术服务业	0.1	0.0				
金融业						
房地产业	0.3	9.5	0.2	0.1	0.1	
租赁和商务服务业	0.0	0.3	0.0			
科学研究和技术服务业		0.1				
水利、环境和公共设施管理业	0.3	0.9	0.2			
居民服务、修理和其他服务业		0.2	0.0			
教育		0.4	0.0			
卫生和社会工作		0.1	0.0			
文化、体育和娱乐业		0.1	0.0			
公共管理和社会组织			0.0			

7-1-6 按行业登记注册类型分固定资产投资增速

单位：%

指标名称	本年完成投资	内资企业					
			国有企业	集体企业	股份合作企业	联营企业	有限责任公司
合　计	**9.7**	**9.8**	**33.8**		**-70.5**	**-30.9**	**17.7**
农、林、牧、渔业	-6.9	-6.9	81.6				35.7
采矿业	20.7	20.7	-36.7				131.8
制造业	0.3	-0.5	-57.0		-66.5		27.9
电力、热力、燃气及水的生产和供应业	-7.9	-5.5	14.3			-32.1	-8.3
建筑业							
批发和零售业	-37.2	-44.2	-6.1				-43.4
交通运输、仓储和邮政业	27.6	27.6	-3.1				44.5
住宿和餐饮业	132.0	132.0					51.3
信息传输、软件和信息技术服务业	-21.3	-21.3	156.4				53.3
金融业	-92.7	-92.7					
房地产业	-3.5	-3.5	51.1			254.5	-16.3
租赁和商务服务业	58.0	58.0	46.8				221.8
科学研究和技术服务业	67.4	67.4	873.6				
水利、环境和公共设施管理业	49.9	49.9	74.8				30.1
教育	22.2	22.2	14.0				21.7
卫生和社会工作	79.0	79.0	52.7		60.9	-57.5	321.2
文化、体育和娱乐业	-23.1	-23.1	180.7				-60.3
公共管理和社会组织	128.8	128.8	73.6				332.8

7-1-6 续表

单位：%

指标名称	内资企业			港、澳、台商投资企业	外商投资企业	个体经营
	股份有限公司	私营企业	其他企业			
合　计	**-15.0**	**-3.0**	**25.9**	**2.5**	**19.9**	***
农、林、牧、渔业	-98.3	-48.0	-35.3			***
采矿业		5.5				***
制造业	-9.7	-5.7	-20.6	8.0	34.5	***
电力、热力、燃气及水的生产和供应业		20.5	1065.3	-31.7		***
建筑业						***
批发和零售业		-68.7			2796.1	***
交通运输、仓储和邮政业		1.7	184.1			***
住宿和餐饮业		136.2				***
信息传输、软件和信息技术服务业	-74.9					***
金融业						***
房地产业	-10.3	-1.8	249.3	30.5	-12.2	***
租赁和商务服务业		-11.2	151.2			***
科学研究和技术服务业		54.0				***
水利、环境和公共设施管理业	162.4	88.5	106.0			***
教育		95.7	-95.3			***
卫生和社会工作		-53.4	231.0			***
文化、体育和娱乐业		18.9				***
公共管理和社会组织						***

7-1-7 按资金来源分固定资产投资增速

单位：%

指标名称	1.上年末结余资金	2.本年资金来源小计	(1)国家预算内资金	(2)国内贷款	(3)债券	(4)利用外资	(5)自筹资金	(6)其他资金来源
总　计	**-2.8**	**15.4**	**38.1**	**-10.8**	***	**48.8**	**24.8**	**-2.7**
农、林、牧、渔业	-8.3	5.3	61.1	778.5	***	-46.5	-41	1686.9
采矿业	366.8	20.1	***	***	***	***	9.1	***
制造业	57.6	11.3	9.5	-25.3	***	357.9	19.7	-64.7
电力、热力、燃气及水的生产和供应业	102.3	-21	-89.3	-35.6	***	***	45.9	-10.1
建筑业								
批发和零售业	-100	-14.4	59.1	-100	***	***	-7.7	-100
交通运输、仓储和邮政业	-73.8	46.6	40.3	-17.5	***	***	63.2	39.8
住宿和餐饮业	54.8	156.6	***	1044.4	***	***	126.8	-73.2
信息传输、软件和信息技术服务业	***	-21.4	641.1	-93.6	***	***	-32.3	***
金融业	-100	-84.7	***	***	***	***	-100	***
房地产业	-25.6	-12.5	55.7	-26.6	***	***	-1.9	-15.5
租赁和商务服务业	450.3	87.6	62.8	84.3	***	-100	113.8	42.9
科学研究和技术服务业	***	67	***	***	***	***	59.5	***
水利、环境和公共设施管理业	2827.9	129.1	82.3	221.6	***	***	101.8	290.3
居民服务、修理和其他服务业	603.7	143	38.4	-100	***	***	254.5	422.7
教育	-100	21	***	***	***	***	30.5	-44.5
卫生和社会工作	-22.8	63.3	98	16.4	***	-100	61.6	82.8
文化、体育和娱乐业	287	-13.5	102.6	***	***	***	-31.6	19.6
公共管理和社会组织	767.7	230.5	53.5	***	***	***	372.2	1480.9

7-1-8 县(市、区)500万元以上分产业固定资产投资

单位：%

县(市、区)别	增速	第一产业	第二产业	第三产业
赣州市	9.7	-7.8	-0.3	20.4
章贡区	12.9	-100	23.1	10.2
南康区	20.9	1877.1	6.7	38.1
赣县区	13.7	120.9	-3.9	40.0
信丰县	15.3	76.7	10.8	19.2
大余县	12.4	-40.4	8.1	26.3
上犹县	19.6	1055.9	-5.6	64.8
崇义县	17.5	-53.8	-11.9	47.4
安远县	18.0	-67.6	15.7	24.8
定南县	12.8	15.6	11	15.6
全南县	26.9	-100	27.4	25.3
宁都县	13.0	-10	0.4	25.8
于都县	16.9	-43.3	10.3	41.5
兴国县	13.4		7.4	23.2
会昌县	16.8	14.9	13	21.2
寻乌县	19.7	59.3	16.5	21.1
石城县	13.6	-78.7	22.9	8.2
瑞金市	13.5	-0.7	10.1	15.4
龙南市	13.1	-63.8	9.3	20.6
赣州经开区	-16.9	-52.7	-36.1	12.4
赣州蓉江新区	13.2			13.2

7-1-9 县(市、区)500万元以上固定资产投资增速

单位：%

县(市、区)别	增长	#工业	#房地产	#基础设施
赣州市	9.7	-0.3	-3.6	41.7
章贡区	12.9	23.1	0.6	28.9
南康区	20.9	6.7	-1.2	19.8
赣县区	13.7	-3.9	8.3	158.6
信丰县	15.3	10.8	-1.6	15
大余县	12.4	8.1	-18.2	74.6
上犹县	19.6	-5.6	6.4	339.2
崇义县	17.5	-11.9	5.7	105.4
安远县	18.0	15.7	0.8	-5.4
定南县	12.8	11	-1.5	58.6
全南县	26.9	27.4	10.1	222.6
宁都县	13.0	0.4	-21.3	98.8
于都县	16.9	10.3	3	57.8
兴国县	13.4	7.4	-6.3	-7.8
会昌县	16.8	13	-14.7	60.7
寻乌县	19.7	16.5	-1	35.6
石城县	13.6	22.9	-1.8	14.7
瑞金市	13.5	10.1	-2.6	12.4
龙南市	13.1	9.3	-12.7	37.3
赣州经开区	-16.9	-36.1	-2.4	75.1
赣州蓉江新区	13.2		-5.1	42.1

7-1-10 各地区分行业固定资产投资增速

单位：%

	章贡区	南康区	赣县区	信丰县	大余县	上犹县	崇义县	安远县	定南县	全南县
本年完成投资	**12.9**	**20.9**	**13.7**	**15.3**	**12.4**	**19.6**	**17.5**	**18.0**	**12.8**	**26.9**
农、林、牧、渔业	-100.0	2396.0	153.2	76.7	-44.5	1055.9	-53.8	-67.6	6.6	3363.7
采矿业			-24.5	3438.2			63.0	-100.0		
制造业	27.4	1.1	22.0	21.0	15.7	-10.9	-27.4	12.1	26.8	21.5
电力、热力、燃气及水的生产和供应业	-79.8	122.5	-29.6	-16.1	-88.1	2398.1	70.2	183.7	-28.0	115.1
批发和零售业		40.2		-6.7			-71.2		-84.9	
交通运输、仓储和邮政业	1155.3	-14.2	145.6	93.4	56.3	107.9	487.3		31.0	505.9
住宿和餐饮业	4265.5	-26.2	92.4			253.6	-100.0	-100.0		-54.2
信息传输、软件和信息技术服务业	-67.3			94.2				322.6		
金融业	-100.0									
房地产业	-27.1	1.4	-6.7	29.0	-10.6	9.8	-4.2	0.8	-12.7	10.1
租赁和商务服务业		41.2	58.9	61.9	362.5		-34.6		-5.6	
科学研究和技术服务业							413.5			
水利、环境和公共设施管理业	34.0	170.0	146.4	-2.8	36.6	184.4	55.0	-6.4	65.4	146.1
居民服务、修理和其他服务业		536.3	-66.9	453.6	-25.3	-100.0	-45.5			
教育	-49.7	-3.4	473.8	216.7	-63.0	88.1	-8.9	382.8	-81.2	-100.0
卫生和社会工作	175.4	-33.0	237.7	18.6	-4.3	-31.1	-18.0	134.8	-100.0	4418.6
文化、体育和娱乐业	-66.1	-100.0		404.4	84.3				-100.0	30.8
公共管理和社会组织			-36.3		-37.0	-100.0	-100.0			1253.8

7-1-10 续表

单位：%

	宁都县	于都县	兴国县	会昌县	寻乌县	石城县	瑞金市	龙南市	赣州经开区	赣州蓉江新区
本年完成投资	**13.0**	**16.9**	**13.4**	**16.8**	**19.7**	**13.6**	**13.5**	**13.1**	**-16.9**	**13.2**
农、林、牧、渔业	-10.0	-43.3	-91.1	14.9	39.8	-78.7	-0.7	-63.8	-52.7	
采矿业	-100.0	13.1	1165.5	-25.4	465.4	-44.4	-52.3			
制造业	-1.8	9.6	0.7	21.3	5.4	34.7	17.0	9.6	-36.1	
电力、热力、燃气及水的生产和供应业	62.5	19.4	59.0	-6.4	0.4	15.1	-66.7	3.4		
批发和零售业	-100.0				2796.1	-100.0		-9.2		
交通运输、仓储和邮政业	-37.9	-21.4	-47.0	-4.9	26.6	91.8	7.1	-30.2	-32.6	92.2
住宿和餐饮业		1852.9						63.7		
信息传输、软件和信息技术服务业										-57.7
金融业										
房地产业	-21.9	6.5	22.8	-17.6	0.1	-1.3	15.3	10.1	-2.5	-3.4
租赁和商务服务业	-73.3	242.7		-18.8				-42.8	4.1	-63.9
科学研究和技术服务业									-100.0	
水利、环境和公共设施管理业	136.4	72.0	70.3	103.4	74.6	-8.2	19.2	52.0	91.9	39.5
居民服务、修理和其他服务业		-100.0	36.8					493.8		
教育	134.3	82.2	32.1	11.7	-31.2	36.8	18.0	77.2	-34.7	-36.2
卫生和社会工作	146.6	-54.6	529.3	73.0	13.0	101.9	-47.8	123.5	-47.5	229.7
文化、体育和娱乐业	306.2	708.0	79.4	-100.0	-100.0	-54.8	-69.5	-93.2	43.1	
公共管理和社会组织			-37.5	191.7						-39.6

7-1-11 各地区按登记注册类型分的固定资产投资构成

单位：%

指标名称	合计	内资企业	国有企业	集体企业	股份合作企业	联营企业	有限责任公司	股份有限公司	私营企业	其他企业	港、澳、台商投资企业	外商投资企业	个体经营
赣州市	100	97.1	18.1	0.1	0.1	0.8	38.4	2.0	36.6	1.2	2.1	0.8	0.0
章贡区	100	99.1	23.8		0.2		59.2	5.4	10.0	0.4	0.2	0.8	
南康区	100	95.0	18.4	0.0	0.5		59.9		15.4	0.7	5.0		
赣县区	100	96.3	22.8	0.1			39.3	4.0	25.9	4.2	2.7	1.0	
信丰县	100	97.7	18.2			8.6	24.6		45.4	0.9	1.7	0.6	
大余县	100	95.7	9.8				36.5	1.9	46.8	0.8	4.3		
上犹县	100	97.9	12.7				34.8	0.0	50.3		2.1		
崇义县	100	96.8	15.4	2.0			49.2	0.0	29.2	0.9	3.2		
安远县	100	98.1	17.7			0.5	30.9		48.8	0.2	1.9		
定南县	100	93.9	11.6				32.2	0.1	49.4	0.6	5.4	0.7	
全南县	100	95.4	10.5			1.0	32.2		51.2	0.5	2.1	2.5	
宁都县	100	97.7	32.2				31.0		31.4	3.1	2.3		
于都县	100	92.5	22.1	0.1			28.3	0.0	39.4	2.6	6.3	1.3	0.0
兴国县	100	99.4	31.6				12.3		55.5		0.6		
会昌县	100	100.0	17.5				43.8		38.4	0.2			
寻乌县	100	95.5	19.2		0.6		25.8	0.9	47.9	1.1	3.9	0.7	
石城县	100	100.0	10.0				21.7		59.7	8.5			
瑞金市	100	100.0	13.5				40.1	14.9	31.4		0.0	0.0	
龙南市	100	92.7	14.2	0.1			27.9	1.1	49.0	0.4	1.9	5.3	
赣州经开区	100	99.3	10.7				38.2	1.9	48.4	0.1	0.5	0.1	
赣州蓉江新区	100	94.9	7.2				36.6		49.4	1.6		5.1	

7-1-12 各地区按登记注册类型分的固定资产投资增速

单位：%

指标名称	合计	内资企业	国有企业	集体企业	股份合作企业	联营企业	有限责任公司	股份有限公司	私营企业	其他企业	港、澳、台商投资企业	外商投资企业	个体经营
赣州市	9.7	9.8	33.8	***	-70.5	-30.9	17.7	-15	-3	25.9	2.5	19.9	***
章贡区	12.9	12.8	33.9	***	-81.9	***	5.4	17.8	23.3	***	-30.1	47.4	***
南康区	20.9	8.8	63.6	***	-66.5	***	27	***	-42.9	338.2	57.1	***	***
赣县区	13.7	16.5	37	***	***	***	31.6	47.6	-3.4	-36.8	-39.7	26.2	***
信丰县	15.3	20.1	9.3	***	***	-32.1	-12.6	***	92	232.5	22.6	1355	***
大余县	12.4	4.3	-38	***	***	***	25.5	362.1	0.7	***	1427.3	***	***
上犹县	19.6	15.3	8.4	***	***	***	179.2	***	-17	***	-63.5	-100	***
崇义县	17.5	29.6	73.3	***	***	***	80.5	***	-22.2	-8.5	224.9	***	***
安远县	18.0	17.3	155	***	***	-57.5	-12.8	-100	24.2	***	65	***	***
定南县	12.8	19.6	-21.9	***	***	***	19.6	***	35.1	401.6	-40.7	-32.7	***
全南县	26.9	34.2	729	***	***	254.5	31.7	***	14.4	48.6	182.6	***	***
宁都县	13.0	22.2	127.8	***	***	***	27.9	***	-22.8	240.5	-64.5	***	***
于都县	16.9	11.7	33.3	***	***	***	66.3	-98.6	-6	-35.4	127.8	***	***
兴国县	13.4	12.2	108.9	***	***	***	-42	-100	9	***	-69.9	-100	***
会昌县	16.8	16.8	26.9	***	***	***	9.8	-100	21	***	***	***	***
寻乌县	19.7	14.4	77.2	***	***	***	10.7	-27.2	0.9	85.1	4447.9	2796.1	***
石城县	13.6	13.7	-27.2	***	***	***	-8.8	***	27.6	138.9	-100	***	***
瑞金市	13.5	13.9	14.3	***	***	***	21.4	30.4	0.1	-100	-99.6	***	***
龙南市	13.1	17.6	37.8	***	***	***	9.6	-6.3	17.2	411	-32.3	12.9	***
赣州经开区	-16.9	-15.9	-14	***	***	***	34.9	-62	-32.7	-62.6	-57.4	-87.5	***
赣州蓉江新区	13.2	13.5	435.5	***	***	***	7.2	***	3.8	294.3	***	-12.2	***

7-1-13 各地区按构成分固定资产投资结构

单位：%

指标名称	合计	建筑安装工程	设备工器具购置	其他费用
赣州市	**100**	**86.5**	**9.2**	**4.2**
章贡区	100	97.3	1.4	1.3
南康区	100	86.1	11.2	2.7
赣县区	100	85.4	13.4	1.2
信丰县	100	88.5	9.0	2.6
大余县	100	91.3	7.3	1.4
上犹县	100	73.7	23.8	2.5
崇义县	100	93.3	5.5	1.3
安远县	100	83.6	13.8	2.6
定南县	100	86.9	10.3	2.8
全南县	100	52.1	47.4	0.5
宁都县	100	79.9	17.6	2.5
于都县	100	96.3	2.9	0.8
兴国县	100	90.9	8.3	0.8
会昌县	100	94.4	2.5	3.1
寻乌县	100	97.4	2.1	0.5
石城县	100	89.1	9.3	1.7
瑞金市	100	92.7	6.4	0.9
龙南市	100	76.7	19.6	3.7
赣州经开区	100	76.4	9.1	14.6
赣州蓉江新区	100	71.2	0.2	28.6

7-1-14 各地区按构成分固定资产投资增速

单位：%

指标名称	合计	建筑安装工程	设备工器具购置	其他费用
赣州市	**9.7**	**8.4**	**15.7**	**24.5**
章贡区	12.9	15.3	-12.2	-48.3
南康区	20.9	22.0	19.5	-2.2
赣县区	13.7	17.3	14.8	-66.1
信丰县	15.3	23.5	-26.1	-13.7
大余县	12.4	8.8	177.1	-39.6
上犹县	19.6	8.9	110.5	-36.9
崇义县	17.5	25.5	-38.3	-6.6
安远县	18.0	18.7	45.4	-45.8
定南县	12.8	23.2	-39	120.3
全南县	26.9	44.4	13.9	-52.3
宁都县	13.0	24.0	-22.1	62.1
于都县	16.9	18.4	-2	-36.4
兴国县	13.4	6.8	1118.1	-68.2
会昌县	16.8	22.1	-48.7	-8.7
寻乌县	19.7	51.1	-88.5	-45.9
石城县	13.6	15.2	264.6	-79.7
瑞金市	13.5	12.0	92.1	-55.4
龙南市	13.1	-2.8	148.1	127.4
赣州经开区	-16.9	-29.6	61	130.7
赣州蓉江新区	13.2	0.6	-81.6	73.7

7-1-15　各地区按建设性质分固定的资产投资结构

单位：%

指标名称	合计	#新建	#扩建	#改建和技术改造
赣州市	100.0	76.2	6.5	16.1
章贡区	100.0	71.6	16.4	8.8
南康区	100.0	82.7	12.6	4.4
赣县区	100.0	63.7	4.3	28.2
信丰县	100.0	73.8	3.3	21.4
大余县	100.0	84.7	6.5	8.2
上犹县	100.0	78.3	0.9	17.5
崇义县	100.0	86.0	4.6	9.1
安远县	100.0	86.7	2.4	10.4
定南县	100.0	66.4	1.3	31.6
全南县	100.0	74.4	3.0	19.0
宁都县	100.0	76.3	0.5	22.9
于都县	100.0	83.3	4.0	12.5
兴国县	100.0	62.5	0.9	36.6
会昌县	100.0	77.8	1.3	20.8
寻乌县	100.0	75.8	4.2	20.0
石城县	100.0	45.2	37.8	16.7
瑞金市	100.0	81.8	1.4	15.5
龙南市	100.0	73.1	2.1	24.7
赣州经开区	100.0	81.4	4.3	14.2
赣州蓉江新区	100.0	99.1	0.1	0.8

7-1-16　各地区按建设性质分固定的资产投资增速

单位：%

指标名称	合计	#新建	#扩建	#改建和技术改造
赣州市	9.7	23.5	-17.4	-21.4
章贡区	12.9	41.3	-31.8	-16.6
南康区	20.9	47.9	-48.2	-47.9
赣县区	13.7	23.1	155.5	-15.2
信丰县	15.3	21.4	-33.8	27.8
大余县	12.4	14.6	130.1	-45.6
上犹县	19.6	11.6	2165.6	-15
崇义县	17.5	50.8	144.5	-38.2
安远县	18.0	18.1	92.1	48.5
定南县	12.8	17.3	163.5	3.6
全南县	26.9	68.4	50.2	-20.6
宁都县	13.0	33.9	-90.3	-2.2
于都县	16.9	29.1	-18.1	-19
兴国县	13.4	11.2	-14	9.7
会昌县	16.8	22.5	-53.5	8.5
寻乌县	19.7	2.7	76.6	170.7
石城县	13.6	-6.5	42.1	27.1
瑞金市	13.5	8.7	-52.8	99.5
龙南市	13.1	25.5	-23.7	-3
赣州经开区	-16.9	9.4	451.2	-68.6
赣州蓉江新区	13.2	11.6	***	41

7-1-17　各地区按资金来源分固定资产投资增速

单位：%

指标名称	1.上年末结余资金	2.本年资金来源小计	(1)国家预算内资金	(2)国内贷款	(3)债券	(4)利用外资	(5)自筹资金	(6)其他资金来源
赣州市	**-2.8**	**15.4**	**38.1**	**-10.8**	***	**48.8**	**24.8**	**-2.7**
章贡区	141.5	57.9	61.7	-2.7	***	***	138.2	-24.7
南康区	-8.9	9.6	121.7	45.1	***	***	-0.6	7.5
赣县区	-24.7	-5.4	-48	-33.6	***	***	62.7	-12.5
信丰县	31.3	28.3	491.6	-21.7	***	-1.1	23.8	4
大余县	-42.2	18.6	-32.7	151.4	***	19800	21.4	16.6
上犹县	-2.0	70.4	744.6	-5.3	***	***	119.9	-4
崇义县	60.6	63.8	38.8	-16	***	***	71.9	57.5
安远县	10.5	24.6	63.1	-80	***	***	15.5	80.1
定南县	-11.8	12.2	111	-38.4	***	-99.8	16.3	-6.2
全南县	-42.9	42.6	133.9	-10.8	***	***	33	72.3
宁都县	174.5	19.1	47.9	-35.9	***	***	23.8	-8.8
于都县	-21.2	2	-43.1	-4.3	***	-46.5	-6.6	37.4
兴国县	-47.6	8.5	41.9	36.8	***	***	-3.5	
会昌县	-0.8	24.8	20.2	-100	***	***	37.3	15.2
寻乌县	84.5	15.3	-29.4	***	***	***	19.4	19.5
石城县	-15.4	17.8	-23	***	***	***	29.1	-4.4
瑞金市	13.8	21.9	5.6	63.6	***	***	64.2	-15.1
龙南市	19.7	17.8	-41.7	77.4	***	-100	25	-11.3
赣州经开区	-10.6	-8.8	788.5	-39	***	-100	-10.6	2.2
赣州蓉江新区	-47.4	-15.9	200.6	-19.8	***	***	12.3	-28

7-1-18　县(市、区)500万元以上工业投资增速

单位：%

县(市、区)别	工业投资增速	#采矿业	#制造业	#电力、燃气及水的生产和供应业
赣州市	-0.3	20.7	0.3	-7.9
章贡区	23.1		27.4	-79.8
南康区	6.7		1.1	122.5
赣县区	-3.9	-24.5	22.0	-29.6
信丰县	10.8	3438.2	21.0	-16.1
大余县	8.1		15.7	-88.1
上犹县	-5.6		-10.9	2398.1
崇义县	-11.9	63.0	-27.4	70.2
安远县	15.7	-100.0	12.1	183.7
定南县	11.0		26.8	-28.0
全南县	27.4		21.5	115.1
宁都县	0.4	-100.0	-1.8	62.5
于都县	10.3	13.1	9.6	19.4
兴国县	7.4	1165.5	0.7	59.0
会昌县	13.0	-25.4	21.3	-6.4
寻乌县	16.5	465.4	5.4	0.4
石城县	22.9	-44.4	34.7	15.1
瑞金市	10.1	-52.3	17.0	-66.7
龙南市	9.3		9.6	3.4
赣州经开区	-36.1		-36.1	
赣州蓉江新区				

7-1-19　各地区工业固定资产投资结构

单位：%

指标名称	工业	采矿业	制造业	电力、热力、燃气及水的生产和供应业
赣州市	**100.0**	**1.6**	**89.3**	**9.1**
章贡区	100.0		99.3	0.7
南康区	100.0	0.4	90.8	8.8
赣县区	100.0	2.8	62.8	34.4
信丰县	100.0	0.4	78.1	21.5
大余县	100.0	1.0	98.1	0.9
上犹县	100.0	0.2	94.2	5.5
崇义县	100.0	19.1	68.7	12.2
安远县	100.0		92.9	7.1
定南县	100.0		81.3	18.7
全南县	100.0		89.4	10.6
宁都县	100.0		89.3	10.7
于都县	100.0	0.8	92.2	7.0
兴国县	100.0	3.3	87.9	8.8
会昌县	100.0	6.4	82.3	11.3
寻乌县	100.0	11.8	86.2	2.0
石城县	100.0	6.1	88.5	5.4
瑞金市	100.0	1.5	96.9	1.6
龙南市	100.0		95.1	4.9
赣州经开区	100.0		99.9	0.1
赣州蓉江新区				

7-1-20　县(市、区)固定资产投资建设项目

县(市、区)别	施工项目(个)	#新开工	全部建成投产(个)
赣州市	2869	1348	1061
章贡区	185	90	110
南康区	156	72	54
赣县区	242	114	158
信丰县	195	69	106
大余县	150	82	37
上犹县	85	37	18
崇义县	107	49	52
安远县	93	40	45
定南县	95	39	39
全南县	85	49	1
宁都县	161	124	86
于都县	239	107	69
兴国县	108	50	45
会昌县	116	44	34
寻乌县	104	56	32
石城县	90	51	27
瑞金市	150	63	65
龙南市	180	81	53
赣州经开区	240	121	29
赣州蓉江新区	88	10	1

7-2-1　全市房地产开发投资对比情况

单位：万元

指标名称	总计（按隶属关系分）	上年同期	增长%
计划总投资	36474866	36606615	-0.4
自开始建设累计完成投资	16259924	15953847	1.9
本年完成投资	3329282	3452382	-3.6
#本月完成	196824		
按构成分：建筑工程	2656320	2558970	3.8
按构成分：安装工程	237628	262251	-9.4
按构成分：设备工器具购置	46863	51574	-9.1
按构成分：其他费用	388471	579587	-33.0
#旧建筑物购置费	2031	3918	-48.2
#土地购置费	352706	471034	-25.1
按工程用途分：商品住宅	2588430	2632032	-1.7
90平方米及以下	124445	114169	9.0
90-144平方米	2176240	2206086	-1.4
144平方米及以上	287745	311777	-7.7
别墅、高档公寓			
按工程用途分：办公楼	68480	68031	0.7
按工程用途分：商业营业用房	417013	437608	-4.7
按工程用途分：其他	255359	314711	-18.9
本年新增固定资产	998674	707659	41.1
一、本年实际到位资金合计	7018991	8994089	-22.0
上年末结余资金	2143765	2934906	-27.0
本年实际到位资金小计	4875226	6059183	-19.5
国内贷款	226863	365867	-38.0
银行贷款	215135	360140	-40.3
非银行金融机构贷款	11728	5727	104.8
利用外资			
自筹资金	977383	1224504	-20.2
其他资金来源	122746	87896	39.6
#定金及预收款	1805124	2267263	-20.4
#个人按揭贷款	1743110	2113653	-17.5
二、本年各项应付款合计	1588924	1781274	-10.8
#工程款	1032576	1146111	-9.9
待开发土地面积(平方米)	1511770	946329	59.8
本年土地购置面积(平方米)	371161	337145	10.1
本年土地成交价款	136086	167305	-18.7
#拆迁补偿费			
#土地使用权出让金			
契税			

7-2-2　项目表按经济类型分汇总表

单位：万元

指标名称	总计(按经济注册类型分)	内资企业	国有单位投资	联营	股份有限公司	私营及个体投资	其他内资	港澳台商投资	外商投资
计划总投资	36474866	35365130	335923	33000	79191	22330354	58000	367736	742000
自开始建设累计完成投资	16259924	16050188	93927	6822	45796	10570117	8949	82915	126821
本年完成投资	3329282	3283126	22966	5321	18136	2112346	8949	12491	33665
#本月完成	196824	193726	2	22	1083	129026	1483	1442	1656
按构成分：建筑工程	2656320	2621539	22313	5321	17336	1682498	8525	11068	23713
按构成分：安装工程	237628	237628			315	158467			
按构成分：设备工器具购置	46863	46863			10	33714			
按构成分：其他费用	388471	377096	653		475	237667	424	1423	9952
#旧建筑物购置费	2031	2031				1127			
#土地购置费	352706	341754	653			219093	300	1000	9952
按工程用途分：商品住宅	2588430	2552628	19786	4954	4768	1639279		9440	26362
90平方米及以下	124445	123894	477		1113	75842		551	
90-144平方米	2176240	2145588	14831	4954	3186	1408355		5969	24683
144平方米及以上	287745	283146	4478		469	155082		2920	1679
别墅、高档公寓									
按工程用途分：办公楼	68480	66588			8059	30298		1892	
按工程用途分：商业营业用房	417013	408820	3072	367	4140	308600	8525	943	7250
按工程用途分：其他	255359	255090	108		1169	134169	424	216	53
本年新增固定资产	998674	972824			5968	651063			25850
一、本年实际到位资金合计									
上年末结余资金	2143765	2098716	4827	2273	3067	1305207		9092	35957
本年实际到位资金小计	4875226	4802783	42090	8564	18033	3130599	12290	26206	46237
国内贷款	226863	222863				89034		4000	
银行贷款	215135	211135				77356		4000	
非银行金融机构贷款	11728	11728				11678			
利用外资									
#外商直接投资									
自筹资金	977383	971945	8586		11380	592903	12290	5438	
#自有资金									
#股东投入资金									
#借入资金									
其他资金来源	122746	122746			100	88390			
#定金及预收款	1805124	1763184	10276	8564	3173	1253914		16768	25172
#个人按揭贷款	1743110	1722045	23228		3380	1106358			21065
二、本年各项应付款合计	1588924	1571716	6357	5321	924	999590		8341	8867
#工程款	1032576	1017300	6357	5321		623380		8341	6935
待开发土地面积(平方米)	1511770	1466976				831427		44794	
本年土地购置面积(平方米)	371161	371161				152612			
本年土地成交价款	136086	136086				58473			
#拆迁补偿费									
#土地使用权出让金									
契税									

7-2-3 分县(市、区)房地产开发投资对比情况

单位：万元

县(市、区)	本年完成投资	去年同期完成投资	增长(%)
赣州市	3329282	3452382	-3.6
章贡区	283216	281486	0.6
南康区	264560	267902	-1.2
赣县区	215487	198991	8.3
信丰县	160096	162617	-1.6
大余县	95041	116237	-18.2
上犹县	91100	85598	6.4
崇义县	57252	54170	5.7
安远县	99642	98863	0.8
定南县	76404	77600	-1.5
全南县	33712	30630	10.1
宁都县	188781	239854	-21.3
于都县	198247	192509	3.0
兴国县	131610	140447	-6.3
会昌县	92561	108553	-14.7
寻乌县	83391	84234	-1.0
石城县	121502	123717	-1.8
瑞金市	134233	137818	-2.6
龙南市	125792	144042	-12.7
赣州经开区	568738	582530	-2.4
赣州蓉江新区	307917	324584	-5.1

7-2-4 分县(市、区)房地产开发投资汇总表

单位：万元

指标名称	赣州市	章贡区	南康区	赣县区	信丰县	大余县	上犹县	崇义县
计划总投资	36474866	4022598	4433984	2454019	2415892	1050057	762818	517776
自开始建设累计完成投资	16259924	2938571	1427299	871137	685576	404175	317349	236871
本年完成投资	3329282	283216	264560	215487	160096	95041	91100	57252
#本月完成	196824	22557	384	128		400		243
按构成分：建筑工程	2656320	238339	226771	171320	141939	90545	78264	46187
按构成分：安装工程	237628	21340	17197	31380	9276	3424	1152	3953
按构成分：设备工器具购置	46863	2395	4238	4970	896	672	27	4267
按构成分：其他费用	388471	21142	16354	7817	7985	400	11657	2845
#旧建筑物购置费	2031	302	10		1100			
#土地购置费	352706	18375	13268	7308	5468		11382	2744
按工程用途分：商品住宅	2588430	184028	210921	151981	130628	67425	72957	49708
90平方米及以下	124445	7602	5482	14774	477		277	
90-144平方米	2176240	138580	187618	121074	121865	66084	66534	45180
144平方米及以上	287745	37846	17821	16133	8286	1341	6146	4528
别墅、高档公寓								
按工程用途分：办公楼	68480	25159	6772	200	221	8059	893	
按工程用途分：商业营业用房	417013	53020	31246	36047	17553	16241	6127	4632
按工程用途分：其他	255359	21009	15621	27259	11694	3316	11123	2912
本年新增固定资产	998674	363927	77756	127897	8541	39523	11896	30491
一、本年实际到位资金合计	7018991	653918	827843	366343	422453	106910	192605	70346
上年末结余资金	2143765	300251	189779	105829	125556	34351	49964	9314
本年实际到位资金小计	4875226	353667	638064	260514	296897	72559	142641	61032
国内贷款	226863	4000	65600	9567	2139		2700	
银行贷款	215135	4000	65600	9567	2139		2700	
非银行金融机构贷款	11728							
利用外资								
自筹资金	977383	52050	73137	37852	44051	34204	17455	31672
其他资金来源	122746	7044	3400	4975	288	26	80	4237
#定金及预收款	1805124	158215	206483	111543	106759	19035	49800	6017
#个人按揭贷款	1743110	132358	289444	96577	143660	19294	72606	19106
二、本年各项应付款合计	1588924	94318	119537	147532	128218	32522	53986	26347
#工程款	1032576	81014	94977	109043	65078	20720	34699	24350
待开发土地面积	1511770	66095	512911	100073		103873		80493
待开发土地面积(平方米)	371161		59944	48782				10100
本年土地购置面积(平方米)	136086		29674	28450				1545
#拆迁补偿费								
#土地使用权出让金								
契税								

7-2-4 续表 1

指标名称	安远县	定南县	全南县	宁都县	于都县	兴国县	会昌县
计划总投资	500235	848010	295870	1805112	2799408	1135612	547381
自开始建设累计完成投资	319703	369286	67916	1394231	842201	577913	408399
本年完成投资	99642	76404	33712	188781	198247	131610	92561
#本月完成	7598	1386	52	14022	8677	17977	120
按构成分：建筑工程	88958	64574	32948	125688	167786	112676	68397
按构成分：安装工程	3230	8388	223	32593	19154	10217	12133
按构成分：设备工器具购置	3552	2234	201	2586	5333	1927	1624
按构成分：其他费用	3902	1208	340	27914	5974	6790	10407
#旧建筑物购置费							602
#土地购置费	1399	1050	40	24749	4174	5549	8855
按工程用途分：商品住宅	83951	68914	31229	163389	179562	109792	74008
90平方米及以下	2574	205	677	4978	13172	9283	9427
90-144平方米	73087	51966	29327	147303	163112	88614	59353
144平方米及以上	8290	16743	1225	11108	3278	11895	5228
别墅、高档公寓							
按工程用途分：办公楼	11	6			1957		493
按工程用途分：商业营业用房	11139	5610	2105	18347	13136	7177	14917
按工程用途分：其他	4541	1874	378	7045	3592	14641	3143
本年新增固定资产	680	48710			1045	19271	61216
一、本年实际到位资金合计	140332	144841	60530	302039	444604	224044	126980
上年末结余资金	38527	37325	18476	99363	88863	32499	19769
本年实际到位资金小计	101805	107516	42054	202676	355741	191545	107211
国内贷款				8564	1365	6629	
银行贷款				8564		6629	
非银行金融机构贷款					1365		
利用外资							
自筹资金	76507	20783	5152	36986	44867	60199	37784
其他资金来源	1073	6799		12186	5878	7360	4895
#定金及预收款	17879	33768	24802	74051	116976	51028	22446
#个人按揭贷款	6346	46166	12100	70889	186655	66329	42086
二、本年各项应付款合计	28676	51251	41136	168112	89308	59018	21596
#工程款	20230	41224	34784	118412	82305	21531	14976
待开发土地面积	28053	45829		46000	132720	36514	18654
待开发土地面积(平方米)						86751	6979
本年土地购置面积(平方米)						26998	1480
#拆迁补偿费							
#土地使用权出让金							
契税							

7-2-4 续表 2

指标名称	寻乌县	石城县	瑞金市	龙南市	赣州经开区	赣州蓉江新区
计划总投资	602192	667616	2059851	1260411	5255197	3040827
自开始建设累计完成投资	346697	331646	737181	595744	2610756	777273
本年完成投资	83391	121502	134233	125792	568738	307917
#本月完成	15859	14483	10125	4441	46810	31562
按构成分：建筑工程	81899	99478	116179	101722	411885	190765
按构成分：安装工程	355	13343	8931	10547	29642	1150
按构成分：设备工器具购置	71	2889	1769	3220	3363	629
按构成分：其他费用	1066	5792	7354	10303	123848	115373
#旧建筑物购置费	17					
#土地购置费	457	3599	3294	8512	121214	111269
按工程用途分：商品住宅	59906	79305	108994	87528	455282	218922
90平方米及以下	7084	1	15565	4515	21727	6625
90-144平方米	51680	62320	88886	58802	395954	158901
144平方米及以上	1142	16984	4543	24211	37601	53396
别墅、高档公寓						
按工程用途分：办公楼		2274		1275	6387	14773
按工程用途分：商业营业用房	10387	36271	19165	31103	39572	43218
按工程用途分：其他	13098	3652	6074	5886	67497	31004
本年新增固定资产		894	53543	90137	37297	25850
一、本年实际到位资金合计	104623	183101	295989	324138	1002456	1024896
上年末结余资金	6274	54285	81331	145914	218466	487629
本年实际到位资金小计	98349	128816	214658	178224	783990	537267
国内贷款		3365	459	12000	68149	42326
银行贷款		1750	409	12000	62117	39660
非银行金融机构贷款		1615	50		6032	2666
利用外资						
自筹资金	37698	33357	30154	59923	239980	3572
其他资金来源	100	6803	2295	364	45404	9539
#定金及预收款	29049	34456	89874	38173	231290	383480
#个人按揭贷款	31502	50835	91876	67764	199167	98350
二、本年各项应付款合计	37519	54507	55429	66171	160261	153480
#工程款	30177	28146	38337	31610	81657	59306
待开发土地面积		9478	9677	120163	201237	
待开发土地面积(平方米)					158605	
本年土地购置面积(平方米)					47939	
#拆迁补偿费						
#土地使用权出让金						
契税						

7-2-5 分县(市、区)销售面积对比表

单位：平方米

县(市、区)	商品房销售面积	去年同期	增长(%)	住宅销售面积	去年同期	增长(%)
赣州市	13281493	14122482	-6.0	10695972	12166300	-12.1
章贡区	884746	779414	13.5	581278	466068	24.7
南康区	1577204	1514761	4.1	1209452	1275977	-5.2
赣县区	759706	1154858	-34.2	543345	941963	-42.3
信丰县	1124144	1223381	-8.1	947980	1161551	-18.4
大余县	253130	263312	-3.9	232706	244307	-4.7
上犹县	557844	536870	3.9	451816	373043	21.1
崇义县	269947	277743	-2.8	232690	269110	-13.5
安远县	423684	459212	-7.7	412857	452853	-8.8
定南县	424708	402143	5.6	399106	395281	1.0
全南县	183992	214930	-14.4	180659	190692	-5.3
宁都县	589789	558107	5.7	344431	412594	-16.5
于都县	1031963	1010234	2.2	945784	954166	-0.9
兴国县	712462	679829	4.8	638195	603911	5.7
会昌县	438316	437403	0.2	352104	408584	-13.8
寻乌县	357607	355599	0.6	309821	338412	-8.4
石城县	392904	407439	-3.6	324894	317816	2.2
瑞金市	709924	686497	3.4	537331	552975	-2.8
龙南市	557847	573112	-2.7	398939	461715	-13.6
赣州经开区	1339881	1628491	-17.7	1060841	1439907	-26.3
赣州蓉江新区	691695	959147	-27.9	591743	905375	-34.6

7-3-1　建筑业企业生产情况

(总承包和专业承包建筑业企业)　　单位：万元

项　目	企业个数(个)	#有工作量企业数	签订的合同额	上年结转合同额	本年新签合同额	直接从建设单位承揽工程完成的产值	自行完成施工产值	分包出去工程的产值
总　计	**1040**	**1040**	**11001933**	**4142887**	**6859046**	**6682316**	**6432886**	**249430**
按隶属关系分组								
地方	61	61	2692190	1295314	1396876	1204587	1013724	190863
其他	979	979	8309743	2847572	5462171	5477729	5419163	58567
按控股情况分组								
国有控股	52	52	3423189	1675023	1748166	1533952	1315150	218802
集体控股	11	11	427391	82601	344790	365319	365319	
私人控股	977	977	7151353	2385263	4766090	4783045	4752417	30628
按登记注册类型分组								
内资企业	1040	1040	11001933	4142887	6859046	6682316	6432886	249430
国有企业	14	14	742474	396462	346012	274612	274612	
集体企业	7	7	164334	24625	139709	141585	141585	
股份合作企业	2	2	51182	41309	9873	29011	29011	
有限责任公司	128	128	3433369	1485023	1948347	1795457	1574235	221222
股份有限公司	13	13	68743	13667	55077	46639	46639	
私营企业	876	876	6541830	2181801	4360029	4395012	4366804	28208
港、澳、台商投资企业								
港、澳、台商独资								
按国民经济行业分组								
房屋建筑业	621	621	6034615	1940840	4093775	4002692	3806575	196118
土木工程建筑业	332	332	4630723	2126830	2503894	2415136	2362464	52672
建筑安装业	14	14	35867	10829	25039	30902	30902	
建筑装饰和其他建筑业	73	73	300727	64388	236339	233586	232946	640
按企业资质等级分组								
企业资质等级(施工总承包)	948	948	10553250	4055020	6498230	6357351	6138429	218922
一级	28	28	2976152	1581200	1394952	1389380	1389072	309
二级	133	133	3300322	1250008	2050314	2011081	1822337	188744
三级及以下	787	787	4276776	1223812	3052964	2956890	2927020	29870
企业资质等级(专业承包)	92	92	448683	87867	360816	324965	294457	30508
一级	9	9	162755	28087	134668	138859	109199	29661
二级	61	61	231874	56381	175493	138537	138403	134
三级及以下	22	22	54055	3398	50656	47569	46855	713

7-3-1 续表

（总承包和专业承包建筑业企业）　　　　　　　　单位：万元

项　　目	从建设单位以外承揽工程完成的产值	建筑业总产值	#装饰装修产值	#在外省完成的产值	按构成分：建筑工程产值	按构成分：安装工程产值	按构成分：其他产值	竣工产值
总　计	**278531**	**6711417**	**189388**	**258601**	**5969236**	**447703**	**294478**	**3196907**
按隶属关系分组								
地方	204086	1217809	7377		1132725	44237	40847	279190
其他	74445	5493608	182011	258601	4836512	403466	253630	2917717
按控股情况分组								
国有控股	203791	1518941	8836		1384579	31193	103169	429697
集体控股	9	365328	9614	3262	163877	197101	4351	285717
私人控股	74731	4827148	170937	255339	4420780	219409	186958	2481494
按登记注册类型分组								
内资企业	278531	6711417	189388	258601	5969236	447703	294478	3196907
国有企业	500	275112			273104		2008	130113
集体企业	9	141595	3364		133972	3272	4351	56983
股份合作企业		29011	6250	3262	22191	6820		34011
有限责任公司	210002	1784237	12350	1500	1440777	240329	103131	630889
股份有限公司	3192	49831	1080		35113	14613	105	22281
私营企业	64827	4431631	166343	253839	4064079	182669	184883	2322630
港、澳、台商投资企业								
港、澳、台商独资								
按国民经济行业分组								
房屋建筑业	234289	4040863	77170	96657	3828832	124703	87329	2155125
土木工程建筑业	32471	2394935	19909	152506	1927678	278745	188511	870190
建筑安装业	245	31147		29	19775	11372		22794
建筑装饰和其他建筑业	11526	244472	92309	9409	192951	32883	18638	148799
按企业资质等级分组								
企业资质等级(施工总承包)	263984	6402413	97859	248192	5713894	412452	276067	3017430
一级	7222	1396293	8015	156958	1357765	23423	15105	500953
二级	199506	2021843	51355	42483	1885857	95526	40460	909304
三级及以下	57257	2984277	38490	48751	2470272	293503	220502	1607173
企业资质等级(专业承包)	14547	309004	91529	10409	255342	35251	18411	179478
一级	11879	121078	74893	6220	104324	10028	6725	63349
二级	2668	141071	14532	4190	107518	22541	11012	89225
三级及以下		46855	2104		43500	2682	674	26903

7-3-2 县(市、区)建筑业企业生产情况

(总承包和专业承包建筑业企业)

单位：万元

县(市、区)	企业个数(个)	#有工作量企业数	签订的合同额	上年结转合同额	本年新签合同额	直接从建设单位承揽工程完成的产值	自行完成施工产值	分包出去工程的产值
赣州市	1040	1040	11001933	4142887	6859046	6682316	6432886	249430
章贡区	247	247	3754589	1511469	2243120	2211121	2008873	202248
南康区	57	57	952956	518466	434490	198193	197100	1093
赣县区	96	96	172900	20620	152280	109596	108909	687
信丰县	24	24	495844	235160	260684	391804	391517	286
大余县	23	23	104681	30331	74350	70467	70467	
上犹县	23	23	193723	123657	70066	136105	136105	
崇义县	15	15	74629	23262	51367	55942	55633	309
安远县	24	24	106089	23565	82524	68304	68304	
定南县	13	13	143810	33808	110002	94292	93912	381
全南县	11	11	65199	33214	31985	32484	32484	
宁都县	56	56	366519	86332	280187	302467	302312	156
于都县	45	45	609257	149458	459799	411034	400082	10952
兴国县	55	55	287933	71478	216455	182718	182618	100
会昌县	13	13	273062	23868	249193	123318	123168	150
寻乌县	12	12	199617	7545	192072	174415	174415	
石城县	13	13	228096	54613	173483	188658	188658	
瑞金市	75	75	304649	80090	224559	234842	234556	286
龙南市	31	31	318684	119676	199008	229402	227163	2238
赣州经开区	191	191	2018517	718899	1299618	1381641	1351096	30545
赣州蓉江新区	16	16	331181	277377	53804	85516	85515	1

7-3-2 续表

（总承包和专业承包建筑业企业）

单位：万元

县(市、区)	从建设单位以外承揽工程完成的产值	建筑业总产值	#装饰装修产值	#在外省完成的产值	按构成分：建筑工程产值	按构成分：安装工程产值	按构成分：其他产值	竣工产值
赣州市	278531	6711417	189388	258601	5969236	447703	294478	3196907
章贡区	207679	2216553	39486	123094	1829967	286660	99926	908407
南康区	3345	200446	440		185364	6687	8395	86957
赣县区	5195	114104	2648	1712	98513	4149	11443	79136
信丰县	4374	395891	6667		363500	13854	18537	139558
大余县	291	70758		1568	69924	834		60067
上犹县		136105	2331		135016	252	838	60756
崇义县	5099	60732	3683		47947	3153	9633	25039
安远县	197	68501	1369		60321	3170	5011	52486
定南县	49	93960	4065		83364	4160	6436	37481
全南县		32484	2758		29355	2808	321	15962
宁都县	913	303225	12418	20	274720	24131	4374	172634
于都县	11790	411872		1409	388485	15536	7851	265499
兴国县	4317	186936	5315	19705	158183	2440	26313	59829
会昌县	950	124118	29477		116358	7760		27868
寻乌县		174415			151220		23195	149120
石城县	1639	190297	160		187418	1409	1469	85084
瑞金市	79	234635	5356		219273	4734	10628	110724
龙南市	6289	233452	568	4872	220194	6289	6969	127304
赣州经开区	26223	1377318	66398	102960	1288675	52739	35905	687815
赣州蓉江新区	101	85616	6250	3262	61440	6940	17235	45182

7-3-3 建筑业企业财务情况

(总承包和专业承包建筑业企业)

单位：万元

项目	法人企业数(个)	年初存货	流动资产合计	#应收工程款	#存货	固定资产减值准备	固定资产原价	#房屋和构筑物	#机器设备
总计	**1040**	**1050377**	**5153415**	**894900**	**916493**	**3590**	**683793**	**34989**	**112790**
按隶属关系分组									
地方	61	381542	1609627	165487	121300	5	404948	524	6034
其他	979	668835	3543788	729413	795193	3584	278845	34465	106756
按控股情况分组									
国有控股	52	610806	2764006	225830	425202		410096	1614	11307
集体控股	11	73260	214261	70527	51986		34917	7358	6835
私人控股	977	366311	2175148	598543	439305	3590	238781	26017	94648
按登记注册类型分组									
内资企业	1040	1050377	5153415	894900	916493	3590	683793	34989	112790
国有企业	14	519155	1443851	55609	314005		391152	1580	920
集体企业	7	10307	42439	5938	10910		7568	579	3525
股份合作企业	2		8402	2899	4153		4742		
有限责任公司	128	186949	1632468	266368	184842	5	53578	8651	17632
股份有限公司	13	2541	19133	7893	3289	52	1134	120	684
私营企业	876	331424	2007123	556194	399295	3533	225619	24059	90029
港、澳、台商投资企业									
港、澳、台商独资									
按国民经济行业分组									
房屋建筑业	621	258185	1957890	409434	303272	2187	131780	16005	43445
土木工程建筑业	332	782112	3071773	441723	597590	1388	535799	14272	62941
建筑安装业	14	2720	14398	6807	2278		2756	742	886
建筑装饰和其他建筑业	73	7361	109354	36936	13353	14	13458	3971	5518
按企业资质等级分组									
企业资质等级(施工总承包)	948	1004932	4928374	842338	865178	3538	659903	31188	101195
一级	28	120265	773597	137012	101454	1461	34943	3282	14660
二级	133	334867	1586035	248924	410734	361	99618	10115	33994
三级及以下	787	549800	2568742	456401	352989	1716	525343	17792	52541
企业资质等级(专业承包)	92	45445	225041	52562	51315	52	23891	3801	11595
一级	9	6670	65216	22961	9480		8155	3051	2988
二级	61	38217	142278	23455	41407	42	6323	505	3074
三级及以下	22	559	17547	6146	428	10	9413	245	5534

7-3-3 续表 1

（总承包和专业承包建筑业企业）　　单位：万元

项　　目	累计折旧	#本年折旧	在建工程	无形资产	#土　地使用权	资产合计	流动负债合　计	#应付账款	非流动负债合计
总　计	**134124**	**32879**	**526035**	**196595**	**57022**	**7048842**	**4040263**	**997381**	**784818**
按隶属关系分组									
地方	12443	5189	361191	167534	50404	2787564	2061679	339769	212648
其他	121681	27690	164844	29061	6617	4261278	1978584	657612	572170
按控股情况分组									
国有控股	18116	4861	380077	174871	56037	4057389	2661337	434609	714575
集体控股	11955	1174	6516	3981	481	250706	175591	151351	190
私人控股	104053	26845	139442	17743	503	2740746	1203335	411421	70053
按登记注册类型分组									
内资企业	134124	32879	526035	196595	57022	7048842	4040263	997381	784818
国有企业	8002	2740	349384	123223	6114	2422268	1537555	71859	553349
集体企业	2250	353	3099	481	481	51864	7953	2719	6
股份合作企业	469	37		3500		16174	1929	712	
有限责任公司	22756	4684	35378	51677	49924	2003074	1379685	538188	162926
股份有限公司	689	118	2489			23915	10406	7338	1219
私营企业	99959	24948	135686	17714	503	2531547	1102735	376565	67319
港、澳、台商投资企业									
港、澳、台商独资									
按国民经济行业分组									
房屋建筑业	51417	12737	125951	66147	50107	2423285	1318236	312553	58264
土木工程建筑业	73100	15620	382764	130247	6885	4462780	2652477	663028	725148
建筑安装业	1026	289	2			16675	6697	1285	809
建筑装饰和其他建筑业	8581	4234	17318	201	30	146103	62853	20514	597
按企业资质等级分组									
企业资质等级(施工总承包)	120595	25352	487655	194957	57022	6688124	3900314	954965	714897
一级	22095	4107	4457	12685	133	895181	545332	211232	56779
二级	43538	6803	85875	57177	55958	1915648	783563	234320	398525
三级及以下	54963	14443	397324	125096	931	3877295	2571419	509413	259592
企业资质等级(专业承包)	13528	7527	38380	1638		360718	139949	42416	69922
一级	7444	4712	14808	7		88088	40843	20663	
二级	2997	728	22039	1629		235966	86683	17200	69871
三级及以下	3088	2088	1533	1		36664	12423	4554	51

7-3-3 续表 2

(总承包和专业承包建筑业企业)

单位：万元

项目	负债合计	所有者权益合计	#实收资本	#个人资本	营业收入	#主营业务收入	营业成本	#主营业务成本	税金及附加	#主营业务税金及附加
总　计	**5042892**	**2005950**	**1220097**	**206889**	**5647571**	**5484218**	**5089724**	**4944577**	**47935**	**41117**
按隶属关系分组										
地方	2301484	486080	359596	981	948864	933356	859145	844436	6769	3244
其他	2741408	1519870	860501	205908	4698707	4550862	4230579	4100141	41166	37873
按控股情况分组										
国有控股	3415753	641636	397425	900	1298132	1247339	1135040	1125788	11038	8245
集体控股	208413	42293	24868		295584	294406	285282	284316	2937	2652
私人控股	1418726	1322020	797804	205989	4053855	3942473	3669402	3534474	33960	30220
按登记注册类型分组										
内资企业	5042892	2005950	1220097	206889	5647571	5484218	5089724	4944577	47935	41117
国有企业	2091265	331003	216960		278458	278140	250298	246705	3501	752
集体企业	32676	19188	15007		72790	71612	66255	65288	1924	1788
股份合作企业	1929	14245	5810		29011	29011	26435	26435	696	696
有限责任公司	1604788	398286	235930	7488	1474702	1406417	1318354	1294362	10523	9402
股份有限公司	12575	11340	8745	-87	28365	25691	25121	23052	302	289
私营企业	1299659	1231888	737644	199488	3764244	3673347	3403261	3288734	30989	28189
港、澳、台商投资企业										
港、澳、台商独资										
按国民经济行业分组										
房屋建筑业	1518770	904515	567672	123995	3065945	3021343	2796195	2750365	30491	28060
土木工程建筑业	3449196	1013583	606050	68816	2320403	2204427	2054739	1958210	16378	12133
建筑安装业	7506	9168	6229	2546	21988	21852	18818	18810	45	41
建筑装饰和其他建筑业	67419	78684	40146	11531	239235	236596	219971	217192	1020	882
按企业资质等级分组										
企业资质等级(施工总承包)	4823558	1864566	1165223	194604	5360962	5198527	4831287	4687660	46646	39990
一级	603484	291697	170022	22214	1299693	1299667	1219167	1219159	4342	4337
二级	1275859	639789	377305	74303	1540499	1508220	1386137	1326910	10003	9542
三级及以下	2944216	933079	617897	98087	2520770	2390640	2225982	2141591	32300	26111
企业资质等级(专业承包)	219334	141384	54874	12285	286609	285691	258437	256918	1289	1127
一级	40934	47154	11646	8000	153319	152849	139899	139783	417	327
二级	159710	76256	34357	2858	82947	82599	74166	73536	256	251
三级及以下	18690	17974	8871	1427	50343	50243	44372	43599	616	549

7-3-3 续表 3

(总承包和专业承包建筑业企业)

单位：万元

项　　目	其他业务利　　润	销售费用	管理费用	研发费用	财务费用			资产减值损　　失	公允价值变动收益
						#利息收入	#利息支出		
总　计	**546**	**24112**	**245590**	**20053**	**32711**	**9940**	**15642**	**-914**	**-8**
按隶属关系分组									
地方	25	296	20325	13379	9958	8560	1601	1579	
其他	521	23815	225265	6674	22753	1380	14041	-2493	-8
按控股情况分组									
国有控股	379	33	28636	15002	16267	8901	7481	1609	
集体控股	6	837	30770		219	2	52	-2195	
私人控股	162	23242	186184	5051	16225	1037	8109	-328	-8
按登记注册类型分组									
内资企业	546	24112	245590	20053	32711	9940	15642	-914	-8
国有企业	51		7264	5508	3579	730	3313	6	
集体企业	6	35	2661		161		43		
股份合作企业			893		46	0			
有限责任公司	328	2381	57419	9494	14181	8213	4472	-612	
股份有限公司		284	2382		240	4	101		
私营企业	162	21412	174971	5051	14504	993	7713	-308	-8
港、澳、台商投资企业									
港、澳、台商独资									
按国民经济行业分组									
房屋建筑业	55	12643	104034	3044	16081	603	8614	283	-9
土木工程建筑业	385	9167	130854	16996	15597	9311	6643	-1195	2
建筑安装业		192	2024		218	1	96		
建筑装饰和其他建筑业	107	2110	8677	13	815	24	288	-2	-1
按企业资质等级分组									
企业资质等级(施工总承包)	416	22002	230496	18430	30433	9955	13863	-884	-8
一级	-11	559	26946	11348	10693	7951	1016	265	
二级	42	9626	65374	5511	4079	1011	2949	1530	0
三级及以下	385	11817	138175	1571	15661	993	9898	-2679	-8
企业资质等级(专业承包)	131	2109	15094	1623	2278	-15	1779	-30	
一级	131	1040	5437	1623	206	18	82		
二级		738	5885		1894	-44	1642	-30	
三级及以下		331	3772		177	11	55		

7-3-3 续表 4

(总承包和专业承包建筑业企业)　　单位：万元

项　　目	投资收益	其他收益	营业利润	营业外收　入	营业外支　出	利润总额	所得税费　用	应付职工薪酬(本年贷方累计发生额)	应　交增值税	建筑业企业在境外完成的营业收入
总　计	**191**	**473**	**233078**	**3680**	**7104**	**229987**	**37158**	**705490**	**168901**	**21824**
按隶属关系分组										
地方	-277	34	49556	209	221	49140	12625	47269	70403	
其他	468	440	183522	3471	6882	180847	24533	658222	98498	21824
按控股情况分组										
国有控股	-402	39	57336	297	325	56905	14488	47562	78528	
集体控股	125	69	564	271	52	783	1799	22318	6842	
私人控股	468	365	175177	3112	6726	172298	20871	635611	83531	21824
按登记注册类型分组										
内资企业	191	473	233078	3680	7104	229987	37158	705490	168901	21824
国有企业		4	12938	52	49	12513	1392	10550	4012	
集体企业	125		2026	9	3	2032	373	11688	3325	
股份合作企业			941			941	227	4403	331	
有限责任公司	-402	105	53240	682	722	53224	15639	91734	82311	588
股份有限公司	1		1275	11	17	1269	87	4771	764	
私营企业	467	365	162658	2927	6313	160008	19441	582345	78158	21236
港、澳、台商投资企业										
港、澳、台商独资										
按国民经济行业分组										
房屋建筑业	358	23	134849	2524	5243	132902	18457	390302	68761	18882
土木工程建筑业	-167	451	90770	1041	1720	89756	17827	273110	96713	1029
建筑安装业			1148	49	19	1178	74	6288	476	
建筑装饰和其他建筑业			6310	66	121	6151	800	35790	2952	1912
按企业资质等级分组										
企业资质等级(施工总承包)	188	473	228395	3510	6949	225392	36289	661734	164114	19912
一级	99	17	39780	368	121	40027	9459	109748	68373	573
二级	388	119	83133	432	4284	80067	12198	197467	31576	12131
三级及以下	-299	338	105482	2710	2545	105298	14633	354519	64164	7208
企业资质等级(专业承包)	4	0	4683	170	154	4595	869	43757	4787	1912
一级			2795	23	45	2773	541	13490	1893	
二级	4	0	407	131	90	344	206	24260	1933	
三级及以下			1481	16	19	1478	122	6007	962	1912

7-3-4 县(市、区)建筑业企业财务情况

(总承包和专业承包建筑业企业)

单位：万元

县(市、区)	法人企业数(个)	年初存货	流动资产合计	#应收工程款	#存货	固定资产减值准备	固定资产原价	#房屋和构筑物	#机器设备
赣州市	1040	1050377	5153415	894900	916493	3590	683793	34989	112790
章贡区	247	393047	1916289	311592	428274	1438	137983	12447	53908
南康区	57	28069	321797	88258	35367	85	16748	1718	1683
赣县区	96	3353	119180	24505	4303	326	7057	2190	2582
信丰县	24	15858	307038	23325	31710	42	2189	179	1375
大余县	23	6471	92859	5227	7388		1984	49	1086
上犹县	23	8400	61539	6693	16525		3208	1013	1276
崇义县	15	2863	41482	8650	3911	18	1543	19	202
安远县	24	17734	98606	36826	10267	5	1028		735
定南县	13	12761	103532	2404	6698		2005	245	209
全南县	11	6692	16509	3663	4493		548	45	373
宁都县	56	13591	69741	18758	18290	58	11007	6465	1402
于都县	45	12668	215467	78035	20883	5	15960		10994
兴国县	55	328462	573736	30804	78203	166	394472	1502	4261
会昌县	13	2389	160312	11447	13418		1707	218	1044
寻乌县	12	25	33687	12229	1602		4426	114	107
石城县	13	24233	95694	-436	32154	1	1572		533
瑞金市	75	11695	101805	37404	14651	14	8703	1101	4359
龙南市	31	6450	152720	22303	12192	3	5136	312	1527
赣州经开区	191	146013	611134	163424	166929	1419	60423	7373	24353
赣州蓉江新区	16	9604	60288	9788	9236	10	6096		782

7-3-4 续表 1

(总承包和专业承包建筑业企业)

单位：万元

县(市、区)	累计折旧	#本年折旧	在建工程	无形资产	#土地使用权	资产合计	流动负债合计	#应付账款	非流动负债合计
赣州市	134124	32879	526035	196595	57022	7048842	4040263	997381	784818
章贡区	65504	13061	81695	17611	6324	2287872	1030853	400897	475387
南康区	7427	1488	3294	120	120	354387	237212	140060	4349
赣县区	1534	759	11554	51		134053	79794	17759	10011
信丰县	892	264	308	1		314962	260587	26381	14105
大余县	344	188	66	3		133484	96087	13861	1056
上犹县	545	199		1		66405	44960	8143	4618
崇义县	1126	118	207	68		45351	32115	5967	1139
安远县	272	82	8614	49844	49844	169929	106186	71237	662
定南县	494	127	3938	85	80	107141	78265	2676	11388
全南县	171	58				17067	10835	2734	9
宁都县	2834	701	1893	1736	481	114705	29159	10761	258
于都县	3909	818	1290	4		238476	149591	40673	62
兴国县	5207	934	356907	117042		1554750	1153049	13317	152808
会昌县	678	384				161564	125163	23801	1
寻乌县	2142	873	5016			48603	16757	7679	204
石城县	543	207	519			112181	46978	11538	19610
瑞金市	3731	1455	8431	24	10	130795	48664	15076	2301
龙南市	1431	1230	4240	202	30	169295	125769	32035	14092
赣州经开区	34232	9764	36849	6276	133	812294	327721	121852	72759
赣州蓉江新区	1111	171	1216	3527		75526	40519	30933	

7-3-4 续表 2

(总承包和专业承包建筑业企业)

单位：万元

县(市、区)	负债合计	所有者权益合计	#实收资本	#个人资本	营业收入	#主营业务收入	营业成本	#主营业务成本	税金及附加	#主营业务税金及附加
赣州市	5042892	2005950	1220097	206889	5647571	5484218	5089724	4944577	47935	41117
章贡区	1590675	697197	410828	111054	1881027	1854794	1718492	1654924	8074	7529
南康区	254065	100321	42620	4843	368428	318626	284537	279068	1721	1704
赣县区	93177	40876	31007	7864	108024	107573	98126	96679	883	877
信丰县	277781	37181	20091	2123	269242	269242	247468	244602	1935	1934
大余县	106734	26751	6899	142	75880	75880	67691	67652	1349	1187
上犹县	50163	16243	7137	1150	112604	112604	103486	103486	1126	1126
崇义县	35274	10077	5841	3806	53452	53452	50005	49975	717	460
安远县	106923	63006	48738	30	87218	87016	74907	74846	775	754
定南县	90255	16886	10401	1000	55709	51359	51167	46994	1278	1269
全南县	10857	6210	3686	30	23184	23184	20861	20509	192	192
宁都县	63094	51611	39050	4986	278435	274145	256701	249808	3008	2808
于都县	155581	82896	41307	13586	369781	346184	328979	307809	4745	3713
兴国县	1313494	241255	222493	5365	166439	158177	146690	139317	4683	1916
会昌县	125164	36401	9393	-13	74473	73939	75097	74593	626	624
寻乌县	25022	23581	14274	93	167155	158296	144040	136953	5923	4990
石城县	76578	35603	30097	110	51891	48055	45631	42642	467	457
瑞金市	56105	74690	41651	5270	133508	126240	120735	113479	1046	823
龙南市	141047	28248	23237	3563	211826	210678	201393	199878	4241	4058
赣州经开区	422515	389780	201041	41650	1091553	1067028	992214	979861	4281	3889
赣州蓉江新区	48388	27138	10305	236	67745	67745	61505	61505	868	808

7-3-4 续表 3

(总承包和专业承包建筑业企业)　　单位：万元

县(市、区)	其他业务利润	销售费用	管理费用	研发费用	财务费用	#利息收入	#利息支出	资产减值损失	公允价值变动收益
赣州市	546	24112	245590	20053	32711	9940	15642	-914	-8
章贡区	162	4160	87854	5734	12699	8531	3874	-1321	8
南康区	25	1905	8094	10079	1123	792	1301	271	
赣县区	-34	660	4968		425	51	182	-1	1
信丰县		10	7178		5082	38	4515		
大余县		48	3779		447	7	155		
上犹县		54	3820		203	2	86		
崇义县		7	1187		167	13	69		
安远县		21	1881		300	11	61	69	
定南县		64	1883	164	456	-25	158		
全南县			1783		23	15	10		
宁都县	7	3844	6411	1	488	3	433	18	
于都县	2	1532	16847	13	947	1	278		
兴国县		3448	7956		241	11	67	-1	
会昌县	4	0	1694	0	453	28	221		
寻乌县		416	6957		1474	5	165		
石城县	322	139	3029		1036		214		
瑞金市	40	428	5209	9	686	55	170		
龙南市	10	257	4343		531	42	153	-2	-1
赣州经开区	10	7058	67079	4053	5759	356	3437	43	-16
赣州蓉江新区		61	3639		173	5	94	10	

7-3-4 续表 4

(总承包和专业承包建筑业企业)

单位：万元

县(市、区)	投资收益	其他收益	营业利润	营业外收入	营业外支出	利润总额	所得税费用	应付职工薪酬(本年贷方累计发生额)	应交增值税	建筑业企业在境外完成的营业收入
赣州市	191	473	233078	3680	7104	229987	37158	705490	168901	21824
章贡区	-317	388	82470	1007	4121	80183	14705	197125	87592	16178
南康区	1	19	16653	184	133	16705	1483	35853	6220	
赣县区	3	1	4161	257	254	4163	699	23990	4354	600
信丰县			9012	33	48	8997	1692	18447	5159	
大余县			3782	12	9	3784	401	6355	2770	1568
上犹县			6363	50	14	6398	408	23711	3104	
崇义县			1275	7	2	1280	193	9548	1113	
安远县			9446	3	52	9396	2140	8843	2359	
定南县			1736	23	6	1753	286	11811	1283	
全南县			819	81	1	899	136	5028	1014	
宁都县	125		12490	162	32	12620	1870	33273	5916	
于都县	303		21262	5	73	21195	1444	50794	6653	
兴国县	-1	10	11871	180	352	11271	1038	27917	4501	
会昌县			-3590	31	22	-3572	919	3747	3170	
寻乌县			9474			9474	2355	18262	4689	
石城县			1698	709	624	1783	453	17640	1336	
瑞金市			7927	333	367	7893	1441	34468	2329	
龙南市			3625	337	64	3897	564	15685	8426	602
赣州经开区	77	50	31007	247	919	30258	4575	151315	15483	2875
赣州蓉江新区		6	1599	22	10	1612	360	11680	1429	

主要统计指标解释

全社会固定资产投资 是以货币形式表现的在一定时期内全社会建造和购置固定资产的工作量以及与此有关的费用的总称。该指标是反映固定资产投资规模、结构和发展速度的综合性指标,又是观察工程进度和考核投资效果的重要依据。全社会固定资产投资按登记注册类型可分为国有、集体、个体、联营、股份制、外商、港澳台商、其他等。按统计方式可分为建设项目固定资产投资和房地产开发投资（全面统计）、农村农户固定资产投资（抽样调查）。建设项目投资不同的时期有不同 的统计起点。1995-1996 年，项目投资统计的起点为计划总投资 5 万元及以上；自 1997 年起，项目投资统计的起点由 5 万元提高到 50 万元及以上；自 2011 年起，项目投资的统计起点由 50 万元提高至 500 万元及以上。为便于比较，2010 年调整为 500 万元以上起点数。

固定资产投资 指各种登记注册类型的企业、事业、行政单位及个体 户进行的建设项目投资、房地产开发投资。

房地产开发投资 指各种登记注册类型的房地产开发公司、商品房建设公司及其他房地产开发法人单位和附属于其他法人单位实际从事房地产开发或经营的活动单位统一开发的包括统代建、拆迁还建的住宅、厂房、仓库、饭店、宾馆、度假村、写字楼、办公楼等房屋建筑物和配套的服务设施，土地开发工程（如道路、给水、排水、供电、供热、通讯、平整场地等基础设施工程）的投资；不包括单纯的土地交易活动。

固定资产投资的资金来源 根据固定资产投资的资金来源不同，分为国家预算内资金、国内贷款、利用外资、自筹资金和其他资金来源。

（1）国家预算内资金：分为财政拨款和财政安排的贷款两部分。包括中央财政的基本建设基金(分经营性基金和非经营性基金两部分)、专项支出(如煤代油专项等)、收回再贷、贴息资金，财政安排的挖潜改造和新产品试制支出、城建支出、商业部门简易建筑支出、不发达地区发展基金等资金中用于固定资产投资的资金；地方财政中由国家统筹安排的资金等。

（2）国内贷款：指报告期固定资产投资单位向银行及非银行金融机构借入的用于固定资产投资的各种国内借款，包括银行利用自有资金及吸收的存款发放的贷款、上级主管部门拨入的国内贷款、国家专项贷款、地方财政专项资金安排的贷款、国内储备贷款、周转贷款等。

（3）利用外资：指报告期收到的用于固定资产建造和购置的国外资金(包括设备、材料、技术在内)。包括对外借款(外国政府、国际金融组织贷款、出口信贷、外国银行商业贷款、对外发行债券和股票)、外商直接投资及外商其他投资。不包括我国自有外汇资金(国家外汇、地 方外汇、留成外汇、调剂外汇和中国银行自有资金发行的外汇贷款等)。计算利用外资时，需要折算成人民币，折算中所使用的外汇汇率按现汇计算，即按使用外汇时的汇率计算。

（4）自筹资金：指固定资产投资单位报告期收到的，由各地区、各部门及企、事业单位筹集用于固定资产投资的预算外资金，包括中央各部门、各级地方和企、事业单位的自筹资金。(5)其他资金：指在报告期收到的除以上各种资金之外其他用于固定资产投资的资金，包括企业或金融机构通过发行各种债券筹集到的 资金、群众集资、个人资金、无偿捐赠的资金及其他单位拨入的资金等.

固定资产投资按建设性质分 根据整个建设项目情况来确定。建设项目的性质一般分为新建、扩建、改建、迁建、恢复。

（1）新建：一般指从无到有开始建设的企业、事业和行政单位或建设项目。现有企业、事业、行政单位一般不属于新建。但如有的单位原有基础很小，经过建设后新增的固定资产价值超过该企、事业、行政单位原有固定资产价值(原值)三倍以上的也应作为新建。

（2）扩建：指在厂内或其他地点，为扩大原有产品的生产能力(或效益)或增加新的产品生产能力，而增建主要的生产车间(或主要工程)、分厂、独立的生产线。行政、事业单位在原单位增建业务用房(如学校增建教学用房、医院增建门诊部、病房等)也作为扩建。现有企、事业单位为扩大原有主要产品生产能力或增加新的产品生产能力，增建一个或几个主要生产车间(或主要工程)、分厂，同时进行一些更新改造工程的，也应作为扩建。

（3）改建和技术改造：指现有企业、事业单位，对原有设施进行技术改造或更新(包括相应配套的辅助性生产、生活福利设施)的建设项目。现有企业、事业单位为适应市场变化的需要，而改变企业的主要产品种类(如军工企业转产民用品等)的建设项目，应作为改建。原有产品生产作业线由于各工序(车间)之间能力不平衡，为填平补齐充分发挥原有生产能力而增建不增加本企业主要产品设计能力的车间，也应作为改建。技术改造是指企业、事业单位在现有基础上，用先进的技术代替落后的技术，用先进的工艺和装备代替落后的工艺和装备，以改变企业落后的技术经济面貌，实现以内涵为主的扩大再生产，达到提高产品质量、促进产品更新换代、节约能源、降低消耗、扩大生产规模、全面提高社会经济效益的目的。技术改造具体包括以下内容：机器设备和工具的更新改造；生产工艺改革、节约能源和原材料的改造；厂房建筑和公共设施的改造；劳动条件和生产环境的改造等。

固定资产投资按构成分 固定资产投资活动按其工作内容和实现方式分为建筑安装工程，设备、工具、器具购置，其他费用三个部分。

（1）建筑安装工程(建筑安装工作量)：指各种房屋、建筑物的建造工程和各种设备、装置的安装工程。包括各种房屋建造工程；各种用途设备基础和各种工业窑炉的砌筑工程及金属结构工程；为施工而进行的各种准备工作和临时工程以及完工后的清理工作等；铁路、道路的铺设，矿井的开凿及石油管道的架设等；水利工程；防空地下建筑等特殊工程；列入房屋工程预算内的暖气、卫生、通风、照明、煤气等设备的价值及装设油饰工程；列入建筑工程预算内的各种管道(蒸汽、压缩空气、石油、给排水等管道)、电力、电讯电缆导线等的敷设工程；以及各种机械设备的安装工程；为测定安装工程质量，对设备进行的试运工作；房地产开发单位进行的商品房屋开发建设工程、土地开发工程。在安装工程中，不包括被安装设备本身的价值。

(2)设备、工具、器具购置：指建设单位或企、事业单位购置或自制的，达到固定资产标准的设备、工具、器具的价值。新建单位及扩建单位的新建车间，按照设计或计划要求购置或自制的全部设备、工具、器具，不论是否达到固定资产标准均计入“设备、工具、器具购置”中。

(3)其他费用：指在固定资产建造和购置过程中发生的，除上述几项内容以外的各种应分摊计入固定资产的费用。

施工项目 指报告期内进行过建筑或安装施工活动的项目。凡是报告期内施过工的建设项目，不论施工时间长短，均作为施工项目统计。施工项目个数可以反映一定时期固定资产投资的实际规模，与同期全部建成投产项目个数相比，可以从建设速度的角度反映固定资产投资的效果。根据建设项目施工活动的不同性质，施工项目又分为：本年 正式施工项目、本年收尾项目和以前年度全部停缓建项目。

新增生产能力 指通过固定资产投资活动而增加的设计能力或工程效益，它是用实物形态表示的固定资产投资的成果。新增生产能力的计算，是以能独立发挥生产能力或工程效益的单项工程(或项目)为对象。当单项工程(或项目)建成，经有关部门鉴定合格，正式移交投入生产，即可计算新增生产能力。

新增生产能力或工程效益有以下几种表现形式：以建设项目或单项工程建成后的年产能力表示；以建设项目或单项工程建成后处理原料的能力表示；以新增的主要设备数量或容量表示；以建筑物容积、容量、面积或长度表示。

新增生产能力的数量一般按设计能力计算。设计能力是指设计文件中规定的在正常情况下能够达到的生产能力，而不论投产后的实际产量如何。以设备数量、建筑物容积、面积、长度等表示的新增生产能力或工程效益，则按建成的实际数量计算。

房屋建筑面积　指房屋建筑物勒脚以上外墙外围的水平截面面积，包括房屋建筑物的有效面积和结构面积。该指标是从实物形态上反映建设规模和建设成果的重要指标之一，也是检查工程形象进度、计算工程造价、分析投资效果、研究施工任务和建筑材料之间平衡情况的重要依据。

住宅建筑面积　指施工和竣工房屋建筑面积中供居住用的施工和竣工房屋建筑面积。

施工面积　指报告期内施工的全部房屋建筑面积。包括本期新开工的 面积和上期开工跨入本期继续施工的房屋面积，以及上期已停建在本期恢复施工的房屋面积。本期竣工和本期施工后又停缓建的房屋，其建筑面积仍计入本期房屋施工面积中。

竣工面积　指在报告期内房屋建筑按照设计要求已经全部完工，达到住人和使用条件，经验收鉴定合格(或达到竣工验收标准)，正式移交使用单位的各栋房屋建筑面积的总和。

房屋建筑面积竣工率　指一定时期内房屋竣工面积占同期房屋施工面积的比率。它是从房屋建筑施工速度的角度反映投资效果和建筑业经济效益的指标。

新增固定资产　指报告期内已经完成建造和购置过程，并已交付生产 或使用单位的固定资产价值。该指标是表示固定资产投资成果的价值 指标，也是反映建设进度，计算固定资产投资效果的重要指标。

商品房销售面积　指报告期内出售商品房屋的合同总面积(即双方签署的正式买卖合同中所确定的建筑面积)。由现房销售建筑面积和期房销售建筑面积两部分组成。

商品房销售额　指报告期内出售商品房屋的合同总价款(即双方签署的正式买卖合同中所确定的合同总价)。该指标与商品房销售面积同口径，由现房销售额和期房销售额两部分组成。

建筑业统计单位　指从事房屋、构筑物建造和设备安装活动的法人企业。建筑业法人企业应同时具备的条件是：①依法成立，有自己的名称、组织机构和场所，能够承担民事责任；②独立拥有和使用资产，承担负债，有权与其他单位签订合同；③独立核算盈亏，能够编制资产负债表。

建筑业总产值　是以货币形式表现的建筑业企业在一定时期内生产的建筑业产品和提供的服务的总和。建筑业总产值包括：

⑴建筑工程产值：指列入建筑工程预算内的各种工程价值。

⑵安装工程产值：指设备安装工程价值，不包括被安装设备本身 的价值。

⑶其他产值：建筑业总产值中除建筑工程、安装工程以外的产值。包括房屋构筑物修理产值、非标准设备制造产值、总包企业向分包企业收取的管理费以及不能明确划分的施工活动所完成的产值。

a. 房屋构筑物修理产值：指房屋和构筑物修理所完成的产值，但不包括被修理房屋、构筑物本身价值和生产设备的修理产值。

b. 非标准设备制造产值：指加工制造没有定型的非标准生产设备的加工费和原材料价值(如化工厂、炼油厂用的各种罐、槽，矿井生产统一使用的各种漏斗、三角槽、阀门等)以及附属加工厂为本企业承建工程制作的非标准设备的价值。

房屋建筑施工面积　指在报告期内施工的全部房屋建筑面积，包括本期新开工的房屋面积、上期施工跨入本期继续施工的房屋面积、上期停缓建在本期恢复施工的房屋面积、本期竣工的房屋面积及本期施工后又停缓建的房屋面积。

房屋建筑竣工面积　指在报告期内房屋建筑按照设计要求全部完工，达到了住人和使用条件，经验收鉴定合格，正式移交使用单位的房屋建筑面积。

八、国内贸易、对外贸易和旅游

本篇章

质量负责：邹　俊
资料整理：钟灵毓

8-1 主要年份社会消费品零售总额

单位：万元

年份	社会消费品零售总额	按销售单位所在地分			按行业分			
		市(城镇)	县	县以下(乡村)	批发零售贸易业	住宿和餐饮业	制造业	农业生产者
1978	51074	8753	10817	31504	46062	2504	1553	
1980	67296	11774	19259	36263	57279	3146	2292	4320
1987	158264	26344	57834	74086	110201	6039	10081	26299
1990	203882	35398	76174	92310	138563	9476	12262	36739
1991	219319	39226	83596	96497	145484	10178	13593	40831
1992	260127	49609	103919	106599	161526	11329	18281	42468
1993	328814	71495	130787	126532	225181	13104	26682	54700
1994	438692	117097	146129	175466	303133	24140	27479	65308
1995	559165	167712	171041	220412	363539	38433	43533	89578
1996	671172	207947	207429	255795	431586	47632	54540	112483
1997	766038	233589	247486	284964	497531	46655	48088	154810
1998	868025	271789	274390	321846	541795	59051	64978	180124
1999	946415	298951	294515	352950	595166	64457	68936	196763
2000	1099535	346322	345209	408004	704461	78782	71814	224762
2001	1236699	401089	386013	449596	794239	92452	81026	247759
2002	1388231	435768	443712	508751	901335	108774	89250	268953
2003	1551763	479822	507020	564922	1396406	128179		
2004	1775646	547074	571583	656989	1591034	156652		
2005	2051441	653040	662129	736272	1837700	183111		
2006	2401435	768561	782322	850553	2142565	223194		
2007	2866339	917597	935863	1012879	2553075	273539		
2008	3605605	1158365	1191764	1255477	3216984	345854		
2009	4364714	1407643	1437225	1519846	3878243	440651		
2010	5263898	4222210		1041687	4761787	502110		
2011	6226693	5089220		1137473	5683699	542995		
2012	7649663	6305828		1343835	6989847	659815		
2013	8780104	7300435		1479669	8047568	732537		
2014	9939305	8306772		1632532	9109202	830104		
2015	10918182	9062488		1855693	9891868	1026313		
2016	12404649	10334029		2070620	11205157	1199492		
2017	14188293	11901736		2286557	12900955	1287338		
2018	14696372	12254246		2442127	13343211	1353161		
2019	16393950	13754825		2639125	14965145	1428805		
2020	16844786	14099086		2745700	14796826	2047960		
2021	19876846	16554630		3322216	17316866	2559980		
2022	21000086	17562574		3437511	18039153	2960933		

注：1.2010年开始,按销售地域划分由“市、县、县以下”改为“城镇、乡村”。
2.2011年国家制度调整,社会消费品零售总额按法人在地原则统计，口径有变动。

8-2 各县(市、区)社会消费品零售总额

单位：万元

县(市、区)	社会消费品零售总额	#限额以上消费品零售额
总 计	**21000085.5**	**6262949.3**
章贡区	4178734.4	762829.2
南康区	2136928.7	818046.7
赣县区	1047794.5	231755.5
信丰县	658000.8	143006.6
大余县	596929.4	181711.6
上犹县	482261.7	92928.1
崇义县	384025.0	83817.5
安远县	551328.0	100434.3
定南县	394624.5	89145.2
全南县	512648.3	102122.4
宁都县	1153938.6	261315.3
于都县	1377633.0	238119.0
兴国县	1112825.0	254455.5
会昌县	687514.3	107847.7
寻乌县	412036.8	105150.9
石城县	443180.7	112476.0
瑞金市	1052894.1	150288.1
龙南市	614285.8	131318.1
赣州经开区	2983401.8	983466.6
赣州蓉江新区	219100.1	42807.0

8-3 限额以上批发和零售业法人商品购进、销售、库存总额

单位：万元

指标名称	商品购进额	商品销售额	批发额	零售额	期末商品库存额
总　计	**11972586.1**	**14210163.3**	**9085357.0**	**5097649.9**	**791223.2**
一、批发业	8282667.5	8799840.4	8533140.0	244205.7	512323.0
农、林、牧、渔产品批发	59261.8	76098.0	73706.5	2391.5	17947.2
谷物、豆及薯类批发	11711.6	12199.5	12199.5		17000.8
畜牧渔业饲料批发	3987.0	3902.1	3902.1		34.2
牲畜批发	40553.7	57681.4	56346.4	1335.0	0.3
其他农牧产品批发	3009.5	2315.0	1258.5	1056.5	911.9
食品、饮料及烟草制品批发	791373.4	1197883.8	1149610.5	45784.1	60498.8
米、面制品及食用油批发	6882.7	7608.5	6949.4	659.1	581.7
糕点、糖果及糖批发	7414.2	8705.9	5078.0	2596.6	42.1
果品、蔬菜批发	23120.9	23014.5	18660.0	4354.5	1227.2
肉、禽、蛋、奶及水产品批发	81634.1	89398.8	68536.5	19404.4	2821.0
盐及调味品批发	2434.8	4857.7	4857.7		750.8
营养和保健品批发	7076.0	7176.9	5713.4	1463.5	527.1
酒、饮料及茶叶批发	47737.4	55126.2	49057.5	6068.7	11193.4
烟草制品批发	575876.7	959858.5	959858.5		39045.1
其他食品批发	39196.6	42136.8	30899.5	11237.3	4310.4
纺织、服装及家庭用品批发	450649.3	469309.7	449183.4	20126.3	5283.2
服装批发	16583.3	18858.9	11157.5	7701.4	534.1
化妆品及卫生用品批发	17777.2	23230.8	22385.8	845.0	25.9
厨具卫具及日用杂品批发	3018.3	2958.2	2958.2		440.9
灯具、装饰物品批发	37388.6	45946.8	36300.2	9646.6	1709.9
家用视听设备批发	368457.0	369417.1	368737.5	679.6	1051.7
日用家电批发	4304.9	5283.3	4029.6	1253.7	738.4
其他家庭用品批发	3120.0	3614.6	3614.6		782.3
文化、体育用品及器材批发	1969.1	2072.2		2072.2	
文具用品批发	1969.1	2072.2		2072.2	
首饰、工艺品及收藏品批发					
医药及医疗器材批发	839475.1	1008172.3	937387.4	70784.9	39633.7
西药批发	697658.1	857345.5	794726.1	62619.4	34062.3
中药批发	110233.9	113777.2	105867.2	7910.0	2535.8
医疗用品及器材批发	31583.1	37049.6	36794.1	255.5	3035.6
矿产品、建材及化工产品批发	4187657.0	4191321.4	4125992.9	62254.5	326005.0
煤炭及制品批发	212831.7	213501.5	212370.5	1131.0	1697.1
石油及制品批发	42853.5	50254.0	49987.3	266.7	2288.4
非金属矿及制品批发	27218.9	27976.0	27976.0		102.0
金属及金属矿批发	2251668.1	2239398.2	2225742.9	13655.3	236089.2
建材批发	1536491.1	1531299.3	1485704.8	44246.3	79501.2
化肥批发	4282.6	4761.9	4725.2	36.7	266.1
农药批发	1606.1	1725.8			
其他化工产品批发	110705.0	122404.7	119486.2	2918.5	6061.0
机械设备、五金产品及电子产品批发	1184622.2	1011868.9	976117.3	32083.0	10454.1
农业机械批发	10126.8	9903.3	1786.3	4448.4	1201.7
汽车及零配件批发	71348.5	65765.2	41254.3	24510.9	5010.8
五金产品批发	8563.5	8350.9	8132.6	218.3	296.0
计算机、软件及辅助设备批发	515526.9	404617.2	402913.0	1704.2	3799.4
通讯设备批发	567509.9	507935.7	507935.7		
其他机械设备及电子产品批发	11546.6	15296.6	14095.4	1201.2	146.2

8-3 续表 1

单位：万元

指标名称	商品购进额	商品销售额	批发额	零售额	期末商品库存额
贸易经纪与代理	352391.3	408607.3	406611.2		43679.8
贸易代理	352391.3	408607.3	406611.2		43679.8
其他批发业	415268.3	434506.8	414530.8	8709.2	8821.2
再生物资回收与批发	400310.5	419231.6	399255.6	8709.2	7896.1
互联网批发	14957.8	15275.2	15275.2		925.1
内资企业	8265602.4	8777519.5	8512232.0	242792.8	511451.3
国有企业	2012036.6	2164566.9	2163134.4	1432.5	238362.4
股份合作企业	6163.3	7372.7	7372.7		106.2
有限责任公司	3006675.2	3157587.9	3116681.8	36873.2	94517.3
国有独资公司	22307.0	27511.4	26662.2		980.8
其他有限责任公司	2984368.2	3130076.5	3090019.6	36873.2	93536.5
股份有限公司	179974.2	147866.2	120594.1	27272.1	44382.8
私营企业	3060753.1	3300125.8	3104449.0	177215.0	134082.6
私营独资企业	16243.1	15470.1	13803.7	1666.4	2064.5
私营有限责任公司	3044510.0	3284655.7	3090645.3	175548.6	132018.1
港、澳、台商投资企业	12277.6	17101.8	15688.9	1412.9	871.7
与港澳台商合资经营企业	12277.6	17101.8	15688.9	1412.9	871.7
外商投资企业	4787.5	5219.1	5219.1		
外资企业	4787.5	5219.1	5219.1		
国有控股	3705266.4	3927060.5	3922274.0	3937.3	298790.9
集体控股	95853.9	95065.6	95065.6		4534.3
私人控股	4464482.1	4755393.4	4494892.4	238855.5	208126.1
港澳台商控股	12277.6	17101.8	15688.9	1412.9	871.7
外商控股	4787.5	5219.1	5219.1		
独立门店	5913678.8	6480662.7	6292275.2	167350.7	225543.0
其他	2368988.7	2319177.7	2240864.8	76855.0	286780.0
大型	763854.0	1171506.1	1171506.1		42980.9
中型	2197867.0	2308696.8	2158622.1	150074.7	104630.4
小型	3308207.5	3319941.8	3242631.2	77310.6	169882.0
微型	2012739.0	1999695.7	1960380.6	16820.4	194829.7
城镇	8130342.5	8626227.6	8368732.0	236349.1	501533.2
#城区	5567918.9	6148674.8	6086964.7	59829.6	375552.4
乡村	152325.0	173612.8	164408.0	7856.6	10789.8
二、零售业	3689918.6	5410322.9	552217.0	4853444.2	278900.2
综合零售	628627.0	701726.0	83832.9	617893.1	43713.6
百货零售	256453.8	286840.2	1532.4	285307.8	20858.2
超级市场零售	311138.8	352760.8	32705.8	320055.0	17976.6
便利店零售	1722.0	2035.8	182.7	1853.1	125.3
其他综合零售	59312.4	60089.2	49412.0	10677.2	4753.5
食品、饮料及烟草制品专门零售	253808.3	294112.6	41920.9	252191.7	17869.7
粮油零售	6458.0	7584.8	959.1	6625.7	889.7
糕点、面包零售	11196.0	12978.0	906.4	12071.6	385.7
果品、蔬菜零售	81177.7	99227.8	4713.8	94514.0	8017.6
肉、禽、蛋、奶及水产品零售	36032.3	39296.1	2825.0	36471.1	669.9
营养和保健品零售	11806.5	12168.8	183.2	11985.6	341.5
酒、饮料及茶叶零售	77093.1	88220.4	30676.0	57544.4	5803.9
其他食品零售	30044.7	34636.7	1657.4	32979.3	1761.4

8-3 续表 2

单位：万元

指标名称	商品购进额	商品销售额	批发额	零售额	期末商品库存额
纺织、服装及日用品专门零售	103890.3	117428.2	7521.1	109907.1	4481.1
纺织品及针织品零售	838.5	1099.8		1099.8	8.4
服装零售	91319.3	101133.9	2729.6	98404.3	3310.9
鞋帽零售	5141.0	8473.0	3202.6	5270.4	108.9
化妆品及卫生用品零售	4884.4	4715.9	1588.9	3127.0	769.9
其他日用品零售	1707.1	2005.6		2005.6	283.0
文化、体育用品及器材专门零售	30410.0	36377.3	1292.4	35084.9	6755.9
文具用品零售	7580.7	9608.7	246.4	9362.3	201.4
图书、报刊零售	6227.8	6795.8		6795.8	336.5
珠宝首饰零售	13100.8	16422.1	150.0	16272.1	5744.5
工艺美术品及收藏品零售	1068.2	1148.3		1148.3	56.8
其他文化用品零售	2432.5	2402.4	896.0	1506.4	416.7
医药及医疗器材专门零售	152256.7	165026.8	6002.8	159024.0	15750.7
西药零售	131078.4	136785.3	590.9	136194.4	13920.4
中药零售	9185.4	10992.2		10992.2	1673.8
医疗用品及器材零售	11992.9	17249.3	5411.9	11837.4	156.5
汽车、摩托车、零配件和燃料及其他动力销售	1723285.1	3199242.3	259728.7	2935685.6	128136.4
汽车新车零售	1557830.0	1638108.8	48493.8	1585787.0	121097.9
汽车旧车零售	31132.9	34029.8		34029.8	1342.1
汽车零配件零售	2787.9	2941.0		2941.0	237.4
摩托车及零配件零售	10942.0	11496.4	50.1	11446.3	1183.9
机动车燃油零售	120592.3	1512666.3	211184.8	1301481.5	4275.1
家用电器及电子产品专门零售	148269.5	165973.8	17712.4	148261.4	15910.1
家用视听设备零售	15654.5	16432.3	2384.2	14048.1	3668.6
日用家电零售	104129.7	119337.5	13877.7	105459.8	8366.3
计算机、软件及辅助设备零售	16097.5	17879.7	1450.5	16429.2	1299.9
通信设备零售	11082.7	11020.4		11020.4	2573.5
其他电子产品零售	1305.1	1303.9		1303.9	1.8
五金、家具及室内装饰材料专门零售	140400.5	158570.2	15908.6	141827.9	6655.5
五金零售	35207.1	39129.7	3641.2	34742.1	1650.0
灯具零售	3247.8	3758.0	1046.0	2712.0	521.5
家具零售	58180.6	67784.2	6514.8	61269.4	2619.8
涂料零售	2609.1	3089.6		3089.6	382.8
卫生洁具零售	3492.6	3915.6		3915.6	178.6
木质装饰材料零售	2915.2	3835.2	144.6	3690.6	152.6
陶瓷、石材装饰材料零售	8922.2	9536.8		9449.5	577.0
其他室内装饰材料零售	25825.9	27521.1	4562.0	22959.1	573.2
货摊、无店铺及其他零售业	508971.2	571865.7	118297.2	453568.5	39627.2
互联网零售	397760.9	439908.0	50680.3	389227.7	24762.4
自动售货机零售	993.9	1010.2	556.6	453.6	20.3
生活用燃料零售	16482.3	18217.7		18217.7	152.7
其他未列明零售业	93734.1	112729.8	67060.3	45669.5	14691.8
内资企业	3632524.4	4143974.2	407084.8	3732227.7	276856.2
国有企业	36530.3	42687.4		42687.4	1965.9
股份合作企业	5081.2	5065.2		5065.2	17.6
有限责任公司	450366.3	521354.9	89883.7	431471.2	47719.9
国有独资公司	1249.1	1243.9		1243.9	176.0
其他有限责任公司	449117.2	520111.0	89883.7	430227.3	47543.9

8-3 续表 3

单位：万元

指标名称	商品购进额	商品销售额	批发额	零售额	期末商品库存额
股份有限公司	9444.2	177807.7	43863.8	133943.9	2346.3
私营企业	3112405.6	3374173.0	273337.3	3096174.0	223789.7
私营独资企业	76415.6	83638.0	3675.8	79962.2	4434.0
私营合伙企业	59735.6	68789.8		68789.8	211.3
私营有限责任公司	2964198.1	3207591.6	268800.9	2934129.0	218144.7
私营股份有限公司	12056.3	14153.6	860.6	13293.0	999.7
其他企业	18696.8	22886.0		22886.0	1016.8
港、澳、台商投资企业	17394.6	21076.6		21076.6	
港澳台商独资企业	17394.6	21076.6		21076.6	
外商投资企业	39999.6	1245272.1	145132.2	1100139.9	2044.0
外资企业	39999.6	42799.4		42799.4	2044.0
外商投资股份有限公司		1202472.7	145132.2	1057340.5	
国有控股	168558.3	365377.6	95596.6	269781.0	21136.3
集体控股	7702.6	24881.5		24881.5	860.9
私人控股	3440313.9	3734072.0	311488.2	3417922.1	254027.5
港澳台商控股	17394.6	21076.6		21076.6	
外商控股	39999.6	1245272.1	145132.2	1100139.9	2044.0
其他	15949.6	19643.1		19643.1	831.5
独立门店	2889251.5	3150338.2	197703.6	2947972.9	227529.6
连锁总店(总部)	152698.8	1543561.9	232205.9	1311356.0	14677.2
连锁直营店	117111.5	124008.7	875.3	123133.4	7654.5
其他	530856.8	592414.1	121432.2	470981.9	29038.9
大型	208489.6	1421412.9	145132.2	1276280.7	8383.5
中型	1636612.0	1961697.6	143091.5	1818606.1	138212.9
小型	1283261.6	1405609.7	157431.8	1248177.9	102097.3
微型	561555.4	621602.7	106561.5	510379.5	30206.5
有店铺零售	3180839.1	4841278.0	458573.7	4378129.9	249080.2
便利店	34741.7	1406899.6	189693.2	1217206.4	2980.5
超市	554601.4	616796.3	38538.8	578257.5	32107.8
折扣店	58307.2	60778.5		60778.5	439.8
仓储会员店	28858.8	33117.8	2741.2	30376.6	2149.0
百货店	143820.3	165857.5	50237.2	115620.3	18837.4
购物中心	141881.1	175264.7	5534.4	169730.3	6685.3
专业店	1090960.9	1175224.9	109584.6	1063798.6	97177.4
品牌专卖店	1067512.6	1143465.2	55444.4	1085288.1	83628.6
集合店	60155.1	63873.5	6799.9	57073.6	5074.4
无店铺零售	509079.5	569044.9	93643.3	475314.3	29820.0
网络零售	302832.0	333917.3	46074.1	287843.2	12403.6
电视/广播零售	1176.5	1289.0		1289.0	12.1
邮寄零售	12164.3	14258.7	8936.2	5322.5	6560.6
电话零售	68668.4	80321.0	15393.3	64927.7	6453.3
其他	124238.3	139258.9	23239.7	115931.9	4390.4
城镇	3585886.3	5279573.1	529997.6	4744913.8	273395.4
#城区	2244997.0	3811681.6	414026.7	3394175.8	179581.5
乡村	104032.3	130749.8	22219.4	108530.4	5504.8

8-4 限额以上批发零售业法人企业财务状况

单位：万元

指标名称	年末资产负债			
	企业数（个）	流动资产合计	#应收账款	#存货
总 计	**1208**	**7961784.3**	**3803750.3**	**857797.8**
一、批发业	353	4603759.3	1429375.9	538222.1
农、林、牧、渔产品批发	12	66251.4	15730.8	13061.4
谷物、豆及薯类批发	4	22131.4	5246.4	11862.0
畜牧渔业饲料批发	2	4246.6	419.1	34.7
牲畜批发	5	38926.7	9703.9	808.5
其他农牧产品批发	1	946.7	361.4	356.2
食品、饮料及烟草制品批发	53	361208.0	30895.1	73130.9
米、面制品及食用油批发	4	4157.3	1484.1	1949.1
糕点、糖果及糖批发	3	10502.0	1116.1	246.1
果品、蔬菜批发	8	14080.2	1958.2	2413.9
肉、禽、蛋、奶及水产品批发	16	22720.7	4697.9	4601.4
盐及调味品批发	1	5202.2	107.2	733.8
营养和保健品批发	2	1099.3	479.4	619.9
酒、饮料及茶叶批发	9	60955.0	3596.5	14388.5
烟草制品批发	1	229880.2	10909.5	45233.4
其他食品批发	9	12611.1	6546.2	2944.8
纺织、服装及家庭用品批发	16	303694.5	84449.9	6200.3
服装批发	5	14729.2	6982.1	1261.5
化妆品及卫生用品批发	2	4679.9	984.4	25.8
厨具卫具及日用杂品批发	1	1855.7	848.5	440.9
灯具、装饰物品批发	2	14269.7	8931.7	1850.9
家用视听设备批发	3	262180.0	65963.1	1058.4
日用家电批发	2	4462.0	361.1	780.5
其他家庭用品批发	1	1518.0	379.0	782.3
文化、体育用品及器材批发	4	31.5	31.5	
文具用品批发	1	31.5	31.5	
首饰、工艺品及收藏品批发	3			
医药及医疗器材批发	26	595380.1	223441.7	55820.0
西药批发	12	463492.3	143244.3	34213.0
中药批发	6	109870.5	68223.4	19734.2
医疗用品及器材批发	8	22017.3	11974.0	1872.8
矿产品、建材及化工产品批发	190	2255745.7	490371.2	319508.6
煤炭及制品批发	4	203293.0	127815.0	1707.6
石油及制品批发	4	9602.7	3010.9	2563.8
非金属矿及制品批发	2	15890.5	384.5	704.2
金属及金属矿批发	66	935533.2	115229.1	240341.8
建材批发	97	1057370.6	226665.2	68588.7
化肥批发	2	2888.9	446.6	266.1
农药批发	1	125.4	21.5	1.3
其他化工产品批发	14	31041.4	16798.4	5335.1

8-4 续表 1

单位：万元

指标名称	年末资产负债			
	企业数（个）	流动资产合计	#应收账款	#存货
机械设备、五金产品及电子产品批发	21	722324.6	516676.3	8611.9
农业机械批发	2	1451.2	483.7	268.2
汽车及零配件批发	6	11917.6	2717.8	3793.0
五金产品批发	2	2501.2	1027.5	724.6
计算机、软件及辅助设备批发	3	516376.6	393273.2	3608.9
通讯设备批发	3	156585.7	116586.0	
其他机械设备及电子产品批发	5	33492.3	2588.1	217.2
贸易经纪与代理	5	181913.7	37837.4	43476.0
贸易代理	5	181913.7	37837.4	43476.0
其他批发业	26	117209.8	29942.0	18413.0
再生物资回收与批发	22	111386.7	28911.0	17508.5
互联网批发	4	5823.1	1031.0	904.5
内资企业	351	4593494.9	1425060.8	535879.1
国有企业	20	1517864.1	501979.5	240930.0
股份合作企业	1	1997.6	944.4	72.9
有限责任公司	59	1734210.2	548358.8	121100.5
国有独资公司	3	72679.7	5928.2	4312.5
其他有限责任公司	56	1661530.5	542430.6	116788.0
股份有限公司	6	57946.6	4054.8	9111.0
私营企业	265	1281476.4	369723.3	164664.7
私营独资企业	7	4818.1	3497.9	853.1
私营有限责任公司	258	1276658.3	366225.4	163811.6
港、澳、台商投资企业	1	1480.2	-1187.8	2343.0
合资经营企业(港或澳、台资)	1	1480.2	-1187.8	2343.0
外商投资企业	1	8784.2	5502.9	
外资企业	1	8784.2	5502.9	
国有控股	35	2584983.9	693966.6	322919.3
集体控股	2	27248.2		4534.3
私人控股	314	1981262.8	731094.2	208425.5
港澳台商控股	1	1480.2	-1187.8	2343.0
外商控股	1	8784.2	5502.9	
独立门店	266	3327038.8	1071463.1	254616.3
其他	87	1276720.5	357912.8	283605.8
大型	2	356573.6	55500.9	49169.2
中型	54	876151.4	343475.6	94409.3
小型	203	1873789.5	563099.7	190666.3
微型	94	1497244.8	467299.7	203977.3
城镇	341	4552639.8	1417172.7	527404.4
#城区	185	2942090.2	761732.8	429659.1
乡村	12	51119.5	12203.2	10817.7

8-4 续表 2

单位：万元

指标名称	年末资产负债			
	企业数（个）	流动资产合计	#应收账款	#存货
二、零售业	855	3358025.0	2374374.4	319575.7
综合零售	124	219749.3	88462.9	50507.6
百货零售	53	70775.0	10673.6	20016.1
超级市场零售	60	82880.8	19072.0	25194.6
便利店零售	2	1325.7	730.6	351.0
其他综合零售	9	64767.8	57986.7	4945.9
食品、饮料及烟草制品专门零售	118	99846.6	29050.0	23677.1
粮油零售	5	4921.1	1929.1	959.5
糕点、面包零售	8	4702.5	2003.8	602.1
果品、蔬菜零售	41	32698.3	7750.8	7447.3
肉、禽、蛋、奶及水产品零售	14	12558.1	6711.1	1659.8
营养和保健品零售	1	438.0	54.6	354.2
酒、饮料及茶叶零售	33	29100.1	6313.0	9768.5
其他食品零售	16	15428.5	4287.6	2885.7
纺织、服装及日用品专门零售	22	34831.1	6446.8	5237.0
纺织品及针织品零售	1	721.2	320.1	258.9
服装零售	13	26520.1	2837.6	2084.8
鞋帽零售	2	3908.2	2051.7	1662.3
化妆品及卫生用品零售	4	2548.2	815.4	782.0
其他日用品零售	2	1133.4	422.0	449.0
文化、体育用品及器材专门零售	20	14295.3	3116.0	8630.6
文具用品零售	7	992.1	435.8	250.3
图书、报刊零售	2	816.9	184.4	460.8
珠宝首饰零售	8	11263.4	1817.2	7417.0
工艺美术品及收藏品零售	1	100.5	43.7	56.8
其他文化用品零售	2	1122.4	634.9	445.7
医药及医疗器材专门零售	30	61655.7	15220.3	22198.4
西药零售	24	38912.5	8189.0	20224.1
中药零售	3	12221.2	1764.3	1673.8
医疗用品及器材零售	3	10522.0	5267.0	300.5
汽车、摩托车、零配件和燃料及其他动力销售	245	2624417.5	2152738.9	136186.3
汽车新车零售	190	469682.7	38720.2	124388.7
汽车旧车零售	9	3620.6	882.5	2538.0
汽车零配件零售	4	534.6	131.1	359.7
摩托车及零配件零售	11	6195.3	2833.0	1505.7
机动车燃油零售	31	2144384.3	2110172.1	7394.2

8-4 续表 3

单位：万元

指标名称	年末资产负债			
	企业数（个）	流动资产合计	#应收账款	#存货
家用电器及电子产品专门零售	74	63467.4	22723.5	18404.4
家用视听设备零售	9	11931.3	3286.3	5432.8
日用家电零售	45	37916.4	14427.5	8108.6
计算机、软件及辅助设备零售	12	7509.2	2738.6	1987.9
通信设备零售	7	5654.5	2235.1	2654.4
其他电子产品零售	1	456.0	36.0	220.7
五金、家具及室内装饰材料专门零售	82	62828.7	24112.8	8603.1
五金零售	21	15346.1	6665.8	2418.4
灯具零售	4	1760.4	893.1	401.6
家具零售	32	25571.4	5975.7	2837.9
涂料零售	3	3104.4	1027.0	560.6
卫生洁具零售	2	1957.3	1233.5	344.1
木质装饰材料零售	2	512.3	104.8	163.3
陶瓷、石材装饰材料零售	6	6215.3	2796.6	1062.9
其他室内装饰材料零售	12	8361.5	5416.3	814.3
货摊、无店铺及其他零售业	140	176933.4	32503.2	46131.2
互联网零售	107	107268.5	18753.1	33951.1
自动售货机零售	1	1948.3	175.0	558.5
生活用燃料零售	5	7738.1	386.9	404.7
其他未列明零售业	27	59978.5	13188.2	11216.9
内资企业	850	1233051.7	267271.3	315520.1
国有企业	5	24828.0	5462.7	1941.1
股份合作企业	1	128.6	53.6	17.6
有限责任公司	86	177907.8	25225.6	43172.5
国有独资公司	1	3973.7	479.4	176.0
其他有限责任公司	85	173934.1	24746.2	42996.5
股份有限公司	5	10533.7	2327.8	3145.3
私营企业	744	1015538.5	232972.5	266305.3
私营独资企业	47	23379.3	7808.2	7201.0
私营合伙企业	7	17260.6	-748.7	185.4
私营有限责任公司	682	971421.2	225189.8	257729.4
私营股份有限公司	8	3477.4	723.2	1189.5
其他企业	9	4115.1	1229.1	938.3
港、澳、台商投资企业	3	11492.8	2755.5	
港、澳、台商独资经营企业	3	11492.8	2755.5	
外商投资企业	2	2113480.5	2104347.6	4055.6

8-4 续表 4

单位：万元

指标名称	年末资产负债			
	企业数(个)	流动资产合计	#应收账款	#存货
外资企业	1	3232.3	24.8	1849.5
外商投资股份有限公司	1	2110248.2	2104322.8	2206.1
国有控股	15	90986.4	12907.7	19246.9
集体控股	1	15374.4	304.1	873.9
私人控股	827	1123023.5	252966.1	294629.3
港澳台商控股	3	11492.8	2755.5	
外商控股	2	2113480.5	2104347.6	4055.6
其他	7	3667.4	1093.4	770.0
独立门店	723	940265.3	162347.3	238697.7
连锁总店(总部)	18	2171418.8	2120205.0	24150.3
连锁直营店	15	25855.7	4666.1	12053.7
其他	99	220485.2	87156.0	44674.0
大型	5	2166268.3	2109964.6	18803.8
中型	148	512211.4	59232.5	150010.7
小型	417	445376.4	103466.7	116989.3
微型	285	234168.9	101710.6	33771.9
有店铺零售	721	3194588.7	2335050.6	278649.3
便利店	19	2128488.6	2109967.6	7070.7
超市	96	144378.0	31883.9	47907.1
折扣店	2	2915.1	832.4	59.1
仓储会员店	13	7692.3	2974.5	2175.9
百货店	48	107527.7	61556.3	9785.2
购物中心	33	42978.7	8644.7	9662.5
专业店	276	413559.8	72207.2	104338.8
品牌专卖店	217	328497.3	44362.7	93375.1
集合店	17	18551.2	2621.3	4274.9
无店铺零售	134	163436.3	39323.8	40926.4
网络零售	88	79052.7	15694.1	24576.1
电视/广播零售	1	53.1	21.0	5.0
邮寄零售	7	6913.0	1919.3	4156.6
电话零售	2	23872.5	854.8	7060.4
其他	36	53545.0	20834.6	5128.3
城镇	150	179169.8	41909.2	48675.1
#城区	54	88427.6	16200.7	23208.0
乡村	13	4130.7	1765.5	1192.7

8-4 续表 5

单位：万元

指标名称	年末资产负债				
	固定资产原价	累计折旧	#本年折旧	资产总计	负债合计
总 计	**719140.5**	**271964.5**	**55845.4**	**9155109.2**	**7137040.0**
一、批发业	207644.8	80218.4	17502.4	4887133.7	3907873.8
农、林、牧、渔产品批发	17249.0	5073.3	348.5	101572.5	80013.8
谷物、豆及薯类批发	16843.0	4884.4	255.8	56970.0	38170.1
畜牧渔业饲料批发	206.7	62.0	51.0	4391.3	3290.0
牲畜批发	146.8	98.6	32.3	39240.3	37758.1
其他农牧产品批发	52.5	28.3	9.4	970.9	795.6
食品、饮料及烟草制品批发	91141.0	40371.2	4207.3	451347.0	166522.1
米、面制品及食用油批发	396.4	79.5	11.4	5652.1	4343.4
糕点、糖果及糖批发	411.3	187.8	51.9	11027.5	8634.4
果品、蔬菜批发	5722.6	1402.9	256.8	23712.6	12460.1
肉、禽、蛋、奶及水产品批发	21324.7	3864.1	888.4	54122.4	40309.7
盐及调味品批发	3663.7	2229.4	245.7	9812.3	1163.0
营养和保健品批发	53.3	1.2	1.2	1152.6	1055.9
酒、饮料及茶叶批发	2548.4	836.2	139.1	63165.0	46780.2
烟草制品批发	55299.6	31268.7	2522.6	269199.9	42607.0
其他食品批发	1721.0	501.4	90.2	13502.6	9168.4
纺织、服装及家庭用品批发	4822.8	1985.7	1921.9	310056.2	291741.1
服装批发	227.3	28.5	18.9	15084.8	4200.6
化妆品及卫生用品批发	0.2	0.1	0.1	4680.0	4374.1
厨具卫具及日用杂品批发	32.7	28.8	1.1	1859.7	1191.0
灯具、装饰物品批发	32.9	7.6	7.6	15281.8	13601.3
家用视听设备批发	1868.5	100.8	93.2	266325.9	262381.3
日用家电批发	2661.0	1819.8	1800.9	5296.6	4984.1
其他家庭用品批发	0.2	0.1	0.1	1527.4	1008.7
文化、体育用品及器材批发				31.5	1.3
文具用品批发				31.5	1.3
首饰、工艺品及收藏品批发					
医药及医疗器材批发	25299.3	9132.9	2738.4	628329.0	432413.2
西药批发	20176.3	6428.5	2396.1	482871.6	349555.8
中药批发	4089.3	1958.6	187.9	122511.1	69325.1
医疗用品及器材批发	1033.7	745.8	154.4	22946.3	13532.3
矿产品、建材及化工产品批发	43454.3	17670.8	3784.8	2366404.3	2063958.6
煤炭及制品批发	354.2	246.7	11.3	203559.0	192736.5
石油及制品批发	16040.5	4869.3	833.4	21219.0	9820.0
非金属矿及制品批发	311.2	136.3	56.8	18487.7	13814.8
金属及金属矿批发	8739.4	5039.1	1221.8	949803.6	856099.1
建材批发	14394.2	6039.6	1319.6	1137045.4	965102.6
化肥批发	263.8	85.9	19.8	3019.3	2091.7
农药批发	17.0	0.1	0.1	135.1	1.2
其他化工产品批发	3334.0	1253.8	322.0	33135.2	24292.7

8-4 续表 6

单位：万元

指标名称	年末资产负债				
	固定资产原　价	累计折旧	#本年折旧	资产总计	负债合计
机械设备、五金产品及电子产品批发	5048.9	1588.8	271.6	729111.6	684475.5
农业机械批发	240.2	62.4	9.4	1629.0	547.4
汽车及零配件批发	2020.3	938.9	105.0	16001.9	7534.4
五金产品批发	106.3	54.5	20.2	2553.0	1729.8
计算机、软件及辅助设备批发	93.9	4.1	1.3	518403.3	500942.3
通讯设备批发	49.4	8.8	8.4	156685.2	146277.8
其他机械设备及电子产品批发	2538.8	520.1	127.3	33839.2	27443.8
贸易经纪与代理	20022.2	4330.3	4198.0	182512.8	121592.1
贸易代理	20022.2	4330.3	4198.0	182512.8	121592.1
其他批发业	607.3	65.4	31.9	117768.8	67156.1
再生物资回收与批发	501.5	50.6	17.1	111854.8	61486.0
互联网批发	105.8	14.8	14.8	5914.0	5670.1
内资企业	190165.9	77434.3	16777.9	4847994.6	3883610.9
国有企业	73316.1	36672.9	2854.5	1593556.3	1235915.4
股份合作企业	28.4	4.9	3.3	2021.1	521.3
有限责任公司	32734.4	9932.0	5761.5	1797430.1	1559857.7
国有独资公司	4097.8	2413.1	313.1	111845.2	59062.6
其他有限责任公司	28636.6	7518.9	5448.4	1685584.9	1500795.1
股份有限公司	1768.7	449.4	23.8	61912.0	55031.7
私营企业	82318.3	30375.1	8134.8	1393075.1	1032284.8
私营独资企业	2356.5	454.4	82.9	6727.0	4493.0
私营有限责任公司	79961.8	29920.7	8051.9	1386348.1	1027791.8
港、澳、台商投资企业	17393.9	2783.9	724.4	30116.5	23778.7
合资经营企业(港或澳、台资)	17393.9	2783.9	724.4	30116.5	23778.7
外商投资企业	85.0	0.2	0.1	9022.6	484.2
外资企业	85.0	0.2	0.1	9022.6	484.2
国有控股	99407.3	43535.9	7483.7	2716195.8	2225949.5
集体控股	135.4	24.2	15.2	28913.4	682.0
私人控股	90623.2	33874.2	9279.0	2102885.4	1656979.4
港澳台商控股	17393.9	2783.9	724.4	30116.5	23778.7
外商控股	85.0	0.2	0.1	9022.6	484.2
独立门店	147059.2	65502.4	11652.5	3517171.8	2738225.3
其他	60585.6	14716.0	5849.9	1369961.9	1169648.5
大型	67915.1	34770.9	4458.4	406687.6	87924.0
中型	57168.9	17751.1	3200.2	959635.4	773039.8
小型	74120.6	25494.0	9270.2	2007388.3	1682578.5
微型	8440.2	2202.4	573.6	1513422.4	1364331.5
城镇	190490.1	76830.9	16529.1	4813980.0	3856528.8
#城区	142382.9	60532.6	14041.7	3108186.1	2349544.6
乡村	17154.7	3387.5	973.3	73153.7	51345.0

8-4 续表 7

单位：万元

指标名称	年末资产负债				
	固定资产原价	累计折旧	#本年折旧	资产合计	负债合计
二、零售业	511495.7	191746.1	38343.0	4267975.5	3229166.2
综合零售	96151.5	39756.7	5617.2	431981.2	318272.5
百货零售	56449.1	27086.2	2973.8	223806.2	168652.7
超级市场零售	38628.7	12370.9	2523.9	141233.2	123621.3
便利店零售	214.2	5.2	3.6	1399.2	572.9
其他综合零售	859.5	294.4	115.9	65542.6	25425.6
食品、饮料及烟草制品专门零售	39892.3	17543.8	2398.4	144071.5	70811.0
粮油零售	436.7	138.0	36.8	5744.9	4328.8
糕点、面包零售	1371.2	546.5	198.1	5625.1	1173.4
果品、蔬菜零售	24770.1	10927.9	1087.2	54879.4	27467.0
肉、禽、蛋、奶及水产品零售	3432.0	2242.7	514.5	18389.7	9759.4
营养和保健品零售	396.3	182.0	33.2	665.5	281.3
酒、饮料及茶叶零售	6876.4	2803.4	418.1	40953.3	19145.6
其他食品零售	2609.6	703.3	110.5	17813.6	8655.5
纺织、服装及日用品专门零售	39295.2	9010.1	7885.7	156758.9	102520.4
纺织品及针织品零售	218.4	35.9	9.2	1113.6	165.9
服装零售	36673.2	7980.5	7686.9	146399.8	97767.9
鞋帽零售	788.5	115.2	32.7	4604.7	3891.1
化妆品及卫生用品零售	598.8	470.4	73.3	2873.2	524.2
其他日用品零售	1016.3	408.1	83.6	1767.6	171.3
文化、体育用品及器材专门零售	1592.7	383.4	215.2	15423.5	9276.3
文具用品零售	266.2	104.2	41.3	1161.8	596.7
图书、报刊零售	427.4	26.7	26.0	1367.6	851.5
珠宝首饰零售	852.5	237.7	143.7	11649.7	7154.4
工艺美术品及收藏品零售	20.0	9.5	1.0	111.0	6.5
其他文化用品零售	26.6	5.3	3.2	1133.4	667.2
医药及医疗器材专门零售	5077.5	2704.3	653.3	76776.0	47962.9
西药零售	4467.1	2197.2	264.1	51048.2	35669.6
中药零售	189.1	132.1	14.4	13650.8	3952.4
医疗用品及器材零售	421.3	375.0	374.8	12077.0	8340.9
汽车、摩托车、零配件和燃料及其他动力销售	277644.9	104741.4	17978.6	3090113.9	2461253.3
汽车新车零售	110483.1	44537.9	8349.9	582990.9	428923.3
汽车旧车零售	1363.2	248.4	214.5	5702.2	2697.0
汽车零配件零售	151.8	22.6	14.4	718.4	420.9
摩托车及零配件零售	1259.4	140.0	18.2	7420.6	5543.0
机动车燃油零售	164387.4	59792.5	9381.6	2493281.8	2023669.1

8-4 续表 8

单位：万元

指标名称	年末资产负债				
	固定资产原　价	累计折旧	#本年折旧	资产合计	负债合计
家用电器及电子产品专门零售	9577.5	6081.4	845.9	68181.5	47660.2
家用视听设备零售	2913.8	1168.6	102.7	13687.3	9845.9
日用家电零售	4578.9	3421.3	662.8	40241.4	28473.5
计算机、软件及辅助设备零售	302.1	137.6	47.5	7829.9	4985.4
通信设备零售	1782.7	1353.9	32.9	5966.9	4350.6
其他电子产品零售				456.0	4.8
五金、家具及室内装饰材料专门零售	11842.1	2873.5	727.4	75020.9	47109.0
五金零售	1182.2	381.9	101.9	16855.6	10233.4
灯具零售	534.0	62.5	18.1	2264.1	1887.3
家具零售	6082.5	1359.3	338.5	31693.8	20241.0
涂料零售	24.8	17.2	1.0	3160.4	1744.9
卫生洁具零售	277.0	50.8	36.9	2074.1	1520.3
木质装饰材料零售	97.7	32.0	9.0	595.2	263.4
陶瓷、石材装饰材料零售	443.1	155.6	21.1	7652.3	5001.6
其他室内装饰材料零售	3200.8	814.2	200.9	10725.4	6217.1
货摊、无店铺及其他零售业	30422.0	8651.5	2021.3	209648.1	124300.6
互联网零售	11210.6	3267.4	921.1	122644.4	72860.4
自动售货机零售	891.7	230.0	57.8	3171.4	1705.6
生活用燃料零售	12657.3	2850.6	412.9	20639.3	10112.1
其他未列明零售业	5662.4	2303.5	629.5	63193.0	39622.5
内资企业	363085.9	132958.9	30219.1	1871739.4	1210169.2
国有企业	2453.7	921.5	27.4	26490.4	23797.2
股份合作企业	65.4	16.0	1.4	178.0	38.9
有限责任公司	54530.4	17168.7	3963.8	317993.8	225205.3
国有独资公司	16.0	5.1	3.9	3984.6	3803.4
其他有限责任公司	54514.4	17163.6	3959.9	314009.2	221401.9
股份有限公司	22352.2	8019.0	1222.0	77332.1	14128.0
私营企业	280113.4	105724.6	24880.1	1443191.0	944943.5
私营独资企业	14068.8	3229.4	616.8	41804.1	15998.5
私营合伙企业	1355.9	332.7	105.8	20781.3	14363.8
私营有限责任公司	264172.0	102004.8	24104.3	1376641.0	912385.5
私营股份有限公司	516.7	157.7	53.2	3964.6	2195.7
其他企业	3570.8	1109.1	124.4	6554.1	2056.3
港、澳、台商投资企业	17885.7	8797.7	665.0	26791.4	26596.7
港、澳、台商独资经营企业	17885.7	8797.7	665.0	26791.4	26596.7
外商投资企业	130524.1	49989.5	7458.9	2369444.7	1992400.3

8-4 续表 9

单位：万元

指标名称	年末资产负债 固定资产原价	累计折旧	#本年折旧	资产合计	负债合计
外资企业	2795.7	916.2	217.7	5111.7	3675.6
外商投资股份有限公司	127728.4	49073.3	7241.2	2364333.0	1988724.7
国有控股	39182.7	13023.9	1912.6	251638.4	130976.4
集体控股	799.6	75.6	75.6	24349.5	22564.0
私人控股	321797.3	119588.3	28115.9	1591055.7	1054838.4
港澳台商控股	17885.7	8797.7	665.0	26791.4	26596.7
外商控股	130524.1	49989.5	7458.9	2369444.7	1992400.3
其他	1306.3	271.1	115.0	4695.8	1790.4
独立门店	310372.6	109824.7	26245.6	1478299.6	986523.4
连锁总店(总部)	158712.8	62423.3	9139.4	2501246.9	2062413.9
连锁直营店	9702.4	5666.9	1019.0	36032.8	32209.2
其他	32707.9	13831.2	1939.0	252396.2	148019.7
大型	164616.6	67454.8	9167.8	2556011.4	2133866.8
中型	218587.6	75788.9	18545.6	872921.7	591696.2
小型	105140.2	38453.1	9027.8	568420.0	343702.7
微型	23151.3	10049.3	1601.8	270622.4	159900.5
有店铺零售	482858.4	181818.2	36204.8	4074362.0	3116240.5
便利店	151540.4	58366.6	8687.3	2449424.1	2005205.5
超市	90400.3	37915.0	4897.4	340829.4	264647.2
折扣店	35607.5	7588.5	7586.6	48933.5	24824.0
仓储会员店	1447.7	709.7	123.5	9577.9	1770.8
百货店	10191.1	4597.0	1027.9	201739.7	137061.7
购物中心	29171.2	14023.1	1672.5	65997.3	44186.2
专业店	74859.9	26764.0	4809.3	512488.0	322314.5
品牌专卖店	85473.7	31023.6	6913.5	419053.9	295153.1
集合店	4166.6	830.7	486.8	26318.2	21077.5
无店铺零售	28637.3	9927.9	2138.2	193613.5	112925.7
网络零售	13757.1	2825.1	908.0	94749.5	54229.6
电视/广播零售	5.0	5.0	2.0	53.1	23.1
邮寄零售	344.9	88.1	75.5	7488.4	4964.0
电话零售	330.5	42.2	19.1	24536.3	11906.6
其他	14199.8	6967.5	1133.6	66786.2	41802.4
城镇	36020.6	12391.0	2565.8	217117.2	129147.2
#城区	9128.3	3539.4	966.7	100091.9	56509.0
乡村	2592.1	1037.2	92.8	6270.6	2157.8

8-4 续表 10

单位：万元

指标名称	损益及分配			
	营业收入	营业成本	税金及附加	其他业务利润
总 计	**12929926.2**	**11576643.8**	**130553.8**	**24835.6**
一、批发业	8032428.8	7223459.8	119611.3	9441.4
农、林、牧、渔产品批发	75179.1	61167.7	44.9	12.0
谷物、豆及薯类批发	11320.6	10864.2	36.7	12.0
畜牧渔业饲料批发	3862.1	4068.3	1.2	
牲畜批发	57681.4	44137.6	4.8	
其他农牧产品批发	2315.0	2097.6	2.2	
食品、饮料及烟草制品批发	1095952.7	805882.5	108746.1	235.6
米、面制品及食用油批发	7063.2	6340.8	3.0	
糕点、糖果及糖批发	8477.4	7181.2	8.6	
果品、蔬菜批发	22612.3	20052.5	8.0	1.2
肉、禽、蛋、奶及水产品批发	88947.3	83314.3	262.4	
盐及调味品批发	4613.3	2380.0	93.7	
营养和保健品批发	6435.7	6047.1	3.7	
酒、饮料及茶叶批发	49440.5	40180.3	117.8	
烟草制品批发	868759.6	605023.7	108193.4	234.4
其他食品批发	39603.4	35362.6	55.5	
纺织、服装及家庭用品批发	417956.1	400552.1	425.3	73.6
服装批发	18029.8	16552.4	9.4	73.6
化妆品及卫生用品批发	20031.7	15576.5	46.2	
厨具卫具及日用杂品批发	2617.9	2447.5	1.0	
灯具、装饰物品批发	40660.8	32541.0	87.8	
家用视听设备批发	328326.1	326419.4	234.8	
日用家电批发	4769.2	3895.3	39.4	
其他家庭用品批发	3520.6	3120.0	6.7	
文化、体育用品及器材批发	2072.2	1969.1	0.7	
文具用品批发	2072.2	1969.1	0.7	
首饰、工艺品及收藏品批发				
医药及医疗器材批发	900048.6	534747.4	4736.3	8630.1
西药批发	763767.8	431437.3	4434.0	8630.1
中药批发	101514.6	75167.2	259.7	
医疗用品及器材批发	34766.2	28142.9	42.6	
矿产品、建材及化工产品批发	3771443.0	3678747.9	3706.6	512.0
煤炭及制品批发	193782.2	194364.0	376.4	
石油及制品批发	59386.4	56602.8	48.0	412.8
非金属矿及制品批发	30676.6	19780.8	64.2	
金属及金属矿批发	1970265.0	1941455.2	1755.0	19.3
建材批发	1399704.2	1361857.3	1338.4	79.9
化肥批发	4782.7	4349.7	0.3	
农药批发	1025.9	986.5	0.3	
其他化工产品批发	111820.0	99351.6	124.0	

8-4 续表 11

单位：万元

指标名称	损益及分配			
	营业收入	营业成本	税金及附加	其他业务利润
机械设备、五金产品及电子产品批发	982258.1	967729.5	821.6	-21.9
农业机械批发	9903.3	8693.3		
汽车及零配件批发	57935.1	54568.6	86.3	
五金产品批发	8273.2	7403.3	2.3	
计算机、软件及辅助设备批发	380754.7	379102.1	246.4	0.3
通讯设备批发	507334.7	502596.4	458.2	
其他机械设备及电子产品批发	18057.1	15365.8	28.4	-22.2
贸易经纪与代理	364653.4	354252.1	231.4	
贸易代理	364653.4	354252.1	231.4	
其他批发业	422865.6	418411.5	898.4	
再生物资回收与批发	408987.2	404827.8	877.5	
互联网批发	13878.4	13583.7	20.9	
内资企业	8009398.6	7199117.3	119364.2	9367.8
国有企业	1906392.4	1636919.1	108863.8	246.7
股份合作企业	6524.5	5690.8	3.1	
有限责任公司	2865541.0	2736917.1	3924.7	52.1
国有独资公司	24769.9	21742.2	120.0	
其他有限责任公司	2840771.1	2715174.9	3804.7	52.1
股份有限公司	153748.1	149243.0	134.4	
私营企业	3077192.6	2670347.3	6438.2	9069.0
私营独资企业	14542.1	10871.7	50.3	1.2
私营有限责任公司	3062650.5	2659475.6	6387.9	9067.8
港、澳、台商投资企业	17921.2	19300.7	243.9	
合资经营企业(港或澳、台资)	17921.2	19300.7	243.9	
外商投资企业	5109.0	5041.8	3.2	73.6
外资企业	5109.0	5041.8	3.2	73.6
国有控股	3467479.3	3176910.2	110312.2	298.8
集体控股	84138.5	83637.4	55.5	
私人控股	4457780.8	3938569.7	8996.5	9069.0
港澳台商控股	17921.2	19300.7	243.9	
外商控股	5109.0	5041.8	3.2	73.6
独立门店	5945382.3	5303396.8	116238.2	5683.5
其他	2087046.5	1920063.0	3373.1	3757.9
大型	1055801.4	654656.8	109810.7	5146.4
中型	2186147.1	1909467.2	4536.9	4130.9
小型	3014745.2	2927533.1	3331.6	165.8
微型	1775735.1	1731802.7	1932.1	-1.7
城镇	7853228.1	7059260.7	119417.1	9027.4
#城区	5527457.3	4928109.7	115921.5	5195.6
乡村	179200.7	164199.1	194.2	414.0

8-4 续表 12

单位：万元

指标名称	损益及分配			
	营业收入	营业成本	税金及附加	其他业务利润
二、零售业	4897497.4	4353184.0	10942.5	15394.2
综合零售	640827.0	543797.1	2856.6	3771.8
百货零售	255421.5	201789.0	1315.7	2325.0
超级市场零售	323711.4	282259.0	1346.4	1446.8
便利店零售	1846.8	1314.4	0.2	
其他综合零售	59847.3	58434.7	194.3	
食品、饮料及烟草制品专门零售	283929.5	236484.0	543.6	378.9
粮油零售	7199.8	6294.0	1.4	21.0
糕点、面包零售	12285.6	9223.4	6.4	
果品、蔬菜零售	108370.6	89277.6	156.4	2.1
肉、禽、蛋、奶及水产品零售	38142.1	31876.1	15.9	
营养和保健品零售	12048.3	11223.8	34.7	
酒、饮料及茶叶零售	74554.0	62075.8	208.6	130.7
其他食品零售	31329.1	26513.3	120.2	225.1
纺织、服装及日用品专门零售	79280.0	62369.6	931.5	1.9
纺织品及针织品零售	1099.5	979.6	0.1	
服装零售	64402.2	50765.2	893.9	1.9
鞋帽零售	7498.2	5658.9	32.1	
化妆品及卫生用品零售	4274.5	3323.9	5.4	
其他日用品零售	2005.6	1642.0		
文化、体育用品及器材专门零售	36071.3	31104.4	81.2	
文具用品零售	9543.4	8565.9	11.0	
图书、报刊零售	6351.2	5406.5	11.0	
珠宝首饰零售	17417.8	14968.0	47.3	
工艺美术品及收藏品零售	782.4	715.8	1.0	
其他文化用品零售	1976.5	1448.2	10.9	
医药及医疗器材专门零售	134678.9	109896.8	330.5	2785.5
西药零售	111339.6	91734.9	203.7	2785.5
中药零售	10301.8	8395.2	18.8	
医疗用品及器材零售	13037.5	9766.7	108.0	
汽车、摩托车、零配件和燃料及其他动力销售	2882906.3	2670945.7	4713.8	7839.9
汽车新车零售	1490366.8	1392946.6	3167.8	7839.6
汽车旧车零售	30951.3	29276.6	9.6	
汽车零配件零售	2680.9	2451.2	7.3	0.3
摩托车及零配件零售	10717.9	9586.2	21.0	
机动车燃油零售	1348189.4	1236685.1	1508.1	

8-4 续表 13

单位：万元

指标名称	损益及分配			
	营业收入	营业成本	税金及附加	其他业务利润
家用电器及电子产品专门零售	149981.3	136365.2	133.8	61.1
家用视听设备零售	14673.1	13334.2	25.9	
日用家电零售	107804.8	99042.1	85.4	61.1
计算机、软件及辅助设备零售	16558.2	14167.6	13.0	
通信设备零售	9641.3	8586.8	6.7	
其他电子产品零售	1303.9	1234.5	2.8	
五金、家具及室内装饰材料专门零售	139787.1	120408.5	285.4	1.7
五金零售	35978.2	32715.8	61.0	0.2
灯具零售	3514.8	3015.8	1.9	
家具零售	63351.3	52884.2	150.9	
涂料零售	3438.4	2974.3	3.1	
卫生洁具零售	3528.0	3029.6	1.7	
木质装饰材料零售	3823.8	3094.4	0.5	
陶瓷、石材装饰材料零售	7989.2	6976.3	13.7	
其他室内装饰材料零售	18163.4	15718.1	52.6	1.5
货摊、无店铺及其他零售业	550036.0	441812.7	1066.1	553.4
互联网零售	427724.6	335254.8	829.1	13.9
自动售货机零售	1237.9	673.1	5.3	
生活用燃料零售	17745.9	14361.0	23.5	539.5
其他未列明零售业	103327.6	91523.8	208.2	
内资企业	3768726.4	3313390.5	9532.6	13111.6
国有企业	22028.4	19012.9	133.0	56.4
股份合作企业	5065.2	3785.6	0.5	
有限责任公司	462291.6	408208.7	1171.0	1915.6
国有独资公司	1235.6	961.9	0.6	
其他有限责任公司	461056.0	407246.8	1170.4	1915.6
股份有限公司	158459.2	148556.0	91.2	
私营企业	3098653.4	2715049.3	8120.2	11139.6
私营独资企业	80877.2	67128.7	220.4	
私营合伙企业	77257.1	58786.6	283.8	
私营有限责任公司	2926415.4	2577211.3	7592.1	11139.6
私营股份有限公司	14103.7	11922.7	23.9	
其他企业	22228.6	18778.0	16.7	
港、澳、台商投资企业	21624.7	16392.5	211.3	1886.4
港、澳、台商独资经营企业	21624.7	16392.5	211.3	1886.4
外商投资企业	1107146.3	1023401.0	1198.6	396.2

8-4 续表 14

单位：万元

指标名称	损益及分配			
	营业收入	营业成本	税金及附加	其他业务利润
外资企业	38354.8	37398.5	30.9	396.2
外商投资股份有限公司	1068791.5	986002.5	1167.7	
国有控股	318798.9	283524.1	898.8	1386.8
集体控股	11940.0	8303.7	138.1	151.7
私人控股	3418770.6	3005621.8	8480.2	11573.1
港澳台商控股	21624.7	16392.5	211.3	1886.4
外商控股	1107146.3	1023401.0	1198.6	396.2
其他	19216.9	15940.9	15.5	
独立门店	2844587.8	2513311.0	8259.7	10160.4
连锁总店(总部)	1378939.3	1267965.7	1392.0	2263.5
连锁直营店	114579.5	102816.4	146.7	2827.5
其他	559390.8	469090.9	1144.1	142.8
大型	1267854.4	1147731.0	2315.9	522.0
中型	1754950.8	1557122.6	5195.9	12021.0
小型	1285361.9	1138509.1	2231.5	2771.0
微型	589330.3	509821.3	1199.2	80.2
有店铺零售	4348682.4	3911463.0	9735.3	15378.0
便利店	1253572.2	1158311.0	1487.7	
超市	562622.7	474948.8	2319.4	1472.8
折扣店	28656.9	23110.0	284.0	
仓储会员店	30029.9	26042.6	90.0	
百货店	146501.2	125159.8	980.2	2319.1
购物中心	157333.4	142968.1	369.4	448.7
专业店	1054742.6	941641.1	1531.6	5757.0
品牌专卖店	1054512.1	963179.4	2606.6	5028.8
集合店	60711.4	56102.2	66.4	351.6
无店铺零售	548815.0	441721.0	1207.2	16.2
网络零售	328788.3	262251.0	681.3	13.9
电视/广播零售	703.4	424.5	2.5	
邮寄零售	14203.3	12264.3	15.6	
电话零售	71587.0	51258.8	185.8	
其他	133533.0	115522.4	322.0	2.3
城镇	634038.6	518260.1	1296.0	806.0
#城区	379452.9	312827.2	794.9	790.9
乡村	26727.8	21576.7	12.8	1.1

8-4 续表 15

单位：万元

指标名称	损益及分配				
	销售费用	管理费用	营业利润	利润总额	应付职工薪酬
总 计	**618869.3**	**219663.1**	**340642.6**	**343584.2**	**257838.4**
一、批发业	329832.9	98033.3	238117.5	245274.7	95041.2
农、林、牧、渔产品批发	13594.6	2310.4	-1407.4	-304.5	1693.8
谷物、豆及薯类批发	705.8	1272.0	-1122.4	-55.7	823.8
畜牧渔业饲料批发	147.0	181.4	-559.2	-555.4	118.2
牲畜批发	12586.8	757.4	274.2	299.7	497.2
其他农牧产品批发	155.0	99.6		6.9	254.6
食品、饮料及烟草制品批发	32914.9	37632.9	114035.1	114657.6	48809.4
米、面制品及食用油批发	237.1	423.5	-77.4	-97.3	332.2
糕点、糖果及糖批发	527.3	436.6	274.0	281.3	433.2
果品、蔬菜批发	687.6	525.4	1179.8	1179.8	940.6
肉、禽、蛋、奶及水产品批发	3128.7	3462.4	-2289.3	-1781.6	1921.2
盐及调味品批发	1452.3	413.3	283.8	546.5	931.0
营养和保健品批发	198.0	187.4	-3.3	-3.1	204.8
酒、饮料及茶叶批发	5707.3	1240.1	972.7	967.9	1978.7
烟草制品批发	19442.9	29857.9	112869.0	112739.4	41193.1
其他食品批发	1533.7	1086.3	825.8	824.7	874.6
纺织、服装及家庭用品批发	11367.7	1832.1	477.5	1328.8	4938.3
服装批发	635.9	316.4	688.9	1025.4	796.6
化妆品及卫生用品批发	4015.0	112.7	374.4	869.3	698.8
厨具卫具及日用杂品批发	99.6	45.3	2.8	3.2	67.6
灯具、装饰物品批发	5266.6	863.9	1900.8	1905.9	2620.9
家用视听设备批发	579.2	202.1	-2622.2	-2617.2	378.0
日用家电批发	758.0	231.9	-187.7	-178.3	359.0
其他家庭用品批发	13.4	59.8	320.5	320.5	17.4
文化、体育用品及器材批发	3.6	2.1	96.7	96.5	
文具用品批发	3.6	2.1	96.7	96.5	
首饰、工艺品及收藏品批发					
医药及医疗器材批发	237287.7	27625.4	102822.1	103392.0	20445.5
西药批发	225499.7	24140.8	85898.2	86484.3	17599.1
中药批发	10718.7	1147.6	13989.0	13961.7	1548.3
医疗用品及器材批发	1069.3	2337.0	2934.9	2946.0	1298.1
矿产品、建材及化工产品批发	29310.6	21928.6	10528.9	14254.5	14660.8
煤炭及制品批发	52.0	362.0	-1438.6	800.7	199.7
石油及制品批发	338.9	1762.2	-520.5	-561.5	565.1
非金属矿及制品批发	196.7	800.3	1498.8	1445.5	356.8
金属及金属矿批发	10337.8	7723.8	2566.3	3398.0	3900.1
建材批发	11610.9	9106.8	6785.6	7566.2	7705.8
化肥批发	129.2	113.6	62.2	62.2	111.8
农药批发	0.1	0.1	65.8	65.8	
其他化工产品批发	6645.0	2059.8	1509.3	1477.6	1821.5

8-4 续表 16

单位：万元

指标名称	损益及分配				
	销售费用	管理费用	营业利润	利润总额	应付职工薪酬
机械设备、五金产品及电子产品批发	3856.3	5082.3	5940.6	5854.9	3526.8
农业机械批发	185.6	468.0	375.6	375.6	160.5
汽车及零配件批发	1505.1	1058.7	471.4	262.5	1021.8
五金产品批发	23.9	464.4	317.4	513.3	527.6
计算机、软件及辅助设备批发	196.8	177.2	64.3	64.3	394.0
通讯设备批发	1587.7	1376.6	4162.1	4124.6	466.2
其他机械设备及电子产品批发	357.2	1537.4	549.8	514.6	956.7
贸易经纪与代理	1166.9	787.7	3943.7	4102.9	491.2
贸易代理	1166.9	787.7	3943.7	4102.9	491.2
其他批发业	330.6	831.8	1680.3	1892.0	475.4
再生物资回收与批发	328.9	622.3	1603.1	1814.8	403.5
互联网批发	1.7	209.5	77.2	77.2	71.9
内资企业	329223.2	96960.6	241946.8	248387.6	94505.8
国有企业	20174.9	31995.7	112839.1	113752.7	42416.8
股份合作企业	214.6	203.7	395.9	394.7	203.8
有限责任公司	73653.5	11233.6	26126.0	28537.3	9622.9
国有独资公司	1462.5	688.7	446.7	722.2	1015.9
其他有限责任公司	72191.0	10544.9	25679.3	27815.1	8607.0
股份有限公司	3619.3	673.6	-310.9	-303.9	580.2
私营企业	231560.9	52854.0	102896.7	106006.8	41682.1
私营独资企业	264.2	254.1	766.2	784.4	601.8
私营有限责任公司	231296.7	52599.9	102130.5	105222.4	41080.3
港、澳、台商投资企业	169.2	1046.5	-3597.7	-3136.0	525.8
合资经营企业(港或澳、台资)	169.2	1046.5	-3597.7	-3136.0	525.8
外商投资企业	440.5	26.2	-231.6	23.1	9.6
外资企业	440.5	26.2	-231.6	23.1	9.6
国有控股	22616.4	34577.2	113359.3	115426.5	44234.9
集体控股	107.6	137.9	286.4	298.6	191.3
私人控股	306499.2	62245.5	128301.1	132662.5	50079.6
港澳台商控股	169.2	1046.5	-3597.7	-3136.0	525.8
外商控股	440.5	26.2	-231.6	23.1	9.6
独立门店	205432.1	79649.9	223799.0	229882.0	74382.4
其他	124400.8	18383.4	14318.5	15392.7	20658.8
大型	79869.0	45640.1	178222.0	178015.9	45718.9
中型	211494.4	22756.7	37115.8	39373.6	27753.7
小型	31360.0	22732.9	12154.0	16337.4	19150.2
微型	7109.5	6903.6	10625.7	11547.8	2418.4
城镇	318844.6	95344.5	237091.0	244115.1	93691.8
#城区	194987.3	75544.6	203052.1	208726.7	72177.1
乡村	10988.3	2688.8	1026.5	1159.6	1349.4

8-4 续表 17

单位：万元

指标名称	损益及分配				
	销售费用	管理费用	营业利润	利润总额	应付职工薪酬
二、零售业	289036.4	121629.8	102525.1	98309.5	162797.2
综合零售	74977.8	24033.9	382.7	-6063.0	42733.2
百货零售	39661.4	10009.7	538.5	-5192.0	24874.7
超级市场零售	34222.3	12956.9	-1036.7	-1744.2	16495.9
便利店零售	50.7	215.5	266.0	266.0	219.5
其他综合零售	1043.4	851.8	614.9	607.2	1143.1
食品、饮料及烟草制品专门零售	15500.6	12772.0	17707.8	18464.9	13419.7
粮油零售	85.1	274.5	-1.3	27.2	194.1
糕点、面包零售	1117.0	683.7	1213.5	1219.7	1166.7
果品、蔬菜零售	6176.7	4594.7	6889.1	7013.7	6158.5
肉、禽、蛋、奶及水产品零售	2062.0	2197.0	1743.7	2027.2	2089.9
营养和保健品零售	255.1	143.3	201.3	201.3	60.1
酒、饮料及茶叶零售	4505.1	3564.0	5575.6	5797.9	2650.0
其他食品零售	1299.6	1314.8	2085.9	2177.9	1100.4
纺织、服装及日用品专门零售	7901.9	3342.8	3448.3	3632.9	4080.3
纺织品及针织品零售	36.5	18.1	65.1	65.1	73.6
服装零售	5668.2	2652.3	3162.4	3343.4	2183.8
鞋帽零售	1277.6	289.9	239.7	243.3	1198.9
化妆品及卫生用品零售	648.0	345.3	-58.8	-58.8	381.2
其他日用品零售	271.6	37.2	39.9	39.9	242.8
文化、体育用品及器材专门零售	2132.3	1084.8	1887.2	1765.4	1676.3
文具用品零售	266.1	302.6	328.1	331.3	275.9
图书、报刊零售	219.4	228.4	468.8	467.5	152.0
珠宝首饰零售	1377.7	491.5	843.2	721.5	984.4
工艺美术品及收藏品零售	44.6	1.5	17.6	15.5	38.4
其他文化用品零售	224.5	60.8	229.5	229.6	225.6
医药及医疗器材专门零售	14305.3	7051.7	4766.0	4788.9	14002.3
西药零售	12193.8	6291.2	2044.4	2050.3	12668.9
中药零售	855.3	464.6	553.7	554.0	872.6
医疗用品及器材零售	1256.2	295.9	2167.9	2184.6	460.8
汽车、摩托车、零配件和燃料及其他动力销售	103978.6	43309.1	43759.1	44048.3	63026.2
汽车新车零售	56770.8	33640.7	-1152.4	-294.3	41384.5
汽车旧车零售	943.4	333.0	478.9	458.0	490.4
汽车零配件零售	55.3	110.1	81.5	81.5	221.1
摩托车及零配件零售	294.6	316.2	432.2	433.0	513.7
机动车燃油零售	45914.5	8909.1	43918.9	43370.1	20416.5

8-4 续表 18

单位：万元

指标名称	损益及分配				
	销售费用	管理费用	营业利润	利润总额	应付职工薪酬
家用电器及电子产品专门零售	7214.7	3281.1	949.2	1051.8	5745.3
家用视听设备零售	696.1	766.1	-88.9	-32.9	568.7
日用家电零售	5720.8	1719.1	-45.4	1.1	3533.3
计算机、软件及辅助设备零售	592.5	426.4	540.9	540.6	539.3
通信设备零售	195.1	287.1	540.4	540.8	939.0
其他电子产品零售	10.2	82.4	2.2	2.2	165.0
五金、家具及室内装饰材料专门零售	5731.4	6183.3	6058.3	6217.7	5492.3
五金零售	1170.0	949.5	942.6	968.1	960.1
灯具零售	264.4	83.2	144.9	144.9	258.0
家具零售	2734.8	3223.7	3454.9	3596.2	2956.0
涂料零售	65.9	172.8	157.1	139.3	69.7
卫生洁具零售	113.3	133.5	136.3	139.7	73.6
木质装饰材料零售	216.5	272.9	238.2	238.2	61.0
陶瓷、石材装饰材料零售	629.6	145.0	207.4	207.4	228.9
其他室内装饰材料零售	536.9	1202.7	776.9	783.9	885.0
货摊、无店铺及其他零售业	57293.8	20571.1	23566.5	24402.6	12621.6
互联网零售	51124.1	16319.6	18930.4	19840.3	9982.8
自动售货机零售	175.0	279.4	46.2	46.2	206.5
生活用燃料零售	975.6	189.3	2286.8	2285.0	817.3
其他未列明零售业	5019.1	3782.8	2303.1	2231.1	1615.0
内资企业	246702.4	116580.5	64004.7	65507.6	142711.7
国有企业	1467.4	582.6	364.4	368.2	639.3
股份合作企业	602.9	378.9	279.4	279.4	129.4
有限责任公司	22489.2	11279.8	8210.8	8034.7	15646.8
国有独资公司	203.3	9.4	250.6	256.4	202.2
其他有限责任公司	22285.9	11270.4	7960.2	7778.3	15444.6
股份有限公司	5196.2	1909.0	2037.6	1850.8	297.2
私营企业	216013.9	101407.4	52170.5	54034.6	125536.1
私营独资企业	4104.7	3762.7	5114.8	5082.2	3554.6
私营合伙企业	14759.7	2328.8	1739.5	1745.5	409.0
私营有限责任公司	194966.7	94804.1	43950.6	45844.8	121103.9
私营股份有限公司	2182.8	511.8	1365.6	1362.1	468.6
其他企业	932.8	1022.8	942.0	939.9	462.9
港、澳、台商投资企业	5485.7	222.2	-718.9	-5836.3	2088.1
港、澳、台商独资经营企业	5485.7	222.2	-718.9	-5836.3	2088.1
外商投资企业	36848.3	4827.1	39239.3	38638.2	17997.4

8-4 续表 19

单位：万元

指标名称	损益及分配				
	销售费用	管理费用	营业利润	利润总额	应付职工薪酬
外资企业	952.1	524.2	-650.2	-647.2	898.8
外商投资股份有限公司	35896.2	4302.9	39889.5	39285.4	17098.6
国有控股	12750.4	3047.4	8553.0	8590.4	3836.0
集体控股	2922.8	43.9	225.5	251.7	1486.6
私人控股	230115.8	112479.0	54425.4	55866.8	136945.8
港澳台商控股	5485.7	222.2	-718.9	-5836.3	2088.1
外商控股	36848.3	4827.1	39239.3	38638.2	17997.4
其他	913.4	1010.2	800.8	798.7	443.3
独立门店	169352.8	91998.1	47648.7	42863.2	112145.6
连锁总店(总部)	55938.4	12796.9	38128.4	37663.4	27270.7
连锁直营店	10659.4	3962.8	-1793.2	-1769.5	10328.2
其他	53085.8	12872.0	18541.2	19552.4	13052.7
大型	66513.9	10514.7	38000.2	37461.7	40236.4
中型	125010.8	50525.3	18935.5	14594.8	69711.3
小型	62012.9	44113.2	30338.1	31390.0	44700.6
微型	35498.8	16476.6	15251.3	14863.0	8148.9
有店铺零售	232598.3	100226.0	80711.3	75121.5	147881.1
便利店	43006.8	6653.7	42462.8	41876.5	18705.1
超市	70324.6	19942.2	449.4	-5115.0	38172.3
折扣店	2397.3	992.4	725.4	752.3	531.6
仓储会员店	775.9	936.3	1941.2	1915.0	961.3
百货店	9647.6	5630.2	4075.9	3400.3	7765.7
购物中心	6000.2	4167.9	2804.9	2702.0	6849.9
专业店	51807.0	34237.3	15068.7	15605.7	38464.0
品牌专卖店	44985.1	25556.0	14442.4	15149.3	34215.3
集合店	3653.8	2110.0	-1259.4	-1164.6	2215.9
无店铺零售	56438.1	21403.8	21813.8	23188.0	14916.1
网络零售	33593.8	15185.1	13071.3	13687.9	7994.7
电视/广播零售	40.0	43.0	26.9	26.5	50.0
邮寄零售	568.0	706.6	555.5	568.8	382.3
电话零售	16215.7	478.0	3164.5	3759.6	1604.6
其他	6020.6	4991.1	4995.6	5145.2	4884.5
城镇	59462.7	22625.6	24897.0	26070.9	17410.2
#城区	40888.7	13362.8	11597.9	12665.2	9176.8
乡村	1383.9	1283.2	2171.2	2169.6	1348.5

8-4 续表 20

单位：万元

指标名称	所得税费用	应交增值税	从业人员平均人数（人）
总 计	**62580.9**	**178402.2**	**40336**
一、批发业	55985.7	146069.6	8730
农、林、牧、渔产品批发	5.1	28.3	264
谷物、豆及薯类批发	1.1	21.1	148
畜牧渔业饲料批发		7.0	13
牲畜批发	4.0	0.2	71
其他农牧产品批发			32
食品、饮料及烟草制品批发	29865.1	35537.8	2762
米、面制品及食用油批发	1.4	15.3	74
糕点、糖果及糖批发	0.8	115.7	80
果品、蔬菜批发	18.1	28.0	253
肉、禽、蛋、奶及水产品批发	9.0	2024.9	404
盐及调味品批发	143.8	192.9	96
营养和保健品批发	0.7	40.7	33
酒、饮料及茶叶批发	399.3	672.0	255
烟草制品批发	29270.7	32287.2	1401
其他食品批发	21.3	161.1	166
纺织、服装及家庭用品批发	852.9	2496.6	638
服装批发	16.7	126.9	165
化妆品及卫生用品批发	294.2	887.0	38
厨具卫具及日用杂品批发	0.1	12.9	15
灯具、装饰物品批发	459.5	1111.0	245
家用视听设备批发	1.5	210.3	63
日用家电批发	0.8	54.5	109
其他家庭用品批发	80.1	94.0	3
文化、体育用品及器材批发	0.2	0.5	1
文具用品批发	0.2	0.5	1
首饰、工艺品及收藏品批发			
医药及医疗器材批发	15839.5	37615.0	1501
西药批发	15069.3	35641.8	1134
中药批发	588.2	1560.2	234
医疗用品及器材批发	182.0	413.0	133
矿产品、建材及化工产品批发	7500.3	15839.9	2895
煤炭及制品批发	5585.5	5072.5	19
石油及制品批发	3.1	64.0	95
非金属矿及制品批发	2.8	167.5	22
金属及金属矿批发	1417.9	5193.2	555
建材批发	468.6	4461.5	1883
化肥批发	0.2	2.0	24
农药批发	0.1	0.1	22
其他化工产品批发	22.1	879.1	275

8-4 续表 21

单位：万元

指标名称	所得税费用	应交增值税	从业人员平均人数(人)
机械设备、五金产品及电子产品批发	914.9	2913.2	462
农业机械批发	6.0		64
汽车及零配件批发	152.9	306.2	115
五金产品批发		90.1	41
计算机、软件及辅助设备批发	35.9	2276.2	69
通讯设备批发	711.3	25.8	27
其他机械设备及电子产品批发	8.8	214.9	146
贸易经纪与代理	726.7	38819.4	74
贸易代理	726.7	38819.4	74
其他批发业	281.0	12818.9	133
再生物资回收与批发	278.0	12804.0	119
互联网批发	3.0	14.9	14
内资企业	55980.0	144431.6	8657
国有企业	29587.7	36708.3	1668
股份合作企业	0.1	23.9	35
有限责任公司	6935.0	54252.2	1176
国有独资公司	187.1	648.2	122
其他有限责任公司	6747.9	53604.0	1054
股份有限公司	12.7	197.0	93
私营企业	19444.5	53250.2	5685
私营独资企业	37.5	69.6	131
私营有限责任公司	19407.0	53180.6	5554
港、澳、台商投资企业		1599.7	60
合资经营企业(港或澳、台资)		1599.7	60
外商投资企业	5.7	38.3	13
外资企业	5.7	38.3	13
国有控股	30225.3	76796.2	1888
集体控股	74.8	36.7	12
私人控股	25679.9	67598.7	6757
港澳台商控股		1599.7	60
外商控股	5.7	38.3	13
独立门店	53322.0	88079.6	6924
其他	2663.7	57990.0	1806
大型	39062.2	47233.0	1771
中型	7026.0	29238.5	2592
小型	7530.6	54629.7	3189
微型	2366.9	14968.4	1178
城镇	55468.2	144481.6	8429
#城区	53023.0	117033.3	5751
乡村	517.5	1588.0	301

8-4 续表 22

单位：万元

指标名称	所得税费用	应交增值税	从业人员平均人数（人）
二、零售业	6595.2	32332.6	31606
综合零售	672.8	4548.7	10328
百货零售	289.1	2764.4	5196
超级市场零售	373.3	1707.2	4916
便利店零售	0.1	12.8	37
其他综合零售	10.3	64.3	179
食品、饮料及烟草制品专门零售	342.9	1099.5	3502
粮油零售	0.2	17.5	73
糕点、面包零售	22.9	26.9	271
果品、蔬菜零售	87.1	265.0	1535
肉、禽、蛋、奶及水产品零售	14.5	70.7	711
营养和保健品零售	1.4	1.3	15
酒、饮料及茶叶零售	163.4	599.7	609
其他食品零售	53.4	118.4	288
纺织、服装及日用品专门零售	813.1	1155.4	889
纺织品及针织品零售			15
服装零售	808.6	699.2	467
鞋帽零售	0.8	438.3	284
化妆品及卫生用品零售	0.1	17.9	66
其他日用品零售	3.6		57
文化、体育用品及器材专门零售	71.6	145.3	606
文具用品零售	3.9	13.3	89
图书、报刊零售	0.9	1.8	91
珠宝首饰零售	10.1	121.1	346
工艺美术品及收藏品零售	0.2	0.1	6
其他文化用品零售	56.5	9.0	74
医药及医疗器材专门零售	252.8	1819.7	3058
西药零售	186.9	1345.4	2747
中药零售	37.3	181.5	240
医疗用品及器材零售	28.6	292.8	71
汽车、摩托车、零配件和燃料及其他动力销售	2215.6	16063.2	8398
汽车新车零售	1711.2	9739.6	5728
汽车旧车零售	1.1	9.1	92
汽车零配件零售	1.2	33.5	43
摩托车及零配件零售	5.2	38.1	123
机动车燃油零售	496.9	6242.9	2412

8-4 续表 23

单位：万元

指标名称	所得税费用	应交增值税	从业人员平均人数（人）
家用电器及电子产品专门零售	80.1	694.3	1038
家用视听设备零售	8.3	80.3	136
日用家电零售	48.1	514.4	610
计算机、软件及辅助设备零售	20.1	71.6	114
通信设备零售	3.5	26.4	166
其他电子产品零售	0.1	1.6	12
五金、家具及室内装饰材料专门零售	176.3	1113.5	1108
五金零售	32.4	196.9	217
灯具零售	0.4	17.1	47
家具零售	81.6	475.5	541
涂料零售	2.4	18.2	30
卫生洁具零售	3.9	-9.6	15
木质装饰材料零售	1.9	2.4	14
陶瓷、石材装饰材料零售	21.6	51.1	65
其他室内装饰材料零售	32.1	361.9	179
货摊、无店铺及其他零售业	1970.0	5693.0	2679
互联网零售	1355.4	4435.3	2238
自动售货机零售	0.1	9.3	8
生活用燃料零售	325.8	214.2	114
其他未列明零售业	288.7	1034.2	319
内资企业	6585.2	26969.6	29531
国有企业	84.6	1049.6	184
股份合作企业	1.1	0.3	26
有限责任公司	1757.5	2643.1	2967
国有独资公司		8.3	40
其他有限责任公司	1757.5	2634.8	2927
股份有限公司	7.7	14.4	317
私营企业	4722.3	23256.4	25835
私营独资企业	190.0	458.2	918
私营合伙企业	38.2	1728.9	92
私营有限责任公司	4488.6	21024.7	24715
私营股份有限公司	5.5	44.6	110
其他企业	12.0	5.8	202
港、澳、台商投资企业	10.0	404.3	391
港、澳、台商独资经营企业	10.0	404.3	391
外商投资企业		4958.7	1684

8-4 续表 24

单位：万元

指标名称	所得税费用	应交增值税	从业人员平均人数(人)
外资企业		108.6	81
外商投资股份有限公司		4850.1	1603
国有控股	1641.4	1935.0	721
集体控股	60.3	200.4	194
私人控股	4876.0	24828.9	28437
港澳台商控股	10.0	404.3	391
外商控股		4958.7	1684
其他	7.5	5.3	179
独立门店	5080.0	19872.4	22298
连锁总店(总部)	40.4	5935.9	4617
连锁直营店	58.8	1120.4	1908
其他	1416.0	5403.9	2783
大型	85.4	7300.1	6030
中型	3563.2	13912.1	14216
小型	1762.1	7047.5	8977
微型	1184.5	4072.9	2383
有店铺零售	5069.4	25919.8	28009
便利店	13.5	5174.7	2194
超市	569.3	4155.3	9244
折扣店	139.2	19.5	59
仓储会员店	51.9	109.8	253
百货店	782.3	941.2	1792
购物中心	77.5	1166.0	1262
专业店	1238.6	5896.8	7562
品牌专卖店	2305.9	8117.5	5244
集合店	-108.8	339.0	399
无店铺零售	1525.8	6412.8	3597
网络零售	784.7	3615.5	1904
电视/广播零售	0.1	0.1	2
邮寄零售	1.9	31.3	132
电话零售	563.4	1309.1	166
其他	175.7	1456.8	1393
城镇	1948.2	6782.0	3945
#城区	1120.9	4558.0	1730
乡村	10.4	11.1	353

8-5 限额以上住宿和餐饮业法人企业财务状况

单位：万元

指标名称	年末资产负债				
	流动资产合计	#存货	固定资产原价	累计折旧	#本年折旧
总　计	**289057.2**	**25987.4**	**329996.0**	**108794.6**	**17083.6**
一、住宿业	179096.9	17728.4	268952.3	89908.1	12549.9
旅游饭店	145253.5	16373.1	221738.1	80148.3	9734.6
一般旅馆	31411.3	1006.0	44369.6	9188.0	2733.1
经济型连锁酒店	23470.9	789.5	8853.4	3736.1	1473.0
其他一般旅馆	7940.4	216.5	35516.2	5451.9	1260.1
民宿服务	196.0	86.0	457.0	105.0	21.0
其他住宿业	2236.1	263.3	2387.6	466.8	61.2
内资企业	178695.5	17703.0	265912.3	87842.3	12476.5
国有企业	19928.3	1414.7	23773.7	10816.8	722.4
有限责任公司	29924.5	1503.6	42973.1	22144.2	2757.9
国有独资公司	3312.5	203.3	14499.1	7514.6	773.3
其他有限责任公司	26612.0	1300.3	28474.0	14629.6	1984.6
股份有限公司	125.6	86.3	763.5	172.6	35.7
私营企业	128717.1	14698.4	198402.0	54708.7	8960.5
私营独资企业	1179.3	88.0	1815.3	313.3	249.3
私营合伙企业	507.0	11.2	1510.7	188.9	81.4
私营有限责任公司	127030.8	14599.2	195076.0	54206.5	8629.8
港、澳、台商投资企业	401.4	25.4	3040.0	2065.8	73.4
与港澳台商合资经营企业	401.4	25.4	3040.0	2065.8	73.4
国有控股	42665.1	1902.0	41574.8	20969.3	2111.0
私人控股	136030.4	15801.0	224337.5	66873.0	10365.5
港澳台商控股	401.4	25.4	3040.0	2065.8	73.4
中型	42657.5	995.5	85549.5	27582.5	3522.0
小型	133935.3	16523.0	176850.1	57102.1	8957.8
微型	2504.1	209.9	6552.7	5223.5	70.1
城镇	167937.4	17292.3	216088.5	77289.2	11190.9
#城区	82693.6	13484.7	106226.0	50304.5	7400.4
乡村	11159.5	436.1	52863.8	12618.9	1359.0
二、餐饮业	109960.3	8259.0	61043.7	18886.5	4533.7
正餐服务	83445.6	7760.3	56557.8	17838.0	4096.3
快餐服务	512.2	63.9	350.2	228.4	19.7
饮料及冷饮服务	564.2	74.0	353.8	41.1	29.6
酒吧服务	171.0	60.0	319.7	21.9	21.9
其他饮料及冷饮服务	393.2	14.0	34.1	19.2	7.7
餐饮配送及外卖送餐服务	25287.2	334.8	3212.0	733.5	379.0
餐饮配送服务	25287.2	334.8	3212.0	733.5	379.0
其他餐饮业	151.1	26.0	569.9	45.5	9.1
小吃服务	151.1	26.0	569.9	45.5	9.1
内资企业	109960.3	8259.0	61043.7	18886.5	4533.7
国有企业	23701.7	528.9	7117.2	2569.5	822.1
有限责任公司	27495.4	1337.0	6151.1	2163.5	874.4
国有独资公司	2363.5	256.6	1530.3	573.8	278.9
其他有限责任公司	25131.9	1080.4	4620.8	1589.7	595.5
股份有限公司	4259.7	78.9	6617.0	4305.9	231.0
私营企业	54503.5	6314.2	41158.4	9847.6	2606.2
私营独资企业	2650.4	250.2	3361.3	675.1	209.3
私营合伙企业	2821.8	982.5	3531.2	630.8	53.4
私营有限责任公司	47596.3	5019.3	32606.8	8448.2	2312.1
私营股份有限公司	1435.0	62.2	1659.1	93.5	31.4
国有控股	43346.2	890.3	9832.2	3374.5	1208.1
私人控股	66614.1	7368.7	51211.5	15512.0	3325.6
中型	36325.4	1449.9	6592.4	2556.5	1076.2
小型	70292.3	6586.8	52536.8	16142.7	3362.7
微型	3342.6	222.3	1914.5	187.3	94.8
城镇	108309.8	8066.2	59729.8	18626.3	4492.5
#城区	53011.3	3697.6	33915.4	12471.3	2999.1
乡村	1650.5	192.8	1313.9	260.2	41.2

8-5 续表 1

单位：万元

指标名称	年末资产负债		
	资产总计	负债合计	实收资本
总　计	**726845.8**	**523811.7**	**167475.5**
一、住宿业	508691.4	375800.2	121004.6
旅游饭店	402470.7	296856.4	89368.4
一般旅馆	100691.7	76107.5	27436.3
经济型连锁酒店	51045.0	44220.4	10033.4
其他一般旅馆	49646.7	31887.1	17402.9
民宿服务	540.5	10.5	530.0
其他住宿业	4988.5	2825.8	3669.9
内资企业	507173.6	375761.4	118484.6
国有企业	69052.2	25492.3	36526.9
有限责任公司	75641.2	57919.2	19617.8
国有独资公司	11181.4	8499.5	1122.8
其他有限责任公司	64459.8	49419.7	18495.0
股份有限公司	813.2	42.4	
私营企业	361667.0	292307.5	62339.9
私营独资企业	3097.6	1198.6	479.0
私营合伙企业	1931.8	54.8	1280.0
私营有限责任公司	356637.6	291054.1	60580.9
港、澳、台商投资企业	1517.8	38.8	2520.0
与港澳台商合资经营企业	1517.8	38.8	2520.0
国有控股	108347.5	56204.6	44649.7
私人控股	398826.1	319556.8	73834.9
港澳台商控股	1517.8	38.8	2520.0
中型	129978.3	110935.5	21361.7
小型	369459.2	260589.0	96079.4
微型	9253.9	4275.7	3563.5
城镇	433979.2	299696.7	113474.1
#城区	232567.0	154574.1	64142.8
乡村	74712.2	76103.5	7530.5
二、餐饮业	218154.4	148011.5	46470.9
正餐服务	177425.2	115975.3	41301.7
快餐服务	2170.0	582.8	1670.0
饮料及冷饮服务	1128.6	370.7	174.3
酒吧服务	488.8	27.2	
其他饮料及冷饮服务	639.8	343.5	174.3
餐饮配送及外卖送餐服务	36848.0	31007.5	2824.2
餐饮配送服务	36848.0	31007.5	2824.2
其他餐饮业	582.6	75.2	500.7
小吃服务	582.6	75.2	500.7
内资企业	218154.4	148011.5	46470.9
国有企业	36456.8	28979.7	5328.9
有限责任公司	71514.4	55818.9	10811.2
国有独资公司	3915.1	4934.2	2700.0
其他有限责任公司	67599.3	50884.7	8111.2
股份有限公司	9720.0	6970.3	2588.7
私营企业	100463.2	56242.6	27742.1
私营独资企业	4908.7	877.7	2127.0
私营合伙企业	5815.1	3483.5	1018.7
私营有限责任公司	88163.6	51178.7	24596.4
私营股份有限公司	1575.8	702.7	
国有控股	60265.4	52026.2	8668.9
私人控股	157889.0	95985.3	37802.0
中型	90801.5	67563.9	13586.0
小型	121850.7	77877.8	31000.3
微型	5502.2	2569.8	1884.6
城镇	215399.6	146702.3	46325.9
#城区	126311.7	89948.1	28365.8
乡村	2754.8	1309.2	145.0

8-5 续表 2

单位：万元

指标名称	营业收入	营业成本	税金及附加	其他业务利润	销售费用	管理费用
总　计	**371985.2**	**236771.1**	**2415.4**	**1080.8**	**56602.4**	**64404.5**
一、住宿业	155091.4	87552.1	1524.6	764.2	33296.4	32725.5
旅游饭店	108661.3	62274.3	1134.0	722.3	26138.2	20461.8
一般旅馆	43596.2	23910.5	345.4	41.9	6321.3	11608.8
经济型连锁酒店	24215.0	12450.2	177.9	0.3	4081.3	7172.8
其他一般旅馆	19381.2	11460.3	167.5	41.6	2240.0	4436.0
民宿服务	345.7	302.4			2.5	1.5
其他住宿业	2488.2	1064.9	45.2		834.4	653.4
内资企业	154625.1	87451.7	1518.6	764.2	32991.2	32463.6
国有企业	14921.5	8566.7	109.3	220.0	4362.4	2831.2
有限责任公司	25506.9	15289.5	111.4	176.9	6175.4	6036.2
国有独资公司	4912.8	4485.9	11.5	101.3	855.1	801.2
其他有限责任公司	20594.1	10803.6	99.9	75.6	5320.3	5235.0
股份有限公司	273.9	203.6	1.1		34.4	24.8
私营企业	113922.8	63391.9	1296.8	367.3	22419.0	23571.4
私营独资企业	7359.9	4532.9	65.0	1.3	675.9	793.7
私营合伙企业	2368.7	1780.8	17.9		162.6	335.7
私营有限责任公司	104194.2	57078.2	1213.9	366.0	21580.5	22442.0
港、澳、台商投资企业	466.3	100.4	6.0		305.2	261.9
与港澳台商合资经营企业	466.3	100.4	6.0		305.2	261.9
国有控股	31356.9	19485.9	161.1	396.9	8765.2	5973.2
私人控股	123268.2	67965.8	1357.5	367.3	24226.0	26490.4
港澳台商控股	466.3	100.4	6.0		305.2	261.9
中型	32657.7	18677.8	393.5	183.4	8467.7	5928.6
小型	115504.4	63285.6	1127.0	579.5	24672.5	26573.0
微型	6929.3	5588.7	4.1	1.3	156.2	223.9
城镇	143525.9	78617.6	1471.2	656.4	32386.5	31088.9
#城区	68815.1	36108.8	786.4	362.5	18058.0	16681.7
乡村	11565.5	8934.5	53.4	107.8	909.9	1636.6
二、餐饮业	216893.8	149219.0	890.8	316.6	23306.0	31679.0
正餐服务	183458.5	122829.5	859.0	316.6	21138.4	27353.5
快餐服务	1241.5	833.0	1.6		102.5	290.8
饮料及冷饮服务	1486.3	491.1	2.5		602.1	160.2
酒吧服务	966.0	367.2	2.4		294.3	72.3
其他饮料及冷饮服务	520.3	123.9	0.1		307.8	87.9
餐饮配送及外卖送餐服务	29873.0	24385.7	26.1		1434.7	3816.5
餐饮配送服务	29873.0	24385.7	26.1		1434.7	3816.5
其他餐饮业	834.5	679.7	1.6		28.3	58.0
小吃服务	834.5	679.7	1.6		28.3	58.0
内资企业	216893.8	149219.0	890.8	316.6	23306.0	31679.0
国有企业	18072.1	13798.1	39.2		2371.5	2669.6
有限责任公司	40659.9	25951.7	150.2	303.1	4819.3	10592.2
国有独资公司	4002.4	1918.6	81.3		31.5	4001.6
其他有限责任公司	36657.5	24033.1	68.9	303.1	4787.8	6590.6
股份有限公司	2512.3	1859.0	50.7		186.3	342.1
私营企业	155649.5	107610.2	650.7	13.5	15928.9	18075.1
私营独资企业	12908.1	7681.7	30.5		758.4	1164.8
私营合伙企业	11416.4	8038.5	206.9		1491.7	1061.9
私营有限责任公司	129589.5	90646.1	378.8	13.5	13507.7	15711.0
私营股份有限公司	1735.5	1243.9	34.5		171.1	137.4
国有控股	31708.9	23814.0	136.3		2734.7	7797.5
私人控股	185184.9	125405.0	754.5	316.6	20571.3	23881.5
中型	69118.9	50477.2	174.5	303.1	4322.5	13284.2
小型	135821.9	91173.5	706.8	13.4	17541.1	17408.0
微型	11953.0	7568.3	9.5	0.1	1442.4	986.8
城镇	214676.6	147393.2	886.8	316.6	23215.5	31573.0
#城区	97883.4	63515.6	396.0	308.2	13794.5	18677.5
乡村	2217.2	1825.8	4.0		90.5	106.0

8-5 续表 3

单位：万元

指标名称	营业利润	利润总额	所得税费用	应付职工薪酬
总　计	**-4371.1**	**-1309.3**	**2593.6**	**68630.4**
一、住宿业	-8787.8	-7409.7	2199.6	31333.5
旅游饭店	-8283.3	-7068.2	2097.0	22006.9
一般旅馆	-255.0	-120.5	96.7	8603.7
经济型连锁酒店	-713.6	-639.9	48.3	5757.8
其他一般旅馆	458.6	519.4	48.4	2845.9
民宿服务	32.2	42.2	0.5	52.6
其他住宿业	-281.7	-263.2	5.4	670.3
内资企业	-8581.6	-7201.6	2199.6	31028.3
国有企业	-824.4	109.2	18.6	3245.7
有限责任公司	-3875.2	-3766.3	6.4	6036.4
国有独资公司	-1294.1	-1264.8		1254.0
其他有限责任公司	-2581.1	-2501.5	6.4	4782.4
股份有限公司	12.3	12.3	0.1	135.6
私营企业	-3894.3	-3556.8	2174.5	21610.6
私营独资企业	432.7	447.2	10.6	512.3
私营合伙企业	53.9	86.4	7.1	245.8
私营有限责任公司	-4380.9	-4090.4	2156.8	20852.5
港、澳、台商投资企业	-206.2	-208.1		305.2
与港澳台商合资经营企业	-206.2	-208.1		305.2
国有控股	-3876.1	-2897.1	19.3	6945.9
私人控股	-4705.5	-4304.5	2180.3	24082.4
港澳台商控股	-206.2	-208.1		305.2
中型	-5247.8	-5255.0	13.4	7526.4
小型	-3525.9	-2150.9	2184.3	23560.1
微型	-14.1	-3.8	1.9	247.0
城镇	-5795.9	-4473.7	2198.9	28677.5
#城区	-5460.2	-5337.5	67.2	17816.9
乡村	-2991.9	-2936.0	0.7	2656.0
二、餐饮业	4416.7	6100.4	394.0	37296.9
正餐服务	4585.6	5239.7	188.2	31632.9
快餐服务	-5.8	-5.8	0.1	114.5
饮料及冷饮服务	50.6	44.5	10.3	372.0
酒吧服务	61.7	61.7	8.8	216.0
其他饮料及冷饮服务	-11.1	-17.2	1.5	156.0
餐饮配送及外卖送餐服务	-319.2	716.4	194.8	5039.2
餐饮配送服务	-319.2	716.4	194.8	5039.2
其他餐饮业	105.5	105.6	0.6	138.3
小吃服务	105.5	105.6	0.6	138.3
内资企业	4416.7	6100.4	394.0	37296.9
国有企业	-1124.3	-33.1	189.8	4623.9
有限责任公司	-3808.9	-3260.4	27.8	8481.1
国有独资公司	-1975.4	-1761.9		1907.1
其他有限责任公司	-1833.5	-1498.5	27.8	6574.0
股份有限公司	24.7	24.8	0.6	1032.5
私营企业	9325.2	9369.1	175.8	23159.4
私营独资企业	1383.3	1402.9	14.4	1737.6
私营合伙企业	424.5	424.9	7.5	553.7
私营有限责任公司	7377.1	7401.0	151.4	20298.0
私营股份有限公司	140.3	140.3	2.5	570.1
国有控股	-3618.7	-2323.9	192.1	7330.8
私人控股	8035.4	8424.3	201.9	29966.1
中型	-2617.0	-1126.4	219.3	11327.4
小型	5369.4	5582.6	165.0	25325.8
微型	1664.3	1644.2	9.7	643.7
城镇	4315.7	5999.4	391.9	37131.9
#城区	-1735.9	-1125.8	63.9	22564.0
乡村	101.0	101.0	2.1	165.0

8-6 限额以上住宿和餐饮业法人企业经营状况

单位：万元

指标名称	法人企业(个)	从业人员期末人数(人)	营业额	客房收入	餐费收入	商品销售收入	其他收入
总　计	**378**	**18070**	**387844.8**	**112983.9**	**265987.4**	**7322.2**	**1551.3**
一、住宿业	144	7315	160565.1	93984.1	61922.3	3495.6	1163.1
旅游饭店	74	5012	114358.7	58786.7	51423.0	3350.1	798.9
一般旅馆	64	2104	43295.2	33073.9	9823.6	131.5	266.2
经济型连锁酒店	34	1308	24861.6	19949.9	4641.7	36.3	233.7
其他一般旅馆	30	796	18433.6	13124.0	5181.9	95.2	32.5
民宿服务	1	9	382.8	294.6	58.6	12.8	16.8
其他住宿业	5	190	2528.4	1828.9	617.1	1.2	81.2
内资企业	143	7250	160071.6	93746.5	61736.8	3495.6	1092.7
国有企业	7	686	15499.1	4101.5	11370.8		26.8
有限责任公司	17	1360	27721.0	11043.4	16188.9	219.2	269.5
国有独资公司	2	325	5034.3	1394.3	3253.6	219.2	167.2
其他有限责任公司	15	1035	22686.7	9649.1	12935.3		102.3
股份有限公司	1	25	273.9	273.9			
私营企业	118	5179	116577.6	78327.7	34177.1	3276.4	796.4
私营独资企业	5	127	7362.3	5674.3	770.4	890.3	27.3
私营合伙企业	4	85	2394.6	2363.9		30.7	
私营有限责任公司	109	4967	106820.7	70289.5	33406.7	2355.4	769.1
港、澳、台商投资企业	1	65	493.5	237.6	185.5		70.4
与港澳台商合资经营企业	1	65	493.5	237.6	185.5		70.4
国有控股	13	1508	32990.2	8799.2	23675.7	219.2	296.1
私人控股	130	5742	127081.4	84947.3	38061.1	3276.4	796.6
港澳台商控股	1	65	493.5	237.6	185.5		70.4
中型	10	1538	34372.7	10052.9	21496.7	2365.8	457.3
小型	124	5684	118884.2	78935.6	39007.8	251.8	689.0
微型	10	93	7308.2	4995.6	1417.8	878.0	16.8
城镇	138	6757	148714.1	88465.5	58018.9	1270.6	959.1
#城区	76	3892	69112.9	41565.6	26551.7	265.4	730.2
乡村	6	558	11851.0	5518.6	3903.4	2225.0	204.0
二、餐饮业	234	10755	227279.7	18999.8	204065.1	3826.6	388.2
正餐服务	212	7962	192866.6	18999.8	170262.3	3412.9	191.6
快餐服务	3	83	1241.5		1079.5	162.0	
饮料及冷饮服务	4	78	1499.5		1342.9		156.6
酒吧服务	2	42	962.6		874.5		88.1
其他饮料及冷饮服务	2	36	536.9		468.4		68.5
餐饮配送及外卖送餐服务	12	2588	30753.2		30601.5	151.7	
餐饮配送服务	12	2588	30753.2		30601.5	151.7	
其他餐饮业	3	44	918.9		778.9	100.0	40.0
小吃服务	3	44	918.9		778.9	100.0	40.0
内资企业	234	10755	227279.7	18999.8	204065.1	3826.6	388.2
国有企业	12	1553	19142.2	2219.7	16740.8	136.7	45.0
有限责任公司	33	2217	41339.5	4302.2	36403.2	561.7	72.4
国有独资公司	1	327	4242.5	1488.7	2741.5	12.3	
其他有限责任公司	32	1890	37097.0	2813.5	33661.7	549.4	72.4
股份有限公司	3	216	2610.6	679.0	1919.3	12.3	
私营企业	186	6769	164187.4	11798.9	149001.8	3115.9	270.8
私营独资企业	14	452	13293.9	2086.0	10063.6	1144.3	
私营合伙企业	7	163	11416.4	78.7	11299.5	36.1	2.1
私营有限责任公司	163	6066	137741.6	9634.2	125909.1	1929.6	268.7
私营股份有限公司	2	88	1735.5		1729.6	5.9	
国有控股	16	2345	33019.8	3921.5	28514.2	539.1	45.0
私人控股	218	8410	194259.9	15078.3	175550.9	3287.5	343.2
中型	14	3570	73492.0	4089.1	68349.1	1051.8	2.0
小型	195	7053	142163.1	13515.8	125585.3	2763.9	298.1
微型	25	132	11624.6	1394.9	10130.7	10.9	88.1
城镇	229	10670	224965.6	18786.7	202392.3	3398.4	388.2
#城区	111	5501	99485.7	9861.7	88636.2	669.9	317.9
乡村	5	85	2314.1	213.1	1672.8	428.2	

8-7 历年进出口贸易总额和利用外资

年份	进出口贸易总额	进口总额	出口总额	进出口贸易总额	进口总额	出口总额	实际利用外资	外商直接投资
	美元(万美元)			人民币(万元)			美元(万美元)	
1984							7	
1985							23	
1986								
1987			2				9	
1988							256	
1989							10	
1990			72				171	
1991	323						234	
1992	1608	595	1013				1102	
1993	3141	1033	2108				2180	
1994	5088	1141	3947				6164	
1995	12348	334	12014				6478	6335
1996	13354	674	12680				9003	8570
1997	16721	388	16333				14620	12271
1998	17645	940	16705				11706	11706
1999	15892	478	15414				9341	9341
2000	7172	1163	6009				9411	9411
2001	7334	1625	5709				10645	10645
2002	13351	4801	8550				23478	23478
2003	23137	10052	13085				47626	47626
2004	43705	14755	28950				53900	53900
2005	50768	12539	38229				61600	61600
2006	69182	19264	49918				67639	67639
2007	91571	24463	67108				74810	74810
2008	127851	30541	97310				83000	83000
2009	120690	23305	97385				87999	87999
2010	163021	31979	131042				83560	83560
2011	292312	40045	252267				92862	92862
2012	328949	45004	283945				102445	102445
2013	330246	38673	291573				110714	110714
2014	390335	70070	320265				122204	122204
2015	415549	76323	339225	2583155	474566	2108589	137013	137013
2016	411239	72159	339080	2710383	474954	2235429	151543	151543
2017	473524	76916	396608	3208889	520158	2688731	166738	166738
2018	533283	97463	435820	3515154	640801	2874354	184420	184420
2019	578344	86885	491459	3993828	598480	3395349	201182	201182
2020	723953	119064	604889	5030310	824170	4206140	216577	216577
2021	1142361	249363	892998	7373853	1609026	5764687	235099	235099
2022	1539981	313482	1226500	10331296	2090148	8241148	37287	37287

注：2022年实际利用外资为商务部统计口径数据，较往年有所变化，后同。

8-8 进出口总值表

单位：万美元

项　目	2012年	2013年	2014年	2015年	2016年	2017年	2018	2019
进出口总值	328949	330246	390335	415549	411239	473524	533283	578344
出口总值	283945	291573	320265	339225	339080	396608	435820	491459
#一般贸易出口总值	186878	195456	218867	240291	246782	311338	350164	408181
#加工贸易出口总值	81823	72728	95784	98456	92280	85241	85335	83217
进料加工出口	74362	63397	86100	88828	84286	79456	78966	73503
来料加工出口	7461	9331	9684	9628	7994	5785	6369	9714
内资企业出口总值	142370	137657	186937	202788	197609		285999	356297
外商投资出口总值	141574	153916	133328	136437	140740	149839	149820	135162
进口总值	45004	38672	70070	76323	72159	76916	97463	86885
#一般贸易进口总值	15214	11807	13451	21660	27267	42619	54736	48146
#加工贸易进口总值	27643	26569	55963	54635	44488	34254	38693	37746
进料加工进口	24116	22892	52566	50312	39660	32774	28629	24315
来料加工进口	3527	3677	3396	4323	4828	1481	10064	13431

8-8 续表

项　目	2020年	2021年	2022年	2020年	2021年	2022年
	美元(万美元)			人民币(万元)		
进出口总值	723953	1142361	1539981	5030310	7373853	10331296
出口总值	604889	892998	1226500	4206140	5764687	8241148
#一般贸易出口总值	506742	704469	951950	3526980	4548516	6388753
#加工贸易出口总值	88510	111099	122388	613777	717572	814838
进料加工出口	80839	11318	33220	560491	73000	221846
来料加工出口	7671	99780	89168	53286	644572	592992
内资企业出口总值		691185	1027457		4461333	6915405
外商投资出口总值		201813	199043		1303354	1325744
进口总值	119064	249363	313482	824170	1609026	2090148
#一般贸易进口总值	75210	161273	213106	521014	1040334	1416379
#加工贸易进口总值	35283	45410	52056	245302	293133	346210
进料加工进口	32848	10574	22436	228491	68194	150993
来料加工进口	2434	34836	29620	16812	224939	195217

8-9 海关进出口商品总值按国别(地区)分组

国家(地区)	进出口总额	出口总额	进口总额	进出口总额	出口总额	进口总额
	美元(万美元)			人民币(万元)		
美　国	216753	214929	1824	1442929	1430778	12151
中国香港	123055	122993	62	827579	827153	426
新加坡	108859	106219	2640	739443	722437	17006
韩　国	99913	39712	60201	674461	266172	408289
日　本	81445	67876	13568	542328	452297	90030
越　南	75226	68612	6614	508724	464779	43946
刚果(金)	73154	4086	69068	485985	27366	458619
马来西亚	59189	44221	14968	398107	298615	99492
中国台湾	56430	11190	45240	375234	74826	300408
印　度	54150	53486	664	366934	362464	4470
泰　国	49638	34183	15455	334873	231680	103193
菲律宾	40109	37552	2557	271788	254593	17195
荷　兰	33601	33565	36	222352	222122	231
德　国	30664	28919	1746	204174	192519	11655
印度尼西亚	26619	23874	2745	180737	162466	18271
英　国	22773	22411	362	151845	149402	2443
澳大利亚	20345	19658	687	135984	131293	4691
俄罗斯	20041	7407	12634	135022	50037	84985
沙特阿拉伯	19396	14488	4907	131520	98720	32800
加拿大	16973	16532	442	113100	110187	2913

8-10 出口主要商品量值表

商品	出口总额	
	美元(万美元)	人民币(万元)
机电产品	603839	4065136
高新技术产品(与机电产品有交叉)	311012	2102316
家具及其零件	127355	856905
文化产品	82690	552848
服装及衣着附件	76528	512432
玩具	47094	316517
塑料制品	43832	292922
稀土及其制品	41223	272322
钢材	34605	236293
纺织纱线、织物及其制品	28464	190151
钨品	25371	168324
箱包及类似容器	24877	165884
鞋靴	21567	145010
铁合金	19155	126043
体育用品及设备	16688	111055
陶瓷产品	16627	111892
纸浆、纸及其制品	12643	85238
玻璃及其制品	11669	79119
农产品	11211	74973
食品	8299	55352
木及其制品	7209	48207
基本有机化学品	5333	35770
医药材及药品	5241	35288
美容化妆品及洗护用品	2894	19337
帽类	2015	13371
皮革、毛皮及其制品	1870	12497
未锻轧铝及铝材	763	5028
植物材料编结品	430	2824
伞	377	2530
笔及其零件	374	2498
花岗岩石材及其制品	275	1879
未锻轧铜及铜材	196	1316
橡胶轮胎	177	1202
纺织原料	80	558
合成有机染料	54	341
肥料	45	322
氧化铝	30	204
贵金属或包贵金属的首饰	10	71
珍珠、宝石及半宝石	5	35
成品油	4	25

8-11 县(市、区)进出口商品总值表

县(市、区)	进出口总额	出口总额	进口总额	进出口总额	出口总额	进口总额
	美元(万美元)			人民币(万元)		
合 计	**1539981**	**1226500**	**313482**	**10330981**	**8241148**	**2089832**
章贡区	138528	105421	33107	930734	709859	220875
南康区	164149	126669	37480	1104975	855091	249884
赣县区	138076	85721	52355	929883	583670	346214
信丰县	60334	55559	4775	406644	374934	31709
大余县	12338	12001	336	82487	80237	2250
上犹县	26556	24801	1755	176294	164711	11583
崇义县	9844	9725	120	65595	64780	814
安远县	28484	27013	1471	190987	181276	9712
定南县	20816	19394	1422	139575	130001	9574
全南县	24612	23916	696	163853	159255	4598
宁都县	9683	9520	164	64656	63566	1089
于都县	77733	63594	14139	524202	429469	94733
兴国县	13843	13556	287	93110	91218	1891
会昌县	33864	33104	760	225584	220485	5099
寻乌县	13797	13563	234	92054	90482	1572
石城县	12086	11984	101	81269	80612	657
瑞金市	89594	89057	537	602896	599158	3738
龙南市	130120	106595	23524	872242	715511	156731
赣州经开区	535477	395307	140170	3583942	2646834	937107

8-12 利用外资情况

项　　目	单位	2012年	2013年	2014年	2015年	2016年	2017年	2018年	2019年	2020年	2021年	2022年
利用外资新签合同项目	个	129	119	103	104	68	39	60	43	64	73	61
外商直接投资	个	129	119	103	104	68	39	60	43	64	73	61
利用外资新签合同金额	万美元	121913	120415	109181	135624	146648	133236	193217	69256	136277	197320	103377
外商直接投资	万美元	121913	120415	109181	135624	146648	133236	193217	69256	136277	197320	103377
实际利用外资金额	万美元	102445	110714	122204	137013	151543	166738	184420	201182	216577	235099	37287
外商直接投资	万美元	102445	110714	122204	137013	151543	166738	184420	201182	216577	235099	37287

8-13 县(市、区)利用外资情况

单位：万美元

县(市、区)	2012年	2013年	2014年	2015年	2016年	2017年	2018年	2019年	2020年	2021年	2022年
总　计	**102445**	**110714**	**122204**	**137013**	**151543**	**166738**	**184420**	**201182**	**216577**	**235099**	**37287**
章贡区	6982	8203	9719	10593	11801	12985	14446	15926	17320	18997	3106
南康区	8338	10781	12667	14008	15433	16978	18869	20490	21551	23407	1216
赣县区	6916	6929	8036	8961	9883	10873	12000	12854	13873	14922	2188
信丰县	8274	7257	8103	8919	9843	10834	12051	13328	14469	15719	250
大余县	6679	7290	8044	9065	10001	11002	12136	12814	13647	14654	1955
上犹县	4557	5355	5493	6186	6820	7503	8270	8829	9466	10160	598
崇义县	1155	1329	1399	1527	1680	1848	2042	2205	2357	2524	491
安远县	2005	2206	2320	2560	2821	3104	3437	3752	4037	4358	554
定南县	4777	5506	5992	6603	7277	8006	8880	9731	10483	11236	3798
全南县	4850	4732	5474	5969	6576	7234	7961	8539	9170	9835	856
宁都县	4005	4936	5258	5806	6418	7060	7767	8307	8752	9466	392
于都县	7104	7437	7718	8527	9409	10354	11474	12488	13405	14424	528
兴国县	6418	6667	7101	7812	8607	9468	10431	11232	11947	12545	835
会昌县	3644	4688	4797	5226	5761	6337	6824	7213	7633	7962	407
寻乌县	1435	1773	1165	2005	2209	2430	2676	2846	3019	3223	131
石城县	1611	1718	1961	2150	2365	2602	2795	2979	3190	3430	549
瑞金市	5476	3915	4541	6103	6748	7424	8213	8770	9444	10243	543
龙南市	7871	7235	8418	9289	10314	11347	12604	13785	14874	16217	814
赣州经开区	10348	12757	13998	15704	17577	19350	21544	24366	27161	30949	18076
赣州蓉江新区							900	728	779	827	0

注：赣州蓉江新区为2017年设立的城市新区，2018年该区数据单列统计，不列入总计数据及省统计数据；2019年起列入总计数据。

8-14 旅游事业情况

项　　目	单位	2012年	2013年	2014年	2015年	2016年	2017年	2018年	2019年	2020年	2021年	2022
旅游总人数	万人次	2146.73	2591.18	3095.7	4801.24	6741.52	8306.85	10803.4	13410	13560	14051.9	9500.2
境外旅游者人数	人次	152219	161005	163300	256100	316600	414000	459300	488000	41400		
外国人	人次	49928	52305	53051	72149	85936	106131	128260	250000	21000		
台湾同胞	人次	29337	48235	48922	66533	79175	97781	107430	98000	8000		
香港、澳门同胞	人次	72954	60465	61327	117418	151489	210088	223610	140000	12400		
国内旅游人数	万人次	2131.51	2575.08	3079.37	4775.63	6709.86	8265.45	10758	13361.4	13556	14051.9	9500.2
旅游总收入	亿元	164.55	206.86	272.24	395.13	588.88	794.94	1120.26	1408.5	1413.9	1528.8	1045.5
国内旅游收入	亿元	161.65	203.79	269.14	390.19	582.07	785.65	1109.54	1397.67	1413	1528.8	1045.5
旅游外汇收入	万美元	4674.97	4956.78	5068.83	7949.35	10291	13983.1	15154.6	15782	1345.2		
星级宾馆数	个	55	59	67	71	73	76	75	71	81	83	86
星级宾馆房间数	间	6204	6659	7347	8017	8312	8621	8690	8601	8727	10549	11476
星级宾馆床位数	张	10684	11444	12602	13626	13975	10818	14168	14109	14395	16856	18219
星级宾馆客房出租率	%	75.1	72.00	65.00	70	73.6	75.2	78.6	59.3	44	55.17	59.06
旅行社	个	66	65	67	69	69	72	79	79	84	110	134
旅行社从业人员	人	370	400	1200	480	510	550	600	415	510		
导游人数	人	1600	1883	2180	2180	2289	2000	1573	1707	1514	1839	1940

8-15 县(市、区)星级宾馆数

单位：个

县(市、区)	2012年	2013年	2014年	2015年	2016年	2017年	2018年	2019年	2020年	2021年	2022年
合　计	**55**	**61**	**67**	**75**	**73**	**76**	**74**	**71**	**74**	**83**	**86**
章贡区	21	21	20	22	19	18	15	15	15	14	13
南康区	1	2	3	3	3	3	3	3	3	3	3
赣县区	2	2	2	2	2	2	2	3	3	3	3
信丰县	2	2	2	3	3	3	3	2	3	3	3
大余县	2	2	2	2	2	2	2	3	3	4	4
上犹县	1	2	2	2	2	2	2	2	2	1	1
崇义县	2	1	1	1	1	1	1	1	1	1	2
安远县	1	1	2	3	3	3	3	3	3	3	3
定南县	3	3	3	4	3	3	3	2	2	4	5
全南县	1	1	1	1	1	1	1	1	1	2	2
宁都县	2	2	2	2	2	2	2	2	2	3	4
于都县	2	4	4	4	4	5	5	6	7	6	7
兴国县	2	2	2	2	2	2	2	2	2	4	3
会昌县	1	2	2	2	2	2	2	2	2	2	2
寻乌县			1	1	1	1	1	1	1	1	1
石城县		1	2	3	3	4	4	4	4	4	4
瑞金市	9	10	10	14	14	16	17	15	15	18	19
龙南市	3	3	4	4	3	3	3	3	3	6	6
赣州经开区			2		3	3	3	1	2	1	1
赣州蓉江新区											

8-16 县(市、区)星级宾馆客房数

单位：间

县(市、区)	2012年	2013年	2014年	2015年	2016年	2017年	2018年	2019年	2020年	2021年	2022年
合　计	**6204**	**6842**	**7347**	**8017**	**8312**	**8621**	**8671**	**8601**	**8727**	**10549**	**11476**
章贡区	2770	2868	2444	2939	2215	2119	2035	2153	2035	2015	2092
南康区	135	296	478	478	482	482	482	456	456	456	434
赣县区	228	228	234	234	228	228	229	384	384	371	384
信丰县	187	191	183	418	433	443	415	344	417	571	589
大余县	160	160	160	160	164	164	183	315	315	410	410
上犹县	87	155	155	155	155	155	157	157	157	60	68
崇义县	178	116	116	116	116	116	116	116	116	117	303
安远县	89	89	164	332	323	323	395	451	451	569	451
定南县	222	222	222	329	225	225	231	165	165	383	602
全南县	187	187	187	187	187	187	187	187	187	226	226
宁都县	187	187	186	187	187	187	181	181	181	250	407
于都县	116	219	219	219	220	411	397	434	492	635	884
兴国县	288	288	288	288	347	347	334	243	288	513	456
会昌县	83	184	184	184	184	184	184	142	142	167	142
寻乌县			97	97	95	95	92	95	95	95	95
石城县		63	123	283	283	320	325	450	386	388	386
瑞金市	1047	1149	1133	1133	1602	1769	1891	1712	1712	2290	2553
龙南市	240	240	278	278	262	262	254	270	270	687	648
赣州经开区			496		604	604	583	346	478	346	346
赣州蓉江新区											

主要统计指标解释

社会消费品零售总额 指企业（单位、个体户）通过交易直接售给个人、社会集团非生产、非经营用的实物商品金额，以及提供餐饮服务所取得的收入金额。个人包括城乡居民和入境人员，社会集团包括机关、社会团体、部队、学校、企事业单位、居委会或村委会等。

批发业 指批发商向批发、零售单位及其他企事业、机关单位批量销售生活用品和生产资料的活动，以及从事进出口贸易和贸易经纪与代理的活动。批发商可以对所批发的货物拥有所有权，并以本单位、公司的名义进行交易活动；也可以不拥有货物的所有权，而以中介身份做代理销售商。还包括各类商品批发市场中固定摊位的批发活动。

零售业 指百货商店、超级市场、专门零售商店、品牌专卖店、售货摊等主要面向最终消费者（如居民等）的销售活动。包括以互联网、邮政、电话、售货机等方式的销售活动，还包括在同一地点，后面加工生产，前面销售的店铺（如前店后厂的面包房）。不包括：谷物、种子、饲料、牲畜、矿产品、生产用原料、化工原料、农用化工产品、机械设备（乘用车、计算机及通信设备等除外）等生产资料的销售（列入批发业）；非零售单位附带的零售活动，如汽车修理单位销售汽车零件（列入单位主业所对应的行业类别中）；商业零售单位所在商厦的物业管理（列入物业管理）；商业零售单位所在的商品市场、商业大厦的市场管理活动（列入市场管理）。

批发和零售业商品购进、销售、库存额 指各种登记注册类型的批发和零售业企业（单位）以本企业（单位）为总体的，从国内、国外市场购进的商品总量，销售和出口的商品总量，库存的商品总量等情况。该指标可以反映商品流转过程中商品的购进、销售、库存之间的比例关系和存在的问题。

商品购进额 指从本企业以外的单位和个人购进（包括从国外直接进口）作为转卖或加工后转卖的商品金额（含增值税）。商品购进包括：（1）从工农业生产者、批发和零售业企业、住宿和餐饮业企业、出版社或报社的出版发行部门和其他服务业企业购进的商品；（2）从机关团体、事业单位购进的商品；（3）从海关、市场管理部门购进的缉私和没收的商品；（4）从居民收购的废旧商品等。不包括：（1）企业为本单位自身经营用，不是作为转卖而购进的商品，如材料物资、包装物、低值易耗品、办公用品等；（2）未通过买卖行为而收入的商品，如接受其他部门移交的商品、借入的商品、收入代其他单位保管的商品、其他单位赠送的样品、加工回收的成品等；（3）经本单位介绍，由买卖双方直接结算，本单位只收取手续费的业务；（4）销售退回和买方拒付货款的商品；（5）商品溢余。

商品销售额 指对本单位以外的单位和个人出售的商品金额（包括售给本单位消费用的商品，含增值税）。商品销售包括（1）售给城乡居民和社会集团消费用的商品；（2）售给农业、工业、建筑业、运输邮电业、服务业、公用事业等国民经济各行业用于生产、经营用的商品，包括售予批发和零售业作为转卖或加工后转卖的商品；（3）对国（境）外直接出口的商品。不包括：（1）未通过买卖行为付出的商品，如随机构变动移交给其他企业单位的商品、借出的商品、归还受其他单位委托代保管的商品、付出的加工原料和赠送给其他单位的样品等；（2）经本单位介绍，由买卖双方直接结算，本单位只收取手续费的业务；（3）购货退回的商品；（4）商品损耗和损失；（5）出售本单位自用的废旧物资。

商品库存额 指报告期末各种登记注册类型的批发和零售业企业（单位）已取得所有权的商品。它反映批发和零售业企业（单位）的商品库存情况和对市场商品供应的保证程度。商品库存包括：（1）存放在批发和零售业经营单位（如门市部、批发站、采购站、经营处）的仓库、货场、货柜和货架中的商品；（2）挑选、整理、包装中的商品；（3）已记入购进而尚未运到本单位的商品，即发货单或银行承兑凭证已到而货未到的商品；（4）寄放他处的商品，如因购货方拒绝付款而暂时存在购货方的商品；（5）委托其他单位代销（未作销售或调出）尚未售出的商品；（6）代其他单位购进尚未交付的商品。不包括：所有权不属于本单位的商品；委托外单位加工的商品；外贸企业代理其他单位从国外进口尚未付给订货单位的商品；代国家物资储备部门保管的商品等。

连锁总店（总部） 指负责连锁企业资源（商号、商誉、经营模式、服务标准、管理模式等等）的开发、配置、控制或使用等功能的企业核心管理机构。连锁经营是指经营同类商品或服务，使用统一商号的若干店铺，在同一总店（总部）的管理下，采取统一采购或特许经营等方式，实现规模效益的组织形式，包括直营连锁、特许连锁和自愿连锁三种形式。其中，直营连锁是指连锁店铺由连锁公司全资或控股开设，在总部的直接控制下，开展统一经营的连锁经营形式；特许连锁是指拥有注册商标、企业标志、专利、专有技术等经营资源的企业（特许人），以合同形式将其拥有的经营资源许可其他经营者（被特许人）使用，被特许人按合同约定在统一的经营模式下开展经营，并向特许人支付特许经营费用的连锁经营形式；自愿连锁是指若干个店铺或企业自愿组合起来，在不改变各自资产所有权关系的情况下，以同一个品牌形象面对消费者，以共同进货为纽带开展的连锁经营形式。

住宿业 指有偿为顾客提供临时住宿的服务活动。不包括提供长期住宿场所的活动，如出租房屋、公寓等（列入房地产开发经营）。

餐饮业 指在一定场所，对食物进行现场烹饪、调制，并出售给顾客主要供现场消费的服务活动。

营业额 指住宿和餐饮业单位在经营活动中因提供服务或销售商品等取得的收入。包括：客房收入、餐费收入、商品销售额和其他收入。其中，客房收入指住宿和餐饮业单位在经营活动中因提供住宿服务取得的收入。餐费收入指住宿和餐饮业单位因为顾客提供就餐服务取得的收入，包括经烹饪、调制加工后出售的各种食品，如主食、炒菜、凉拌菜等的收入。

货物进出口总额 指实际进出我国关境的货物总金额。包括对外贸易实际进出口货物，来料加工装配进出口货物，国家间、联合国及国际组织无偿援助物资和赠送品，华侨、港澳台同胞和外籍华人捐赠品，租赁期满归承租人所有的租赁货物，进料加工进出口货物，边境地方贸易及边境地区小额贸易进出口货物，中外合资企业、中外合作经营企业、外商独资经营企业进出口货物和公用物品，到、离岸价格在规定限额以上的进出口货样和广告品（无商业价值、无使用价值和免费提供出口的除外），从保税仓库提取在中国境内销售的进口货物，以及其他进出口货物。该指标可以观察一个国家在货物贸易方面的总规模。我国规定出口货物按离岸价格统计，进口货物按到岸价格统计。

利用外资 指我国各级政府、部门、企业和其他经济组织通过对外借款、吸收外商直接投资以及用其他方式筹措的境外现汇、设备、技术等。

外商投资 是指国外及港澳台地区的法人和自然人在中国大陆地区以现金、实物、无形资产、股权等方式进行投资。其中，外商直接投资是指国外及港澳台地区投资者在非上市公司中的全部投资及在单个外国投资者所占股权比例不低于10%的上市公司中的投资。

旅游人数 包括入境游客和国内游客。

（1）入境游客指报告期内来中国（大陆）观光、度假、探亲访友、就医疗养、购物、参加会议或从事经济、文化、体育、宗教活动的外国人、港澳台同胞等游客（即入境旅游人数）。统计时，入境游客按每入境一次统计1人次。入境旅游人数包括入境过夜游客和入境一日游游客。

（2）国内游客指在报告期内在中国（大陆）观光游览、度假、探亲访友、就医疗养、购物、参加会议或从事经济、文化、体育、宗教活动的中国（大陆）居民人数，其出游的目的不是通过所从事的活动谋取报酬。统计时，国内游客按每出游一次统计1人次。

国际旅游（外汇）收入 指入境游客在中国（大陆）境内旅行、游览过程中用于交通、参观游览、住宿、餐饮、购物、娱乐等全部花费。

国内旅游收入 指国内游客在国内旅行、游览过程中用于交通、参观游览、住宿、餐饮、购物、娱乐等全部花费。

星级宾馆 指已评定星级的宾馆。

九、服务业

本篇章

质量负责：黄　晨
资料整理：董颖芳　丁少扬

9-1-1 按构成分规模以上服务业单位数和流动资产

单位：个、万元

项目	单位数	年初存货	流动资产合计		
				#应收账款	#存货
总计	**731**	**524334**	**4280627**	**504843**	**522734**
按登记注册类型分					
内资企业	721	522869	4224573	473577	521526
国有企业	47	29385	407227	69771	32907
集体企业	1		363		
有限责任公司	146	455047	3015439	128014	443006
国有独资公司	13	302411	1008909	22135	254168
其他有限责任公司	133	152637	2006530	105879	188838
股份有限公司	10	6706	86354	32146	9719
私营企业	471	27201	651028	228364	30185
私营独资企业	32	877	19986	5707	757
私营合伙企业	22	644	14755	6121	907
私营有限责任公司	411	25637	609119	216217	28401
私营股份有限公司	6	43	7169	320	120
其他企业	46	4529	64163	15282	5709
港、澳、台商投资企业	5	368	11593	5765	53
合资经营企业(港或澳、台资)	3	368	7473	5545	33
港、澳、台商独资经营企业	1		4120	220	20
港、澳、台商投资股份有限公司	1				
外商投资企业	5	1098	44461	25501	1155
外资企业	5	1098	44461	25501	1155
按企业控股情况分					
国有控股	101	475661	3182465	168607	470104
集体控股	3		21107	416	1
私人控股	588	43528	968843	292802	48568
港澳台商控股	5	368	11593	5765	53
外商控股	5	1098	44461	25501	1155
其他	28	3679	51182	11621	2853
按隶属关系分					
中央	8	136085	131791	25003	85272
地方	57	201814	1134066	27900	259690
其他	666	186434	3014770	451939	177773
按机构类型分					
企业	654	515718	4162411	468894	511295
事业单位	10	3671	37625	16387	5237
民办非企业单位	65	4942	79307	19386	6202
农民专业合作社	1	3	73		1
其他组织机构	1		1212	176	

9-1-2 按构成分规模以上服务业单位固定资产及累计折旧

单位：万元

项目	固定资产原价	#房屋和构筑物	#机器设备	累计折旧	#本年折旧	无形资产	#土地使用权
总计	**6720138**	**4527983**	**1251668**	**1987120**	**293244**	**801111**	**657222**
按登记注册类型分							
内资企业	5804279	4472415	873682	1450730	229029	797712	654003
国有企业	519944	396776	95614	120997	18032	158564	154576
集体企业	2659	1035	1624	160	27		
有限责任公司	3916230	3659030	165335	697315	100956	560486	432402
国有独资公司	131627	93673	17092	35971	3035	330518	277079
其他有限责任公司	3784604	3565356	148244	661344	97921	229967	155323
股份有限公司	626950	36567	365252	342458	41818	14546	10850
私营企业	553222	250252	204762	220833	48663	52372	45286
私营独资企业	34117	17701	12294	14043	1916	1057	941
私营合伙企业	31961	18747	11797	12407	2153	196	130
私营有限责任公司	484366	212593	179691	193264	44367	50790	44015
私营股份有限公司	2778	1210	980	1118	228	330	200
其他企业	185274	128756	41095	68967	19533	11744	10889
港、澳、台商投资企业	157219	5240	1394	97131	10993	116	
合资经营企业(港或澳、台资)	151480	5240	52	93557	10599	115	
港、澳、台商独资经营企业	5739		1342	3574	394	1	
港、澳、台商投资股份有限公司							
外商投资企业	758640	50328	376592	439258	53222	3283	3219
外资企业	758640	50328	376592	439258	53222	3283	3219
按企业控股情况分							
国有控股	4866756	3977314	573257	1099533	144090	717043	584253
集体控股	5998	2176	2529	847	114	199	
私人控股	792355	396316	267382	297983	68101	74178	64187
港澳台商控股	157219	5240	1394	97131	10993	116	
外商控股	758640	50328	376592	439258	53222	3283	3219
其他	138458	96310	30251	52166	16639	6292	5563
按隶属关系分							
中央	599194	66390	365164	340759	39696	61944	13071
地方	578944	535429	35273	69494	27592	419333	366152
其他	5542000	3926165	851231	1576867	225956	319834	277999
按机构类型分							
企业	6437476	4348973	1173488	1877583	266400	786656	644119
事业单位	58939	26825	25543	27346	4091	2202	1853
民办非企业单位	223133	151872	52363	82083	22697	12253	11250
农民专业合作社	394	314	80	21	20		
其他组织机构	195		195	87	36		

9-1-3 按构成分规模以上服务业单位资产、负债及所有者权益

单位：万元

项目	资产总计	负债合计	所有者权益合计	#实收资本	#个人资本	营业收入	净服务收入
总计	**11627812**	**7358984**	**4268828**	**3409295**	**119121**	**3810914**	**3317508**
按登记注册类型分							
内资企业	11027081	6903213	4123868	3391590	118596	3253093	2785602
国有企业	1122297	562935	559361	104928	813	457595	367317
集体企业	3022	256	2765			3549	3549
有限责任公司	8097228	5550857	2546371	2804301	20209	927902	776317
国有独资公司	2078189	1125222	952966	340386		160701	90503
其他有限责任公司	6019040	4425635	1593405	2463915	20209	767201	685813
股份有限公司	433398	24021	409377	213973	774	293488	228112
私营企业	1197998	674470	523528	236577	84614	1423923	1275702
私营独资企业	42110	24467	17643	11262	4018	89425	79237
私营合伙企业	41022	25290	15732	4183	2546	64482	59601
私营有限责任公司	1104504	619210	485294	219360	77059	1260803	1127652
私营股份有限公司	10362	5503	4859	1772	990	9213	9213
其他企业	173139	90674	82465	31811	12187	146637	134607
港、澳、台商投资企业	110466	87569	22897	9912	525	74739	70100
合资经营企业(港或澳、台资)	97266	78271	18996	3865	525	72487	68189
港、澳、台商独资经营企业	13200	9298	3901	6047		2252	1911
港、澳、台商投资股份有限公司							
外商投资企业	490264	368202	122063	7794		483082	461806
外资企业	490264	368202	122063	7794		483082	461806
按企业控股情况分							
国有控股	9060626	5768901	3291725	1011398	813	1230066	988649
集体控股	27296	2114	25182	350		17859	17859
私人控股	1814599	1062144	752455	2360035	109920	1904388	1688793
港澳台商控股	110466	87569	22897	9912	525	74739	70100
外商控股	490264	368202	122063	7794		483082	461806
其他	122907	68038	54869	19807	7863	99248	88770
按隶属关系分							
中央	602537	316595	285942	261626		422963	287864
地方	2396341	1450286	946055	287570	6547	268499	176337
其他	8628934	5592103	3036831	2860099	112574	3119452	2853308
按机构类型分							
企业	11325204	7197740	4127464	3355677	98298	3521028	3042381
事业单位	82243	49675	32568	5872	813	89216	87310
民办非企业单位	218213	109864	108349	47373	20001	196106	183253
农民专业合作社	450	5	445	364		1904	1904
其他组织机构	1702	1700	2	10	10	2660	2660

9-1-4 按构成分规模以上服务业单位营业成本及税费

单位：万元

项目	营业成本	税金及附加	销售费用	管理费用	研发费用	财务费用	#利息收入	#利息支出
总计	**2947301**	**16597**	**160349**	**301143**	**23352**	**103788**	**3904**	**103976**
按登记注册类型分								
内资企业	2598660	15875	120416	286955	11204	100566	3840	100694
国有企业	414109	1713	1121	40804	1472	7018	189	5504
集体企业	1819	4		1664		16		18
有限责任公司	758948	6212	18501	65596	1408	82095	3265	87283
国有独资公司	159784	464	3325	9828		1305	1163	7756
其他有限责任公司	599164	5748	15176	55768	1408	80791	2102	79527
股份有限公司	185589	787	25636	19835	1907	579	66	251
私营企业	1134734	7136	71484	128003	5979	8718	290	5640
私营独资企业	64884	70	3417	10350	235	1029	13	719
私营合伙企业	46557	133	1428	11618		27	8	1
私营有限责任公司	1017751	6907	65442	104343	5743	7625	241	4911
私营股份有限公司	5542	27	1197	1692		37	28	9
其他企业	103461	23	3675	31053	438	2140	30	1999
港、澳、台商投资企业	60213	89	10169	2370	146	2197	64	2256
合资经营企业(港或澳、台资)	58850	81	8546	2370	146	1903	0	1902
港、澳、台商独资经营企业	1363	8	1623			293	64	354
港、澳、台商投资股份有限公司								
外商投资企业	288428	633	29764	11818	12002	1025	0	1025
外资企业	288428	633	29764	11818	12002	1025	0	1025
按企业控股情况分								
国有控股	986739	6606	34362	81858	3642	83466	3250	89703
集体控股	11467	34	354	5361		37	2	37
私人控股	1529275	8975	85084	178740	7124	15498	576	9755
港澳台商控股	60213	89	10169	2370	146	2197	64	2256
外商控股	288428	633	29764	11818	12002	1025	0	1025
其他	71179	261	618	19316	438	1553	12	1187
按隶属关系分								
中央	317778	571	34583	21992	1690	4248	673	4927
地方	229228	2640	3792	18889	815	11902	140	10248
其他	2400295	13387	121974	260262	20848	87639	3091	88801
按机构类型分								
企业	2725597	16230	155704	247699	22282	101008	3830	101709
事业单位	80091	313	331	9063	477	262	33	127
民办非企业单位	137870	37	4104	43552	593	2518	39	2140
农民专业合作社	1466	2	210	223		0		
其他组织机构	2277	17		606		-1	2	

9-1-5 按构成分规模以上服务业单位利润分配

单位：万元

项　　目	资产减值损失	公允价值变动收益	投资收益	资产处置收益	其他收益	营业利润	营业外收入	营业外支出	利润总额
总　计	**-805**	**183**	**-2213**	**221**	**43982**	**297009**	**21449**	**11782**	**306676**
按登记注册类型分									
内资企业	-789	183	-2213	263	42647	158453	18988	11516	165924
国有企业	-1	20	-881	69	23035	13746	5978	1108	18617
集体企业						45			45
有限责任公司	-288	0	-2110	613	17746	11450	6682	3224	14908
国有独资公司	27			0	10891	-3087	850	879	-3117
其他有限责任公司	-315	0	-2110	612	6855	14537	5833	2345	18025
股份有限公司	29			13	301	57954	595	3840	54708
私营企业	-529	163	778	-432	1560	69406	5581	3123	71865
私营独资企业	-1				22	9462	336	57	9740
私营合伙企业					4	4724	84	167	4641
私营有限责任公司	-528	163	778	-432	1519	54488	5126	2877	56736
私营股份有限公司					15	733	36	22	747
其他企业					4	5852	152	221	5783
港、澳、台商投资企业				-42	980	-191	119	5	-78
合资经营企业(港或澳、台资)				-42	882	746	117	5	857
港、澳、台商独资经营企业					98	-937	2		-935
港、澳、台商投资股份有限公司									
外商投资企业	-16				355	138748	2342	260	140829
外资企业	-16				355	138748	2342	260	140829
按企业控股情况分									
国有控股	-22	20	-3002	764	39512	69741	10001	7649	72093
集体控股					44	650	5	4	651
私人控股	-767	163	789	-502	3090	82336	8614	3789	87161
港澳台商控股				-42	980	-191	119	5	-78
外商控股	-16				355	138748	2342	260	140829
其他					2	5886	369	74	6181
按隶属关系分									
中央	28			-29	10805	50635	693	2489	48839
地方	27				1877	3127	7686	1515	9298
其他	-861	183	-2213	250	31300	243248	13069	7778	248539
按机构类型分									
企业	-805	183	-2213	221	43516	290667	20412	11028	300051
事业单位					447	-874	265	293	-903
民办非企业单位					19	7451	758	460	7750
农民专业合作社						4			4
其他组织机构						-239	14	1	-226

9-1-6 按构成分规模以上服务业单位税费及人工成本

单位：万元、人

项目	所得税费用	应付职工薪酬	应交增值税	期末用工人数
总计	**54757**	**602772**	**85156**	**83303**
按登记注册类型分				
内资企业	24661	549905	59636	77433
国有企业	2934	106052	6008	12573
集体企业	2	323	25	55
有限责任公司	7093	126863	17910	19527
国有独资公司	3	6729	250	741
其他有限责任公司	7090	120135	17660	18786
股份有限公司	10949	44129	9942	5402
私营企业	3664	215014	25729	33568
私营独资企业	30	12800	197	1998
私营合伙企业	71	23492	926	2276
私营有限责任公司	3420	177239	24357	28999
私营股份有限公司	144	1483	249	295
其他企业	18	57524	23	6308
港、澳、台商投资企业	18	7001	3960	526
合资经营企业(港或澳、台资)	18	6802	3915	509
港、澳、台商独资经营企业		199	46	17
港、澳、台商投资股份有限公司				
外商投资企业	30078	45866	21560	5344
外资企业	30078	45866	21560	5344
按企业控股情况分				
国有控股	19730	183588	26169	22235
集体控股	54	2909	518	153
私人控股	4864	326506	32609	51084
港澳台商控股	18	7001	3960	526
外商控股	30078	45866	21560	5344
其他	13	36342	338	3874
按隶属关系分				
中央	10797	36802	13155	2785
地方	2516	28402	4385	3647
其他	41444	537568	67617	76871
按机构类型分				
企业	54610	495065	84454	71728
事业单位	129	28973	544	2717
民办非企业单位	18	76378	22	8730
农民专业合作社		110	0	30
其他组织机构		2247	136	98

9-2-1 按行业分规模以上服务业单位数和流动资产

单位：个、万元

项 目	单位数	年初存货	流动资产合计		
				#应收账款	#存货
总 计	**731**	**524334**	**4280627**	**504843**	**522734**
按国民经济行业分					
交通运输、仓储和邮政业	168	168682	1271589	161605	121872
铁路运输业	5	1626	67838	23347	1404
道路运输业	134	17505	1008389	98033	19459
水上运输业	2		3743	1942	
航空运输业					
管道运输业					
多式联运和运输代理业	6	24	9867	4247	24
装卸搬运和仓储业	16	147835	124789	9317	99437
邮政业	5	1692	56963	24719	1548
信息传输、软件和信息技术服务业	31	6604	120557	52464	7294
电信、广播电视和卫星传输服务	5	1702	65744	42121	1751
互联网和相关服务	10	115	11835	1096	80
软件和信息技术服务业	16	4788	42978	9247	5464
房地产业	48	162336	827600	22383	185407
物业管理	18	827	54220	10371	1091
房地产中介服务	5		5092	1784	
房地产租赁经营	25	161509	768289	10228	184316
其他房地产业					
租赁和商务服务业	108	4813	132770	34031	4480
租赁业	11	252	10249	6369	260
商务服务业	97	4561	122521	27662	4220
科学研究和技术服务业	67	12956	259952	63597	11483
研究和试验发展	2	5105	18437	6229	5315
专业技术服务业	58	1528	162149	50871	1970
科技推广和应用服务业	7	6323	79367	6497	4198
水利、环境和公共设施管理业	35	137871	1272570	67018	154926
水利管理业					
生态保护和环境治理业	4	8131	17326	3836	7311
公共设施管理业	31	129741	1255244	63182	147615
居民服务、修理和其他服务业	77	17491	86174	9185	17338
居民服务业	37	15971	75502	5995	15649
机动车、电子产品和日用产品修理业	32	1494	8860	2181	1681
其他服务业	8	26	1812	1009	8
教育	48	174	58973	4140	629
卫生和社会工作	66	9795	171522	72164	14816
卫生	47	9516	150344	70505	14314
社会工作	19	278	21178	1659	503
文化、体育和娱乐业	83	3612	78920	18256	4489
新闻和出版业	1		7548	50	
广播、电视、电影和影视录音制作业	17	113	15600	2814	53
文化艺术业	5		2388	930	
体育	9	368	4574	674	399
娱乐业	51	3131	48809	13788	4038

9-2-2 按行业分规模以上服务业单位固定资产及累计折旧

单位：万元

项　　目	固定资产原　　价	#房屋和构筑物	#机器设备	累计折旧	#本年折旧	无形资产	#土地使用权
总　计	**6720138**	**4527983**	**1251668**	**1987120**	**293244**	**801111**	**657222**
按国民经济行业分							
交通运输、仓储和邮政业	3654609	3286170	222700	776722	92841	43498	42162
铁路运输业	10378	8260	1709	4648	1032	853	299
道路运输业	3457912	3167738	180932	691106	83263	33500	32753
水上运输业	19574	114	19399	10805	265		
航空运输业							
管道运输业							
多式联运和运输代理业	33099	31030	896	2235	995	2797	2764
装卸搬运和仓储业	72914	46243	5098	34721	3075	2944	2941
邮政业	60734	32785	14666	33206	4211	3404	3404
信息传输、软件和信息技术服务业	1546352	87919	754042	877605	107302	18759	13948
电信、广播电视和卫星传输服务	1522558	85530	735697	870887	104625	16817	13948
互联网和相关服务	2992	407	1259	1020	490	867	
软件和信息技术服务业	20802	1982	17086	5698	2187	1076	
房地产业	430668	421763	6877	61177	27500	249623	176136
物业管理	7238	5948	549	3079	678	24	
房地产中介服务	2703	2022	101	1271	159		
房地产租赁经营	420727	413793	6227	56827	26663	249600	176136
其他房地产业							
租赁和商务服务业	56054	25177	21234	21043	5928	28019	27727
租赁业	12967	121	11457	7744	2316		
商务服务业	43088	25055	9777	13299	3612	28019	27727
科学研究和技术服务业	324357	283027	33789	33311	5553	98735	95808
研究和试验发展	8910	3677	4791	4203	871	794	395
专业技术服务业	45104	16828	21982	20127	3313	2672	1703
科技推广和应用服务业	270343	262521	7017	8981	1369	95269	93710
水利、环境和公共设施管理业	162864	101785	43398	27297	8469	295308	238578
水利管理业							
生态保护和环境治理业	38047	21935	14026	8268	2319	1419	1413
公共设施管理业	124817	79850	29372	19029	6150	293888	237165
居民服务、修理和其他服务业	50706	25763	21942	14968	4337	22552	21365
居民服务业	42671	25210	15427	11217	2823	22525	21365
机动车、电子产品和日用产品修理业	6923	526	5430	3113	1340	27	
其他服务业	1111	27	1084	638	174		
教育	193878	144425	35137	72331	18389	10911	10147
卫生和社会工作	183608	87711	77958	70874	14388	8232	7474
卫生	147557	58365	73365	61601	12523	7309	6552
社会工作	36051	29346	4593	9273	1866	922	922
文化、体育和娱乐业	117040	64245	34591	31793	8537	25475	23879
新闻和出版业	3499	1575	855	1306	141		
广播、电视、电影和影视录音制作业	12401	649	5542	8502	968	10	
文化艺术业	5865	5500	240	1577	271		
体育	14972	12975	1451	1022	220	3028	2930
娱乐业	80305	43546	26503	19386	6937	22437	20949

9-2-3 按行业分规模以上服务业单位资产、负债及所有者权益

单位：万元

项 目	资产总计	负债合计	所有者权益合计	#实收资本	#个人资本	营业收入	净服务收入
总 计	**11627812**	**7358984**	**4268828**	**3409295**	**119121**	**3810914**	**3317508**
按国民经济行业分							
交通运输、仓储和邮政业	4534354	3359049	1175305	185874	42393	1240061	1100039
铁路运输业	76168	58225	17942	19500	5600	113552	113049
道路运输业	4021672	2960816	1060857	111039	30950	677905	617422
水上运输业	15577	15623	-46	1400	1400	7037	7037
航空运输业							
管道运输业							
多式联运和运输代理业	44848	30634	14215	12000	2000	34487	31547
装卸搬运和仓储业	273141	222349	50792	40835	1942	185429	111050
邮政业	102948	71402	31545	1100	500	221652	219934
信息传输、软件和信息技术服务业	992677	464452	528224	226391	4000	902743	806350
电信、广播电视和卫星传输服务	916368	408028	508340	208071		780834	694288
互联网和相关服务	14817	13668	1150	2576	434	67370	65881
软件和信息技术服务业	61492	42757	18735	15745	3566	54539	46182
房地产业	1659887	1004778	655110	171599	852	161237	144587
物业管理	61679	32178	29501	20858	650	62553	59801
房地产中介服务	7139	3056	4083	600	2	10601	10601
房地产租赁经营	1591069	969544	621525	150141	200	88083	74185
其他房地产业							
租赁和商务服务业	252318	114433	137884	33935	7346	375164	203910
租赁业	14939	13637	1302	2945	1411	45081	41861
商务服务业	237379	100796	136583	30990	5935	330084	162048
科学研究和技术服务业	739258	284587	454671	99088	4968	240746	231860
研究和试验发展	39495	19535	19960	18642		11773	8621
专业技术服务业	199348	78585	120763	19006	3528	189532	186885
科技推广和应用服务业	500415	186467	313948	61440	1440	39441	36355
水利、环境和公共设施管理业	2434107	1525507	908599	485109	4487	193777	184002
水利管理业							
生态保护和环境治理业	50157	29165	20992	11806	2000	19360	19208
公共设施管理业	2383950	1496342	887608	473304	2487	174417	164794
居民服务、修理和其他服务业	172111	122731	49380	24232	5927	123427	108391
居民服务业	155190	115906	39284	19608	3909	52731	48216
机动车、电子产品和日用产品修理业	14345	5665	8680	3915	1607	55219	45860
其他服务业	2575	1160	1415	710	411	15476	14316
教育	179476	85525	93951	37713	14433	156186	146777
卫生和社会工作	316727	184407	132321	2050804	14212	298669	284383
卫生	269696	164392	105304	2033861	5217	280344	266890
社会工作	47032	20015	27017	16944	8995	18325	17493
文化、体育和娱乐业	346899	213515	133384	94550	20504	118905	107208
新闻和出版业	15042	4196	10846			5532	4399
广播、电视、电影和影视录音制作业	31699	19996	11703	9200	500	20090	19562
文化艺术业	19466	10468	8998	4641	1626	6816	6816
体育	22996	11944	11052	9804	3249	6569	6489
娱乐业	257695	166911	90784	70906	15129	79899	69943

9-2-4　按行业分规模以上服务业单位营业成本及税费

单位：万元

	营业成本	税金及附加	销售费用	管理费用	研发费用	财务费用	#利息收入	#利息支出
总　计	**2947301**	**16597**	**160349**	**301143**	**23352**	**103788**	**3904**	**103976**
按国民经济行业分								
交通运输、仓储和邮政业	1099735	2659	16474	66641	314	73153	2705	73410
铁路运输业	105766	114	3266	1753	0	2605	50	2619
道路运输业	581571	1936	9751	40540	314	67391	2036	67433
水上运输业	6592	12		305		1		1
航空运输业								
管道运输业								
多式联运和运输代理业	30668	247	610	1636		1029	18	941
装卸搬运和仓储业	184864	27	2157	8747		1144	610	1728
邮政业	190274	323	691	13660		982	-9	689
信息传输、软件和信息技术服务业	582413	1948	70638	35555	16442	3729	88	3282
电信、广播电视和卫星传输服务	480344	1137	63116	26547	13591	2724	61	2452
互联网和相关服务	60779	679	3944	4254	808	78	0	32
软件和信息技术服务业	41290	132	3578	4754	2043	927	27	798
房地产业	124085	6038	2082	14590	458	7201	76	7713
物业管理	54998	336	156	3595		172	58	129
房地产中介服务	7847	56	622	2343		37	19	45
房地产租赁经营	61239	5646	1305	8652	458	6993	-1	7539
其他房地产业								
租赁和商务服务业	330339	952	7894	23429	462	683	28	1068
租赁业	39850	138	1197	2472		444	1	343
商务服务业	290489	814	6697	20957	462	240	27	725
科学研究和技术服务业	164676	2054	5388	42620	3127	2071	102	1779
研究和试验发展	8576	50	131	2742	432	609	3	594
专业技术服务业	126277	878	4364	36210	2149	443	75	351
科技推广和应用服务业	29823	1126	894	3668	547	1020	24	834
水利、环境和公共设施管理业	147867	1383	3851	13324	480	6684	683	11952
水利管理业								
生态保护和环境治理业	14059	72	1351	1838	480	505	-5	507
公共设施管理业	133808	1311	2499	11486		6179	688	11445
居民服务、修理和其他服务业	95797	305	5500	13142	5	976	60	151
居民服务业	36445	182	3550	8780	5	785	59	62
机动车、电子产品和日用产品修理业	45543	77	1800	3973		149	1	49
其他服务业	13810	46	149	389		42	0	41
教育	106467	288	4914	38070	806	1814	24	1341
卫生和社会工作	218744	171	29315	36314	1075	3181	35	2279
卫生	208637	171	27290	30245	1075	2747	30	1842
社会工作	10107		2025	6068		434	5	437
文化、体育和娱乐业	77178	799	14293	17459	182	4296	104	1000
新闻和出版业	5259	234	14	11				
广播、电视、电影和影视录音制作业	13393	206	2727	2388		349	65	404
文化艺术业	3114	14	464	1658	146	85	1	82
体育	4113	20	426	1455	0	135	0	15
娱乐业	51299	325	10662	11947	36	3727	37	500

9-2-5 按行业分规模以上服务业单位利润分配

单位：万元

项　目	资产减值损失	公允价值变动收益	投资收益	资产处置收益	其他收益	营业利润	营业外收入	营业外支出	利润总额
总　计	**-805**	**183**	**-2213**	**221**	**43982**	**297009**	**21449**	**11782**	**306676**
按国民经济行业分									
交通运输、仓储和邮政业	-96		-2019	69	39455	19152	9341	2100	26393
铁路运输业			30		604	682	223	19	885
道路运输业	-120		-2049	84	26112	1029	7417	1032	7413
水上运输业					9	135	6	37	105
航空运输业									
管道运输业									
多式联运和运输代理业						297	739	5	1031
装卸搬运和仓储业	27		1	0	11889	409	788	576	620
邮政业	-3			-15	841	16602	169	432	16339
信息传输、软件和信息技术服务业	12			-29	671	189579	3807	4679	188707
电信、广播电视和卫星传输服务	12			-29	295	190562	3018	3955	189626
互联网和相关服务					6	-3165	632	9	-2542
软件和信息技术服务业					370	2181	156	715	1623
房地产业	-21		156	-98	541	7372	2905	1051	9226
物业管理			55	0	54	3395	687	112	3971
房地产中介服务	-18		101	-43	58	-206	37	75	-245
房地产租赁经营	-3			-55	430	4183	2181	864	5500
其他房地产业									
租赁和商务服务业		183	-746		583	11356	727	267	11816
租赁业					289	1270	18	13	1275
商务服务业		183	-746		293	10087	709	255	10541
科学研究和技术服务业	-152		67	69	792	21603	582	401	21785
研究和试验发展	-1		40	69	573	-86	56	5	-35
专业技术服务业	-151		23		219	19322	411	369	19364
科技推广和应用服务业			4			2367	116	27	2456
水利、环境和公共设施管理业	-360			234	820	20604	1843	1907	20540
水利管理业									
生态保护和环境治理业				-9	153	1182	95	53	1224
公共设施管理业	-360			243	667	19422	1748	1855	19315
居民服务、修理和其他服务业	-2	0	0	0	29	7729	203	139	7793
居民服务业	-1	0	0	0	8	2991	147	59	3079
机动车、电子产品和日用产品修理业	-1				21	3698	32	33	3697
其他服务业						1040	23	48	1016
教育			7		5	3839	916	304	4452
卫生和社会工作			28	-24	556	10442	873	748	10567
卫生			28	-24	406	10600	524	745	10378
社会工作					151	-158	349	3	188
文化、体育和娱乐业	-187	0	293	0	529	5333	251	186	5398
新闻和出版业						13			13
广播、电视、电影和影视录音制作业	-125		293		113	1308	81	8	1381
文化艺术业						1334	36	2	1369
体育		0	0	0	0	420	18	17	421
娱乐业	-61				417	2258	116	160	2214

9-2-6 按行业分规模以上服务业单位税费及人工成本

单位：万元、人

项　　目	所得税费用	应付职工薪酬	应交增值税	期末用工人数
总　计	**54757**	**602772**	**85156**	**83303**
按国民经济行业分				
交通运输、仓储和邮政业	6349	138493	14523	15353
铁路运输业	179	1623	903	167
道路运输业	6065	83734	11909	10446
水上运输业	25	849	71	91
航空运输业				
管道运输业				
多式联运和运输代理业	11	1656	482	191
装卸搬运和仓储业	29	7147	554	965
邮政业	40	43486	603	3493
信息传输、软件和信息技术服务业	40672	80960	37876	5639
电信、广播电视和卫星传输服务	40404	70150	34113	4166
互联网和相关服务	161	5980	2771	660
软件和信息技术服务业	107	4830	992	813
房地产业	1660	39741	8250	6557
物业管理	444	28019	2390	5362
房地产中介服务	16	4479	391	308
房地产租赁经营	1200	7243	5470	887
其他房地产业				
租赁和商务服务业	847	41029	6662	5999
租赁业	12	1370	720	303
商务服务业	834	39659	5941	5696
科学研究和技术服务业	1491	48253	6553	5049
研究和试验发展		4490	121	209
专业技术服务业	1374	39829	5612	4474
科技推广和应用服务业	117	3934	820	366
水利、环境和公共设施管理业	2757	66501	5075	22080
水利管理业				
生态保护和环境治理业	130	4085	214	394
公共设施管理业	2626	62416	4861	21686
居民服务、修理和其他服务业	354	18789	1224	3309
居民服务业	261	12773	404	2002
机动车、电子产品和日用产品修理业	85	3629	319	707
其他服务业	9	2388	502	600
教育	242	65764	1109	7121
卫生和社会工作	158	78806	612	8751
卫生	158	73283	603	7580
社会工作		5523	9	1171
文化、体育和娱乐业	228	24437	3275	3445
新闻和出版业		3096	337	250
广播、电视、电影和影视录音制作业	155	1846	379	358
文化艺术业	3	1056	132	164
体育	5	1108	43	211
娱乐业	65	17331	2385	2462

9-3-1 县（市、区）规模以上服务业单位主要财务情况

单位：个、万元

县(市、区)	单位数	年初存货	流动资产合计	#应收账款	#存货	固定资产原价	#房屋和构筑物	#机器设备
全 市	**731**	**524334**	**4280627**	**504843**	**522734**	**6720138**	**4527983**	**1251668**
章贡区	141	34146	1228749	137525	39844	4391062	2928093	905048
南康区	80	1357	163691	52129	2642	122486	81628	16924
赣县区	51	32680	115327	29164	32842	104852	33426	49554
信丰县	40	15981	196544	25986	16957	162083	105959	47986
大余县	21	3773	34756	10985	4170	36528	19968	15571
上犹县	13	503	9967	2295	1059	6264	958	2033
崇义县	13	336	26185	2071	477	17288	11937	5026
安远县	13	690	55230	1446	2013	69199	61345	5032
定南县	18	3021	52251	18466	3102	39223	14036	13813
全南县	18	19201	369648	12701	52803	53892	40908	8246
宁都县	49	68004	106894	17153	39678	57544	15280	19561
于都县	42	66976	358289	20431	67732	269550	237232	19008
兴国县	46	4973	98509	40650	5914	111512	81663	26085
会昌县	23	5485	85579	15735	4435	734391	713177	13101
寻乌县	22	41	14675	3460	208	8772	1867	2706
石城县	19	45192	68130	6807	47842	39770	24618	11953
瑞金市	28	207725	488840	12130	188220	67419	38912	24269
龙南市	25	2054	616065	29967	2330	82717	49550	22595
赣州经开区	62	10912	169205	57631	8745	326456	65658	26216
赣州蓉江新区	7	1286	22095	8112	1722	19131	1769	16942

9-3-1 续表 1

县(市、区)	累计折旧	#本年折旧	无形资产	#土地使用权	资产总计	负债合计	所有者权益合计	#实收资本	#个人资本
全 市	1987120	293244	801111	657222	11627812	7358984	4268828	3409295	119121
章贡区	1344247	152388	76846	73833	4773641	3180984	1592657	2349859	29883
南康区	41272	8252	4594	3869	277864	153576	124288	57034	8250
赣县区	56697	15604	57791	3695	269949	158032	111916	80439	10065
信丰县	46263	12596	6840	6600	341754	267887	73867	29249	1568
大余县	16069	3321	1271	688	63257	38194	25063	13042	1276
上犹县	2382	1164	444	424	17886	14877	3009	2665	300
崇义县	2471	437	3610	3607	46573	29117	17456	14186	7040
安远县	11043	1778	19096	19096	156270	67731	88539	90869	2669
定南县	14840	5954	1812	1697	79114	52347	26768	13547	5257
全南县	6380	1710	112147	89681	888011	567234	320777	183482	1400
宁都县	24916	3315	3981	2568	199967	151681	48286	32594	9253
于都县	59790	25439	33094	32411	546935	491412	55522	35555	6169
兴国县	36200	10430	15618	15329	221360	127879	93481	43437	8520
会昌县	118948	16973	112444	110871	977855	679286	298568	80154	6408
寻乌县	2855	868	11311	11311	46194	20357	25837	4381	130
石城县	6558	1643	3763	3763	124344	36083	88261	8740	705
瑞金市	27420	5024	316590	266249	1043511	437473	606037	44645	2501
龙南市	18670	5459	5492	1772	1083480	709575	373905	260169	8274
赣州经开区	144869	19091	14163	9621	420025	142786	277238	54534	6453
赣州蓉江新区	5231	1799	209	136	49824	32471	17352	10715	3000

9-3-1 续表 2

单位：万元

县(市、区)	营业收入	净服务收入	营业成本	税金及附加	销售费用	管理费用	研发费用
全　市	3810914	3317508	2947301	16597	160349	301143	23352
章贡区	1460383	1287295	1013795	4720	79818	105169	16057
南康区	322241	303231	270967	992	8594	24080	373
赣县区	241144	198268	198852	348	7101	21136	1152
信丰县	200459	184364	161251	1145	3496	18298	938
大余县	109221	91966	85293	105	2117	11143	746
上犹县	26072	24068	20025	14	1394	3166	
崇义县	27194	26421	22551	123	438	2335	
安远县	31966	20378	29088	164	821	4125	0
定南县	92199	92012	80080	136	2551	4077	4
全南县	74069	69377	58652	1000	1067	5885	
宁都县	161821	105606	139349	279	1948	17766	
于都县	167188	122026	140976	1567	2055	13001	10
兴国县	147266	132759	102923	942	24492	11694	5
会昌县	101625	80647	76670	362	1850	8775	477
寻乌县	44925	43146	37319	75	1186	2418	
石城县	50647	47634	39674	506	1636	3716	63
瑞金市	89626	73370	79675	464	3628	7643	
龙南市	74901	72585	63398	421	4212	7446	
赣州经开区	353120	307978	298097	3180	9649	27477	3527
赣州蓉江新区	34847	34379	28665	53	2297	1793	0

9-3-1 续表 3

单位：万元

县(市、区)	财务费用	#利息收入	#利息支出	资产减值损失	公允价值变动收益	投资收益	资产处置收益
全　市	103788	3904	103976	-805	183	-2213	221
章贡区	52016	2282	50219	-244	183	-2734	205
南康区	4672	-162	3996	-125		403	
赣县区	2638	147	2589	-59		4	-211
信丰县	4183	25	3147	-3			-70
大余县	1156	3	861			0	
上犹县	248	3	148				
崇义县	194						
安远县	192	0	19	0	0	0	0
定南县	883	5	839				
全南县	637	160	694	-1		0	
宁都县	1191	5	1200				
于都县	5687	52	5424				-152
兴国县	719	15	493	-78			395
会昌县	24734	15	23970				1
寻乌县	165	1	40	-1			
石城县	387	16	171				
瑞金市	743	535	6729	-3		0	0
龙南市	33	614	307				
赣州经开区	2919	117	2614	-276		114	54
赣州蓉江新区	393	71	517	-16			

9-3-1 续表 4

单位：万元、人

县(市、区)	其他收益	营业利润	营业外收入	营业外支出	利润总额
全　市	43982	297009	21449	11782	306676
章贡区	26905	210772	5426	4484	211713
南康区	675	13516	1524	333	14706
赣县区	107	9708	839	245	10302
信丰县	425	11415	330	815	10929
大余县	524	9184	818	201	9801
上犹县		1224	137	17	1343
崇义县	10	1562	61	14	1610
安远县	0	-2424	604	178	-1998
定南县	151	4617	220	41	4795
全南县	595	7421	2394	1180	8635
宁都县	3773	5061	168	716	4514
于都县	276	4020	330	159	4192
兴国县	533	7227	342	101	7468
会昌县	26	-11215	5326	538	-6427
寻乌县	46	3806	16		3822
石城县	13	4678	29	21	4687
瑞金市	6906	4310	312	350	4272
龙南市	105	-504	314	145	-336
赣州经开区	2480	10594	2106	2134	10566
赣州蓉江新区	433	2039	154	111	2083

9-3-1 续表 5

县(市、区)	所得税费用	应付职工薪酬	应交增值税	期末用工人数
全　市	54757	602772	85156	83303
章贡区	46275	269844	50098	26625
南康区	525	34846	4372	5134
赣县区	674	30363	3921	4956
信丰县	902	27904	3960	3517
大余县	90	15742	575	2311
上犹县	21	5293	209	947
崇义县	23	3366	721	653
安远县	97	6562	1093	1198
定南县	255	15788	922	2140
全南县	729	10542	1921	1656
宁都县	354	21470	1254	5731
于都县	463	33822	2197	6258
兴国县	660	29444	4099	5628
会昌县	1342	11046	1116	1363
寻乌县	100	8366	512	2206
石城县	144	5852	713	1565
瑞金市	208	13408	876	3023
龙南市	124	14750	955	2167
赣州经开区	1449	39987	5208	5440
赣州蓉江新区	324	4378	438	785

主要统计指标解释

规上服务业调查统计范围 辖区内年营业收入2000万元及以上服务业法人单位，包括：交通运输、仓储和邮政业，信息传输、软件和信息技术服务业，水利、环境和公共设施管理业三个门类和卫生行业大类；辖区内年营业收入1000万元及以上服务业法人单位，包括：租赁和商务服务业，科学研究和技术服务业，教育三个门类，以及物业管理、房地产中介服务、房地产租赁经营和其他房地产业四个行业小类；辖区内年营业收入500万元及以上服务业法人单位，包括：居民服务、修理和其他服务业，文化、体育和娱乐业两个门类，以及社会工作行业大类。

资产总计 指企业过去的交易或者事项形成的、由企业拥有或者控制的、预期会给企业带来经济利益的资源。包括企业拥有的土地、办公楼、厂房、机器、运输工具、存货等实物资产和现金、存款、应收账款和预付账款等金融资产。资产一般按流动性（资产的变现或耗用时间长短）分为流动资产和非流动资产。其中流动资产可分为货币资金、交易性金融资产、应收票据、应收账款、预付款项、其他应收款、存货等；非流动资产可分为长期股权投资、固定资产、无形资产及其他非流动资产等。根据会计“资产负债表”中“资产总计”项目的期末余额数填报。

营业收入 指企业从事销售商品、提供劳务和让渡资产使用权等生产经营活动形成的经济利益流入。营业收入包括“主营业务收入”和“其他业务收入”。根据会计“利润表”中“营业收入”项目的本年累计数填报。

净服务收入 指企业各类经营活动所确认的营业收入中，单纯反映提供服务所获得的收入。不应包含经营或外包农、林、牧、渔业，采矿业，制造业，电力、热力、燃气及水生产和供应业，建筑业，批发和零售业，住宿和餐业，金融业，房地产开发经营等活动所确认的收入；也不应包含代收代付、代开票、代管代运货物价值、土地出让等带来的营业收入。根据会计“营业收入”明细账二级科目本年累计数分析填报。

营业成本 指企业从事销售商品、提供劳务和让渡资产使用权等生产经营活动发生的实际成本。“营业成本”应当与“营业收入”进行配比。包括“主营业务成本”和“其他业务成本”。根据会计“利润表”中“营业成本”项目的本年累计数填报。

税金及附加 指企业因从事生产经营活动按税法规定应缴纳的消费税、城市维护建设税、资源税、环境保护税、教育费附加、房产税、城镇土地使用税、车船税、印花税等相关税费。根据会计“利润表” 中“税金及附加”项目的本年累计数填报。

营业利润 指企业从事生产经营活动所取得的利润。执行企业会计准则或《小企业会计准则》的企业，根据会计“利润表”中“营业利润”项目的本年累计数填报；执行其他企业会计制度的企业，根据会计“损益表”中“营业利润”项目、“投资收益”项目的本年累计数之和填报。

利润总额 指企业在一定会计期间的经营成果，是生产经营过程中各种收入扣除各种耗费后的盈余，反映企业在报告期内实现的盈亏总额。利润总额为营业利润加上营业外收入，减去营业外支出后的金额，根据会计“利润表”中“利润总额”项目的本年累计数填报。

应付职工薪酬（本年贷方累计发生额） 指企业为获得职工提供的服务或解除劳动关系而给予的各种形式的报酬或补偿。包括职工工资、奖金、津贴和补贴，职工福利费，医疗保险费、养老保险费、失业保险费、工伤保险费和生育保险费等社会保险费，住房公积金，工会经费和职工教育经费，带薪缺勤，利润分享计划，非货币性福利，辞退福利和其他为获得职工提供的服务而给予的报酬或补偿。其中，社会保险和住房公积金应包括单位和个人负担部分。

“应付职工薪酬”应包含“劳务派遣人员薪酬”。如果企业没有劳务派遣人员或“应付职工薪酬”会计科目核算范围已包含“劳务派遣人员薪酬”，但不设置明细科目单独核算，而是按类别拆分，分别计入“应付职工薪酬”会计科目下的工资、奖金、津贴和补贴、福利费等明细科目，执行企业会计准则或《小企业会计准则》的企业，根据财务报告“应付职工薪酬列示”合计项本期增加额，或会计“应付职工薪酬”科目本期贷方累计发生额填报；执行其他企业会计制度的企业或“应付职工薪酬”科目内容与统计口径不一致的，需按统计口径归并填报。如果企业“应付职工薪酬”会计科目的核算范围不包含“劳务派遣人员薪酬”，则应加“劳务派遣人员薪酬”后填报“应付职工薪酬”统计指标。“劳务派遣人员薪酬”不含因使用劳务派遣人员而支付的管理费用和其他用工成本。

无论用工单位是否直接支付劳动报酬，“劳务派遣人员薪酬”均由实际用工法人单位(派遣人员使用方)填报，而劳务派遣单位(派遣人员派出方)不填报。劳务外包人员薪酬由劳务承包法人单位(外包人员派出方）填报，劳务发包法人单位（外包人员使用方）不填报。

十、能源、环境保护

本篇章

质量负责：陈新林
资料整理：罗宝林　彭长生

10-1 电力消费量

单位：万千瓦时

指　　标	2022年	指　　标	2022年
全社会用电总计	2777734.90	化学原料和化学制品制造业	80874.11
第一产业	33965.92	医药制造业	10767.60
第二产业	1522452.61	化学纤维制造业	4190.06
第三产业	537033.60	橡胶和塑料制品业	25268.43
城乡居民生活用电	684282.77	非金属矿物制品业	155369.05
城镇居民	330766.87	黑色金属冶炼和压延加工业	49314.44
乡村居民	353515.90	有色金属冶炼和压延加工业	85046.61
行业用电	2093452.14	金属制品业	81456.39
农、林、牧、渔业	42181.56	通用设备制造业	6310.68
工业	1455681.96	专用设备制造业	8006.12
采矿业	74982.42	汽车制造业	4507.03
煤炭开采和洗选业	886.80	铁路.船舶.航空航天和其他运输设备制造业	1449.84
石油和天然气开采业	19.59	电气机械和器材制造业	49387.60
黑色金属矿采选业	3551.63	计算机、通信和其他电子设备制造业	189869.99
有色金属矿采选业	33659.57	仪器仪表制造业	1180.91
非金属矿采选业	18087.51	其他制造业	49403.08
其他采矿活动	18777.31	废弃资源综合利用业	32637.07
制造业	1058312.24	金属制品、机械和设备修理业	5990.53
农副食品加工业	31210.70	电力、热力、燃气及水生产和供应业	322387.31
食品制造业	10333.87	电力、热力生产和供应业	297473.97
酒、饮料及精制茶制造业	2686.02	燃气生产和供应业	585.12
烟草制品业	3081.12	水的生产和供应业	24328.21
纺织业	9652.05	建筑业	72761.19
纺织服装、服饰业	19318.43	交通运输、仓储和邮政业	61980.97
皮革、毛皮、羽毛及其制品和制鞋业	11090.79	信息传输、软件和信息技术服务业	49495.08
木材加工和木、竹、藤、棕、草制品业	29589.05	批发和零售业	161464.65
家具制造业	58653.69	住宿和餐饮业	44401.68
造纸和纸制品业	26763.43	金融业	8516.60
印刷和记录媒介复制业	1944.76	房地产业	29933.53
文教、工美、体育和娱乐用品制造业	9493.63	租赁和商务服务业	8794.05
石油、煤炭及其他燃料加工业	3465.16	公共服务及管理组织	158240.86

10-2　规模以上工业企业分品种能源消费量

能源名称	计量单位	合计	工业生产消费		
				#用于原材料	#运输工具消费
原煤	吨	8995781	8995781	5979	
无烟煤	吨	17594	17594		
一般烟煤	吨	8978187	8978187	5979	
煤制品	吨	317	317		
焦炭	吨	1656	1656		
天然气	万立方米	13602	13602		
液化天然气	吨	1941	1941		
氢气	万立方米	889	889		
汽油	吨	1528	1528		1440
煤油	吨	27	27		
柴油	吨	23750	23750		15083
燃料油	吨	15645	15645		
液化石油气	吨	782	782		
润滑油	吨	97	97		
石油焦	吨	628	628	628	
石油沥青	吨	5805	5805	5805	
热力	百万千焦	2373376	2373376		
电力	万千瓦时	978239	978239		3274
城市生活垃圾(用于燃料)	吨	419243	419243		
生物质能(用于燃料)	吨标准煤	170289	170289		
余热余压	百万千焦	4788849	4788849		
能源合计	吨标准煤	8228634	8228634	12682	

10-3　县(市、区)规模以上工业综合能源消费量

单位：吨标准煤

县(市、区)	2016年	2017年	2018年	2019年	2020年	2021年	2022年
合　计	**3045050**	**3515324**	**3500661**	**3655147**	**3620528**	**3965406**	**5665565**
章贡区	207055	219074	190457	269034	264086	249718	265650
南康区	84067	97385	94474	93518	96418	97907	108077
赣县区	633123	709473	714596	719125	701603	903560	2018911
信丰县	478720	636642	648754	670312	662829	744499	1307463
大余县	34338	37622	31005	25576	25037	22196	37307
上犹县	32747	34079	42872	45451	50352	54466	61972
崇义县	32880	36000	28977	28406	27438	30684	34040
安远县	9383	9853	8723	10811	11114	12559	13642
定南县	65226	64721	35442	36143	39951	52366	59055
全南县	39972	34764	28772	27446	27710	24769	26597
宁都县	59500	74232	50572	52694	41823	36181	31403
于都县	283589	356764	333893	357915	347410	344433	313549
兴国县	189434	216562	222362	216045	197103	180627	170038
会昌县	223584	304367	357888	351780	349147	368413	364118
寻乌县	16937	13227	38164	44115	40342	44385	44630
石城县	1769	6323	7049	6663	7395	39416	37851
瑞金市	433704	481135	466882	465063	474669	470673	465183
龙南市	85612	59506	92224	127073	148272	178177	182307
赣州经开区	133408	123595	107555	107976	107828	110378	123771

10-4　按行业分规模以上工业综合能源消费量

单位：吨标准煤

指　　标	2022年	指　　标	2022年
合　计	**5665565**	化学原料和化学制品制造业	111904
采矿业	152998	医药制造业	17972
黑色金属矿采选业	466	化学纤维制造业	7465
有色金属矿采选业	24340	橡胶和塑料制品业	22959
非金属矿采选业	128193	非金属矿物制品业	1581251
制造业	2747967	黑色金属冶炼和压延加工业	65349
农副食品加工业	29803	有色金属冶炼和压延加工业	198831
食品制造业	22337	金属制品业	17187
酒、饮料和精制茶制造业	7842	通用设备制造业	3822
烟草制品业	825	专用设备制造业	5988
纺织业	21621	汽车制造业	8115
纺织服装、服饰业	12755	电气机械和器材制造业	103841
皮革、毛皮、羽毛及其制品和制鞋业	4180	计算机、通信和其他电子设备制造业	264885
木材加工和木、竹、藤、棕、草制品业	26437	仪器仪表制造业	1475
家具制造业	24648	其他制造业	7219
造纸和纸制品业	133543	废弃资源综合利用业	16661
印刷和记录媒介复制业	6675	电力、热力、燃气及水生产和供应业	2764600
文教、工美、体育和娱乐用品制造业	18440	电力、热力生产和供应业	2747475
石油、煤炭及其他燃料加工业	3937	燃气生产和供应业	444
		水的生产和供应业	16681

10-5 县(市、区)单位工业增加值能耗增速

单位：%

县(市、区)	2016年	2017年	2018年	2019年	2020年	2021年	2022年
合　计	**-6.42**	**-5.83**	**-8.22**	**-7.86**	**-6.41**	**-5.47**	**29.07**
章贡区	-9.41	-6.78	-20.54	-10.05	-4.76	-15.35	-2.66
南康区	-6.00	-2.80	-10.83	-10.36	-6.76	-9.80	-4.42
赣县区	-17.90	-2.14	-8.02	-7.51	-8.59	15.08	103.75
信丰县	58.34	-4.70	-6.69	-10.70	-7.15	-9.00	60.94
大余县	-17.28	-9.04	-20.16	-19.05	-5.08	-20.60	12.31
上犹县	-6.48	-4.72	-11.66	-7.42	-4.87	-13.38	-2.48
崇义县	-7.65	-0.42	-6.95	-11.42	-7.37	-21.81	1.01
安远县	-19.09	-3.94	-9.20	2.50	-5.55	-24.67	-7.07
定南县	-20.64	-9.34	-11.81	-8.14	-4.31	-17.65	2.01
全南县	-22.56	-20.50	-13.45	-18.69	-6.97	-24.81	-5.50
宁都县	-5.97	7.74	-27.77	-2.07	-21.13	-22.96	-19.33
于都县	-5.84	-5.51	-13.94	-4.65	-7.36	-11.23	-15.91
兴国县	-10.94	-14.12	-1.54	-8.58	-12.36	-17.68	-13.82
会昌县	-13.99	-11.05	1.28	-7.77	-4.13	-5.38	-9.12
寻乌县	-28.98	-36.40	3.92	-12.61	-11.62	-11.35	-7.37
石城县	-29.10	190.89	0.52	-13.08	-6.88	291.24	-15.50
瑞金市	-13.95	-5.83	-8.61	-7.92	-3.06	-11.76	-15.02
龙南市	-17.51	-36.83	34.03	25.25	5.91	-0.92	-7.72
赣州经开区	-4.10	-7.51	-11.77	-13.89	-7.33	-11.60	0.46

10-6 环境保护主要指标

指标名称	单位	2011年	2012年	2013年	2014年	2015年	2016年	2017年	2018年	2019年	2020年	2021年	2022年
环境监测站个数	个	19	19	18	18	18	18	18	18	17	17	17	17
自然保护区个数	个	32	35	55	54	54	53	51	51	51	51	51	51
国家级	个	2	2	3	3	3	3	3	3	3	3	3	3
省　级	个	6	6	5	6	6	6	8	8	8	8	8	8
市　级	个	1	1	1	1	1	1	1	1	1	1	1	1
县　级	个	23	26	46	44	44	43	39	39	39	39	39	39
自然保护区面积	公顷	259636	261976	293022	278446	276038	260538	236899	236957	236957	236957	236957	236941
国家级	公顷	30517	30517	46617	46618	46618	46618	46617	46617	46617	46617	46617	46617
省　级	公顷	57406	57406	47710	46841	46841	46841	57471	57530	57530	57530	57530	57513
市　级	公顷	22600	22600	22600	22600	22600	22600	22600	22600	22600	22600	22600	22600
县　级	公顷	149114	151454	176094	162387	159980	144480	110211	110210	110210	110210	110210	110210
全年完成环境污染治理项目数	个	68	11	6	10	8	6	11	108	126	66		
环境污染治理投资	万元	16191	6762	795.84	1072.4	2408.1	1651.7	1915.4	26820	25134	4383.6		
饮用水源水质	类	III	III	III	III	III	III	III	III	III	III	III	III
空气质量	级	二级	二级	二级	二级	二级	二级	二级	超二级	二级	二级	二级	二级

10-7 国家级、省级、市级、县级自然保护区

名　　称	地点	保护对象	面积(公顷)	建立时间(年)
一、国家级自然保护区				
1. 九连山国家级自然保护区	龙南市	中亚热带常绿阔叶林生态系统	13411.6	2003
2. 齐云山国家级自然保护区	崇义县	中亚热带常绿阔叶林生态系统	17105	2012
3. 赣江源国家级自然保护区	石城县、瑞金市	中亚热带常绿阔叶林生态系统	16100.85	2013
二、省级自然保护区				
4. 阳明山省级自然保护区	崇义县	中亚热带常绿阔叶林生态系统	1880	1997
5. 章江源省级自然保护区	崇义县	中亚热带常绿阔叶林生态系统	7973	2010
6. 五指峰省级自然保护区	上犹县	中亚热带常绿阔叶林生态系统	6081.78	2010
7. 凌云山省级自然保护区	宁都县	中亚热带常绿阔叶林生态系统	10673	2011
8. 桃江源省级自然保护区	全南县	中亚热带常绿阔叶林生态系统	11602.58	2010
9. 大龙山省级自然保护区	宁都县	中亚热带常绿阔叶林生态系统	5238.16	2014
10. 湘江源省级自然保护区	会昌县	中亚热带常绿阔叶林生态系统	10353	2017
11. 金盆山省级自然保护区	信丰县	中亚热带常绿阔叶林生态系统	3711.7	2017
三、市级自然保护区				
12. 陡水湖市级自然保护区	崇义县、上犹县	中亚热带常绿阔叶林生态系统	22600	2002
四、县级自然保护区				
13. 峰山县级自然保护区	章贡区	中亚热带常绿阔叶林生态系统	12314.4	1999
14. 大山脑县级自然保护区	南康区	中亚热带常绿阔叶林生态系统	680	2009
15. 三江口县级自然保护区	大余县	中亚热带常绿阔叶林生态系统	2301	1996
16. 阳岭扩大区县级自然保护区	崇义县	中亚热带常绿阔叶林生态系统	3545.5	1999
17. 九龙嶂县级自然保护区	安远县	中亚热带常绿阔叶林生态系统	6000	1996
18. 蔡坊县级自然保护区	安远县	中亚热带常绿阔叶林生态系统	8500	1996
19. 云台山县级自然保护区	定南县	中亚热带常绿阔叶林生态系统	3454	1999
20. 龙南金盆山县级自然保护区	龙南市	中亚热带常绿阔叶林生态系统	3041	2000
21. 龙南三县岽县级自然保护区	龙南市	中亚热带常绿阔叶林生态系统	2468	2000
22. 龙南西梅山县级自然保护区	龙南市	中亚热带常绿阔叶林生态系统	1793	2000
23. 龙南夹湖县级自然保护区	龙南市	中亚热带常绿阔叶林生态系统	4498	2000
24. 龙南黄坑县级自然保护区	龙南市	中亚热带常绿阔叶林生态系统	2716	2000
25. 龙南棋棠山县级自然保护区	龙南市	中亚热带常绿阔叶林生态系统	2133	2000
26. 于都祁禄山县级自然保护区	于都县	中亚热带常绿阔叶林生态系统	3999.4	2009
27. 宁都莲花山县级自然保护区	宁都县	中亚热带常绿阔叶林生态系统	2425.62	1992
28. 东江源县级自然保护区	寻乌县	中亚热带常绿阔叶林生态系统	16733.3	2003
29. 项山甑县级自然保护区	寻乌县	中亚热带常绿阔叶林生态系统	1200	2003
30. 阳天障县级自然保护区	寻乌县	中亚热带常绿阔叶林生态系统	635	2003
31. 张天堂县级自然保护区	寻乌县	中亚热带常绿阔叶林生态系统	789	2003
32. 荫掌山县级自然保护区	赣县区	中亚热带常绿阔叶林生态系统	1713	2012
33. 园岭（丹霞湖）县级自然保护区	兴国县	中亚热带常绿阔叶林生态系统	2533	2012
34. 宁都狮头岽自然保护区	宁都县	中亚热带常绿阔叶林生态系统	2951.22	2013
35. 宁都武华山县级自然保护区	宁都县	中亚热带常绿阔叶林生态系统	1728.58	2013
36. 宁都密石寨县级自然保护区	宁都县	中亚热带常绿阔叶林生态系统	719.21	2013
37. 宁都礁石岭县级自然保护区	宁都县	中亚热带常绿阔叶林生态系统	1121.45	2013
38. 宁都赖村县级自然保护区	宁都县	中亚热带常绿阔叶林生态系统	712.18	2013
39. 宁都大寨县级自然保护区	宁都县	中亚热带常绿阔叶林生态系统	2113.22	2013
40. 宁都天燕山县级自然保护区	宁都县	中亚热带常绿阔叶林生态系统	1515.67	2013
41. 宁都灵华仙县级自然保护区	宁都县	中亚热带常绿阔叶林生态系统	1950.03	2013
42. 宁都三华山县级自然保护区	宁都县	中亚热带常绿阔叶林生态系统	1126.43	2013
43. 宁都宝华山县级自然保护区	宁都县	中亚热带常绿阔叶林生态系统	844.17	2013
44. 宁都酒雷岽县级自然保护区	宁都县	中亚热带常绿阔叶林生态系统	1409.41	2013
45. 宁都园窝岽县级自然保护区	宁都县	中亚热带常绿阔叶林生态系统	1647.7	2013
46. 宁都高峰尖县级自然保护区	宁都县	中亚热带常绿阔叶林生态系统	1631.7	2013
47. 宁都莱山县级自然保护区	宁都县	中亚热带常绿阔叶林生态系统	1347.29	2013
48. 宁都桃山县级自然保护区	宁都县	中亚热带常绿阔叶林生态系统	1957.33	2013
49. 宁都仙桃山县级自然保护区	宁都县	中亚热带常绿阔叶林生态系统	1316.22	2013
50. 宁都玉尖峰山县级自然保护区	宁都县	中亚热带常绿阔叶林生态系统	1382.21	2013
51. 宁都摇篮寨县级自然保护区	宁都县	中亚热带常绿阔叶林生态系统	1264.01	2013

10-8 国家级、省级森林公园

公园名称	所在地	经营面积（万亩）	批复文号	批建时间
一、国家级（10个）		180.20		
1. 安远县三百山	安远县	5.00	林业部林造批字[1993]89号	1993年5月
2. 宁都县翠微峰	宁都县	11.80	林业部林场批字[1994]150号	1994年12月
3. 大余县梅关	大余县	8.44	国家林业局林场发(2001)519号 国家林草局林场许准(2018)1130号	2001年11月
4. 崇义县阳明山	崇义县	10.33	国家林业局林场发[2003]241号	2003年12月
5. 上犹县五指峰	上犹县	36.80	国家林业局林场发[2003]241号	2003年12月
6. 赣州阳明湖	上犹县、崇义县	34.00	国家林业局林场发[2004]217号	2004年12月
7. 龙南市九连山	龙南市	30.09	国家林业局林场许准[2005]915号	2005年12月
8. 赣州峰山	章贡区、赣县区	29.62	国家林业局林场许准[2006]930号 林保发[2022]132号	2006年12月
9. 信丰县金盆山	信丰县	8.97	国家林业局林场许准[2014]11号	2014年2月
10. 会昌县会昌山	会昌县	5.14	国家林业局林场许准[2017]1732号	2017年12月
二、省级（21个）		42.42		
1. 安远县龙泉山	安远县	0.53	省林业厅赣林国字[1991]2号	1990年12月
2. 赣县水鸡崇	赣县区	11.50	省林业厅赣林国字[1993]39号	1993年2月
3. 龙南市武当山	龙南市	0.80	省林业厅赣林国字[1993]39号	1993年2月
4. 石城县西华山	石城县	0.26	省林业厅赣林国字[1993]39号	1993年2月
5. 瑞金市罗汉岩	瑞金市	0.75	省林业厅赣林国字[1993]39号	1993年2月
6. 兴国县均福山	兴国县	2.23	省林业厅赣林国字[1993]209号	1993年6月
7. 南康区南山	南康区	0.81	省林业厅赣林国字[1994]19号	1994年1月
8. 于都县罗田岩	于都县	0.60	省林业厅赣林国字[1996]51号	1996年2月
9. 寻乌县黄畲山	寻乌县	0.90	省林业厅赣林造字[1996]370号	1996年10月
10. 寻乌县东江源桠髻钵山	寻乌县	4.47	省林业厅赣林造字[2006]278号	2006年9月
11. 于都县屏山	于都县	6.79	省林业厅赣林造字[2006]377号	2006年11月
12. 石城县通天寨	石城县	3.17	省林业厅赣林造字[2007]201号	2007年6月
13. 石城县李腊石	石城县	0.17	省林业厅赣林造字[2010]271号	2010年7月
14. 兴国县园岭	兴国县	4.54	省林业厅赣林造字[2010]271号	2010年7月
15. 全南县梅子山	全南县	0.27	省林业厅赣林造字[2010]271号	2010年7月
16. 南康区大山脑	南康区	0.51	省林业厅赣林造字[2010]271号	2010年7月
17. 寻乌县东江源仙人寨	寻乌县	0.93	省政府赣府字[2012]44号	2012年5月
18. 宁都老鹰山	宁都县	0.89	省政府赣府字[2013]55号	2013年6月
19. 龙南安基山	龙南县	0.87	省政府赣府字[2013]115号	2013年12月
20. 龙南金鸡寨	龙南县	0.13	省政府赣府字[2014]49号	2014年7月
21. 定南神仙岭	定南县	1.30	省政府赣府字[2018]54号	2018年8月

主要统计指标解释

能源消费量　指一定时期内，全国（或地区）国民经济各行业和居民生活消费的各种能源的总和。该指标是观察能源消费水平、构成和增长速度的总量指标。能源消费总量包括原煤和原油及其制品、天然气、电力，不包括低热值燃料、生物质能和太阳能等的利用。能源消费总量分为终端能源消费量、能源加工转换损失量和能源损失量三部分。

（1）终端能源消费量：指一定时期内，全国（或地区）生产和生活消费的各种能源在扣除了用于加工转换二次能源消费量和损失量以后的数量。

（2）能源加工转换损失量：指一定时期内，全国（或地区）投入加工转换的各种能源数量之和与产出各种能源产品之和的差额。该指标是观察能源在加工转换过程中损失量变化的指标。

（3）能源损失量：指一定时期内，能源在输送、分配、储存过程中发生的损失和由客观原因造成的各种损失量，不包括各种气体能源放空、放散量。

综合能源消费量　指企业（单位）在报告期内工业生产实际消费的各种能源（扣除能源加工转换和能源回收利用等重复因素）的总和。计算综合能源消费量时，需要将各种能源品种的消费量换算成按照标准计量单位（如：吨标准煤）计量的消费量。

十一、价格指数

本篇章

质量负责：谢　慧
资料整理：黄莉媛

11-1 历年各种物价总指数

(以上年价格为100)

年　份	商品零售价格指数	居民消费价格指数
1985	107.0	107.0
1986	104.5	104.4
1987	107.5	107.2
1988	128.7	128.7
1989	118.6	118.6
1990	102.0	102.7
1991	102.6	102.6
1992	107.5	107.5
1993	113.3	113.3
1994	128.6	123.5
1995	115.4	115.8
1996	106.1	108.6
1997	100.5	104.2
1998	99.1	100.5
1999	96.9	98.5
2000	98.2	99.0
2001	97.8	100.2
2002	100.2	100.7
2003	99.5	100.9
2004	102.3	102.8
2005	99.8	101.4
2006	100.2	100.7
2007	104.1	104.2
2008	106.2	106.2
2009	98.8	100.1
2010	102.7	103.1
2011	104.1	104.9
2012	102.6	102.8
2013	101.2	102.4
2014	100.7	102.1
2015	100.5	102.1
2016	100.9	102.0
2017	101.5	102.1
2018	100.3	102.1
2019	101.2	102.5
2020	101.1	102.1
2021	102.5	101.4
2022	103.9	102.3

11-2 居民消费价格指数

(以2021年价格为100)

项目名称	城 市	农村
居民消费价格总指数	102.3	101.8
食品烟酒	102.0	101.7
食品	101.8	102.4
粮食	101.0	101.7
薯类	104.4	116.3
豆类	105.3	103.7
食用油	104.5	106.6
菜及食用菌	108.2	104.6
畜肉类	91.5	93.3
禽肉类	102.5	104.5
水产品	97.8	101.5
蛋类	111.2	105.6
奶类	102.0	100.7
干鲜瓜果类	110.6	114.9
糖果糕点类	100.6	100.3
调味品	103.1	99.8
其他食品类	98.5	103.6
茶及饮料	99.5	99.7
烟酒	99.6	99.2
卷烟	101.1	100.2
酒类	96.6	96.6
在外餐饮	103.7	101.7
衣着	99.2	100.1
服装	99.4	100.9
鞋类	98.6	97.1
居住	100.9	101.0
租赁房房租	99.6	100.1
住房保养维修及管理	106.3	100.2
水电燃料	103.7	104.3
自有住房	99.1	100.0
生活用品及服务	101.7	101.1
家具及室内装饰品	101.3	99.6
家用器具	100.9	101.6
家用纺织品	100.6	104.8
家庭日用杂品	101.1	99.3
个人护理用品	102.7	102.7
家庭服务	107.8	106.7
交通通信	105.5	105.1
交通	107.8	108.0
通信	99.0	98.9
教育文化娱乐	105.1	102.9
教育	105.7	103.6
文化娱乐	103.8	101.1
医疗保健	100.5	100.1
药品及医疗器具	101.5	99.5
医疗服务	100.1	100.3
其他用品和服务	101.3	101.2
其他用品	100.6	101.5
其他服务	102.6	100.9

注：本部分资料城市为章贡区数据，农村是根据宁都、信丰物价调查点汇总推算的资料。

11-3　商品零售价格指数

（以2021年价格为100）

项目名称	城市	农村
商品零售价格总指数	103.9	102.5
食品	102.2	102.4
粮食	101.0	101.8
薯类	104.4	116.3
豆类	105.1	103.6
食用油	104.5	106.6
菜及食用菌	108.3	104.5
畜肉类	91.5	93.3
禽肉类	102.4	104.7
水产品	98.0	101.9
蛋类	111.1	105.6
奶类	101.9	100.8
干鲜瓜果类	110.3	115.0
糖果糕点类	100.7	100.3
调味品	102.1	99.8
其他食品类	98.7	103.6
餐饮业零售	104.1	101.7
饮料、烟酒	99.7	99.2
茶及饮料	99.5	99.7
卷烟	101.1	100.2
酒类	96.6	97.0
服装、鞋帽	99.3	100.3
服装	99.7	100.8
鞋帽袜	97.8	98.8
其他衣着配件	95.2	101.2
纺织品	99.6	104.4
服装材料	97.1	101.3
床上用品	100.1	105.0
家用电器及音像器材	99.1	99.8
家庭设备	100.9	101.6
文娱用耐用消费品	95.0	96.2
专业音像器材	100.3	100.9
文化办公用品	101.4	101.5
日用品	101.2	100.3
日用百货	102.8	99.9
厨具餐具茶具	101.3	101.7
清洗用品	95.4	99.3
其他日用品	100.9	100.9
体育娱乐用品	101.4	101.5
体育户外用品	104.3	103.9
娱乐用品	100.8	101.3
交通、通信用品	99.3	99.0
交通运输机械	99.6	99.1
通信器材	98.2	98.6
家具	101.3	99.6
化妆品	102.1	102.8
金银饰品	98.8	101.7
中西药品及医疗保健用品	100.7	99.6
医疗卫生器具	100.5	97.2
中药	106.8	100.9
西药	97.6	99.7
保健器具及用品	101.8	96.6
书报杂志及电子出版物	105.4	104.2
教材及参考书	104.7	105.8
书报杂志	101.1	101.1
计算机办公软件	115.3	103.5
燃料	120.5	121.4
煤炭及制品	133.4	135.1
石油及制品	120.2	120.8
建筑材料及五金电料	101.0	100.6
建筑装璜材料	101.4	100.3
五金水暖	99.8	101.5

注：本部分资料城市为章贡区数据，农村是根据宁都、信丰物价调查点汇总推算的资料。

11-4　农村居民消费价格指数和商品零售价格指数

(以2021年价格为100)

项目名称	农村	项目名称	农村
居民消费价格总指数	101.8	生活用品及服务	101.1
食品烟酒	101.7	交通和通信	105.1
食品	102.4	教育文化和娱乐	102.9
粮食	101.7	医疗保健	100.1
薯类	116.3	其他用品和服务	101.2
豆类	103.7	商品零售价格总指数	102.5
食用油	106.6	食品	102.4
菜及食用菌	104.6	饮料、烟酒	99.2
畜肉类	93.3	服装、鞋帽	100.3
禽肉类	104.5	纺织品	104.4
水产品	101.5	家用电器及音像器材	99.8
蛋类	105.6	文化办公用品	101.5
奶类	100.7	日用品	100.3
干鲜瓜果类	114.9	体育娱乐用品	101.5
糖果糕点类	100.3	交通、通信用品	99.0
调味品	99.8	家具	99.6
其他食品类	103.6	化妆品	102.8
茶及饮料	99.7	金银饰品	101.7
烟酒	99.2	中西药品及医疗保健用品	99.6
卷烟	100.2	书报杂志及电子出版物	104.2
酒类	96.6	燃料	121.4
在外餐饮	101.7	建筑材料及五金电料	100.6
衣着	100.1		
居住	101.0		

11-5 居民消费价格分月指数

(以2021年同月价格为100)

项目名称	1月	2月	3月	4月	5月	6月	7月	8月	9月	10月	11月	12月
居民消费价格总指数	100.9	101.7	101.9	102.3	102.6	103.1	103.5	103.0	102.8	102.1	101.3	102.0
食品烟酒	96.4	98.0	98.7	100.5	101.7	103.3	105.4	105.2	106.1	104.4	101.0	103.7
食品	94.4	95.9	97.1	99.8	101.3	103.8	107.0	106.2	107.7	105.3	100.2	104.2
粮食	100.3	100.2	101.4	101.0	102.1	103.7	102.3	98.6	103.1	102.4	98.8	98.5
薯类	100.8	90.7	98.4	97.3	101.4	104.2	109.2	112.6	105.5	108.0	110.4	118.0
豆类	106.7	102.6	108.2	113.3	107.9	102.1	104.1	108.7	109.7	107.3	97.6	97.9
食用油	104.7	105.1	104.7	102.0	101.4	103.5	104.4	104.7	104.6	106.8	107.0	105.0
菜及食用菌	98.0	110.7	120.9	120.9	114.4	114.6	118.8	115.4	114.3	95.9	83.3	100.8
畜肉类	71.2	70.1	69.3	74.4	84.0	91.0	105.9	107.5	113.1	120.7	107.0	110.2
禽肉类	95.2	92.3	93.5	95.2	99.7	103.8	106.6	107.7	108.3	107.3	110.5	111.2
水产品	107.8	107.6	103.8	96.7	89.4	93.4	92.6	94.6	99.2	96.2	97.1	98.3
蛋类	105.2	104.4	106.9	112.4	113.5	114.3	113.1	109.6	113.0	113.6	113.5	114.3
奶类	97.7	99.6	96.4	108.3	107.2	103.6	102.4	102.7	101.3	102.0	99.1	103.6
干鲜瓜果类	109.6	105.0	102.3	109.4	117.3	119.4	116.8	113.4	110.8	107.8	109.0	106.1
糖果糕点类	101.2	102.7	99.8	101.2	104.8	100.2	100.4	98.9	99.6	99.2	100.8	98.9
调味品	99.3	100.3	100.0	104.6	104.4	103.9	105.5	103.1	104.1	104.5	105.6	102.1
其他食品类	97.5	96.2	96.6	99.0	102.0	100.8	100.6	97.7	97.5	99.7	96.3	98.8
茶及饮料	100.8	100.9	101.0	97.1	98.0	99.5	99.2	99.5	99.4	99.5	99.9	100.0
烟酒	98.5	101.0	100.9	99.2	99.3	99.1	99.2	99.2	99.0	99.3	100.0	100.6
卷烟	101.5	101.5	101.6	100.7	100.7	100.7	100.7	100.7	100.7	100.7	101.6	101.6
酒类	92.2	99.7	99.4	95.9	96.3	95.9	96.3	96.2	95.7	96.5	96.8	98.6
在外餐饮	100.7	102.5	102.3	103.2	104.2	104.3	104.3	105.5	105.4	104.6	103.9	103.9
衣着	98.8	99.3	101.4	100.7	100.5	98.1	97.8	98.0	97.5	97.8	100.0	101.1
服装	98.9	99.7	101.6	100.4	100.7	98.4	98.2	98.2	97.8	98.0	99.7	100.9
鞋类	98.5	97.4	100.6	101.7	99.5	96.7	95.8	97.3	95.8	96.9	101.3	102.1
居住	101.8	101.9	101.1	101.2	101.2	100.8	100.9	100.9	100.7	100.3	100.4	100.1
租赁房房租	101.0	101.5	99.7	99.8	99.7	99.1	99.0	99.1	99.1	99.2	99.1	99.3
住房保养维修及管理	106.7	106.9	107.5	107.3	107.3	107.4	107.4	106.9	105.4	104.8	104.9	102.7
水电燃料	104.3	103.7	106.5	105.6	105.3	104.6	105.1	104.2	102.7	101.1	101.1	100.4
自有住房	100.1	100.3	98.2	98.7	98.8	98.4	98.5	98.8	99.2	99.3	99.4	99.5
生活用品及服务	100.6	102.0	102.4	102.9	102.2	102.0	101.2	100.9	101.1	101.1	101.4	102.2
家具及室内装饰品	98.1	101.0	103.0	102.5	102.0	101.4	100.6	100.3	100.6	99.8	102.3	104.8
家用器具	99.7	101.3	101.1	101.0	100.5	101.3	101.6	101.5	100.8	100.8	100.9	100.9
家用纺织品	108.0	107.4	105.5	105.3	103.2	104.9	98.9	97.4	99.4	96.1	92.1	91.0
家庭日用杂品	100.0	101.9	100.6	102.4	101.8	100.6	99.5	99.9	100.0	102.2	101.6	102.8
个人护理用品	97.9	100.2	103.3	104.8	103.8	102.6	103.3	101.8	102.7	103.2	104.6	104.7
家庭服务	114.6	107.8	107.0	107.0	107.5	108.9	107.5	107.5	107.5	105.3	105.3	107.4
交通通信	106.2	107.0	107.0	107.5	106.9	109.1	106.8	104.8	104.0	102.4	102.7	101.6
交通	109.1	110.2	110.0	110.7	110.0	112.8	109.5	107.0	105.9	103.6	103.7	101.7
通信	98.5	98.4	98.6	98.8	98.6	98.7	99.0	98.6	98.6	99.0	99.7	101.5
教育文化娱乐	105.9	107.3	106.7	105.4	105.3	106.1	106.9	105.7	103.8	103.2	102.6	102.6
教育	105.0	107.7	107.9	108.1	108.1	108.1	108.0	106.1	103.0	102.7	102.5	102.0
文化娱乐	108.1	106.6	104.0	99.8	99.3	101.8	104.3	104.7	105.6	104.4	102.9	104.0
医疗保健	100.6	100.6	100.5	100.4	100.1	100.1	100.3	100.3	100.2	101.0	101.1	100.9
药品及医疗器具	100.4	100.8	101.6	101.3	100.5	100.3	101.2	100.9	100.7	103.4	103.9	103.1
医疗服务	100.6	100.5	100.0	100.0	100.0	100.0	100.0	100.0	100.0	100.0	100.0	100.0
其他用品和服务	104.0	100.7	103.2	102.2	102.5	101.3	99.8	99.3	98.8	99.1	101.3	103.2
其他用品	98.0	100.1	103.7	102.7	103.2	101.6	99.2	98.3	97.3	98.0	101.1	103.5
其他服务	116.3	101.8	102.0	101.1	101.0	100.7	100.9	101.2	101.7	101.3	101.5	102.5

11-6 商品零售价格分月指数

(以2021年同月价格为100)

项目名称	1月	2月	3月	4月	5月	6月	7月	8月	9月	10月	11月	12月
商品零售价格总指数	102.3	103.5	104.8	105.5	105.4	106.0	105.3	104.2	103.7	102.2	101.8	102.6
食品	96.0	97.4	98.0	100.4	101.8	103.8	106.2	105.9	107.2	105.2	101.2	104.2
粮食	100.3	100.3	101.5	101.1	102.1	103.7	102.3	98.5	103.1	102.6	98.7	98.4
薯类	100.8	90.7	98.4	97.3	101.4	104.2	109.2	112.6	105.5	108.0	110.4	118.0
豆类	106.2	102.4	107.9	113.2	107.5	101.7	103.8	108.6	109.4	107.4	97.6	98.0
食用油	104.6	105.0	104.5	101.9	101.4	103.5	104.3	104.6	104.5	106.8	107.1	105.0
菜	97.8	110.7	121.3	121.3	114.9	115.0	119.4	115.7	114.5	95.8	83.1	100.8
畜肉类	71.2	70.0	69.3	74.5	84.0	91.0	105.9	107.6	113.1	120.7	107.0	110.2
禽肉类	94.8	91.9	93.1	94.8	99.5	103.6	106.5	107.7	108.3	107.2	110.9	111.7
水产品	107.9	107.5	103.8	96.9	89.8	93.8	93.1	94.9	99.4	96.2	97.0	98.3
蛋类	105.3	104.3	106.7	112.2	113.3	114.3	113.0	109.5	112.8	113.5	113.4	114.3
奶类	97.9	100.2	96.3	108.3	107.1	103.4	102.2	102.4	101.2	101.4	98.8	103.7
干鲜瓜果类	109.3	104.8	102.1	109.0	116.9	118.9	116.3	113.0	110.5	107.5	108.7	105.9
糖果糕点类	101.5	103.0	99.8	101.3	104.9	100.3	100.7	99.0	99.6	99.1	100.6	98.9
调味品	98.3	99.1	99.3	103.5	103.7	102.9	104.6	102.0	103.0	103.5	104.0	101.6
其他食品类	98.1	96.5	96.8	99.4	102.7	101.1	100.4	97.7	97.5	99.6	96.1	98.7
在外餐饮	100.9	102.7	102.4	103.5	104.7	104.5	104.5	106.2	106.2	105.1	104.2	104.0
饮料、烟酒	99.1	101.0	100.9	98.9	99.0	99.3	99.3	99.4	99.2	99.5	100.2	100.6
服装、鞋帽	98.8	99.3	101.5	100.8	100.5	98.1	97.8	98.1	97.5	97.9	100.0	101.2
纺织品	107.5	106.2	105.0	105.2	102.7	104.6	97.2	95.9	97.7	94.8	90.3	89.2
家用电器及音像器材	100.8	102.2	100.0	100.2	99.1	99.3	99.8	97.6	97.1	97.0	97.6	98.3
文化办公用品	95.5	96.9	101.9	101.8	102.6	99.3	99.2	105.0	107.3	104.9	102.6	100.7
日用品	99.3	100.8	101.2	103.1	103.0	101.5	100.5	100.4	100.4	100.2	101.6	102.2
体育娱乐用品	100.5	101.3	101.2	101.6	101.9	101.9	101.8	100.8	101.3	102.1	101.4	101.0
交通、通信用品	100.1	100.7	100.7	100.3	100.2	99.8	99.8	98.5	97.6	97.7	98.1	98.9
家具	98.2	101.3	102.4	102.0	101.6	101.6	100.8	100.3	101.0	99.6	101.8	104.9
化妆品	97.5	99.4	101.3	102.7	103.2	102.2	103.0	102.0	101.7	103.5	104.9	104.4
金银饰品	91.4	100.8	103.7	99.1	97.8	96.1	93.3	99.0	96.8	100.2	101.8	106.2
中西药品及医疗保健用品	99.6	100.0	100.7	100.4	99.5	99.3	100.2	100.0	99.8	102.1	103.7	102.9
书报杂志及电子出版物	108.4	107.6	107.7	107.5	106.1	105.7	107.6	105.2	101.8	103.1	102.6	102.3
燃料	121.3	122.9	126.7	129.2	127.7	131.4	124.5	120.0	117.8	110.4	109.6	108.7
建筑材料及五金电料	103.6	101.6	102.6	102.9	102.8	103.3	103.4	101.3	98.4	97.5	97.4	98.1

主要统计指标解释

居民消费价格指数 是反映一定时期内城乡居民所购买的生活消费品价格和服务项目价格变动趋势和程度的相对数，是对城市居民消费价格指数和农村居民消费价格指数进行综合汇总计算的结果。该指数可以观察和分析消费品的零售价格和服务项目价格变动对城乡居民实际生活费支出的影响程度。

商品零售价格指数 是反映一定时期内城乡商品零售价格变动趋势和程度的相对数。商品零售价格的变动直接影响到城乡居民的生活支出和国家的财政收入，影响居民购买力和市场供需的平衡，影响到消费与积累的比例关系。因此，该指数可以从一个侧面对上述经济活动进行观察和分析。

十二、财政、金融、保险

本篇章

质量负责：张媛媛

资料整理：曾栋材　彭长生

12-1 历年财政收支和人均财政收入

年份	财政总收入（万元）	人均财政总收入（元）	一般公共预算支出（万元）	#文教科学卫生支出
1950	1398	4		
1951	3086	10	376	
1952	3121	9	1696	569
1953	3575	11	2009	852
1954	4660	14	1976	799
1955	3930	11	2202	777
1956	4062	11	3157	999
1957	3876	11	2874	1080
1958	5618	15	4674	1076
1959	10450	28	7925	1225
1960	11287	30	9217	1786
1961	5282	14	4108	1763
1962	5605	15	3584	1563
1963	5149	13	4426	1549
1964	6205	15	5337	1754
1965	6646	16	4904	1818
1966	7369	17	5718	2052
1967	7216	16	5171	2333
1968	8327	18	4640	1863
1969	10013	21	8615	1554
1970	11509	24	10620	1635
1971	18197	37	11699	2124
1972	17314	34	10035	2504
1973	11437	22	7994	2807
1974	11507	21	8774	3237
1975	11252	20	8899	3299
1976	9305	16	9826	3468
1977	9624	16	10433	3708
1978	12555	21	12103	4457
1979	13979	23	15046	4934
1980	15489	25		15742
1981	16769	27		14364
1982	17216	27		16696
1983	16003	25		17833
1984	17484	27		22157
1985	23294	36		27867

12-1 续表

年份	财政总收入(万元)	人均财政总收入(元)	一般公共预算收入(万元)	一般公共预算支出(万元)	#文教科学卫生支出
1986	23645	36		33626	11817
1987	30180	45		38787	14019
1988	38396	56		49767	16227
1989	44625	64		57020	20255
1990	51696	73		60401	19168
1991	56356	78		66470	20423
1992	60626	83		73247	25271
1993	79232	107		86575	29773
1994	110706	147	62045	104223	39023
1995	143164	188	89186	133608	43367
1996	167526	218	109829	167272	51306
1997	182739	235	132809	198896	56306
1998	200345	255	148434	215957	53314
1999	200109	252	149467	240239	59126
2000	203797	261	151444	272503	60605
2001	233464	296	164951	346349	85465
2002	260358	327	173351	422538	100578
2003	313950	391	196765	475415	113769
2004	383539	474	228358	564957	131770
2005	467070	573	259012	682319	158465
2006	566485	690	304625	866353	198259
2007	745215	901	389331	1111894	314577
2008	1001314	1201	554652	1571326	434398
2009	1112939	1325	680858	2083492	623980
2010	1283245	1535	790079	2396873	690223
2011	1803154	2145	1100508	3118366	984439
2012	2308055	2735	1412773	4041635	1346326
2013	2802013	3310	1843666	4808080	1529002
2014	3285327	3868	2253118	5362745	1789556
2015	3533192	4143	2455127	6150812	2030607
2016	3663205	4276	2431808	6768244	2302623
2017	4083231	4741	2453663	7763343	2746392
2018	4595130	5308	2652152	8575883	3180922
2019	4855254	5585	2803678	10074419	3677541
2020	4910379	5490	2858188	9767563	3888188
2021			2940683	9610938	3878199
2022			3060643	10276606	4053492

12-2 历年金融机构存贷款和人均住户存款

年份	金融机构存款余额（万元）	#银行存款余额（万元）	金融机构贷款余额（万元）	#银行贷款余额（万元）	住户存款年末余额（万元）	人均住户存款年末余额（元）
1952					149	0.5
1953	402	387	755	732	222	0.7
1954	441	401	920	834	436	1.3
1955	679	448	2901	2705	530	1.5
1956	1087	605	3260	2487	974	2.7
1957	4634	3396	10718	10185	1872	5.1
1958		6648		16869		
1959	11945	9338	26480	25830	2902	7.6
1960	11670	9499	27701	26921	2488	6.6
1961	16610	12707	24978	24298	1995	5.3
1962	10655	8289	22343	21620	1212	3.1
1963	8800	6419	18896	18160	1143	2.9
1964	6718	4274	16910	16193	1501	3.7
1965	9037	7915	17234	16463	1591	3.8
1966	11872	9963	18386	17643	1938	4.5
1967	14283	12337	19630	18849	1863	4.2
1968	15458	13292	21391	20623	1683	3.7
1969	12638	10652	24434	23682	1502	3.2
1970	10777	8948	30457	29683	1622	3.3
1971	14026	11944	36706	35965	1926	3.9
1972	11369	9742	34337	33504	2279	4.5
1973	8550	6280	37496	36686	2669	5.0
1974	11095	8578	36087	35289	3116	5.7
1975	13969	11029	38516	37667	3390	6.0
1976	11935	9101	38816	37762	3560	6.2
1977	14995	11397	46219	45254	4181	7.1
1978	13987	10141	50459	49301	4968	8.2
1979	17421	13086	56858	55556	6633	11
1980	41316	35230	66008	64331	10181	16
1981	49950	42561	78801	76498	13318	21
1982	53428	45173	90705	86979	16258	26
1983	59877	50295	104684	99609	20200	31
1984	76012	63409	129836	121517	27476	42
1985	94625	78803	148062	138567	38812	59

12-2 续表

年份	金融机构存款余额（万元）	#银行存款余额（万元）	金融机构贷款余额（万元）	#银行贷款余额（万元）	住户存款年末余额（万元）	人均住户存款年末余额（元）
1986	147490	117896	196599	167005	53276	80
1987	184844	146750	232123	192219	73444	109
1988	204391	157047	283406	232577	97429	141
1989	227186	184991	300128	271622	130273	186
1990	292752	237393	365671	325601	172558	243
1991	366849	291564	450005	390674	223634	308
1992	490749	378142	575811	479793	286114	389
1993	633056	493330	693420	581221	396229	531
1994	797838	600783	222081	70686	559324	740
1995	1044345	756646	1039918	831162	751165	981
1996	1253227	889605	1250350	985957	954839	1233
1997	1466706	1033380	1506892	1211549	1114787	1424
1998	1738179	1251784	1669555	1355517	1320644	1670
1999	2028988	1459765	1793188	1435732	1525142	1909
2000	2195797	1619744	1656169	1298060	1670654	2138
2001	2598613	1947879	1754373	1352898	1919402	2421
2002	3091649	2342859	1931851	1307493	2270537	2836
2003	3703040	2815602	2363646	1742491	2685922	3328
2004	4306533	3239695	2428249	1705615	3143463	3868
2005	5185387	4206745	2464695	1801646	3780057	4622
2006	6340399	4861126	2934917	2108803	4485646	5443
2007	7260347	5462940	3588890	2608366	5006397	6031
2008	8821940	6613884	4253519	3061919	6094133	7284
2009	11230865		6347146		7356983	8728
2010	15060778		8463708		9076342	10828
2011	18475961		10354234		11003770	13057
2012	22687399		12831837		13277612	15710
2013	26243297		15929189		15273291	18015
2014	28817659		19239812		17279990	20312
2015	33559106		22975519		20141429	23620
2016	41418374		28421841		23422667	27272
2017	47535691		34159791		27334612	31653
2018	50625671		40471943		30487897	35134
2019	54299116		48243395		33795415	38810
2020	60093451		57644086		38382206	42784
2021	64154872		66116574		42706805	47558
2022	72690554		74506718		49135817	54667

12-3 财政收入

单位：万元

项　　目	2012年	2013年	2014年	2015年	2016年	2017年	2018年	2019年	2020年	2021年	2022年
财政总收入	2308055	2802013	3285327	3533192	3663205	4083231	4595130	4855254	4910379	5357004	
一般公共预算收入	1412773	1843666	2253118	2455127	2431808	2453663	2652152	2803678	2858188	2940683	3060643
税收收入	1113940	1433371	1640663	1699312	1684182	1669233	1874030	2101206	2037589	2000677	1745220
企业所得税	176459	172867	204547	197728	182967	178706	204848	257538	213975	201733	209693
非税收入	298833	410295	612455	755815	747626	784430	778122	702472	820599	940006	1315423
其他、罚没、收费收入	218106	264723	423204	321966	286719	321949	379597	342134	298413	407129	656449
专项收入	40987	83569	53477	80525	77175	79145	81465	73927	79540	97513	106545
上划中央收入	895282	958347	1032209	1046848	1196787	1488232	1783841	1883027	1876328	2001844	1919988
上划中央“四税”	561788	630007	642723	664910	826381	995980	1211070	1291634	1361016	1458173	1313688
上划中央所得税	333494	328340	389486	381938	370406	492252	572771	591393	515312	543671	606300
附：基金预算收入	1286914	1607418	1634057	835364	1221232	2952401	4922484	3893582	3912792	4604240	2982272

12-4 一般公共预算支出

单位：万元

项　　目	2012年	2013年	2014年	2015年	2016年	2017年	2018年	2019年	2020年	2021年	2022年
一般公共预算支出	4041635	4808080	5362745	6150812	6768244	7763343	8575883	10074419	9767563	9610938	10276606
一般公共服务支出	393952	472664	416541	475083	523102	634109	725456	818242	737711	728198	796664
教育支出	943613	1014989	1088115	1185852	1367740	1579970	1814857	2062474	2200526	2181453	2255345
科学技术支出	14984	48130	60993	83643	126100	184152	222623	275305	296120	307121	333250
文化旅游体育与传媒支出	42483	49965	68953	72257	78906	75571	79108	85271	216509	221447	216332
社会保障和就业支出	592466	683620	799426	948203	1044084	1049061	1131188	1276824	1079115	1086821	1242251
行政事业单位养老支出	156303	176125	212774	248106	266572	258277	244162	276107	274717	278496	347172
企业改革补助支出	3979	1772	846	5146	11730	2556	414	359	342	578	392
就业补助支出	35413	41967	40335	38036	24394	37121	32238	57902	50600	44226	53043
卫生健康支出	345246	415918	571495	688855	729877	906699	1064334	1254491	1175033	1168178	1248565
节能环保支出	82251	92681	79883	162219	214070	461007	369049	433551	411075	422027	436636
城乡社区支出	96944	98358	169971	271969	424541	796852	1309399	1999253	810057	694690	638305
农林水支出	548165	605971	742752	807145	946710	955119	914987	936611	1282286	1313513	1340355
交通运输支出	110009	139618	86519	109928	172669	170282	108543	131983	334434	275113	282416
资源勘探信息等支出	160296	210968	300812	365399	324058	192577	97932	51788	192587	210491	214997
商业服务业等支出	44177	38380	35187	64639	47717	37534	42062	18230	41008	52496	49720
金融支出	5541	52580	32273	4085	19453	16258	17236	11148	22014	18485	16698
自然资源海洋气象等支出	44849	82319	89728	80858	35817	53657	50884	34505	65619	68315	84124
住房保障支出	357007	434499	458287	463534	320178	191052	129828	94824	217634	251881	345600
粮油物资储备支出	5910	9291	9300	12038	16571	20951	11588	10597	20645	10235	21532
其他支出	32676	43992	98380	75371	30571	23449	19400	5211	24822	14787	35999
附：基金预算支出	1280062	1660573	1640632	944599	1361574	3095893	4385917	3284838	5921748	5093332	6192997

注：2021年前行政事业单位养老支出为行政事业单位离退休费。

12-5 县(市、区)一般公共预算收入

单位：万元

县(市、区)	2004年	2005年	2006年	2007年	2008年	2009年	2010年	2011年
总　计	**228358**	**259012**	**304625**	**389331**	**554652**	**680858**	**790079**	**1100508**
市本级	41983	48892	55193	63134	84821	106790	116403	228195
县市小计	186375	210120	249432	326197	469831	574068	673676	872313
章贡区	15884	18711	23584	34991	52601	56323	59181	75845
南康区	16701	20048	22836	28300	40769	48983	60330	80086
赣县区	10716	12940	16478	22582	34587	44758	47246	55703
信丰县	16120	17602	19388	23309	29013	34240	42420	55460
大余县	10204	12020	15081	18833	26246	35668	37663	37674
上犹县	6459	6861	7818	9856	13264	16572	19269	24488
崇义县	7090	7900	9861	12465	21514	28439	28064	30999
安远县	6109	6168	6516	8309	12049	14840	15345	20307
龙南县	14328	17403	20029	23456	33683	36033	41376	51302
定南县	6372	7063	8270	11816	18525	23204	24600	31688
全南县	5691	5975	7454	10002	14234	19333	20061	24288
宁都县	11322	11602	13532	17771	24117	29638	36497	47839
于都县	15028	15041	17010	21608	30242	36805	45453	56537
兴国县	11286	12007	13614	16640	22252	26141	31669	41794
会昌县	6579	7368	8660	12698	19158	25007	33687	43270
寻乌县	6427	7076	7833	9350	13514	17044	16886	21200
石城县	5482	5483	5832	6942	10083	12587	15275	22781
瑞金市	11055	13228	14323	17363	24702	31334	40978	57930
赣州经开区	3522	5624	11313	19906	29278	37119	57676	93122

12-5 续表

单位：万元

县(市、区)	2012年	2013年	2014年	2015年	2016年	2017年	2018年	2019年	2020年	2021年	2022年
总　计	**1412773**	**1843666**	**2253118**	**2455127**	**2431808**	**2453663**	**2652152**	**2803678**	**2858188**	**2940683**	**3060643**
市本级	276197	387587	415438	414498	381369	401644	448235	472971	474911	459537	491737
县市小计	1136576	1456079	1837680	2040629	2050439	2052019	2203917	2330707	2383277	2481146	2568906
章贡区	109055	153563	181142	218569	218252	216685	231710	236501	226807	227003	225897
南康区	109529	135126	171923	184201	188300	192366	217708	233346	239862	248190	255786
赣县区	70100	99300	141158	173830	169412	153366	157752	167150	173177	173374	177809
信丰县	67001	85869	101751	113893	114270	118073	124917	126762	128776	151311	159567
大余县	44985	54985	70060	79136	83305	78736	87714	92735	96175	92477	93106
上犹县	32754	41065	56095	62708	60229	60841	65707	68949	72327	73048	78042
崇义县	43551	48894	67906	71523	83624	80257	88465	94818	93665	90805	100487
安远县	27682	37564	45790	53356	51286	52504	57639	61180	66282	71295	73477
定南县	39404	55704	74526	90107	92467	87634	83033	86351	89042	89326	91995
全南县	30001	34948	64226	70316	68134	64507	65513	68241	72433	74107	75713
宁都县	50460	59729	68428	74835	76801	76803	82887	88559	90011	92275	95798
于都县	72593	87024	107795	129215	122879	129954	140011	147458	142347	150567	155009
兴国县	51861	63133	80717	80103	75986	78252	85172	90010	91338	96201	100691
会昌县	53623	63090	74443	86730	89221	92944	98271	103168	103481	103794	105779
寻乌县	29622	36956	47384	49361	48252	48851	57139	57855	65575	70851	73759
石城县	29556	37772	45206	47929	49798	49205	55379	58943	63663	72860	77523
瑞金市	73208	92490	106964	117077	124542	123998	132011	140104	145379	158278	161444
龙南市	65208	80440	111130	125836	124540	133585	140218	151417	153023	162002	172020
赣州经开区	136383	188427	221036	211904	209141	209993	225267	240093	243494	254670	262591
赣州蓉江新区						3465	7404	17067	26420	28712	32413

12-6 县(市、区)一般公共预算支出

单位：万元

县(市、区)	2003年	2004年	2005年	2006年	2008年	2009年	2010年	2011年
总　计	**564957**	**682319**	**866353**	**1111894**	**1571326**	**2083492**	**2396873**	**3118366**
市本级	75817	90570	97693	110918	173673	221586	305733	435024
县市小计	489140	591749	768660	1000976	1397653	1861906	2091140	2683342
章贡区	29914	33976	42237	62915	84685	111001	116154	173114
南康区	36215	45324	55530	73688	105987	134045	154024	205690
赣县区	30340	39096	51160	67996	94309	136763	140986	175604
信丰县	34699	41209	52629	67159	92958	116688	131913	167339
大余县	20968	25687	32741	41716	60956	94253	94260	106681
上犹县	18938	23198	30190	40958	53188	69990	82563	103146
崇义县	16760	21619	27149	34810	53118	68544	71533	91366
安远县	23715	28359	36892	46536	61754	89819	93428	118280
龙南县	24303	29330	35610	44420	63518	77930	94815	131205
定南县	16738	22592	27161	35885	49626	69517	80184	95210
全南县	15764	17105	23534	32724	44599	60699	69250	81800
宁都县	37942	44611	59692	74760	101298	131861	153810	187558
于都县	42282	49826	67242	85409	121820	157600	176386	221369
兴国县	39665	46843	59056	72129	93517	125981	140134	192783
会昌县	24031	29968	40988	53128	74500	103000	122000	148415
寻乌县	20721	26168	32240	39456	55071	75899	96085	105288
石城县	19449	21929	29000	37910	49969	67691	74938	91161
瑞金市	31800	37804	51720	62865	90151	122764	138832	181169
赣州经开区	4896	7105	13889	26512	46629	47861	59845	106164

12-6 续表

单位：万元

县(市、区)	2012年	2013年	2014年	2015年)	2016年	2017年	2018年	2019年	2020年	2021年	2022年
总　计	**4041635**	**4808080**	**5362745**	**6150812**	**6768244**	**7763343**	**8575883**	**10074419**	**9767563**	**9610938**	**10276606**
市本级	424850	671234	721313	658706	754336	921896	680673	862394	717570	1164414	1565960
县市小计	3616785	4136846	4641432	5492106	6013908	6841447	7895210	9212025	9049993	8446524	8710646
章贡区	203294	247130	283244	352376	376686	399817	436730	464142	410465	395042	456128
南康区	300009	336910	372076	445467	481218	587860	711765	800188	748806	752769	709743
赣县区	235588	271816	316237	358907	409506	452009	533020	652544	600320	493260	565651
信丰县	220343	251539	282169	323513	361271	441345	506225	549725	600229	500498	576868
大余县	132983	153189	171508	216118	238999	254568	308455	365800	345680	301588	291508
上犹县	139396	162984	173751	207600	235216	258748	291665	351996	324962	311046	315357
崇义县	114599	130600	160016	185065	209104	221786	241649	305316	305560	296061	280508
安远县	155689	169846	191327	238773	254038	283446	334406	385456	372096	320875	343515
定南县	124520	156335	173648	202418	205026	237457	262352	326973	351213	351613	351989
全南县	105800	120236	155000	171800	195800	240872	278320	329309	388157	366808	293376
宁都县	274872	300999	310186	367111	403255	457371	508757	606157	587432	546016	564290
于都县	306679	339939	376028	436266	480168	560016	648006	734585	752615	660193	702100
兴国县	274882	304501	313000	367397	404705	445289	540053	652200	608503	566197	556820
会昌县	194930	208115	228033	282754	293202	336002	402202	492912	478086	441402	450060
寻乌县	142298	160335	178518	232815	240200	261000	323000	385000	331000	318188	347480
石城县	135657	144175	147689	178034	194265	215102	274939	336825	349536	304550	344061
瑞金市	252598	282886	312588	370492	432986	500185	551123	668138	639501	639675	570598
龙南市	160006	179636	233002	270858	297950	314500	346000	365900	378700	392000	419675
赣州经开区	142642	215675	263412	284342	300313	327697	336300	370003	396708	397698	452881
赣州蓉江新区						46377	60243	68856	80424	91045	118038

12-7　金融机构人民币信贷收支

单位：万元

项　　目	2022年	比年初增减额
各项存款	72690554	8535683
境内存款	72603987	8496070
住户存款	49135817	6429015
活期存款	17436498	1150143
定期及其他存款	31699320	5278872
非金融企业存款	14681115	1002138
活期存款	8389142	59470
定期及其他存款	6291973	942668
广义政府存款	7600551	127615
财政性存款	614826	-65749
机关团体存款	6985725	193364
非银行业金融机构存款	1186504	937302
境外存款	86567	39614
各项贷款	74506718	8390145
境内贷款	74505807	8390194
住户贷款	37307234	2370090
短期贷款	9436931	-166084
消费贷款	2217289	15370
经营贷款	7219641	-181454
中长期贷款	27870303	2536174
消费贷款	21663912	976764
经营贷款	6206390	1559410
非金融企业及机关团体贷款	37024574	5846104
短期贷款	8137914	1791392
中长期贷款	23219125	3326086
票据融资	5654026	721504
融资租赁		
各项垫款	13509	7123
非银行业金融机构贷款	174000	174000
境外贷款	911	-49

12-8 县(市、区)金融机构人民币各项存款余额

单位：万元

县(市、区)	2010年	2011年	2012年	2013年	2014年	2015年	2016年
总　计	**15060778**	**18475961**	**22687399**	**26243297**	**28817659**	**33559106**	**41418374**
市辖区						13903110	17014096
赣县区	758553	989943	1181304	1344462	1442932	1638965	2077080
信丰县	782050	960053	1175238	1387883	1625718	1923356	2476646
大余县	472106	565602	677858	758865	794467	869043	975985
上犹县	367023	452799	551182	648538	726946	841249	1124394
崇义县	351646	427176	494666	551538	636255	676902	789453
安远县	368185	451835	553154	633640	722370	883941	1061625
定南县	365763	496664	563454	568605	602548	687031	929048
全南县	266141	350818	423608	478772	554497	609885	720311
宁都县	940210	1118050	1303708	1503132	1679833	2054384	2600937
于都县	941133	1144324	1399723	1689863	1953455	2281822	2666419
兴国县	736565	853679	1093329	1239993	1392986	1687808	2174260
会昌县	474486	541133	692495	755862	842070	1003939	1257961
寻乌县	333054	414699	519193	603463	683517	867173	987554
石城县	352278	426970	495516	578359	663689	850725	1042204
瑞金市	748437	870646	1091064	1289765	1490578	1729704	2142837
龙南市	527018	647568	759018	845714	944612	1050070	1377563

注：2015年4月份起，章贡区、南康区数据统一汇入市辖区。2020年起赣县区数据统一汇入市辖区。(后同)

12-8 续表

单位：万元

县(市、区)	2017年	2018年	2019年	2020年	2021年	2022年
总　计	**47535691**	**50625671**	**54299116**	**60093500**	**64154872**	**72690554**
市辖区	20530393	21973654	24318524	27663300	29639424	34039030
赣县区	879417	938911	986645			
信丰县	2844459	3006379	3224770	3568900	3849051	4142361
大余县	1101925	1146142	1260122	1451200	1571638	1789429
上犹县	1302515	1371922	1445560	1520600	1617243	1808703
崇义县	921221	931842	997088	1174200	1231043	1382116
安远县	1284600	1334409	1368380	1529200	1631791	1886519
定南县	1096128	1171512	1200946	1157700	1245206	1369484
全南县	869153	831310	826339	984900	1114044	1239952
宁都县	3011641	3221580	3434599	3779400	3966036	4484110
于都县	3183208	3375640	3503641	3937200	4229250	4862556
兴国县	2413345	2646257	2883240	3153100	3348607	3786749
会昌县	1450299	1663459	1720751	1923600	2098446	2391176
寻乌县	1172028	1230040	1105509	1258700	1307936	1364742
石城县	1138782	1270068	1270546	1498700	1631687	1859488
瑞金市	2683886	2731621	2896227	3355800	3463783	3713706
龙南市	1652692	1780927	1856232	2137000	2209688	2570434

12-9　县(市、区)金融机构人民币住户存款余额

单位：万元

县(市、区)	2009年	2010年	2011年	2012年	2013年	2014年	2015年
总　计	**7356983**	**9076342**	**11003770**	**13277612**	**15273291**	**17279990**	**20141429**
市辖区							6580813
赣县区	408836	530890	653185	789349	910311	1030112	1175444
信丰县	503319	598729	709318	847108	1011270	1184290	1382010
大余县	270854	317713	377247	446012	511940	567796	650289
上犹县	207609	251247	302645	371529	428987	476009	536638
崇义县	176078	223697	275963	331498	362292	381955	419827
安远县	166489	218567	271606	338423	381084	445729	552309
定南县	177157	244098	337770	343267	337112	338242	381995
全南县	155601	176358	204563	248566	288972	322506	372639
宁都县	607766	710741	826704	966686	1086365	1259310	1522994
于都县	586578	717903	870177	1055691	1268078	1473256	1713020
兴国县	425037	513288	614872	745077	859435	1042374	1266756
会昌县	230075	294459	384393	474573	549414	637902	758422
寻乌县	137806	203129	249462	312378	347699	414728	495024
石城县	211012	242285	285627	328477	364023	429948	511606
瑞金市	432234	527453	649213	756550	873880	1021819	1195048
龙南市	287273	338870	432329	486448	523795	559657	626595

12-9　续表

单位：万元

县(市、区)	2016年	2017年	2018年	2019年	2020年	2021年	2022年
总　计	**23422667**	**27334612**	**30487897**	**33795415**	**38382206**	**42706805**	**49135817**
市辖区	7719658	9750812	10870246	12148602	14857022	16353107	18875791
赣县区	1373802	720545	766862	828736			
信丰县	1567402	1950869	2135853	2356129	2653838	2906556	3318293
大余县	746720	849871	911897	1015195	1144356	1289722	1488196
上犹县	630216	735023	831399	920935	1022741	1140575	1304066
崇义县	468368	573851	611961	674999	784720	860041	996271
安远县	663211	732605	816813	928062	1058494	1175818	1362571
定南县	422923	480748	550694	619780	730939	822973	970578
全南县	427951	504980	622917	645605	725656	801100	921835
宁都县	1750602	2030819	2342762	2571761	2878688	3249766	3736298
于都县	1945456	2251517	2531534	2747572	3082575	3491325	4025198
兴国县	1487291	1774468	1957911	2170245	2457483	2746061	3140009
会昌县	895558	1008243	1204954	1330336	1505964	1708596	1947223
寻乌县	543309	652018	711488	749045	850400	921433	1055681
石城县	602815	724495	849626	970594	1108791	1260574	1459176
瑞金市	1404100	1650587	1786680	2011728	2270851	2523596	2875559
龙南市	773285	943162	984298	1106090	1249688	1455561	1659074

12-10 县(市、区)金融机构人民币各项贷款余额

单位：万元

县(市、区)	2010年	2011年	2012年	2013年	2014年	2015年	2016年
总　计	**8463708**	**10354234**	**12831837**	**15929189**	**19239812**	**22975519**	**28421841**
市辖区						11309903	13511061
赣县区	469289	594348	711065	762494	888673	1076204	1441720
信丰县	393289	480049	624303	724109	835804	1003900	1429243
大余县	230869	269494	353211	390633	443069	530400	641894
上犹县	183415	245533	323785	394540	472712	596015	792753
崇义县	273734	331381	418386	469381	494451	579940	608573
安远县	167542	220294	272455	331062	422741	499432	624608
定南县	200261	246362	344561	404915	478999	585014	793347
全南县	129750	158633	194419	238308	281430	326157	413910
宁都县	436631	467752	576515	779306	953246	1082656	1277406
于都县	356818	460042	555404	717174	900338	1114610	1360647
兴国县	413465	450038	543035	655582	726426	893834	1256755
会昌县	208115	236051	301462	349188	410088	520763	705125
寻乌县	170100	201246	258553	344570	408195	478879	560080
石城县	187204	241920	306804	419684	510306	592948	783970
瑞金市	475382	558396	658943	756798	959990	1108340	1365547
龙南市	289580	306964	377919	447621	581840	676526	855202

12-10 续表

单位：万元

县(市、区)	2017年	2018年	2019年	2020年	2021年	2022年
总　计	**34159791**	**40471943**	**48243395**	**57644086**	**66116574**	**74506718**
市辖区	16887020	19568388	24409683	29594404	33627954	37234825
赣县区	554513	627541	706636			
信丰县	1707066	2109869	2507886	2919472	3561573	4129522
大余县	773607	872900	974558	1310714	1513728	1598664
上犹县	941427	1058106	1279796	1314645	1520775	1766702
崇义县	679876	788875	937501	1358664	1651988	1780793
安远县	806125	1081175	1311985	1643861	1904664	2154472
定南县	1059053	1319836	1522529	1263350	1422404	1586979
全南县	484430	638938	732381	978181	1168381	1391161
宁都县	1590544	1795992	1935616	2177293	2502637	2875659
于都县	1696849	2168705	2482683	3154017	3760984	4496609
兴国县	1494001	1614751	1821764	2214993	2479901	2853811
会昌县	861296	1226973	1489002	1687535	1917821	2179675
寻乌县	706703	848482	979279	1519234	1721708	1932661
石城县	922632	1062024	1071131	1408185	1583672	1818201
瑞金市	1915754	2307560	2609408	3102748	3472592	3913010
龙南市	1078895	1381828	1471556	1996789	2305790	2793975

12-11 国内保险主要业务指标

单位：万元

项　　目	2012年	2013年	2014年	2015年	2016年	2017年	2018年	2019年	2020年	2021年	2022年
财产保险业务											
保费收入	152480	189133	233576	268009	315991	422256	478157	529473	548702	516853	567123
企业财产险	4921	6144	7133	7091	7587	8479	9109	7408	6389	5689	4377
家庭财产险	1007	1314	1399	1732	1336	1822	2492	2333	3138	3661	5611
机动车辆保险	124720	158959	199254	229509	263335	310625	346931	371277	379521	323292	351155
工程保险	1518	455	1342	899	1172	1024	2391	1311	2069	1458	1105
责任保险	5380	6831	8002	9241	11436	15361	18571	22856	22323	23500	30224
货运险	277	388	557	500	435	615	817	914	1324	1795	1856
农业保险	8234	6083	4939	6412	11874	16582	21531	25996	33521	48822	75491
意外伤害保险	3180	3303	4736	6627	7638	9747	13630	16951	18009	21236	23330
健康保险	2639	3392	4171	4758	10170	53776	58617	75566	76143	80677	64926
其它保险				50	1009	4224	4069	4860	6265	6723	9050
赔款支出金额	71267	83963	103719	123746	137123	189132	241059	265129	296280	322737	336476
人寿保险业务											
保费收入	266106	296076	380826	504742	621885	822478	838673	839410	909466	849643	725324
#个人代理	155493	177337	200281	252650	361986	490554	576659	606398	609392	546349	401036
公司直销	18349	25966	38695	38509	60776	59409	72815	74569	86315	81771	11236
保险专业代理	667	779	776	770	641	619	625	771	986	1736	912
银行邮政代理	87363	87569	133532	199767	185855	259916	183118	146551	199732	207091	311348
其他兼业代理	3318	3370	3859	3494	5049	5354	4994	4734	3497	3011	571
保险经纪业务	916	1054	3684	9552	7578	6626	461	6385	9543	9680	212
#寿险	238278	216053	208779	197249	240698	376117	327527	310035	370051	397628	618794
意外伤害险	7775	9008	10748	12518	14990	16927	18972	18374	17325	17130	14295
#短期意外险	7738	8226	9148					11561	11158	11737	
健康险	20054	26382	48451	70838	123165	139395	177893	205951	233704	218499	211795
#短期健康险	6045	7172	21319	30640	51810	48824	5874	67400	85680	76445	
年金保险				224137	243032	290039	314281	305048	288385	216386	
赔付金额	49077	64081	47569	68023	147766	161069		167162	172273	154900	183573

主要统计指标解释

财政总收入 指国家财政参与社会产品分配所取得的收入，是实现国家职能的财力保证。财政收入所包括的内容几经变化，目前主要包括：

(1)各项税收：包括增值税、营业税、消费税、土地增值税、城市维护建设税、资源税、城市土地使用税、印花税、个人所得税、企业所得税、关税、农牧业税和耕地占用税等。

(2)专项收入：包括征收排污费收入、征收城市水资源费收入、教育费附加收入等。

(3)其他收入：包括基本建设贷款归还收入、基本建设收入、捐赠收入等。

(4)国有企业亏损补贴：此项为负收入，冲减财政收入。主要包括对工业企业、商业企业、粮食企业的补贴。

一般公共预算收入 指财政参与社会产品分配所取得的收入，是实现国家职能的财力保证。主要包括：（1）各项税收：包括国内增值税、国内消费税、进口货物增值税、进口消费品消费税、出口货物退增值税、出口消费品退消费税、企业所得税、个人所得税、资源税、城市维护建设税、房产税、印花税、城镇土地使用税、土地增值税、车船税、船舶吨税、车辆购置税、关税、耕地占用税、契税、烟叶税、环境保护税等。（2）非税收入：包括专项收入、行政事业性收费收入、罚没收入、国有资本经营收入、国有资源（资产）有偿使用收入和其他收入。

一般公共预算支出 指财政将筹集起来的资金进行分配使用，以满足经济建设和各项事业的需要。主要包括：一般公共服务、外交、国防、公共安全、教育、科学技术、文化旅游体育与传媒、社会保障和就业、卫生健康、节能环保、城乡社区、农林水、交通运输、资源勘探工业信息等、商业服务业等、金融、援助其他地区、自然资源海洋气象等、住房保障、粮油物资储备、灾害防治及应急管理、债务付息、债务发行费用等方面的支出。

中央财政收入和地方财政收入 指按现行分税制财政体制划分的中央本级收入和地方本级收入。1994年实行分税制财政体制以后，属于中央财政的收入包括关税、海关代征消费税和增值税，消费税，中央企业所得税，地方银行和外资银行及非银行金融企业所得税，铁道部门、各银行总行、保险总公司等集中缴纳的营业税、所得税、利润和城市维护建设税，增值税的 75%部分，证券交易税(印花税)50%部分和海洋石油资源税。属于地方财政的收入包括营业税，地方企业所得税，个人所得税，城镇土地使用税，固定资产投资方向调节税，城镇维护建设税，房产税，车船使用税，印花税，屠宰税，农牧业税，农业特产税，耕地占用税，契税，增值税 25%部分，证券交易税(印花税)50%部分和除海洋石油资源税以外的其他资源税。

中央财政支出和地方财政支出 指根据政府在经济和社会活动中的不同职责，划分中央和地方政府的责权，按照政府的责权划分确定的支出。中央财政支出包括国防支出，武装警察部队支出，中央级行政管理费和各项事业费，重点建设支出以及中央政府调整国民经济结构、协调地区发展、实施宏观调控的支出。地方财政支出主要包括地方行政管理和各项事业费，地方统筹的基本建设、企业挖潜改造支出，农林水和气象支出，城市维护和建设经费，政策性补贴支出等。

信贷资金 指金融机构以信用方式积聚和分配的货币资金。金融机构信贷资金的来源有各项存款、对国际金融机构负债、流通中货币、银行自有资金及当年结益等；信贷资金的运用有各项贷款、黄金占款、外汇占款、财政借款及在国际金融机构中的资产等。

各项存款 指单位、个人、财政部门在保留资金或货币所有权的条件下，以不可流通的存单或类似凭证为依据，确保名义本金不变暂时让渡资金使用权所存入金融机构的款项，包括单位存款、个人存款、国库定期存款、临时存款、邮政储蓄银行老协议存款、外汇储备委托贷 款资金、非存款类金融机构存放款项等。

各项贷款 指金融机构在保留资金或货币所有权的条件下，以不可流通的借款凭证或类似凭证为依据，暂时让渡资金使用权所形成的债权，包括信用卡及账户透支、个人经营和消费贷款、单位经营贷款、固定资产贷款、并购贷款、贸易融资、融资租赁、各项垫款、票据融资以 及拆放非存款类金融机构款项等。

保险公司 指在中国境内的、经过保险监督管理部门批准设立，并依法登记注册的各类商业保险公司。

保险金额 指保险人承担赔偿或者给付保险金责任的最高限额。

保费 指投保人为取得保险人在约定范围内所承担赔偿责任而支付给保险人的费用。

赔款 指保险人根据保险合同的规定，向被保险人支付的赔偿保险责任损失的金额。

给付 包括死伤医疗给付和满期给付。死伤医疗给付是指保险人根据人寿保险及长期健康保险合同的规定，因被保险人在保险期内发生保险责任范围内的保险事故支付给被保险人（或受益人）的金额。满期给付是指被保险人生存期满，保险人按人寿保险合同规定支付给被保险人的满期保险金额。

十三、人民生活

本篇章

质量负责：袁智文
资料整理：肖为民

13-1 历年城镇、农村居民基本情况

单位：元

年 份	城市居民人均		农村居民人均	
	可支配收入	消费性支出	可支配收入	消费性支出
1978			111	
1979			125	
1980	356	389	149	
1981	391	397	192	
1982	416	416	235	
1983	418	397	276	229
1984	453	432	300	228
1985	564	554	322	266
1986	688	654	321	292
1987	741	697	366	332
1988	936	964	439	413
1989	1105	1104	501	459
1990	1187	1097	602	504
1991	1167	1100	635	541
1992	1485	1246	709	593
1993	1833	1584	810	688
1994	2532	2085	1114	909
1995	3083	2854	1478	1202
1996	3496	3076	1803	1357
1997	3729	2964	2034	1417
1998	3922	3213	2045	1402
1999	4599	3636	2095	1644
2000	4811	3484	2100	1422
2001	5304	4022	2113	1496
2002	6175	4784	2191	1640
2003	6723	5091	2240	1673
2004	7388	5509	2553	1837
2005	8199	5995	2760	2081
2006	9147	6882	3000	2176
2007	10540	8088	3271	2473
2008	11834	8842	3570	2771
2009	12901	9882	3856	2933
2010	14203	10662	4182	3197
2011	16058	11609	4684	3788
2012	18704	12708	5301	3945
2013	20797	13353	6224	5267
2014	22935	14661	6946	5868
2015	25001	16080	7787	6725
2016	27086	16915	8729	7412
2017	29567	18547	9717	8214
2018	32163	20247	10782	9127
2019	34826	22292	11941	10609
2020	37031	21975	13036	11676
2021	40160	24357	14675	13604
2022	42231	25824	15900	14880

注：1.城市居民中1980—1991年为人均生活费收入;农村居民中1978—2012年为纯收入，1983—2012为生活消费支出。
2.2014年城乡住户调查计算口径有所调整，2013年收支数据按新口径调整。

13-2 人民物质

项　　目	单位	2009年	2010年	2011年	2012年	2013年
城乡居民每人年收入						
职工平均工资	元	20732	23602	27775	32869	40922
城市居民可支配收入	元	12901	14203	16058	18704	20797
农村居民可支配收入	元	3856	4182	4684	5301	6224
每人年生活消费						
居民消费水平	元	4814	5555	5912	6604	11131
城镇居民	元	6396	7391	8075	9471	17754
农村居民	元	3835	4371	4563	4673	6362
平均建筑面积						
城市住户	平方米	33.60	34.19	36.06	36.69	37.28
农村住户	平方米	32.69	33.46	38.4	38.78	38.55
交通						
城市住户每百户汽车拥有量	辆					
农村住户每百户汽车拥有量	辆					
城市住户每百户摩托车拥有量	辆	33	34	29	27	83.62
农村住户每百户摩托车拥有量	辆	76	76	86.19	86.19	83.96
储蓄						
平均每人储蓄存款余款	元	8728	10828	13057	15710	18015
教育						
学龄儿童入学率	%	99.87	99.9	99.9	110.18	104.67
平均每万人中有大学在校学生	人	85.90	88.21	90.73	92.24	91.33
卫生						
平均每万人中有医生数	人	9.05	9.96	9.66	10.16	10.93
平均每万人中有病床数	张	20.63	21.93	24.91	29.71	33.36
文化						
城市住户每百户拥有彩色电视机	台	159	162	169	172	121
农村住户每百户拥有彩色电视机	台	103	108	113	116	112
城市住户每百户拥有照相机	台	47	49	43	43	8
农村住户每百户拥有照相机	台	2.2	2.8	2.4	2.2	3.3
就业						
城市住户每一就业者赡养人数	人	1.7	1.7	1.89	1.85	2
农村住户每一劳动力负担人口	人	1.49	1.38	1.51	1.49	1.5

文化生活情况

2014年	2015年	2016年	2017年	2018年	2019年	2020年	2021年	2022年
45127								
22935	25001	27086	29567	32163	34826	37031	40160	42231
6946	7787	8729	9717	10782	11941	13036	14675	15900
13349								
19862								
8381								
43.64	43.82	44.51	44.91	48.42	49.56	50.81	51.16	51.21
40.46	42.1	43.16	43.7	58.42	62.32	63.55	65.67	67.10
17.29	20.97	23.55	25.65	39.57	36.99	40.54	43.01	46.77
5.95	8.3	11.86	13.61	26.28	25.04	29.82	31.67	35.31
77.38	78.06	80	78.71	73.33	69.35	66.34	65.11	63.33
100.75	101.93	103.88	103.42	94.69	91.23	92.92	90.64	89.03
20312								
102.21								
92.88								
12.78								
39.84								
140	138	137	138	130	130	132	131	128
119	121	124	124	121	124	124	124	123
21	21	19	18	7.6	8.8	9.1	9.8	6.2
2.1	2.4	2.2	2.6	2.2	1.9	1.8	1.7	1.6
1.69	1.70	1.71	1.74	1.88	2.07	2.12	2.10	2.12
1.6	1.59	1.54	1.61	1.77	1.97	2.02	1.96	2.02

13-3 调查户和调查人口基本情况

指标名称	单 位	城镇住户	农村住户
一、调查户数	户	930	1130
二、调查人口基本情况	--		
(一)期内住户成员数	人	3976	5234
(二)期末住户成员数	人	3892	5115
(三)期内住户常住成员数	人	3456	4030
三、常住劳动力情况(16周岁及以上非在校学生)			
(一)劳动力人数	人	2307	2507
1.整劳动力人数	人	974	843
2.半劳动力人数	人	1333	1664
(二)性别	人	2307	2507
1.男性	人	1093	1252
2.女性	人	1214	1255
四、常住从业人员情况			
(一)常住成员从业人数	人	1632	1991
(二)就业状况	人	1632	1991
1.雇主	人	8	9
2.公职人员	人	64	5
3.事业单位人员	人	171	30
4.国有企业雇员	人	26	3
5.其他雇员	人	1008	1020
6.农业自营	人	133	741
7.非农自营	人	222	183
五、平均每户就业人口数	人	1.75	1.76
六、平均每户就业面	%	0.47	0.49
七、平均每一就业者赡养人数(含就业者本人)	人	2.12	2.02

13-4 城乡住户居住情况

指标名称	单位	城镇居民	农村居民
调查户家庭人口数	人	3456	4030
一、住户情况			
(一)现住房房屋来源	户	930	1130
1.租赁公房	户	27	3
2.租赁私房	户	15	7
3.自建住房	户	481	1072
4.购买商品房	户	365	28
5.购买房改住房	户	9	2
6.购买保障性住房	户	9	6
7.拆迁安置房	户	18	5
8.继承或获赠住房	户	3	1
9.免费借用房	户	1	4
10.雇主提供免费住房	户		
11.其他来源	户	2	2
(二)现住房建筑面积	平米/人	51.21	67.10
1.10平方米以内	户		
2.10-20平方米	户		1
3.20-30平方米	户		
4.30-60平方米	户	35	18
5.60-90平方米	户	64	46
6.90-120平方米	户	189	137
7.120-200平方米	户	321	187
8.200平方米以上	户	321	741
二、生活设施状况			
(一)住户主要饮用水来源情况	户	930	1130
1.经过净化处理的自来水	户	789	596
2.受保护的井水和泉水	户	128	450
3.不受保护的井水和泉水	户	13	77
4.江河湖泊水	户		
5.收集雨水	户		
6.桶装水	户		
7.其他水源	户		7
(二)住户厕所类型	户	930	1130
1.水冲式卫生厕所	户	930	1128
2.水冲式非卫生厕所	户		2
3.卫生旱厕	户		
4.普通旱厕	户		
5.无厕所	户		
(三)主要炊用能源状况	户	930	1130
1.柴草	户	48	294
2.煤炭	户		2
3.罐装液化石油气	户	625	637
4.管道液化石油气	户		
5.管道煤气	户		
6.管道天然气	户	115	6
7.电	户	141	187
8.燃料用油	户		
9.沼气	户		
10.其他	户	1	4
11.无炊用行为	户		

13-5 居民可支配收入

单位：元/人

指标名称	城镇居民		农村居民	
	2021年	2022年	2021年	2022年
可支配收入	40160.12	42230.92	14675.50	15900.08
一、工资性收入	24296.94	25456.98	6541.00	7016.79
工资	23419.07	23790.63	6488.21	6836.22
实物福利	74.87	134.10	7.40	85.74
其他	803.00	1532.25	45.40	94.83
二、经营净收入	4348.03	4509.34	5237.29	5552.45
第一产业经营净收入	502.00	316.34	2581.33	1024.37
第二产业经营净收入	693.01	1045.84	721.93	373.05
第三产业经营净收入	3153.03	3147.16	1934.04	4155.03
三、财产净收入	4020.78	4389.25	151.78	181.01
利息净收入	-21.35	-20.15	-17.15	-16.45
红利收入	439.69	619.17	62.37	76.98
转让承包土地经营权租金净收入	13.45	14.95	13.22	15.91
出租房屋财产性收入	963.88	976.39	93.34	104.57
房屋虚拟租金	2625.11	2798.90		
四、转移净收入	7494.37	7875.35	2744.79	3149.83
转移性收入	8954.60	9406.82	3151.64	3757.60
养老金或离退休金	5286.27	5607.90	603.54	671.53
社会救济和补助	217.39	257.76	231.83	248.48
政策性生活补贴	77.10	106.73	74.31	80.46
报销医疗费	439.07	512.30	153.18	198.95
家庭外出从业人员寄回带回收入	2387.79	2348.99	1559.43	1877.17
赡养收入	546.99	573.15	529.36	681.01
转移性支出	1460.23	1531.47	406.85	607.77
个人所得税	54.05	69.20	6.56	7.75
社会保障支出	1327.98	1312.46	345.17	550.82
外来从业人员寄给家人的支出	3.96	1.71	6.58	3.00
赡养支出	30.14	86.78	26.72	21.17
其他转移性支出	44.10	61.33	21.82	25.04

13-6 居民总支出与消费支出

单位：元/人

指标名称	城镇居民		农村居民	
	2021年	2022年	2021年	2022年
总支出	33394.02	36930.96	17882.23	24185.72
消费支出	24356.71	25824.23	13604.34	14880.01
一、食品烟酒	7736.60	8012.20	4717.00	4922.33
(一)食品	5744.86	5789.51	3705.43	3746.02
(二)烟酒	550.82	413.58	450.79	467.69
(三)饮料	163.25	163.43	98.90	170.76
(四)饮食服务	1277.67	1645.68	461.88	537.86
二、衣着	1353.22	1365.12	605.00	653.19
(一)衣类	1101.80	1133.13	489.83	509.95
(二)鞋类	251.42	231.99	115.17	143.24
三、居住	6001.02	6397.69	3251.09	3564.14
(一)租赁房房租	183.49	188.16	78.19	87.72
(二)住房维修及管理	668.54	700.64	527.21	540.80
(三)水、电、燃料及其他	902.54	1058.21	514.27	679.15
(四)自有住房折算租金	4246.44	4450.68	2131.42	2256.47
四、生活用品及服务	1324.24	1466.34	796.11	904.28
(一)家具及室内装饰品	325.17	347.99	143.62	205.77
(二)家用器具	296.42	312.80	226.51	253.24
(三)家用纺织品	101.65	138.14	69.02	71.80
(四)家庭日用杂品	245.18	261.72	218.18	217.70
(五)个人用品	268.65	297.71	114.31	134.82
(六)家庭服务	87.16	107.99	24.47	20.96
五、交通通信	2881.60	3158.92	1528.25	1694.41
(一)交通	2079.00	2266.61	1089.38	1129.03
(二)通信	802.60	892.31	438.87	565.38
六、教育文化娱乐	2803.48	2987.93	1423.96	1717.62
(一)教育	1821.88	1931.31	1209.78	1488.29
(二)文化和娱乐	981.59	1056.62	214.17	229.34
七、医疗保健	1855.71	1978.39	1071.79	1190.08
(一)医疗器具及药品	457.33	460.71	251.05	259.34
(二)医疗服务	1398.38	1517.69	820.74	930.74
八、其他用品和服务	400.85	457.64	211.14	233.97
(一)其他用品	219.02	262.65	122.80	128.61
(二)其他服务	181.82	194.99	88.34	105.36

13-7 居民家庭食品消费数量

指标名称	单位	城镇居民		农村居民	
		2021年	2022年	2021年	2022年
一、粮食消费量	公斤/人	145.62	140.79	151.61	164.53
(一)谷物消费量	公斤/人	131.14	125.32	138.49	151.12
1.小麦	公斤/人	23.30	19.27	13.67	15.79
2.稻谷	公斤/人	95.88	95.39	115.26	125.67
3.玉米	公斤/人	4.38	4.11	3.15	3.42
4.其他谷物	公斤/人	7.58	6.55	6.41	6.24
(二)薯类消费量	公斤/人	2.37	1.94	1.81	1.53
1.红薯	公斤/人	0.76	0.58	0.90	0.64
2.马铃薯	公斤/人	0.84	0.73	0.48	0.51
3.其他薯类	公斤/人	0.77	0.63	0.43	0.38
(三)豆类消费量	公斤/人	12.11	13.54	11.31	11.88
1.大豆	公斤/人	0.89	0.62	0.75	0.67
2.其他豆类	公斤/人	11.22	12.92	10.56	11.20
二、油脂类消费量	公斤/人	15.60	13.45	13.97	12.46
(一)植物油	公斤/人	15.51	13.34	13.84	12.37
(二)动物油	公斤/人	0.09	0.11	0.13	0.10
三、蔬菜及菜制品消费量	公斤/人	110.35	120.77	101.23	99.97
(一)鲜菜	公斤/人	106.06	115.92	98.61	97.03
(二)干菜及菜制品	公斤/人	1.98	2.26	1.11	1.19
(三)鲜菌	公斤/人	2.01	2.31	1.30	1.54
(四)干菌及菌制品	公斤/人	0.30	0.29	0.21	0.21
四、肉类	公斤/人	29.35	38.13	24.82	33.50
(一)猪肉	公斤/人	23.11	31.58	20.71	29.48
(二)牛肉	公斤/人	2.81	3.16	1.67	1.71
(三)羊肉	公斤/人	0.40	0.54	0.13	0.22
(四)其他肉类及制品	公斤/人	3.03	2.85	2.31	2.09
五、禽类	公斤/人	15.66	16.78	15.16	14.50
(一)鸡	公斤/人	6.24	7.27	6.94	6.85
(二)鸭	公斤/人	6.02	6.18	5.98	5.27
(三)鹅	公斤/人	0.47	0.38	0.50	0.44
(四)其他禽类及制品	公斤/人	2.93	2.95	1.73	1.94
六、水产品	公斤/人	15.17	15.88	12.83	12.78
(一)鱼类	公斤/人	12.30	12.64	11.19	11.04
(二)虾、贝、蟹类	公斤/人	1.35	1.76	0.54	0.72
(三)藻类	公斤/人	0.40	0.35	0.36	0.31
(四)其他	公斤/人	1.12	1.13	0.74	0.70
七、蛋类及蛋制品	公斤/人	8.82	8.79	8.39	8.52
(一)鲜蛋	公斤/人	8.51	8.49	8.23	8.34
(二)蛋制品	公斤/人	0.30	0.30	0.16	0.17
八、奶和奶制品	公斤/人	14.15	11.11	8.83	8.36
(一)鲜奶	公斤/人	10.22	8.76	6.38	6.31
(二)酸奶	公斤/人	2.04	0.78	0.65	0.37
(三)奶粉	公斤/人	0.81	0.59	0.33	0.41
(四)其他奶制品	公斤/人	1.08	0.98	1.47	1.27
九、干鲜瓜果类	公斤/人	64.49	—	45.32	—
(一)鲜瓜果	公斤/人	59.39	—	40.25	—
(二)瓜果制品	公斤/人	1.05	—	0.72	—
(三)坚果类	公斤/人	4.05	—	4.35	—
十、糖果糕点类	公斤/人	5.72	—	5.38	—
(一)食糖	公斤/人	1.00	0.96	1.37	1.17
(二)糖果	公斤/人	0.56	—	0.44	—
(三)糕点	公斤/人	3.29	—	2.86	—
(四)其他糖果糕点	公斤/人	0.86	—	0.72	—
十一、饮料	公斤/人	0.40	—	0.59	—
(一)茶叶	公斤/人	0.40	—	0.59	—
十二、烟叶消费量	公斤/人	21.21	—	31.49	—
十三、酒	公斤/人	6.29	—	9.27	—
(一)白酒	公斤/人	2.10	—	2.62	—
(二)啤酒	公斤/人	4.09	—	6.61	—
(三)果酒	公斤/人	0.10	—	0.04	—

注：2022年城乡住户调查报表指标体系有所调整，部分消费分类不再汇总计算消费量数据。

13-8 居民家庭耐用消费品拥有情况

指标名称	单 位	城镇居民	农村居民
家用汽车	辆/百户	46.77	35.31
摩托车	辆/百户	63.33	89.03
助力车	台/百户	86.45	57.35
洗衣机	台/百户	96.56	82.30
电冰箱(柜)	台/百户	99.57	100.44
微波炉	台/百户	34.41	15.84
彩色电视机	台/百户	128.39	123.36
空调	台/百户	146.67	64.34
热水器	台/百户	106.67	94.16
洗碗机	台/百户	3.87	1.24
排油烟机	台/百户	85.81	58.14
固定电话	线/百户	5.81	4.60
移动电话	部/百户	295.16	299.29
计算机	台/百户	56.67	27.79
照相机	台/百户	6.24	1.59
中高档乐器	架/百户	5.48	1.33
健身器材	台/百户	6.88	1.50
空气净化器(含新风系统)	台/百户	4.19	0.62
吸尘器	台/百户	3.98	1.42

注：2022年城乡住户调查报表指标体系有所调整，部分耐用消费品不再汇总计算拥有量数据。

13-9 各县(市、区)城镇居民可支配收入

单位：元/人

县(市、区)	2021年	2022年	比上年增长(%)
赣州市	**40160**	**42231**	**5.2**
章贡区	48663	51652	6.1
南康区	38851	41067	5.7
赣县区	36368	38508	5.9
信丰县	37758	39756	5.3
大余县	34533	36030	4.3
上犹县	32987	34844	5.6
崇义县	34158	35806	4.8
安远县	30270	31914	5.4
定南县	34941	36493	4.4
全南县	32748	34557	5.5
宁都县	30275	31862	5.2
于都县	35950	37723	4.9
兴国县	34227	36011	5.2
会昌县	33165	34908	5.3
寻乌县	32688	34065	4.2
石城县	31142	32812	5.4
瑞金市	37388	39140	4.7
龙南市	37577	39311	4.6

13-10 各县(市、区)农村居民可支配收入

单位：元/人

县(市、区)	2021年	2022年	比上年增长(%)
赣州市	**14675**	**15900**	**8.3**
章贡区	20936	22626	8.1
南康区	14983	16191	8.1
赣县区	14410	15856	10.0
信丰县	17597	19018	8.1
大余县	15539	16648	7.1
上犹县	14055	15421	9.7
崇义县	13832	14863	7.5
安远县	13544	14792	9.2
定南县	13389	14811	10.6
全南县	11912	13132	10.2
宁都县	14265	15479	8.5
于都县	14483	15622	7.9
兴国县	14525	15719	8.2
会昌县	14716	15905	8.1
寻乌县	14834	16405	10.6
石城县	13731	15137	10.2
瑞金市	15360	16573	7.9
龙南市	15395	16612	7.9

主要统计指标解释

住户 指居住在一个住宅内，共同分享生活开支或收入的一群人。

住户成员 指居住在一个住宅内，所有与本住户分享生活开支或收入的人员。

常住成员 指住户成员中，经常在家居住、或者调查期内居住时间超过一半的人员，以及本住户供养的学生。

可支配收入 指调查户在调查期内获得的、可用于最终消费支出和储蓄的总和，即调查户可以用来自由支配的收入。可支配收入既包括现金，也包括实物收入。按照收入的来源，可支配收入包含四项，分别为：工资性收入、经营净收入、财产净收入和转移净收入。计算公式为：

可支配收入=工资性收入+经营净收入+财产净收入+转移净收入

其中：经营净收入=经营收入-经营费用-生产性固定资产折旧-生产税

财产净收入=财产性收入-财产性支出

转移净收入=转移性收入-转移性支出

消费支出 指住户用于满足家庭日常生活消费需要的全部支出，包括用于消费品的支出和用于服务性消费的支出。根据用途不同，消费支出可划分为食品烟酒、衣着、居住、生活用品及服务、交通通信、教育文化娱乐、医疗保健、其他用品及服务八大类。根据来源不同，消费支出可划分为现金消费支出、实物消费支出（含自产自用、来自单位、来自政府和其他社会组织）。

恩格尔系数 指食品烟酒消费支出占总消费支出的比重。计算公式为：

恩格尔系数=人均食品烟酒消费支出÷人均消费支出总额×100%

十四、科教、文卫、体育

本篇章

质量负责：张媛媛 何书君
资料整理：汪 茜 高 涌
邱国磊

14-1 主要年份R&D经费内部支出情况

单位：万元

年份	R&D经费内部支出合计	规上工业	规上服务业	建筑业	教育部门	科技部门	其他	R&D经费内部支出与GDP比值(%)
2012	65561	57045						0.43
2013	97913	89697						0.59
2014	103270	92489						0.56
2015	157695	151856						0.80
2016	196809	185165	714		10930*			0.90
2017	267814	246383	542		19120	1770		1.07
2018	352763	321037	979		30747*			1.26
2019	459356	380595	2480		64412	7723	4146	1.32
2020	574515	435834	4581		26100	83000	25000	1.58
2021	713029	526261	4168		46700	87000	48900	1.71
2022	778065	591245	8723		48576	75783	53737	1.72

注：1. 2012—2018年间部分年份分部门数据未反馈；2.重点建筑业自2016年起纳入研发统计；3.*表示该数据为教育和科技部门合计数据。

14-2-1 各类全日制学校基本情况

单位：人

类别	学校数(所)	在校学生	招生数或入园(班)人数	毕业生数或离园(班)人数	教职工数	#专任教师
普通高等学校	12	148947	51387	36664	9576	7585
#研究生	3	7869	2872	1671		
普通中学	499	688489	228293	225707	57651	49464
高　中	83	252430	88179	80285		17941
初　中	416	436059	140114	145422		31523
中等职业学校	45	123630	43380	36899	6174	5138
小学	1468	801243	120665	140352	47323	51183
特殊教育(盲聋哑、弱智学校)	17	9652	1840	2151	493	450
幼儿园	3204	324000	95120	113354	39829	24776

备注：小学专任教师数含九年一贯制及十二年一贯制学校的小学教师；普通高等学校学生数不含其成人教育学生数。

14-2-2 各类学校教师负担学生数

单位：人

类别	专任教师数		平均每个教师负担学生数	
	2021年	2022年	2021年	2022年
普通高等学校	6903	7585	19	20
中等职业学校	4516	5138	26	24
普通中学	47006	49464	15	14
小学	51557	51183	16	16

14-2-3 普通高等学校及中等专业学校基本情况

单位：人

院校	主办部门	在校学生数	招生数	毕业生数	教职工数	#专任教师
一、高等学校						
江西理工大学	省教育厅	31009	9456	6568	2041	1643
赣南科技学院	市政府	9695	2993	1932	460	353
赣南师范大学	省教育厅	21334	5744	5230	1589	1342
赣南师范科技学院	民办	4844	1766	1293	176	156
赣州师范高等专科学校	省教育厅	12368	4274	3500	680	521
赣南医学院	省教育厅	13886	4163	2894	1425	930
江西环境工程职业学院(大专)	省林业厅	17176	6417	6326	971	789
江西应用技术职业学院(大专)	省自然资源厅	19504		5256	1161	993
赣南卫生健康职业学院(高职)		10208	4061	2902	438	351
赣州职业技术学院(高职)	市政府	7219	4075	763	470	387
和君职业学院(高职)	民办	1704	1274		133	93
二、中等专业学校						
江西应用技术职业学院(中专)	省自然资源厅	1124	405	435	130	130
江西环境工程职业学院(中专)	省林业局	589	205	467	46	46
赣州卫生学校	市卫健委	4068	1197	1959		
江西省赣州农业学校	市农业农村局	4308	1035	1569	172	105

14-2-4 县(市、区)普通中学学校数情况

单位：所

县(市、区)	学校数	九年一贯制学校	初级中学	高级中学	完全中学	十二年一贯制学校
全 市	**499**	**108**	**308**	**43**	**31**	**9**
市 直	6			1	4	1
章贡区	11	1	7		2	1
南康区	41	2	34	5		
赣县区	36	7	24	2	1	2
信丰县	34	8	21	5		
大余县	16	5	7	3	1	
上犹县	19	7	9	3		
崇义县	20	4	14	2		
安远县	24	8	14	2		
定南县	10	3	5	1	1	
全南县	12		10	2		
宁都县	45	18	20	4	1	2
于都县	50	6	35	1	6	2
兴国县	35	2	27	5	1	
会昌县	26	5	16	3	2	
寻乌县	22	12	8		2	
石城县	19	8	9	1	1	
瑞金市	34	3	27	2	2	
龙南市	20	8	9		2	1
赣州经开区	15	1	10	1	3	
赣州蓉江新区	4		2		2	

14-2-5 县(市、区)普通中学基本情况

单位：人

县(市、区)	招生数			毕业生数			在校学生数			专任教师			平均每个教师负担学生数
		初中	高中		初中	高中		初中	高中		初中	高中	
全 市	**228293**	**140114**	**88179**	**225707**	**145422**	**80285**	**688489**	**436059**	**252430**	**49464**	**31523**	**17941**	**14**
市 直	5418	1689	3729	5658	1918	3740	16121	5489	10632	1262	388	874	13
章贡区	9707	7830	1877	8478	6902	1576	27783	22552	5231	2004	1573	431	14
南康区	20084	12599	7485	22363	13334	9029	62732	38658	24074	4648	2745	1903	13
赣县区	15500	9263	6237	16671	10060	6611	48283	29276	19007	3639	2254	1385	13
信丰县	17412	10682	6730	17816	11994	5822	54018	34718	19300	4022	2559	1463	13
大余县	7240	4087	3153	7072	4954	2118	20804	13222	7582	1514	917	597	14
上犹县	7913	4650	3263	8297	5195	3102	23891	14834	9057	1648	1064	584	14
崇义县	4432	2508	1924	4168	3001	1167	12545	8092	4453	991	682	309	13
安远县	9930	5965	3965	9184	6536	2648	29194	19177	10017	2059	1316	743	14
定南县	5215	3543	1672	4852	3326	1526	15159	10456	4703	1005	695	310	15
全南县	4411	2454	1957	4113	2616	1497	12872	7627	5245	965	636	329	13
宁都县	19593	11746	7847	20358	13200	7158	59455	37534	21921	3921	2567	1354	15
于都县	25575	16071	9504	24807	15919	8888	75898	48683	27215	5590	3658	1932	14
兴国县	19513	11407	8106	19567	12069	7498	64253	38174	26079	4181	2681	1500	15
会昌县	10668	6786	3882	10338	6181	4157	31962	20265	11697	2426	1496	930	13
寻乌县	6126	3623	2503	5700	3579	2121	18012	11167	6845	1471	905	566	12
石城县	6334	4095	2239	6475	3982	2493	19138	12093	7045	1474	916	558	13
瑞金市	15969	9632	6337	15512	10126	5386	48023	30309	17714	3222	2096	1126	15
龙南市	7276	4817	2459	6926	4551	2375	21486	14253	7233	1434	939	495	15
赣州经开区	7380	4749	2631	5499	4382	1117	19898	13997	5901	1401	1005	396	14
赣州蓉江新区	2597	1918	679	1853	1597	256	6962	5483	1479	587	431	156	12

14-2-6 县(市、区)中等职业教育基本情况

单位：人

县(市、区)	学校数(所)	在校学生数	招生数	毕(结)业生数	教职工数	#专任教师	平均每个教师负担学生数
全　市	**45**	**123630**	**43380**	**36899**	**6174**	**5138**	**24**
市　直	14	49439	16140	15838	2575	2023	24
章贡区	1	2484	1149	637	84	79	31
南康区	2	8455	3292	1964	274	247	34
赣县区	2	5444	1732	1815	253	184	30
信丰县	3	6004	2351	1711	347	327	18
大余县	1	2869	987	905	108	102	28
上犹县	1	2757	991	749	77	71	39
崇义县	1	3001	1019	803	144	136	22
安远县	2	4318	1305	1630	225	181	24
定南县	1	2150	670	696	102	78	28
全南县	1	1889	629	556	103	103	18
宁都县	2	3880	1411	729	252	138	28
于都县	3	8199	2794	2886	446	417	20
兴国县	6	6284	2925	1416	357	300	21
会昌县	1	3772	1391	919	197	180	21
寻乌县	1	2015	811	548	70	57	35
石城县	1	2008	725	589	126	114	18
瑞金市	1	6299	2097	1942	337	306	21
龙南市	1	2363	961	566	97	95	25

14-2-7 县(市、区)特殊教育基本情况表

单位：人

县(市、区)	学校数(所)	在校学生	招生数	毕业生数	教职工数	#专任教师
全　市	**17**	**9652**	**1840**	**2151**	**493**	**450**
市　直		1		2		
章贡区	1	360	94	70	35	34
南康区	1	837	192	192	50	50
赣县区	1	680	145	179	40	39
信丰县	1	890	160	201	31	30
大余县	1	325	57	86	10	10
上犹县	1	366	39	67	24	24
崇义县	1	198	47	63	10	10
安远县	1	410	55	62	42	33
定南县		232	55	56		
全南县		133	38	49		
宁都县	1	1152	203	164	29	29
于都县	1	1215	262	317	52	51
兴国县	2	840	109	225	60	38
会昌县	1	381	64	66	19	18
寻乌县	1	168	43	50	11	11
石城县	1	304	65	78	32	26
瑞金市	1	695	121	111	28	27
龙南市	1	279	58	72	20	20
赣州经开区		141	25	28		
赣州蓉江新区		45	8	13		

14-2-8 县(市、区)小学基本情况

单位：人

县(市、区)	学校数	在校学生	招生数	毕业生数	教职工数	#专任教师	平均每个教师负担学生数
全 市	**1468**	**801243**	**120665**	**140352**	**47323**	**51183**	**16**
章贡区	32	61464	10948	9348	2943	3295	19
南康区	134	75777	11597	12979	4452	4486	17
赣县区	101	48178	7184	8729	3126	3574	13
信丰县	152	64783	9599	11773	3855	3914	17
大余县	45	22051	3064	4088	1411	1539	14
上犹县	27	23138	3136	4219	1408	1491	16
崇义县	18	13874	2006	2539	859	1009	14
安远县	61	32892	4570	5824	1921	2139	15
定南县	24	20410	2843	3676	1116	1205	17
全南县	17	14041	2170	2421	874	844	17
宁都县	82	57749	7748	10721	2916	3971	15
于都县	226	88698	13218	15873	5162	5451	16
兴国县	234	68171	10054	12270	4763	4873	14
会昌县	60	37538	5846	6694	2186	2253	17
寻乌县	25	24387	3689	3928	1506	1686	14
石城县	31	23153	3458	3999	1272	1382	17
瑞金市	113	51426	7636	9406	3523	3659	14
龙南市	23	28041	4453	4714	1161	1543	18
赣州经开区	36	32717	5371	5134	1999	2004	16
赣州蓉江新区	27	12755	2075	2017	870	865	15

14-2-9 县(市、区)幼儿园基本情况

单位：人

县(市、区)	园数	入园幼儿数	在园幼儿数	离园幼儿数	教职工数	#园长	#专任教师	#保育员
全 市	**3204**	**95120**	**324000**	**113354**	**39829**	**2116**	**24776**	**8117**
章贡区	107	7618	25393	8272	3777	166	1917	954
南康区	234	9930	32379	11183	3693	206	2369	600
赣县区	240	5463	18870	7128	2613	107	1468	630
信丰县	298	6685	25330	9337	3188	165	2059	548
大余县	83	2312	8848	3087	1274	49	777	362
上犹县	54	2278	7915	3073	1170	50	607	291
崇义县	50	1493	5701	2160	777	33	468	157
安远县	170	3716	13758	4488	1467	115	996	227
定南县	48	1930	7642	2850	1037	43	568	261
全南县	48	1787	6517	2196	776	36	491	124
宁都县	192	6185	20121	8006	1970	142	1322	368
于都县	340	11122	34402	13357	4702	225	2867	1158
兴国县	366	8655	26250	9527	2440	158	1786	248
会昌县	217	4940	15323	4281	1621	97	1086	235
寻乌县	145	3186	10956	3614	1452	93	961	227
石城县	108	2442	9608	3411	1071	78	630	210
瑞金市	292	6322	22578	7502	3174	157	1937	898
龙南市	87	2909	11695	3633	953	77	827	49
赣州经开区	81	4864	15702	4616	2053	89	1226	432
赣州蓉江新区	44	1283	5012	1633	621	30	414	138

14-2-10 平均每万人在校学生数

单位：人

类　别	1988年	1989年	1990年	1991年	1992年	1993年	1994年	1995年
各类学校在校学生占全区人口比重(%)	17.59	16.23	15.34	14.65	14.34	14.18	14.30	14.75
平均每万人口在校学生数	1758.89	1622.97	1533.68	1464.8	1433.67	1418.37	1429.03	1475.39
普通高等学校	8.81	8.98	8.59	8.69	9.24	10.54	11.73	11.98
中等学校	413.67	406.19	453.15	461.85	468.41	455.69	454.00	480.47
中等专业学校	11.08	10.90	10.88	10.26	10.69	11.87	14.07	16.37
普通中学	402.59	395.29	406.19	411.65	408.72	395.58	394.94	423.26
中等职业学校	23.68	25.32	30.00	34.78	36.08	33.05	33.08	34.67
技工学校	2.06	3.00	6.08	5.16	12.92	15.19	12.65	6.18
小学	1310.67	1179.48	1071.94	994.26	956.02	952.14	963.30	982.94

14-2-10 续表 1

单位：人

类　别	1996年	1997年	1998年	1999年	2000年	2001年	2002年	2003年	2004年
各类学校在校学生占全区人口比重(%)	15.54	16.12	16.31	16.31	16.30	16.88	17.03	17.39	17.31
平均每万人口在校学生数	1553.75	1612.19	1630.67	1630.6	1629.78	1649.37	1702.82	1739.46	1730.91
普通高等学校	12.36	13.42	14.00	17.36	22.06	29.94	34.44	43.21	51.14
中等学校	530.15	558.99	573.05	588.06	600.57	629.06	683.05	735.93	749.28
中等专业学校	18.92	19.71	20.52	21.55	21.33	17.68	14.97	14.82	22.78
普通中学	471.24	497.96	505.55	519.31	540.83	575.72	624.76	675.19	688.37
中等职业学校	35.11	36.39	42.77	43.35	33.04	32.59	39.3	38.7	38.13
技工学校	4.87	4.94	4.20	3.84	5.37	3.07	4.72	7.21	9.77
小学	1011.24	1039.78	1043.62	1025.18	1007.15	990.37	985.33	960.32	930.49

14-2-10 续表 2

单位：人

类 别	2005年	2006年	2007年	2008年	2009年	2010年	2011年	2012年	2013年
各类学校在校学生占全区人口比重(%)	17.41	17.80	17.55	17.41	17.67	18.32	18.40	18.48	18.16
平均每万人口在校学生数	1741.37	1780.22	1754.61	1741.21	1767.07	1831.57	1840.21	1848.46	1815.86
普通高等学校	65.86	74.94	83.62	83.49	85.90	88.21	90.73	92.24	91.33
中等学校	752.54	709.13	628.80	607.48	651.78	724.52	736.28	754.55	745.37
中等专业学校	26.18	37.16	38.06	34.57	29.94	29.13	26.70	29.75	30.45
普通中学	677.27	610.43	523.43	505.12	543.38	581.69	598.01	608.08	622.16
中等职业学校	49.09	61.55	67.31	67.78	78.46	113.70	111.57	116.72	92.76
技工学校	12.88	13.15	12.18	9.15	6.67	5.76	5.61	7.39	
小学	922.98	996.14	1042.18	1050.23	1029.38	1018.85	1013.19	1001.68	979.17

14-2-10 续表 3

单位：人

类 别	2014年	2015年	2016年	2017年	2018年	2019年	2020年	2021年	2022年
各类学校在校学生占全市人口比重(%)	17.98	17.99	22.78	24.17	24.35	24.39	23.73	24.21	24.06
平均每万人口在校学生数	1797.87	1799.18	2278.34	2417.16	2434.66	2438.81	2372.88	2420.69	2406.25
普通高等学校(全日制)	92.88	95.57	159.74	114.92	118.35	126.59	133.09	145.84	165.72
中等学校	745.68	747.02							
中等专业学校	30.67	37.23							
普通中学	626.08	620.91	711.50	739.54	781.63	813.89	791.46	783.23	766.00
中等职业学校	88.93	88.89	86.04	89.87	93.27	101.84	113.71	132.14	137.55
技工学校									
小学	959.32	956.59	1058.72	1044.81	1021.87	985.04	938.37	913.97	891.45

14-2-11 各类学校学生构成情况

单位：%

类　别	1988年	1989年	1990年	1991年	1992年	1993年	1994年	1995年
各类学校学生占学生总数比重	100.00	100.00	100.00	100.00	100.00	100.00	100.00	100.00
普通高等学校	0.50	0.55	0.56	0.95	0.64	0.74	0.82	0.81
中等学校	24.99	26.77	29.55	31.18	32.68	32.13	31.81	32.57
中等专业学校	0.63	0.67	0.71	0.70	0.75	0.84	0.99	1.11
普通中学	22.89	24.36	26.48	28.10	28.51	27.89	27.62	28.69
中等职业学校	1.47	1.74	2.36	2.38	3.42	3.40	3.20	2.77
技工学校	0.12	0.18	0.40	0.35	0.90	1.07	0.89	0.42
小学	74.51	72.68	69.89	67.87	66.68	67.13	67.37	66.62

14-2-11 续表 1

单位：%

类　别	1996年	1997年	1998年	1999年	2000年	2001年	2002年	2003年	2004年
各类学校学生占学生总数比重	100.00	100.00	100.00	100.00	100.00	100.00	100.00	100.00	100.00
普通高等学校	0.80	0.83	0.86	1.06	1.35	1.82	2.02	2.48	2.95
中等学校	34.12	34.68	35.14	36.07	36.85	38.14	40.11	42.31	43.29
中等专业学校	1.22	1.22	1.26	1.32	1.31	1.07	0.88	0.85	1.32
普通中学	30.33	30.89	31.00	31.85	33.18	34.91	36.69	38.82	39.77
中等职业学校	2.57	2.57	2.88	2.90	2.36	2.16	2.54	2.64	2.20
技工学校	0.31	0.31	0.26	0.24	0.33	0.19	0.28	0.41	0.56
小学	65.08	64.49	64.00	62.87	61.8	60.05	57.87	55.21	53.76

14-2-11 续表 2

单位：%

类　别	2005年	2006年	2007年	2008年	2009年	2010年	2011年	2012年	2013年
各类学校学生占学生总数比重	100.00	100.00	100.00	100.00	100.00	100.00	100.00	100.00	100.00
普通高等学校	3.78	4.21	4.77	4.80	4.86	4.82	4.93	4.99	5.03
中等学校	43.20	39.82	35.84	34.89	36.88	39.56	40.01	40.82	41.05
中等专业学校	1.50	2.09	2.17	1.99	1.69	1.59	1.45	1.61	1.68
普通中学	38.90	34.29	29.83	29.01	30.75	31.76	32.50	32.90	34.26
中等职业学校	2.80	3.46	3.84	3.89	4.44	6.21	6.06	6.31	5.11
技工学校	0.74	0.74	0.69	0.53	0.38	0.31	0.30	0.40	
小学	53.02	55.96	59.40	60.32	58.25	55.63	55.06	54.19	53.92

14-2-11 续表 3

单位：%

类　别	2014年	2015年	2016年	2017年	2018年	2019年	2020年	2021年	2022年
各类学校学生占学生总数比重	100.00	100.00	100.00	100.00	100.00	100.00	100.00	100.00	100.00
普通高等学校(全日制)	5.17	5.31	7.01	4.75	4.86	5.19	5.61	6.02	6.89
中等学校	41.48	41.52	35.00	34.31	35.94	37.53			
中等专业学校	1.71	2.07							
普通中学	34.82	34.51	31.23	30.59	32.10	33.35	33.35	32.36	31.83
中等职业学校	4.95	4.94	3.77	3.72	3.83	4.18	4.79	5.46	5.72
技工学校									
小学	53.36	53.17	46.47	43.22	41.97	40.39	39.55	37.76	37.05

14-2-12 县(市、区)小学、初中升学率和小学适龄人口入学率

县(市、区)	小学		初中		小学毕业生升普通初中升学率(%)	初中毕业生升普高升学率(%)
	在校学生数(人)	每万人口小学在校生数(人)	在校学生数(人)	每万人口初中在校生数(人)		
全　市	**801243**	**891.45**	**436059**	**485.15**	**100.00**	**60.64**
市　直			5489			
章贡区	61464	867.82	22552	318.42	83.76	60.25
赣州经开区	32717	1075.83	13997	460.26	92.50	60.25
赣州蓉江新区	12755	696.43	5483	299.37	95.09	60.25
南康区	75777	913.43	38658	465.99	97.07	56.13
赣县区	48178	834.77	29276	507.26	106.12	62.00
信丰县	64783	960.65	34718	514.83	90.73	56.11
大余县	22051	834.03	13222	500.09	99.98	63.65
上犹县	23138	860.41	14834	551.62	110.22	62.81
崇义县	13874	780.71	8092	455.35	98.78	64.11
安远县	32892	947.90	19177	552.65	102.42	60.66
定南县	20410	970.18	10456	497.02	96.38	50.27
全南县	14041	829.09	7627	450.36	101.36	74.81
宁都县	57749	823.44	37534	535.19	109.56	59.45
于都县	88698	978.37	48683	536.99	101.25	59.70
兴国县	68171	952.05	38174	533.12	92.97	67.16
会昌县	37538	830.71	20265	448.46	101.37	62.81
寻乌县	24387	870.38	11167	398.55	92.24	69.94
石城县	23153	816.85	12093	426.65	102.40	56.23
瑞金市	51426	836.98	30309	493.29	102.40	62.58
龙南市	28041	876.75	14253	445.65	102.18	54.03

14-3 艺术表演团体及剧场情况

项　目	单位	2012年	2013年	2014年	2015年	2016年	2017年	2018年	2019年	2020年	2021年	2022年
一、艺术表演团体	个	19	19	19	19	19	19	19	19	19	19	19
剧团人数	人	492	482	500	499	490	528	539	469	451	452	485
#高级职称	人	12	23	24	20	20	29	27	23	19	19	19
#中级职称	人	122	82	85	105	118	123	152	109	107	113	121
演出场数	次	3170	2528	2502	3236	3040	3649	3693	4268	3494	3260	3356
#到农村演出	次	2320	2154	2143	2552	2541	3205	3211	3520	2979	2698	2897
观众人次	万人次	300	212	253	265	285	248	246	199	159	175.53	126.0
业务及其他收入	万元	568	717	695	1057	505	906	1108	1141	1092	1169.96	1177
二、剧场	个			30	52	55	59	9	12	12	14	16.0
职工人数	个			332	463	694	852	106	140	89	208	268
演出场数	次			107469	153009	24913	182678	533	394	111	252	330
观众人次	万人次			268.81	370.74	370052	647.1	110.43	123.82	23.21	18.39	25.54
业务及其他收入	万元			6356	9161	11457	15532	211	272	175.1	487.79	422.3

注：2014年起开始统计影院数据。

14-4 文化事业情况

项目	单位	2012年	2013年	2014年	2015年	2016年	2017年	2018年	2019年	2020年	2021年	2022年
一、群艺馆、文化馆												
机构数	个	19	19	19	19	19	20	19	20	20	19	19
职工人数	人	212	344	279	281	287	293	329	339	298	313	375
举办展览	个	210	209	158	182	141	105	164	153	167	204	176
组织文艺活动	次	780	562	949	1030	839	990	997	1115	1042	932	1146
举办训练班班次	次	461	949	707	772	947	840	1402	1134	1333	1058	449
二、文化站												
乡镇文化站机构数	个	292	285	283	283	283	283	283	287	283	309	310
办展览	个	908	516	387	476	483	496	507	706	604	579	489
办训练班	次	601	770	796	864	758	775	1223	1737	1361	1454	761
组织文艺活动	次	1465	1331	1030	1152	1185	1198	1415	3482	3415	4834	2737
三、图书馆												
机构数	个	19	19	18	19	19	20	20	20	20	19	19
职工人数	人	193	187	186	189	180	186	201	204	201	216	236
藏书	万册	210.1	295.5	337.5	355.7	332.6	478.8	489.6	512.2	491.1	529.3	548.4
发放借书证	万个	4.1	5.1	4.9	5.4	11.6	13.0	14.2	19.4	23.8	34.8	29.5
图书流通人次	万人次	130.3	161.5	157.2	177.9	225.2	249.0	261.6	340.6	149.8	255.3	436.7
图书流通册数	万册次	126.0	185.4	211.7	270.5	226.3	252.5	268.4	335.5	138.6	202.5	300.6
四、博物馆												
机构数	个	18	16	16	16	20	20	20	22	22	1	26
职工人数	人	198	309	275	271	238	234	303	314	336	57	673
文物藏品	万件	4.5	6.2	5.7	5.8	4.9	5.1	5.9	6.8	7.3	1.1	7.9
陈列	个	47	26	44	44	40	50	65	122	84	12	133
展览	次	21	45	31	30	53	43	65	122	84	10	211
参观人数	万人次	214.5	284.9	409.7	431.4	627.7	701.9	735.8	860.3	405.7	88.0	647.3

14-5 广播、电视事业

项　　目	单位	2012年	2013年	2014年	2015年	2016年	2017年	2018年	2019年	2020年	2021年	2022年
广播												
广播电台	个	19	19	19	19	19	19	19	19	19	19	19
调频发射台	个	21	21	21	21	21	21	21	21	21	21	21
广播人口覆盖率	%	98.30	98.30	98.40	98.45	98.48	98.49	98.51	98.52	99.97	99.97	99.97
电视												
电视台发射台和转播台												
一百瓦以上发射台和转播台	座	14	14	14	14	14	14	18	18	19	19	19
电视人口覆盖率	%	99.30	99.30	99.35	99.36	99.37	99.38	99.39	99.40	99.98	99.98	99.98

14-6 体育事业

项　　目	单位	2012年	2013年	2014年	2015年	2016年	2017年	2018年	2019年	2020年	2021年	2022年
体育场地												
田径场	个	9	10	14	19	19	21	29	31	36	36	37
体育馆	座	10	11	13	13	16	17	17	18	18	18	18
游泳池	个	9	8	12	12	14	15	21	22	22	23	24
综合训练房	个			11	13	15	18	18	18	18	19	20
在省级比赛中获奖牌数	枚		248	284.5	328		386.5			310	418	720
金牌	枚		77	107	89		64	233	105	108	183	239
银牌	枚		88	75.5	113		172	101	100	102	125	235
铜牌	枚		83	102	126		150.5	113	103	100	110	246
少年儿童业余体育学校基本情况												
体校	个	19	19	19	19	19	19	12	12	12	19	1
在校学生数	人	2914	3711	191	222	203	213	210	222	245	241	315
专职教练员人数	人	88	28	25	26	35	34	50	50	51	62	19

14-7 历年卫生机构数、床位数、人员数

年份	机构数(个)	床位数(张)	卫生技术人员(人)	执业(助理)医师	注册护士	药 师(士)	技 师(士)
1978		9941	10475				
1979		10408	10901				
1980		10545	11708				
1981		11055	12866				
1982		11264	14023				
1983		11066	14070				
1984		11079	15058				
1985		11248	14940				
1986		11619	15509				
1987		11833	15320				
1988		11950	15863				
1989		12328	16062				
1990		12586	16673				
1991		12570	16914				
1992		12415	16690				
1993		12299	16168				
1994		12215	16552				
1995		12347	16948				
1996		11540	15929				
1997		11830	16360				
1998		11847	16596				
1999		12285	16678				
2000		12120	16616				
2001		12187	16534				
2002		12924	15142				
2003		12530	15088	5779	4263	1808	911
2004		11928	17669	6003	4230	1805	902
2005		12467	17006	5791	4030	1686	848
2006		12713	17665	5827	4380	1656	914
2007		14242	19196	7385	5882	1756	1146
2008		15977	20785	7701	6493	1885	1335
2009		18507	22361	8115	7401	1923	1430
2010		19900	24102	9037	7886	2000	1549
2011		22874	25355	8866	9329	2027	1665
2012		27532	27707	9414	10753	2095	1827
2013		30945	29766	10140	12073	2310	1923
2014	8935	33832	31767	10852	13150	2363	2059
2015	8839	36171	34767	11685	14813	2450	2308
2016	8876	38687	37695	12495	16396	2553	2350
2017	8846	44965	41709	14048	18669	2682	2777
2018	8632	48001	44902	15051	20244	2833	2905
2019	8519	48743	48233	16652	21819	2904	3095
2020	8640	54077	52428	18852	23565	3103	3342
2021	8688	56765	56946	20476	25892	3609	4036
2022	8169	62013	59123	20911	26714	3597	4526

14-8 县(市、区)医疗卫生机构、床位数、人员数

县(市、区)	机构数(个)	#医院、卫生院数(个)	#医院	#卫生院	床位数(张)	卫生技术人员(人)	#执业(助理)医师	#注册护士
全　市	**8169**	**504**	**178**	**326**	**62013**	**59123**	**20911**	**26714**
章贡区	627	55	49	6	14073	15858	5693	7831
南康区	766	34	12	22	4877	5007	1816	2210
赣县区	451	29	5	24	3621	2658	941	1137
信丰县	383	34	12	22	4750	4119	1359	1816
大余县	425	17	6	11	1789	1340	598	529
上犹县	254	20	5	15	2076	1741	639	736
崇义县	216	25	7	18	1090	1242	503	428
安远县	286	23	5	18	1978	1799	656	686
定南县	201	15	3	12	1151	1301	488	525
全南县	170	20	5	15	1287	1380	464	519
宁都县	832	37	11	26	4208	3206	1082	1495
于都县	830	39	12	27	5677	4846	1573	2292
兴国县	879	38	13	25	4266	3988	1442	1863
会昌县	398	26	7	19	2318	2265	706	1048
寻乌县	329	22	5	17	1585	1453	523	623
石城县	293	22	6	16	2316	1817	627	771
瑞金市	546	28	10	18	3355	3016	1003	1389
龙南市	283	20	5	15	1596	2087	798	816

14-9 历年婚姻登记情况

年份	结婚登记(对)	初婚(人)	再婚(人)	离婚(对)
1978	5963	11225	433	185
1979	6875	12926	482	180
1980	11175	21278	510	144
1981	18568	36032	515	171
1982	12814	24712	612	180
1983	13309	25822	594	208
1984	14383	27779	613	152
1985	16697	31965	543	170
1986	22347	43354	675	180
1987	24897	48532	906	205
1988	26492	51330	803	232
1989	31769	62023	1011	283
1990	28045	54952	916	304
1991	31750	61612	1245	343
1992	36129	69641	1271	318
1993	34035	65713	1258	397
1994	41281	79668	1506	497
1995	44752	86568	1561	498
1996	46871	90795	1578	646
1997	50039	96940	1869	733
1998	52104	101407	1950	833
1999	52258	101720	1964	944
2000	52720	102093	2507	1190
2001	48886	94800	2602	1368
2002	47762	92789	2623	1608
2003	49538	96187	2785	2065
2004	57198	110496	3783	3726
2005	56642	108527	4757	4648
2006	59563	113052	6074	4968
2007	62787	117939	7633	5982
2008	66321	123770	8871	6673
2009	74911	138707	11115	7825
2010	86611	161227	11995	8665
2011	82379	151698	13052	9524
2012	84506	154426	14580	10963
2013	81709	147508	15906	12686
2014	94189	169343	19035	13365
2015	70381	122646	18114	13901
2016	67809	114826	20792	15221
2017	64924	108778	21068	17957
2018	58044	95992	20096	18728
2019	53909	87282	20536	20072
2020	51287	83136	19438	19581
2021	46543	75353	17733	11750
2022	41034	66981	15087	11778

14-10 县（市、区）婚姻登记情况

年份	结婚登记(对)	初婚(人)	再婚(人)	离婚(对)
全　市	**41034**	**66981**	**15087**	**11778**
章贡区	2728	3841	1615	1236
南康区	3476	5848	1104	875
赣县区	2547	4199	895	779
信丰县	2965	4612	1318	1088
大余县	1040	1694	386	353
上犹县	1170	1747	593	401
崇义县	732	1160	304	196
安远县	1747	3048	446	440
定南县	879	1322	436	335
全南县	631	904	358	246
宁都县	2492	4065	919	681
于都县	5417	9384	1450	1165
兴国县	3712	6164	1260	741
会昌县	2706	4823	589	547
寻乌县	1375	2261	489	378
石城县	1309	2130	488	403
瑞金市	2987	4939	1035	757
龙南市	1514	2254	774	610
赣州经开区	1052	1656	448	386
赣州蓉江新区	555	930	180	161

主要统计指标解释

R&D 指为增加知识存量（也包括有关人类、文化和社会的知识）以及设计已有知识的新应用而进行的创造性、系统性工作。根据企业相关会计准则规定，研究是指为获取并理解新的科学或技术知识而进行的独创性的有计划调查。开发是指在进行商业性生产或使用前，将研究成果或其他知识应用于某项计划或设计，以生产出新的或具有实质性改进的材料、装置、产品等。

普通高等学校 指按照国家规定的设置标准和审批程序批准举办，通过国家统一招生考试，招收高中毕业生为主要培养对象，实施高等教育的全日制大学、独立设置的学院和高等专科学校、高等职业学校和其他机构。

大学、独立设置的学院主要实施本科层次以上教育，高等专科学校、高等职业学校实施专科层次教育，其他机构是承担国家普通招生计划不计校数的机构。包括普通高等学校分校和批准筹建的普通高等学校等。

成人高等学校 指按照国家规定的设置标准和审批程序批准举办的，通过全国成人高教统一招生考试，招收具有高中毕业或同等学历的在职从业人员为主要培养对象，利用函授、业余、脱产等等多种形式对其实施高等学历教育的学校。包括职工高等学校、广播电视大学、农民高等学校、管理干部学院、教育学院、独立函授学院、其他机构等。其他机构是承担国家成人招生计划任务不计校数的机构人。

小学学龄儿童入学率 指调查范围内已入小学学习的学龄儿童占校内外学龄儿童总数(包括弱智儿童，不包括盲聋哑儿童)的比重。计算公式为：

小学学龄儿童入学率＝已入学的小学学龄儿童数 / 校内外小学学龄儿童总数×100%

体育场 指有 400 米跑道(中心含足球场)，有固定道牙，跑道 6 条以上，并有固定看台的室外田径场地。体育场按看台容纳观众人数分为：甲级 25000 人以上，乙级 15000-25000 人，丙级 5000-15000 人，丁级 5000 人以下。

体育馆 指有固定看台，可供篮球、排球、羽毛球、乒乓球、体操等项目训练比赛活动用的室内运动场地。体育馆按看台容纳观众人数分为：甲级 6000 人以上，乙级 4000-6000 人，丙级 2000-4000 人，丁级 2000 人以下。

卫生机构 包括医疗机构、疾病预防控制中心（防疫站）、采供血机构、卫生监督及检测（检验）机构、医学科研和在职培训机构、健康教育所等。

医疗机构 包括医院、社区卫生服务中心（站）、疗养院、卫生院、门诊部、诊所（卫生所、医务室）、妇幼保健院（所、站）、专科疾病防治院（所、站）、急救中心（站）和临床检验中心。医疗机构分非赢利性医疗机构和赢利性机构。

医院 包括综合医院、中医医院、中西医结合医院、民族医院、各类专科医院和护理院。

卫生技术人员 指卫生机构中医生、护理人员、药剂人员、检验人员等卫生技术人员。

医生 指在医疗、预防保健机构工作且取得《执业医师证书》的执业医师和执业助理医师。